金融数学教学丛书

金融风险管理

王天一　主编

科学出版社

北　京

内 容 简 介

本书是“金融数学教学丛书”中的金融风险管理教材，是对外经济贸易大学金融工程系教师在多年的金融工程和风险管理教学实践中提炼总结完成的. 本书以银行类金融机构的风险管理为主线，在介绍风险管理的一般概念、基本工具和国际经验做法的基础上，通过“识别、度量、管理”的链条帮助学生形成风险管理的基本观念并了解其基本技术. 除了重点介绍巴塞尔体系下的“市场”、“信用”和“操作”三大风险外，还提供了“流动性风险”和“模型风险”两个专题内容. 全书共九章，其中前四章为基础知识，后五章为专题内容，每一章均配有一定量的习题供读者练习和进一步思考. 除了知识讲解，书中特别精选一批使用中国相关金融数据的例子,方便学生在学习方法的过程中了解市场情况.

本书可以作为普通高等学校数学、金融数学、金融工程等相关专业高年级本科生与研究生的必修课或选修课教材，也可作为相关方向高校教师与科研工作者的参考书.

图书在版编目(CIP)数据

金融风险管理/王天一主编. —北京：科学出版社, 2024.3
(金融数学教学丛书)
ISBN 978-7-03-077552-8

Ⅰ. ①金…　Ⅱ. ①王…　Ⅲ. ①金融风险–风险管理–高等学校–教材
Ⅳ. ①F830.9

中国国家版本馆 CIP 数据核字(2024)第 013737 号

责任编辑：张中兴　梁　清　范培培 / 责任校对：杨聪敏
责任印制：师艳茹 / 封面设计：蓝正设计

科学出版社 出版
北京东黄城根北街 16 号
邮政编码: 100717
http://www.sciencep.com
北京盛通数码印刷有限公司印刷
科学出版社发行　各地新华书店经销
*
2024 年 3 月第　一　版　开本: 720 × 1000　1/16
2024 年 3 月第一次印刷　印张: 20
字数：403 000
定价: 79.00 元
(如有印装质量问题，我社负责调换)

“金融数学教学丛书”编委会

丛 书 序

从 20 世纪 90 年代中期开始, 随着数学在金融领域中的应用不断深入, 有关金融数学的学术研究和企业实践在我国迅速发展起来, 各行各业对于金融数学人才的需求愈发强烈, 金融数学人才培养工作也开始受到社会各界的重视.

北京大学是国内开创金融数学人才培养先河的高校之一. 1997 年, 在姜伯驹院士的倡导下, 北京大学数学科学学院建立了国内第一个金融数学系, 并在短短几年内快速建成了从本科生到博士生的完整教学体系. 尽管当时数学专业受欢迎程度远不如现在, 但金融数学专业的设立, 在提高数学专业的新生质量、改善数学专业毕业生的就业环境、拓宽数学的应用范围等方面, 无疑起到了重要的推动作用. 随后, 国内越来越多的高等院校陆续建立了金融数学系, 开始了金融数学方向的本科生和研究生培养. 目前, 全国已经有 100 多所高校设置了金融数学专业, 每年招收本科生和研究生数千人, 为我国金融业培养了一大批既具备良好数学和统计学基础又懂现代金融的复合型金融人才, 在我国金融业现代化、国际化的进程中发挥了越来越大的作用.

北京大学在培养金融数学人才方面也有着鲜明的特色. 数学科学学院的新生在入学后的前两年里不分专业, 所有学生的必修基础课程相同. 这样一来, 学生即使在第三年选择了金融数学专业, 在这之前也能建立扎实的数学基础, 因此在金融数学高年级或研究生阶段的专业学习中, 往往能取得事半功倍的效果. 北京大学的做法已经在众多高校中得到推广, 数学、统计学以及计算机科学的基础理论教学在金融数学专业的人才培养中不断得到加强.

然而, 作为近年来才发展起来的学科方向, 我国金融数学在教材建设方面还存在很大的进步空间. 金融数学在国外大多是研究生阶段才学习的专业, 因此国外出版的教材大多是研究生教材. 我国的金融数学教学大多采用国外教材的中译本, 这对我国现阶段培养金融数学人才发挥了重要作用, 但也存在一些弊端, 例如金融市场的交易规则以及主要的案例和数据等都来自国外, 并不完全适合我国金融业的实际; 部分课程的预备知识不完全与我国本科生的学习背景相匹配; 等等.

为尽快改善这一局面, 北京大学、山东大学、同济大学、华东师范大学、对外经济贸易大学等国内较早开展金融数学教学的高等院校, 已开始组织一线教师编写符合我国金融数学人才培养规律的高水平教科书. 今天与读者们见面的这套金融数学教学丛书, 既引入了国内金融业的许多生动案例和真实数据, 也蕴含着一线教师总结积累的丰富教学经验, 体现出他们对于金融数学知识体系的理解与设计, 可以说凝聚了他们多年的心血. 我相信, 这套丛书的出版, 必定会对规范国内金融数学专业教学工作、提升金融数学人才质量, 产生非常积极的作用.

最后, 可以预见的是, 随着国家综合实力的不断增强, 我国金融业必将迎来更为广阔的发展前景, 也会为金融数学专业提供新的发展机遇. 鉴于我国在经济环境、政策导向以及市场规模等方面的独特性, 必然会有越来越多具有中国特色的金融课题值得深入研究, 而这些研究工作也是金融数学后备人才进行专业学习的重要案例. 为此, 希望金融数学专业的教学与科研工作者们顺应时代呼唤, 积极探索创新, 更好地推进研教结合, 将有价值的最新研究成果和案例及时纳入教材, 逐步加以完善, 形成一套更符合国内金融数学专业需求的教学丛书, 为我国金融数学专业以及金融业的发展注入不竭动力.

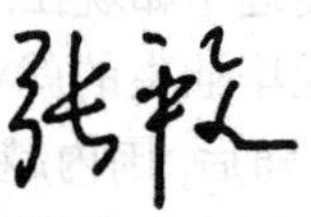

2020 年 3 月

前 言

有效防范化解重大经济金融风险是维护国家安全的重要内容."十四五"规划将金融风险问题上升到"金融安全战略". 党的二十大报告指出, 要加强和完善现代金融监管, 强化金融稳定保障体系, 依法将各类金融活动全部纳入监管, 守住不发生系统性风险底线. 2022 年中央经济工作会议上, 习近平总书记再次强调"有效防范化解重大经济金融风险". 由此可见, 防范化解金融风险特别是防止发生系统性金融风险, 是金融工作的根本性任务和永恒主题. 只有切实管理好金融风险、维护好金融安全, 才能促进金融更好为实体经济服务, 为经济社会高质量发展提供金融力量. 金融风险管理是普通高等院校金融数学与金融工程等专业的必修课, 在新形势下被赋予更高的要求. 高的培养要求要有高质量的教材支撑,"建设一本适合国内教学环境的教材"这个想法由来已久.

2015 年秋, 我代表对外经济贸易大学中国金融学院金融工程系参加了科学出版社组织的"金融数学教学丛书"大纲审定会. 会上了解到金融数学专业从 2013 年开始作为正式目录专业, 已经有几十所院校参与建设了. 建好一个专业需要高质量的教材, 而核心课教材中, 又属本教材涉及的金融风险管理内容最杂, 最不数学. 我作为一位金融数学出身, 又在财经类院校工作的作者, 被母院的王铎老师和吴岚老师委以重任, 开发《金融风险管理》这门教材. 我猜这个决定部分源于两位老师对曾经的学生的信任, 更重要的是作为全国最早的一批金融工程系, 我供职的贸大金工系有着支撑完成教材所需的完整的课程生态、丰富的教学经验和教学素材.

在风险管理领域, 最经典的教材当属 Hull 教授的《风险管理和金融机构》. 有大师教材在前面, 为什么我们还要自己写一遍? 这个问题的答案源于我们的教学经验.《风险管理和金融机构》这本经典教材的体量对于本科课程而言过于庞大, 容易让学生和教师无所适从, 很容易陷入到处讲又到处都讲不清楚的窘境. 为此, 我们在编写本书的过程中着重突出两点: 一是作为入门课程, 通过"识别、度量、管理"的链条帮助学生形成风险管理的基本观念并了解基本技术; 二是放弃追求大而全, 集中于"市场、信用、操作"三大风险的讨论. 其他类型风险除了"流动性风险", 本书特意编排了"模型风险"一章来应对数学专业学生"模型和方法崇拜"的普遍特点, 使学生在一个学期的方法学习后不至于陷入方法本身, 而是站在更高层面上思考工具本身的适用性和潜在的问题, 为其继续在风险管理相关领域发展奠定基础. 当然, 作为面向金融数学本科生的教材, 数学和统计内容要有一定的量, 但强度可控.

在系里多位老师的支持下, 本书的部分内容在 2016—2017 年逐步成型, 然后整个写作过程就因为包括但不限于人员变动、工作调整、懒癌发作等原因逐渐停滞, 直到 2020 年底才重新开启. 彼时因为大部分老师已经有新的工作重心, 后续写作基本上由我在之前残稿的基础上逐步补齐完善. 我也正好借助这个机会统一了整个书稿的风格, 并换用了部分国内的数据和例子.

本书最终版本的 “导论” 和 “流动性风险” 部分由北京大学的吴岚老师撰写. “国际金融监管概览” 的原稿由亚洲金融合作协会智库部总监朱元倩博士撰写, 该部分后经我的同事王云老师增补修订. “金融机构与金融产品” 由我的同事冯建芬老师撰写. “市场风险管理”“信用风险度量及其管理”“操作风险的度量及其管理” 三章得到了我的同事邓军老师、黄晓薇老师和谢海滨老师的大力帮助. 余湄老师和谢尚宇老师的初稿虽然最终没有使用, 但其中的部分内容也被融入到了相关章节中. 五角联邦信贷银行 (PenFed Credit Union) 的王诗然在 “模型风险” 部分分享了她的工作经验, 而 “国际金融监管概览” 部分最后的欧洲监管新动向则来自黑石 (BlackRock) 的王鑫的建议和协助. 两位都是 2012 级对外经贸大学金融工程专业的本科生, 本书启动的那一年刚好修读了我讲的 “金融风险定量分析” 这门课.

在写作过程中, 王铎老师和丛书的其他编委老师都对本书的成形给予了非常大的帮助. 在写作陷入停滞的时候, 吴卫星老师邀请监管专家朱博士撰写了 “国际金融监管概览” 一章的初稿, 吴岚老师除了承担下 “导论” 和 “流动性风险” 这两块我完全啃不下的骨头, 还帮忙联系业界的系友给书稿提意见. 没有这些前辈老师的帮助, 这本书可能永远都写不完. 此外, 家人和朋友们的鼓励与支持也是本书完成不可或缺的部分.

2022 年春, 本书草稿在我院量化金融实验班的课堂上进行了一轮试用, 万艺繁、马文菲、刘俊青、张皓天、沈厚名、尤亦玲、刘宇鹏、许沈崇智、张熙等同学进行了书稿的校对, 帮助纠正了诸多错误, 并从学生的角度提出了写作建议. 他们的努力使得这本书可以逐渐向 “说人话、好用” 的教材靠近.

最后, 感谢您选择本教材作为 “金融风险管理” 这门课的学习伙伴, 希望它能够对您的教学和学习有所帮助. 如果在使用过程中觉得确实好用, 欢迎点个赞推荐给您的朋友; 如果觉得不好用, 请务必联系我吐槽一下 (邮箱: tianyiwang@uibe.edu.cn), 以便我们下一版修订的时候继续精进.

预祝学习愉快!

王天一
对外经济贸易大学中国金融学院
2024 年 1 月

目　录

丛书序
前言
第 1 章　导论 ······ 1
1.1　风险与收益 ······ 1
1.1.1　认识风险 ······ 1
1.1.2　风险与收益 ······ 5
1.2　金融风险管理的发展历程和基本原理 ······ 10
1.2.1　风险管理的发展历程 ······ 10
1.2.2　风险管理的基本原理 ······ 16
1.2.3　风险评估的主要方法和技术 ······ 18
1.3　金融风险管理的主要内容 ······ 19
1.3.1　金融机构的主要风险类型和基本计量方法 ······ 19
1.3.2　金融机构的风险管理实践 ······ 21
1.3.3　金融机构的风险管理与资本管理和外部监管 ······ 27
1.4　本书的结构和使用建议 ······ 30
思考题 ······ 31
第 2 章　金融机构与金融产品 ······ 32
2.1　金融机构和金融风险 ······ 32
2.1.1　银行面临的风险 ······ 32
2.1.2　证券公司面临的风险 ······ 33
2.1.3　保险公司面临的风险 ······ 33
2.1.4　基金公司面临的风险 ······ 34
2.1.5　期货公司面临的风险 ······ 37
2.2　金融产品的分类与损益特征 ······ 38
2.2.1　基础金融产品市场 ······ 38
2.2.2　衍生品市场 ······ 43
2.3　金融风险和金融产品创新 ······ 52
2.3.1　针对利率风险的产品创新 ······ 52
2.3.2　针对汇率风险的产品创新 ······ 54

2.3.3 针对价格风险的产品创新 ······ 56
2.3.4 针对信用风险的产品创新 ······ 58
2.3.5 针对流动性风险的产品创新 ······ 59
2.3.6 针对其他风险的产品创新 ······ 60
思考题 ······ 62
第 3 章 风险度量的基本概念和工具 ······ 63
3.1 风险度量 ······ 63
3.1.1 风险价值的基本定义 ······ 63
3.1.2 风险价值与经济资本 ······ 65
3.1.3 一致风险度量 ······ 67
3.1.4 VaR 和 ES 的抽样方差 ······ 69
3.1.5 相关性与多期 VaR 的计算 ······ 71
3.1.6 VaR 的分解与加总 ······ 72
3.2 基本工具 ······ 75
3.2.1 波动率建模 ······ 75
3.2.2 相关性设定 ······ 84
3.2.3 分布设定 ······ 86
3.2.4 Copula 与相依性 ······ 92
3.3 风险价值的基本计算方法 ······ 97
3.3.1 历史模拟法 ······ 98
3.3.2 二次模型 ······ 105
3.3.3 蒙特卡罗模拟 ······ 106
3.3.4 其他方法 ······ 109
3.4 风险价值的评价方法 ······ 112
3.4.1 回测 (backtesting) 检验 ······ 112
3.4.2 覆盖 (coverage) 检验 ······ 114
3.4.3 基于损失函数的检验 ······ 115
思考题 ······ 117
第 4 章 国际金融监管概览 ······ 119
4.1 国际金融监管治理框架 ······ 119
4.1.1 G20 主导下金融稳定理事会的成立 ······ 119
4.1.2 国际金融监管合作组织 ······ 120
4.1.3 世界金融机构 ······ 122
4.2 国际银行业监管规则: 巴塞尔协议 ······ 123
4.2.1 为什么需要巴塞尔协议 ······ 123

4.2.2 巴塞尔协议的适用范围 ······ 124
4.2.3 第一版巴塞尔协议 ······ 125
4.2.4 第二版巴塞尔协议 ······ 126
4.2.5 第三版巴塞尔协议 ······ 129
4.3 国际保险业监管规则 ······ 133
4.3.1 欧盟偿付能力制度 ······ 134
4.3.2 美国偿付能力监管 ······ 138
4.3.3 偿付能力监管的国际比较 ······ 140
4.4 金融稳定理事会主导的金融监管改革 ······ 141
4.4.1 公司治理改革 ······ 141
4.4.2 薪酬机制改革 ······ 142
4.4.3 影子银行的治理与监管 ······ 143
4.4.4 衍生品市场的变革 ······ 147
4.5 欧盟主导的 MiFID 和 AIFMD ······ 150
4.5.1 MiFID 和 MiFID II ······ 150
4.5.2 AIFMD ······ 151
思考题 ······ 152
第 5 章 市场风险管理 ······ 153
5.1 股票类资产的市场风险刻画与管理 ······ 153
5.1.1 因子模型的基本结构 ······ 153
5.1.2 因子模型下的风险归因分析 ······ 157
5.1.3 因子模型下的风险的管理 ······ 159
5.2 固定收益类产品的市场风险刻画与管理 ······ 164
5.2.1 利率期限结构和变动 ······ 165
5.2.2 利率敏感性缺口与再定价 ······ 166
5.2.3 久期和凸性 ······ 168
5.2.4 通过久期管理利率变动风险 ······ 181
5.2.5 利率衍生品的应用 ······ 183
5.3 期权类产品的市场风险刻画与管理 ······ 186
5.3.1 期权类产品的风险刻画 ······ 186
5.3.2 期权市场风险的动态管理 ······ 188
5.3.3 期权市场风险的静态管理 ······ 191
思考题 ······ 199
第 6 章 信用风险度量及其管理 ······ 201
6.1 信用风险的概念 ······ 201

6.1.1 信用风险的定义和特征 …… 201
6.1.2 违约的定义 …… 202
6.1.3 外部信用评级 …… 203
6.1.4 违约概率与违约损失率 …… 204
6.2 信用风险的度量方法 …… 208
6.2.1 基于财务指标的模型 …… 208
6.2.2 基于利差估算违约强度 …… 211
6.2.3 基于股票价格推测违约可能性 …… 213
6.2.4 基于衍生品价格估算违约概率 …… 216
6.2.5 基于迁移矩阵的信用风险估计 …… 218
6.2.6 宏观经济状况的引入 …… 221
6.2.7 信用风险附加模型 …… 223
6.2.8 不同模型之间的比较 …… 225
6.3 巴塞尔协议下的信用风险计量 …… 226
6.3.1 标准法 …… 226
6.3.2 内部评级法 …… 227
6.4 信用风险的管理 …… 229
6.4.1 信用风险调整 …… 229
6.4.2 信用风险缓释 …… 231
思考题 …… 234
第 7 章 操作风险的度量及其管理 …… 236
7.1 操作风险的概念 …… 236
7.2 操作风险的例子 …… 237
7.3 操作风险的分类 …… 238
7.4 操作风险的定量分析框架 …… 239
7.4.1 基本指标法 …… 240
7.4.2 标准法 …… 240
7.4.3 高级计量法 …… 242
7.4.4 标准计量法 …… 246
7.5 操作风险的管理 …… 248
7.5.1 操作风险管理的根本制度 …… 248
7.5.2 操作风险控制的三大工具 …… 248
7.5.3 操作风险控制的三大防线 …… 250
7.5.4 操作风险的风险转移 …… 250
思考题 …… 251

第 8 章 流动性风险 ······ 253
8.1 金融机构的流动性风险 ······ 254
8.2 融资流动性风险 ······ 256
8.2.1 商业银行 ······ 256
8.2.2 其他金融机构 ······ 262
8.2.3 监管要求 ······ 263
8.3 交易流动性风险 ······ 267
8.4 极端流动性缺失 (流动性黑洞) ······ 273
思考题 ······ 277
第 9 章 模型风险 ······ 278
9.1 什么是模型风险 ······ 278
9.2 模型风险的几个例子 ······ 280
9.2.1 利率相关产品 ······ 280
9.2.2 期权定价的模型风险 ······ 282
9.2.3 利率模型的模型风险 ······ 285
9.2.4 模型风险与著名风险事件 ······ 286
9.3 模型风险管理 ······ 288
9.3.1 模型的构建实施和使用 ······ 290
9.3.2 模型验证 ······ 292
9.3.3 与公司治理相关的要点 ······ 297
9.3.4 模型清单与记录 ······ 298
9.4 模型风险管理的国际现状和趋势 ······ 298
思考题 ······ 299
参考文献 ······ 301
后记 ······ 304

第 1 章 导 论

随着经济社会的发展和资本市场的不断演变, 企业获取资金的来源逐渐多样化, 金融机构竞争也使得 "躺着赚钱" 逐步退出历史舞台. 想要获得合理的利润, 金融机构必须承担可控的风险, 这使得风险管理成为金融机构经营管理活动的重要组成部分. 金融机构的风险管理和资本管理能力也成为其核心竞争力的基本要素. 风险偏好、治理架构和方法技术等现代金融风险管理要素既贯穿金融机构战略和日常经营的全流程, 又涉及金融机构投资者、管理层和消费者多方的利益.

在持续盈利和稳健运营的双重目标之下, 金融机构对风险的认识不断加深, 风险管理体系、管理方法和技术支持也在迅速发展. 了解现代金融机构风险管理的基本要点, 是金融从业人员的基本素质之一, 也是本书写作的初衷. "名正" 方能 "言顺", 在全书的第一部分, 我们对风险与收益的关系、金融风险管理的发展历程、金融风险管理的主要内容框架和核心要素进行简要介绍.

1.1 风险与收益

金融领域中风险无处不在. 比如 1929 年的美国股市崩盘和后续引发的 1930 年西方经济大萧条、2008 年次贷危机和雷曼破产引发的动荡以及各种自然 (比如大规模流行病) 和人为灾害 (比如恐怖袭击) 等. 除了这些惊天动地的大风险以外, 金融机构的日常运营中也会出现意料之外的损失. 自 20 世纪 90 年代以来, 金融体系的各种经营实体、资本市场和监管者都越来越充分地认识到金融风险是与业务发展相伴相随的, 只要发展业务就必须要充分了解风险, 并通过风险与收益的管理来创造价值.

本节将首先梳理风险的基本概念, 然后讨论金融风险与收益之间的关系. 随后从风险管理的视角重新认识资产定价的三个重要理论: 最优投资组合理论、资本资产定价模型 (CAPM) 和套利定价理论 (APT). 最后简单说明金融产品风险与金融机构风险的异同.

1.1.1 认识风险

风险管理的第一步是了解 "什么是风险". 遗憾的是, 由于风险的复杂性, 目前还很难有统一的定义. 下面我们分别从词义本身、结果和风险影响因素三个角度给出风险的定义和解释.

1. 风险的词义

《中国大百科全书》关于风险词条目前修订的定义[①]为: “在某一特定环境下, 某一特定时间段内, 某种损失发生的可能性, 即不确定性. 是保险产生和存在的前提. 其发展是保险发展的客观依据, 也是新险种产生的基础.” 以保险为对象定义风险, 是因为作为风险转移的经济活动载体, 保险与生俱来与风险相关.

风险一词最早出现在中世纪, 用于说明航海保险中可能影响某次航行的海上不利因素. 当时风险特指某个客观存在的危险, 而且这种概念排除了人的过失和责任, 只是集中于那些不能归咎于人类错误行为的危险因素 (比如暴风雨、洪水和传染病等并非人为的自然事件). 风险的组成要素包括风险因素 (致因)、风险事故和风险损失. 风险事故必须对应于引起事故的特定风险因素, 同时风险事故也是造成风险损失的直接原因. 以前面举的暴风雨为例, 风险因素是暴风雨等海上气象因素, 风险事故是这种气象条件导致的各类运输事故 (比如货物落水、船只倾覆等), 风险损失是货物受损、船体受损、人员受损等可以用货币计量的损失.

风险词义有如下特征. ①风险的客观性. 风险因素是客观存在的, 不以人的意志为转移. 风险事故和损失具有不确定性, 人们虽然能在一定的范围内改变风险事故形成和发展的条件, 降低风险事故发生的概率, 减少损失程度, 但无法彻底消除风险. 风险的客观性是风险管理产生和发展的天然基础. ②风险的普遍性. 在人类的生产和社会活动中, 风险无处不在、无时不有. ③风险的可变性. 风险总是处于运动变化之中, 其变化有种类与数量的增减, 也有质的改变. ④风险的损失性. 风险事故发生必然会造成某种客观的损失, 即损失应该是可以进行经济度量的. ⑤风险的社会性. 风险 (损失) 与人类社会的利益密切相关, 关系着个人、团体或者人类的生存与发展, 具有社会价值. 用经济的语言说, 就是风险本身存在着外部性[②].

2. 基于结果的金融风险概念

上面的词义解释中, 风险链条的落脚点是要产生可观测的经济结果. 对于金融行业来说, 基于结果定义风险是很常见的一种模式. 这种模式下, 风险有广义和狭义两种定义方式.

1) 金融风险的广义概念

广义的金融风险, 是指金融领域的内外部风险因素造成的资本市场价格与效率、金融机构经营结果和金融系统表现的不确定性, 或者是上述三个方面发生各种结果的可能性.

---

① 目前的修订版在网上发布, 网址为: https://www.zgbk.com/.

② 例如 2021 年 3 月, “长赐号” 货轮搁浅苏伊士运河, 导致运河堵塞 6 天, 引发全球航运市场的混乱.

将风险等同于结果的不确定性 (uncertainty), 其逻辑是人们不能确切知道或掌握事物的未来状况, 缺乏对事物未来的发展变化的控制能力. 在这个逻辑下, 可将不确定性分为可衡量的不确定性和不可衡量的不确定性. 用概率论的语言描述, 前者指随机变量的取值空间和分布都是已知的情形. 后者则是指随机事件空间 (概率空间)、概率空间的测度、随机变量的映射关系等信息之一是未知的情形. 结合金融危机的实际情况, 人们又提出了资产脆弱性、黑天鹅等概念, 以及理论研究中提出的概率模糊性 (ambiguity) 的概念.

美国经济学家奈特 (F. Knight) 在其专著《风险、不确定性和利润》中认为"风险是可以测定的不确定性". 美国学者威廉姆斯 (C. A. Williams) 等在《风险管理与保险》一书中将风险定义为"在给定的情况下和特定的时间内, 那些可能发生的结果间的差异, 如果只有一个结果发生, 则差异为零, 风险为零. 如果有多种可能结果, 则存在风险, 且差异越大, 风险越大". 既然结果存在着多种可能, 测度可能性最自然的工具大概就是概率. 不确定性的可衡量性可以通过概率论的随机变量和分布来实现这两个概念. 基于结果可能性的风险定义考虑了对不确定性的量化描述, 是对风险或不确定性的进一步认知①. 但仍然需要明确, 已知随机变量的分布和确切知道最终的实现结果不是一回事. 例如: 即使已知抛掷一枚均匀的硬币时出现任何一面的概率是 0.5, 在抛硬币之前我们仍然无法确认抛掷的结果.

2) 金融风险的狭义概念

狭义的金融风险, 指某个刻画风险的随机变量的取值与预期 (如期望、平均结果等) 的偏离性. 偏离性又分为两种定义: ①随机变量取值与预期 (期望、平均结果) 之差的平方、三次方等高阶幂函数, 对应的统计量是样本方差 (标准差)、偏度和峰度等度量. ②有方向的偏差②, 指随机变量取值低于预期部分的各种度量. 这种度量的逻辑来源于人们一般倾向于将损失看成没有达到预期的代名词, 比较典型的统计量有下半方差等单侧度量. 在传统的资产定价理论中, 风险常常被定义为风险因素变化的波动性, 例如股票的价格风险就是使用股票价格围绕其期望值的上下波动来定义的③. 将风险与波动性联系起来的观点实质上是将风险定义为一个双侧风险, 不仅考虑了损失也考虑了收益. 在金融风险管理中, 风险常常被定义为单侧损失, 甚至有时是单侧在极端概率下的分位点, 这类定义更适合风险管理"更加关注随机变量分布的尾部"这一特征.

---

① 这与统计学大师 C. R. Rao 的那句名言 "Uncertain knowledge + Knowledge of the amount of uncertainty in it = Usable knowledge"(不确定知识 + 所含不确定性量度的知识 = 可用的知识) 有异曲同工之妙.

② 例如: 随机变量 X 的数学期望为 $E(X)$, 该定义的偏差指 $\max(E(X)-X,0)$.

③ 从广义上讲, 债券和衍生品的价格风险也可以使用其价格对利率或标的资产的价格的一阶导数来定义. 这种一阶导数在债券中被称为久期, 在衍生品中一般被叫作 Delta.

3. 基于影响因素的金融风险概念

基于结果的风险定义虽然方便, 但是发现度量指标恶化需要干预的时候, 风险的复杂性意味着归因的困难. 从实际的应用场景出发, 我们可以反过来使用风险的影响因素来定义风险, 这种定义天然就有归因的特性, 对管理风险至关重要. 例如我国商业银行的年报中关于信用风险的描述为 "信用风险是指因借款人或交易对手未按照约定履行义务从而使银行业务发生损失的风险". 其中的不确定因素为 "借款人或交易对手未按照约定履行义务", 其经济结果为 "业务发生损失". 这样定义的风险指标如果变大, 管理的时候就应该在借款人信用甄别和贷后跟踪等针对性环节上加强管理. 一般而言, 金融机构面临的外部风险因素有: 自然灾害、局部战争、经济和贸易环境变化、产业环境变化等; 常见的内部风险因素有: 中央银行的金融政策、资本市场 (股票、债券、期货) 系统性风险、保险承保标的事故、金融机构日常经营要素等.

上述定义并不能涵盖目前所有金融风险管理相关的风险定义, 但至少包含了目前理论研究和实践中经常使用的风险的概念. 表 1.1 将所有定义进行简单的汇总和比较, 其中最常用的有可能性、不确定性和损失几个概念.

表 1.1 风险定义的汇总

定义角度	概念核心	概念要素
词义	损失发生的可能性和不确定性	一般的不确定性
结果	风险因素造成的资本市场价格和市场效率、金融机构经营结果和金融系统表现的不确定性	表现的不确定性
致因	不确定性因素对目标的影响	因素的不确定性

无论具体的定义如何, 金融风险管理实践中最常使用的风险概念一般具有下面几个主要特征: ①可量化的风险致因 (随机变量、随机向量或随机过程), ②可量化的损失结果 (随机变量), ③可识别的风险致因与损失结果的传导关系. 这三个要素是学习和理解金融风险管理的基本逻辑支点. 无论金融领域具体的风险类型如何变化和更新, 认识风险的切入点都是不变的. 希望读者在全书的阅读和课程的学习中遵循这个框架进行并不断内化这些认识风险的基本方法论.

在金融的理论和实践中, 认识到 "风险和观测时间密切相关" 这一点至关重要. 金融机构面临的所有风险都是面向未来的, 一旦结果实现了, 不确定性就消失了. 就好像那句谚语说的 "Yesterday is history, tomorrow is a mystery"[①]. 站在 2020 年底看 2021 年的 A 股市场是存在价格风险的, 但站在 2022 年初看 2021 年的 A 股市场的价格都是确定的, 也就无所谓风险了. 用概率的语言讲, 刻画金融

① 谚语大意为: 昨天已成为历史, 明日却依然是谜.

资产价格的随机过程, 其 σ-代数流也是上升的. 因为站在今天一定可以了解所有的历史信息, 但却无法掌握明天新出现的信息.

1.1.2 风险与收益

现有的金融资产定价理论中有一个非常重要的基本原则: 金融资产的风险与收益是相互制约和替换的, 高风险一般伴随着高收益①. 在金融实务中, 风险管理是一种偏中后台的业务, 不会直接参与前端的销售和交易. 此外定价与风险管理两者都会考虑风险与收益的平衡问题, 但风险收益的具体含义和方法论是不同的. 前台业务或者资产定价中的收益具体指未来收益的期望, 风险指未来收益的波动. 风险管理是对机构现有的资产配置的风险进行管理, 资产的预期收益在交易时已经确定了, 风控更关心实际收益与预期收益的偏差这种风险.

1. 风险与预期收益

如果用随机变量 X 表示市场中某个资产未来的收益, 根据金融学的有效市场理论, 随机变量 X 的数学期望 $E(X)$ 和方差 $\mathrm{Var}(X)$ 应该满足某种一致的关系, 即两个资产的收益随机变量 X_1 和 X_2, 其数学期望 $E(X_1)$ 和 $E(X_2)$ 与方差 $\mathrm{Var}(X_1)$ 和 $\mathrm{Var}(X_2)$ 的相对大小关系应该是一致的. 这种风险与预期收益的平衡约束了资产价格之间的关系, 与微观经济学中充分竞争市场的均衡价格的原理类似. 因此, 我们可以从这个视角重新审视金融资产定价的三个主要理论: 最优投资组合理论、资本资产定价模型和套利定价理论.

1) 最优投资组合理论

马科维茨 (Markowitz, 1952) 提出了基于 "均值–方差" 的理性投资人的概念, 在已知风险资产 (方差非零) 池中各个资产的收益期望及它们之间的协方差矩阵的前提下, 给出了在不同的组合预期收益率下的最小方差投资组合. 这些投资组合的期望和方差构成了所谓的有效组合, 在均值方差的平面上可以画出一条 "有效前沿" 曲线. 这是最早建立投资人的预期收益 (收益率的期望) 与风险 (收益率的标准差) 之间互相联动关系的理论工作, 从组合优化的视角定量地刻画了金融资产组合的预期收益与风险的平衡关系, 使得直觉式的 "高风险, 高收益" 有了一定的理论基础.

2) 资本资产定价模型 (CAPM)

最优投资组合理论解决了风险资产的组合配置优化问题. 如果市场中还存在无风险资产 (收益的方差为零), 资产的预期收益该如何变化呢? 资本资产定价模型通过给定投资人的效用函数, 推导出的均衡状况下第 i 个资产的预期收益率 $E(R_i)$ 可以表示为

---

① 在投资领域里, 更完整的说法是 "低风险, 高收益, 大规模" 之间存在不可能三角. 即一个策略如果能做到低风险高收益, 那么策略能支持的资产量 (策略容量) 一定不会太大.

$$E(R_i) = R_f + \beta_i[E(R_M) - R_f]$$

其中, R_f 表示无风险资产的收益率, R_M 表示 "市场组合"[①]的收益率.

$$\beta_i = \frac{\mathrm{Cov}(R_i, R_M)}{\sqrt{\mathrm{Var}(R_M)}}$$

表示第 i 个资产的收益与市场组合收益的相关性. 从风险收益关系的视角观察 CAPM, 可以得到以下结论.

(1) 第 i 个风险资产的预期收益超过无风险收益的条件为: 市场组合的预期收益高于无风险收益, 且该资产的收益与市场组合的收益正相关; 市场组合的预期收益低于无风险收益, 且该资产的收益与市场组合的收益负相关. 这说明单个股票的预期超额收益有两个决定因素: 市场的预期超额回报以及个股和市场收益之间的相关性.

(2) 从 β 系数的定义看, β 系数是对两者协方差的某种标准化, 直接反映了第 i 个资产收益与市场组合风险的相关性, 实务中称其为风险敞口 (risk exposure)[②].

(3) 风险收益平衡关系可以使用 "单位风险回报"(或者更常见的名字, 夏普比率 (Sharpe ratio)) 来衡量, 例如市场的夏普比率为

$$\mathrm{SR}_M = \frac{E(R_M) - R_f}{\sqrt{\mathrm{Var}(R_M)}}$$

而资产 i 的超额收益有如下关系:

$$E(R_i) - R_f = [\beta_i\sqrt{\mathrm{Var}(R_M)}]\mathrm{SR}_M = \sqrt{\mathrm{Var}(R_M)}[\beta_i \times \mathrm{SR}_M]$$

即风险资产的预期超额收益率与市场组合的夏普比率成比例, 比例系数由 β_i 决定.

(4) 任何风险资产的预期收益和风险都离不开市场组合 (可以看作市场的风险基准组合) 的预期收益和风险, 资产 i 自身的特质性信息不能带来超额收益.

① "市场组合" 从定义上说应该包含市场上所有的风险资产, 不只是股票、债券、外汇、大宗商品, 甚至是不动产等都应该是市场组合的一部分. 但在实际操作过程中, 我们往往把市场组合等同于股票市场组合, 就是全部市场交易的股票构成的投资组合. 甚至在某些情况下, 我们用市场指数的回报率替代市场组合收益率.

② 风险敞口的讲法在本书后面的章节中也会出现. 观念上, 有风险不一定会有损失, 只有当组合对风险有敏感性的时候, 损失才可能发生. 比如 CAPM 模型中, 资产 i 的收益率经由 β 联系到市场超额收益率上. 市场收益率波动就构成了资产 i 收益率变动的原因. 资产 i 的价值波动, 除了市场组合的波动大小外, 还要看系数 β 的大小, 同样的市场波动之下, 资产 β 的绝对值越小受到的影响就越小. 就像外面狂风暴雨 ($\mathrm{Var}(R_M)$ 非常大), 窗户大敞 (β 很大), 屋里进水 (产生损失) 的可能性就大. 如果关着窗户 (β 为 0), 那么受到的影响就基本可以忽略不计. 在管理组合的市场风险的时候, 调节窗户敞开的程度 (敞口, 或者具体到这里的 β) 是一个非常常见的操作方式.

3) 套利定价理论 (APT)

与组合理论和 CAPM 不同, APT 理论的基础是金融市场上普遍的套利行为. 一个组合被称为套利组合, 其基本要求是: ①期初投入为零, ②在期末任何情况下的收益都大于等于零, 且至少有一种情况严格大于零. 一个有效的市场上, 一旦出现套利组合, 理性的投资者就会竞相买入, 导致期初的价格大于零.

在 APT 的框架下, 资产 i 的收益率 R_i 可以表示为

$$R_i = \alpha_i + \sum_{k=1}^{K} \beta_{ik} f_k + \epsilon_i, \quad i = 1, \cdots, N$$

$$E(f_k) = 0, \quad E(f_k \epsilon_i) = 0, \quad E(\epsilon_i) = 0, \quad \mathrm{Var}(\epsilon_i) < \infty$$

其中 f_k 表示第 k 个因子的超额收益率. 在全市场无套利的条件下, 存在与具体资产无关的 $K+1$ 个系数 $\lambda_0, \lambda_1, \cdots, \lambda_K$, 使得第 i 个资产的预期收益率可以近似表示为

$$E(R_i) = \alpha_i = \lambda_0 + \sum_{k=1}^{K} \lambda_k \beta_{ik}$$

表面上看 APT 理论没有反映风险与收益的关系, 但资产收益率的线性模型与期望收益率表达式之间的本质差异是前者为随机变量 (风险)、后者为数学期望 (价格), 两个表达式之间唯一的联系是参数序列 $\{\beta_{ik}, i = 1, \cdots, N; k = 1, \cdots, K\}$. 或者说, APT 体现了一般资产收益率的线性模型在无套利条件下常数项 (期望) 与线性系数项 (风险敞口) 的线性关系.

2. 风险与实际收益

实际收益是该随机变量在某个随机事件 (未来发生) 下的取值. 这里的随机事件可能是: 未来某日的经济状况、金融市场状况以及所有与该金融资产相关的信息. 实际收益的取值是随机变量的结果, 理论上无法预知. 人们通过各种统计技术可以预测不同结果发生的概率 (分布). 从这个角度说, 实际收益随机变量完美契合前面提到的风险定义.

前面介绍的金融资产定价理论都只是回答了资产收益率的数学期望的表达式或者关系式, 并没有对资产收益率的分布给出解答. 但我们仍然可以从上述理论中得到关于资产实际收益的一些风险特征. 如果用收益率的方差度量风险, 在收益率期望不变的前提下, 组合收益率的方差可能会低于单独持有某个资产的收益率方差. 同时, 尽管资产组合可以改变实际收益率的分布特征, 组合收益率的尾部表现是否一定优于单个资产仍未有一致结论.

如果市场中的资产不是合理定价的, 回归合理定价的过程自然会引发价格波动. 当市场中的资产都是按照资产定价理论得到了合理定价时, 持有资产或者资产组合是否就没有风险了呢? 依据 CAPM 的理论, 所有投资者只在两种资产中做分配: 无风险资产和市场组合. 在实际效益中, 如果所有的投资人都同时持有市场组合, 那么市场很可能会陷入单边的买卖以至于停摆. 这不只是现实操作本身的问题, 从风险的角度也有问题. 就算可以买到这些配置, 资产的价格稳定性也很差, 只要有人平仓 (如果可以的话), 就会导致大量的连锁交易. 从最优配置的角度看, 投资者应该持有市场组合 (如配置指数基金等), 但是这会导致集中投资, 增加市场整体的"风险". 为了解决这个看似诡异的问题, 我们必须假设投资者之间互不相同, 资产之间的关系也不像 CAPM 理论假设得那样简单:

- 投资者真的只关心期望和标准差吗? 从实际收益看, 似乎需要更多关注尾部极端事件.
- 每个资产的非系统性风险 ϵ_i 之间独立吗? 如果不独立, 说明还存在共同的影响因素. 极端情况下如果存在非线性相关关系, 我们不一定可以通过资产的线性组合来提取这种共同影响因素.
- 各种投资者的投资周期都是一样的吗? 如果投资期限不一致, 行为上会有什么不同?
- 各个投资者的无风险利率相同吗?
- 各种投资者和资产面临的税收政策都一样吗?
- 所有投资者对所有资产收益的分布 (至少是期望、协方差) 的认知是相同的吗?

这些过于理想化的假设在一定程度上就是风险产生的源头. 也可以说, 从资产实际收益的视角看风险可以考查定价理论的前提条件不成立的可能性以及对资产预期收益率的影响. 在 CAPM 理论中我们也可以将资产的收益形式表示为

$$R_i - R_f = \alpha_i + \beta_i[R_M - R_f] + \epsilon_i$$

其中的 β_i 如 CAPM 的定义. 如果 CAPM 成立, 那么应该有 $\alpha_i = 0$. 量化策略中的 Alpha 策略就是试图捕捉那些有正 α_i 的资产. $\alpha_i \neq 0$ 对应的风险是什么, 如果是残差 ϵ_i 贡献的, 两者之间有什么关系? 是否 α_i 与零的偏差越大 ϵ_i 方差也随之增大? 对于这些问题, 现有的资产定价理论也无法回答, 需要进一步不断进行理论与实践方面的探索.

3. 金融产品的风险与金融机构的风险

在实践中, 金融数学的两大应用场景是资产定价和风险管理. 这两者之间有密切的联系, 但还是有比较明显的差别. 资产定价的目的是研究金融资产价格的形成机制, 与之相对, 金融风险管理的主要目标是在了解风险 (的概率统计) 性质的基础上有效地管理风险. 两者都需要研究各类风险因素的概率统计特征、收益和损失的平衡机制和方法论. 不同的是资产定价更关心预期收益, 关心的是具体的资产或者产品, 而风险管理更关心 (预期、未预期) 损失, 并讨论整体 (组合、业务线、公司层面、行业和系统等) 上的风险收益平衡、风险控制措施的有效性等.

即使金融机构在其各个业务线的投资决策中已经非常有效地分析了产品的风险收益, 也不意味着机构在日常的经营活动中可以放任其持有的资产和债务任意变化. 就像企业风险管理 (enterprise risk management, ERM) 的对象是企业法人机构一样, 金融风险管理更多是指金融机构的风险管理, 金融机构的风险和收益与业务本身 (资本市场投资、承保、存贷款) 的风险和收益既相关又有很大的差异.

金融机构的经营收益增加了机构的价值, 给股东带来利润, 那么股东的利润波动是金融机构的风险吗? 既然金融机构的经营过程, 从业务规划到财务管理都是为了保证机构可以给股东赚到利润, 那为什么还要加入风险管理部这种既不创造利润, 又需要投入成本, 还经常拦着利润部门的部门呢? 为了回答这些问题, 首先需要分析金融机构最大的危机是什么. 从金融的中介属性看, 金融机构往往没有实物生产作为其存在和发展的基础, 而是依赖信用来开展业务. 居民和企业很少会认为其银行存款不能正常兑现, 投保人对保险公司履行赔偿的责任不会质疑, 资产管理机构的投资人对资产管理人没有除管理能力以外的其他质疑. 只有这样, 金融机构才能正常发挥功能. 如果信任丧失了, 那么最优决策就是关起门来自我循环, 整个金融体系就崩溃了. 而为了维护这种"信任", 金融机构必须展示出在各种极端情况下依然可以正常开展业务的能力, 也就是要有足够的风险管理能力.

金融机构的风险有如下特点. 首先, 业务本身的风险将传导为机构的风险. 例如, 商业银行的贷款业务风险是违约风险, 但是当贷款违约的风险过高后将造成商业银行的资产大幅缩水, 直至资不抵债而破产; 保险公司承保的巨灾保险损失超过了公司的可用资产, 出现流动性或者资不抵债的情况; 资产管理机构面对投资资产瞬时快速下降时, 若同时投资人大量赎回, 也可能会出现极端的流动性问题和资不抵债的情况. 其次, 机构自身经营过程中衍生的风险. 例如, 商业银行没有对存款的流动性风险进行有效的管理, 导致出现挤兑的情况; 保险公司的内部控制和管理不善出现假保单、酒后驾驶骗保的欺诈理赔损失; 证券公司的自营业务因交易系统的问题导致指令误识别, 从而造成公司自营账户资产的巨额损失.

在经济体系中, 金融机构扮演着双重身份, 既直接参与经济活动又对经济活动中的资金运转进行调节. 金融机构不仅仅是作为经济体组成的商业机构存在, 更重要的是金融机构通过连接融资和投资为经济运转进行润滑, 并通过对金融资产的定价来调节风险和收益.

由于双重身份的缘故, 金融机构的倒闭带来的社会和经济影响与破坏远超过一般的企业的破产. 考虑到监管的效率①, 金融监管的核心是对金融机构破产风险的监管, 即对金融机构资不抵债和流动性危机的监管. 尽管对企业的监管也会考虑降低企业的破产风险, 但对金融机构的监管显然要严格得多. 这一方面是因为一家机构的破产可能会引起对整个行业信用的怀疑, 另一方面是金融机构之间的关联远比实体企业之间的关联要密切②. 一家金融机构的破产可能会连带对很多金融机构的违约, 进而造成行业性的损失. 雷曼兄弟的破产就验证了这种被称为"系统风险"(systemic risk) 的现象.

此外, 金融机构的高杠杆化意味着风险管理的必要性. 与一般的商业机构比较, 金融机构的杠杆率是比较高的. 从原银保监会公布的行业数据看, 银行的资产负债率普遍在 90% 以上, 远远高于大部分企业 40%~60% 的资产负债率. 较高的资产负债率说明行业对负债端和资产端的波动非常敏感, 如果不采取更严格的管理手段, 其风险承受能力是非常脆弱的.

1.2 金融风险管理的发展历程和基本原理

金融风险管理的产生和发展是建立在经济社会进步和科学技术创新的基础之上的, 从意识风险到规避风险直至有组织地进行科学的风险管理, 离不开经济基础提升和科学技术在方法论上的强大支持.

1.2.1 风险管理的发展历程

风险管理的意识由来已久, 比如孔子说的 "危邦不入, 乱邦不居", 孟子说的"君子不立于危墙之下"③都体现着风险管理的要素. 为了做到这一点, 首先是要有风险意识 (能识别危邦、乱邦、危墙等), 其次要有管理手段 (一旦发现自己处于危

① 监管是有成本的, 是要考虑投入产出比的. 把有限的监管资源用到防范会产生最严重后果的关键环节, 才能最有效地保卫金融体系的安全.

② 实体行业内部的机构除了上下游关系外一般没有直接的业务往来, 但金融机构之间往往都存在着密切的资金往来.

③ 原文是 "是故知命者, 不立乎岩墙之下."

险境地, 要及时离开). 而在西方, 最早的风险管理思想则可以追溯到亚里士多德时代. 彼得·伯恩斯坦认为, 人类在文艺复兴时期就想操控灾害和风险.

1. 企业风险管理的发展历程

在概率论产生之前, 因为无法对风险进行量化分析, 人们只能进行朴素的风险分析, 风险管理手段也多限于简单规避风险. 概率论发展为灾害事件的估计提供客观的科学方法, 人们开始有意识地进行风险理论与实证研究. 特别是在保险领域, 相关理论进展催生出精算技术、精算岗位和精算师的职业体系. 精算体系以概率论为理论基础, 应用统计方法对财产和人身等保险标的数据进行损失分布建模, 进而科学指导产品开发和保险责任负债的评估, 科学规范地对风险进行量化和管理.

概率论及数理统计的出现和发展, 对人类而言是划时代的, 对于风险管理来说更是一场革命. 尽管世界上第一家保险公司早在 1424 年就在意大利的热那亚问世, 但直到应用了精算技术, 保险业才逐渐摆脱了基于主观判断的经营管理模式, 并开始迅猛发展. 迅速发展的保险业在人类现代化经济和社会发展进程中起到了保驾护航的重要作用.

早期的企业风险管理和保险的关系非常密切, 甚至可以说, 最初的企业风险管理只是指企业通过保险转移风险. 在 20 世纪 30 年代, 由于受到 1929~1933 年的世界性经济危机的影响, 美国有 40% 左右的银行和企业破产, 经济倒退了约 20 年. 为应对经营上的危机, 美国许多大中型企业都在内部设立了保险管理部门, 负责安排企业的各种保险项目. 可见, 当时的内部控制和风险管理主要依赖保险手段. 时至今日, 保险仍然是个人和企业管理风险的重要手段, 并持续产生影响.

1949 年, 美国审计程序委员会下属的内部控制专门委员会经过两年研究发表了题为“内部控制, 协调系统诸要素及其对管理部门和注册会计师的重要性”的专题报告, 该报告第一次对“内部控制”做了权威性的定义. 1955 年, 美国宾夕法尼亚大学沃顿商学院的施耐德教授第一次提出了“风险管理”的概念. 20 世纪 70 年代中期, 根据美国“水门事件”调查结果, 立法者和监管团体开始对内部控制问题给予高度重视. 为了制止美国公司向外国政府官员行贿, 美国国会于 1977 年通过了“反海外腐败法”(FCPA). 该法案除了反腐败条款外, 还因包含了要求公司管理层加强会计内部控制的条款, 成为美国在公司内部控制方面的第一个法案. 1978 年, 美国执业会计协会下面的柯恩委员会 (Cohen Commission) 的报告提出了两点建议: ①建议公司管理层在披露财务报表时, 提交一份关于内控系统的报告; ②建议外部独立审计师对管理者内控报告提出审计报告. 1980 年后, 内部控制审计的职业标准逐渐成形, 这些标准逐渐得到了监管者和立法者的认可.

随着风险管理实践的不断发展，鉴于保险的可保风险和功能的局限性，许多企业开始在组织内部主动进行风险管理，也就是在组织内部采取相应的行动来控制风险和不确定性对组织的影响．还有一些企业发现，采用预防损失的措施对解决某些棘手的问题也极为有效，从而使风险管理者的职责不断扩展，保险仍然作为风险管理的重要工具及理论支持来源，但已不是风险管理的唯一手段．

1970~1990 年，经济、社会和科学技术迅猛发展，人类所面临的风险呈现出种类逐渐增加、危害日益加大的特点．例如 1984 年美国联合碳化物有限公司印度博帕尔毒气泄漏案，1986 年苏联切尔诺贝利核电站爆炸事故等恶性事故．这些重大的灾难对风险管理理念在全球范围的传播与发展起到了极大的催化和推动作用．与此同时，美国一些大学的商学院开始讲授一门涉及如何对企业的人员、财产、责任和财务资源等进行保护的新型管理学．

1990 年以后，风险管理进入一个全新的阶段，即整体化风险管理阶段或全面风险管理阶段．全面风险管理突破了传统风险管理只考虑风险损失的狭隘性，将风险管理看作机构经营管理整体重要组成部分．有多个原因促成了这种风险管理的重大转变．

(1) 现代企业的发展越来越多地依赖技术手段进行经营和管理，为现代企业风险管理的实现提供了方法论和技术手段的保证．

(2) 随着经济贸易的全球化和主要经济体的金融体系的开放，机会与风险共生：企业的盈利机会增加的同时也不断产生新的风险．很多实体企业越来越清晰地认识到金融衍生品在 (利率、汇率) 风险对冲中的重要作用．与此同时，由于对衍生品的理解不够或使用不当引发了多起实体企业的金融风险事件，促使人们从财务 (收益、资产负债和资本) 视角审视企业风险管理的定位和作用．

(3) 保险与金融产品的整合，建立了保险市场与资本市场之间的通道．传统的保险标的是纯粹的人身、财产的损失风险，但保险的本质是风险转移，只要有现实的需求以及相应的风险损失评估技术和风险转移方法，就可以设计相应的金融产品在市场上交易．例如，巨灾风险债券和长寿风险债券及其互换、信用违约互换 (CDS，也具有对信用违约进行保险的功能) 等．这种站在公司整体角度的新型风险管理理念，常常被称作公司风险管理或全面风险管理．

企业全面风险管理概念的产生，源于美国全国虚假财务报告委员会下属的发起人委员会 (The Committee of Sponsoring Organizations of the Treadway Commission, COSO) 对风险管理的研究．COSO 认为，对于企业管理者来说，一个非常重大的挑战就是确定该组织在努力创造价值的过程中准备承受多大的风险．制定统一定义，能够提供主要的原理和概念，且具有明确的方向与指南的风险管理框架将有助于企业迎接这个挑战．2004 年，COSO 颁布了《企业风险管理框架》(Enterprise Risk Management Framework, ERMF)，旨在为企业风险管理提供统一术语与概念体系的全面应用指南.

2001 年 11 月的美国安然公司倒闭案和 2002 年 6 月的世通公司财务欺诈案, 加之其他一系列的会计舞弊事件, 促使企业的风险管理问题受到全社会的关注. 2002 年 7 月, 美国国会通过萨班斯–奥克斯利 (Sarbanes-Oxley) 法案 (简称萨班斯法案), 要求所有在美国上市的公司必须建立和完善内控体系. 萨班斯法案被称为是美国自 1934 年以来最重要的公司法案, 在其影响下, 世界各地纷纷出台类似的方案, 加强公司治理和内部控制规范, 加大信息披露的要求, 加强企业全面风险管理.

世界上已有 30 多个国家或地区 (包括所有资本发达国家或地区及一些发展中国家) 发表了对企业的监管条例和公司治理准则. 在各自的法律框架下, 企业有效的风险管理不再是企业的自发行为, 而成为企业经营的合规要求.

2. 金融机构风险管理的发展历程

直到 20 世纪 90 年代, 金融风险管理才开始在发达经济体的金融机构中蓬勃发展. 正如保险业的产生源自海上贸易的高风险和高收益, 刺激金融风险管理的行业实践发展的主要动因是接连不断的金融风险事件或金融危机. 这些危机包括但不限于: 1987 年美国 "黑色星期一" 股灾, 1990 年日本股市危机, 1992 年欧洲货币危机, 1995 年墨西哥比索危机, 1995 年有 233 年历史的英国巴林银行的倒闭, 1997 年的亚洲金融危机以及 1998 年 10 月长期资本管理公司 (Long-Term Capital Management, LTCM) 的倒闭, 等等.

在这些事件中, LTCM 的倒闭刷新了人们对金融投资、金融风险和金融机构风险管理的认识. 这家由华尔街精英、政府前财政官员和诺贝尔经济学奖得主组成的私募资产管理公司, 初期收益表现卓越、业绩一路高歌, 但在面对金融动荡时也难逃一劫. 这些教训警示着金融从业者金融风险管理的必要性和紧迫性. 人们意识到风险管理的重要性无论怎么强调都不过分.

与此同时, 金融资产定价理论研究将投资收益与风险平衡的直观认识上升为随机财富的效用决策问题, 产生了现代投资组合理论和资本资产定价理论, 以及基于金融市场无套利性质的套利定价理论和期权定价理论. 这些资产定价的基本理论同时也提供了对金融投资损失风险进行度量的数学方法. 这些都为金融风险管理奠定了金融理论基础和分析框架.

在现代银行业风险管理的脉络里, 国际清算银行 (Bank for International Settlements, BIS) 是一个绕不开的机构①. 作为一个面向全球中央银行和银行业的国际组织, BIS 的宗旨是 "促进各成员中央银行之间的合作并为国际金融业务提供便利".

① BIS 是英、法、德、意、比、日等国的中央银行与代表美国银行界利益的银行机构根据海牙国际协定于 1930 年成立的国际机构. 其最初的设立目的是处理第一次世界大战后德国战争赔款问题, 后演变为各成员的中央银行进行合作的国际性金融组织, 总部设在瑞士巴塞尔.

在 BIS 下设的巴塞尔银行监管委员会 (The Basel Committee on Banking Supervision, BCBS) 是银行审慎监管的主要全球标准制定者，为银行监管事项的定期合作提供了一个论坛，其 45 名成员为来自 28 个政府辖区的中央银行和银行监管机构．巴塞尔 (协议) 框架 (Basel Framework) 是 BCBS 所有标准的统称，BCBS 的成员同意全面实施这些标准①，并将其应用于监管其管辖范围内的国际性活跃的银行．

BCBS 于 1988 年首次发布了银行资本监管的统一原则和标准，即巴塞尔协议 I．协议首次明确和强调银行的资本在保护债权人 (储户) 利益免于银行破产风险损失中的重要作用，即资本是一种对不确定损失的“缓冲器”，可用于吸收极端风险情景下的损失．协议首次在监管层面明确建立了银行的资本与风险之间的具体联系，即资本是银行风险的最终承担者和压舱石，资本充足率代表了银行所面临的风险水平．

从 20 世纪 90 年代至今，伴随着经济全球化和金融体系的发展，对冲风险的各种金融工具和金融风险事件不断涌现．金融行业开始引入有数学和统计背景的人才，并不断丰富由计算机支持的数理模型、工具方法的开发和应用．这些背景促成了以模型为工具、以风险资本为导向的风险管理体系的建立和发展．

BCBS 不断更新和精细化对银行资本监管的标准体系，推动着银行业风险管理从理念到管理工具的进步．最新的巴塞尔协议 III 在 2017 年开始实施，预计用 10 年进行过渡．该框架是巴塞尔银行监管委员会针对前一版监管框架中的缺陷，以应对全球金融危机的核心要素为目标，打造有弹性的银行体系、避免积累系统性漏洞的又一次尝试．该框架的实施将有助于银行系统在经济周期的完整循环中不断支持实体经济．

3. 金融风险管理学术研究的发展

在学术领域，风险管理的最初理念和研究主要在保险精算和保险风险模型领域，其中一个重要的组成部分是风险理论 (risk theory)．该理论领域从最初的基于盈余过程 (surplus process) 的破产理论发展为后续的风险排序 (risk ranking) 和风险度量 (risk measure) 等更为全面的风险模型研究．直至今日，破产决策理论和风险度量仍然是保险精算研究中非常活跃的研究方向．

最早从管理学角度提出“风险管理”概念的是 1956 年发表在《哈佛商业评论》的《风险管理——成本控制的新时期》一文．该论文建议风险经理在纯粹被动与消极的风险转嫁的保险功能以外，提升积极的事前的风险管理功能．提出保

① 在第 4 章中，我们还将更细致地讨论巴塞尔协议．这里稍微多说一句，巴塞尔协议本身并没有法律效力，只是对各成员给出监管的建议．巴塞尔协议需要通过各成员的监管机构的立法得以实施，在这个过程中，各成员有权在具体条款上进行本地化改造．但是因为银行要参与国际竞争，所以即使本地化改造，其基本的逻辑框架依然自发地沿用了巴塞尔的框架．

险是风险管理的工具之一, 而非唯一可行的风险管理工具, 并指出在企业中应该设有专人全职负责管理风险.

自 20 世纪 90 年代开始, 金融数学与金融工程成为金融学一个重要的发展方向. 其中标志性和里程碑的工作是 1973 年布莱克 (Fischer Black) 和肖尔斯 (Myron Scholes) 合作发表的论文①. 这个被简称为 Black-Scholes 公式的期权定价框架也被称为现代金融风险管理理论发展的里程碑. 该框架不仅给出了欧式期权的定价公式, 更重要的是给出了连续对冲策略和期权价格对主要因素的敏感性 (又称希腊字母 Greeks). Black-Scholes 定价框架为交易员解决了对冲 (标的价格和变化、标的资产收益率的波动率、无风险利率、期限等各种风险因素) 的技术问题, 因此也被称为交易员的风险管理工具. 期权定价理论在风险管理中主要是用于研究市场风险建模, 与投资组合理论和资本资产定价模型共同成为市场风险研究的基础模型.

金融风险管理的学术研究可以按照几个维度进行分类: ①风险度量方法的理论研究; ②具体风险类型的理论研究; ③问题导向的实证研究.

风险度量是现代风险管理最具特征的工具, 是风险计量的基础. 风险度量的代表性工作是 Artzner 等 (1999) 提出的一致风险度量 (coherent risk measures) 的研究. 在随后的 20 多年间, 该领域成为金融风险管理理论研究最活跃的领域, 大量文献讨论风险价值 (value-at-risk,VaR) 的优劣以及预期尾部损失 (expected shortfall, ES) 的性质, 同时提出了凸风险度量等其他满足一定数学性质的风险度量. 关于风险度量的建模方法研究是该领域的另一个重要分支. 这个分支涉及基于各种波动率模型的风险度量的建模、尾部度量的统计检验问题等.

具体风险类型的理论研究包括: ①市场风险建模的理论研究, 主要分布于波动率的时间序列建模 (异方差模型)、随机利率模型、利率期限结构理论、美式期权或含权资产的估值和敏感性分析、随机模拟方法; ②信用风险的理论研究, 代表性工作包括基于信用评级的马氏链模型、违约概率和违约损失率的建模问题、信用资产组合 (存在相关性) 的分布模型、信用衍生品的估值; ③操作风险的理论研究, 代表性工作包括参照精算建模方法的损失发生率泊松模型、基于贝叶斯网络的操作风险的风险点网络等.

以风险管理的具体问题为导向的实证研究主要包括: ①经济资本的分散化效应与最优分配的研究, 以及经济资本调整的资本回报率的理论性质研究; ②压力测试的情景生成模型和传导模型的研究; ③基于模型的资本监管方法的有效性研究; ④应用机器学习和人工智能的相关研究. 例如监管科技 Reg-Tech 的主要模型、机器学习在个人信用模型和欺诈预警中的应用等. 有一种观点认为大数据和

---

① Black F, Scholes M. The pricing of options and corporate liabilities[J]. Journal of Political Economy, 1973, 81(3): 637-654.

机器学习在金融领域最成熟和落地的应用就是信用风险控制.

1.2.2 风险管理的基本原理

风险管理是研究风险发生规律和风险控制技术的科学. 风险管理主体通过风险识别、风险计量、风险评估和风险决策等手段, 对主体面临的风险实施有效的预算、控制和损失处理的过程. 风险管理作为一门交叉学科, 既有管理学的计划、组织、协调、指挥和控制等内容, 又有应用概率统计和优化决策分析等基础理论和方法, 通过两个学科的交叉来实现具体应用场景的有效管理目标.

1. 企业风险管理的基本原理

全面风险管理, 是指企业围绕总体经营目标, 通过在企业管理的各个环节和经营过程中执行风险管理的基本流程. 培育良好的风险管理文化, 建立健全的风险管理体系 (包括风险管理策略、风险管理措施、风险管理的组织职能体系、风险管理信息系统和内部控制系统), 为实现风险管理的总体目标提供合理保证的过程和方法.

人们在风险管理实践中逐渐认识到, 一个企业内部不同部门或不同业务的风险之间不相互独立, 有的相互叠加放大, 有的相互抵消减少. 企业不能仅仅从某项业务、某个部门的角度考虑风险, 而是必须根据风险组合的观点, 从贯穿整个企业的角度全面地进行风险管理. 尽管很多企业意识到全面风险管理的必要性, 但是在风险管理的技术和管理门槛之下[①], 能够对全面风险管理有清晰理解的企业并不多, 已经实施了全面风险管理的企业则更少.

COSO 的 ERM 框架是个三维立体的框架. 这种多维立体的表现形式, 有助于全面深入地理解控制和管理对象, 分析解决控制中存在的复杂问题.

第一个维度 (上面维度) 是四类目标构成的目标体系: ①战略 (strategic) 目标, 即高层次目标, 与使命相关联并支撑使命; ②经营 (operations) 目标, 即高效率地利用资源; ③报告 (reporting) 目标, 即报告的可靠性; ④合规 (compliance) 目标, 符合适用的法律和法规.

第二个维度 (正面维度) 包括八个相互关联的管理要素. 它们源自管理层的经营方式, 并与管理过程整合在一起.

• 内部环境. 管理层要确立风险的理念并确定风险容量. 所有企业的核心都是人 (个人品性, 包括诚信、道德价值观和胜任能力等维度) 以及经营所处的环境. 内部环境为企业的员工如何看待风险和着手控制风险确立了基础.

• 目标设定. 企业经营必须先有目标, 管理层按照预设目标去识别影响目标实现的潜在事项. 企业风险管理确保管理层采取恰当的程序去设定目标, 并保证选

① 因为风险管理部门并不是直接的盈利部门, 其业务开展往往还会导致企业的潜在盈利下降 (回想风险收益关系), 如果没有来自公司高层的强力推进, 风险管理是非常难以落地的.

定的目标支持主体的使命并与其相衔接, 以及与它的风险容量相适应.

• 事项识别. 管理层必须识别那些可能对企业产生影响的事项, 包括风险和收益机会两种情况以及两者兼有的情况, 其中的收益机会可能来自管理层制定战略目标中所考虑的事项.

• 风险评估. 要对识别的风险进行分析以便确定管理的依据. 风险与可能被影响的目标相关联. 既要对固有风险进行评估, 也要对剩余风险进行评估, 评估要考虑到风险的可能性和影响.

• 风险应对. 员工识别和评价可能的风险应对措施, 包括回避、承担、降低和分担风险. 管理层选择一系列措施使风险与主体的风险容限和风险容量相适应.

• 控制活动. 制定和实施政策与程序以确保管理层所选择的风险应对策略得以有效实施.

• 信息与沟通. 主体的各个层级都需要借助信息来识别、评估和应对风险. 广义的有效沟通包括信息在主体中向下、平行和向上流动.

• 风险管理监控. 整个企业风险管理处于监控之下, 必要时还会进行修正. 这种方式能够动态地反映风险管理状况, 并使之时时适应要求的变化.

第三个维度是风险管理的主体构成, 指企业的集团、部门、业务单元、分支机构等, 是企业风险管理的主体和实施者.

2. 金融风险管理的原理和方法

金融风险管理的原理性内容与企业风险管理在大逻辑上是一致的. 现代的企业风险管理活动已经上升到一个战略管理的层面, 这些活动将投资决策、资本预算问题和融资决策、资本结构问题融合在一起, 成为企业管理的核心.

从 “损失防范措施” 的角度来看, 风险管理活动包括三方面内容: ①避免损失发生或降低损失严重程度以及降低发生概率的管理活动, 主要指各项业务的管理和内部控制活动; ②将可能发生的损失转嫁给其他机构或市场参与者的活动, 主要指保险再保险转移和衍生品对冲活动; ③风险承担活动, 即通过提取准备金或风险定价方式为可能的损失募集资金的活动. 从 “盈利管理” 的角度来看, 风险管理包括风险定价、经济资本配置、经风险调整资本回报率和经风险调整的业绩衡量. 从 “风险因素” 的角度来看, 风险管理 (包括针对各个风险因子的风险管理活动和从整个金融机构战略管理的角度) 是将各个风险因子整合在一起的全面风险管理活动. 从金融机构管理风险所使用的 “工具和方法” 的角度来看, 风险管理活动可以划分为内部控制活动和风险产品交易活动. 内部控制活动所使用的工具主要是管理制度、组织架构和内审内控, 而金融工程主要方法是风险计量、衍生品对冲和风险定价补偿等.

图 1.1 是关于金融风险管理组成要素的总结. 金融风险管理作为一种管理活

动除了具有一般管理活动的特征, 还具有与风险相关的技术特征. 这些特征主要体现在方法部分, 这些工具和方法是对风险管理内容的支持和保障.

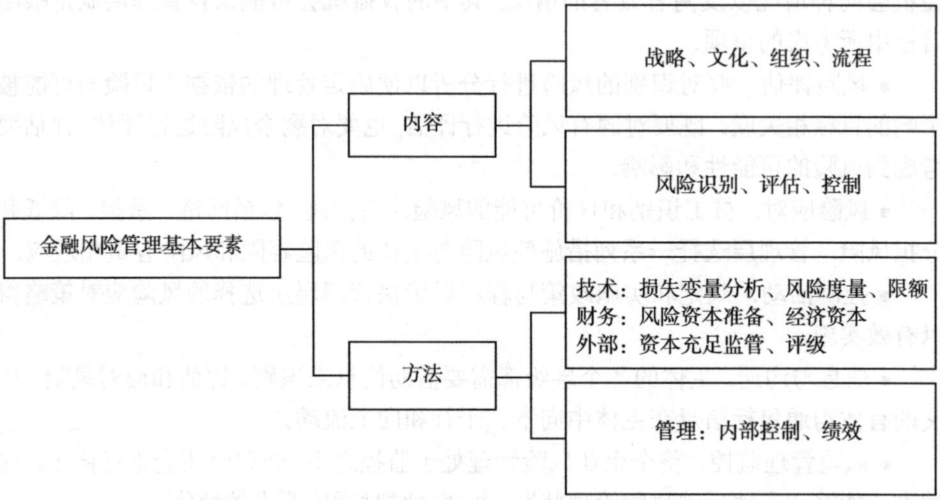

图 1.1　金融风险管理的基本要素

从建模的角度看, 金融风险管理的计量建模部分包括: 单个个体损失的随机变量分布建模、组合损失的随机变量分布建模、风险度量指标的建模以及服务于应用的风险计量分析 (包括分类型的风险计量, 准备金、监管资本要求和经济资本的计量等).

风险计量的一般逻辑和企业的管理逻辑类似, 是自下而上进行的. 以商业银行为例, 其主要资产的市场风险源包括利率、汇率、股票价格和商品价格等. 无论是日常的风险管理 (业务风险的限额) 还是为了完成监管的资本报告, 风险计量都是从某个业务单元面临的各类风险开始, 利用确定的风险度量指标进行计算然后逐级汇总, 最终形成银行整体的风险度量. 与定价不同的是在风险管理中很少止步于某个具体资产的风险, 而是从相对更高的层面计量风险.

1.2.3 风险评估的主要方法和技术

现代风险管理一个最突出的特征是在风险评估中利用计算机的支持、有效运用数学和统计的工具对风险 (变量) 进行建模分析. 目前, 发展得比较成熟的风险评估方法涵盖市场风险和信用风险的计量方法, 以及用于加总风险的组合风险计量方法. 以下分别对市场风险和信用风险进行简要介绍.

市场风险主要来自具有活跃交易市场的资产和负债, 其主要评估方法可以从 “风险因素” 和 “评估过程” 两个维度进行分类. 按照风险因素可以将市场风险的评估和计量方法分为: 利率模型、股票模型、汇率模型和衍生品估值模型等. 按照评估过程中使用的方法进行分类包括: ①基础模型. 这类模型的主要建模目标是通过统计方法刻画风险因素的价格变动. 例如描述股票收益率、无风险短期利率、股票波动率、汇率等时间序列模型, 描述利率期限结构的统计模型, 描述债券价格的贴现模型, 以及描述衍生品价格的诸如 Black-Scholes 模型等. ②敏感性分析方法. 基于前面的基础模型的结果, 敏感性分析方法进一步回答银行的资产和负债是如何随着风险因素变动改变价值的. 主要的分析技术包括资产或负债组合价值对风险因素的偏导数 (在期权术语里就是"希腊字母", 在债券术语里就是"久期凸性")、基于风险因素随机模拟的分析. ③资产或者负债组合的风险价值计算方法. 风险价值计算主要是给出损失分布的尾部分位点. 其技术手段可以分为参数化方法和非参数方法. 参数化方法依赖于具体的分布假设, 通过统计方法从历史数据中估计参数. 非参数方法则基于组合的历史数据得到经验分布函数, 进而选取给定置信水平的分位点.

信用风险计量方法主要包括三个部分: ①信用评级方法. 主要方法论是基于被评估对象的特征变量, 通过统计回归[①]和机器学习方法建模评估违约的可能性. 虽然企业和个人的特征变量完全不同, 但这并不妨碍他们作为信用评估对象的合理性. 特别是针对个人的信用评价方法中, 非标准数据和机器学习的方法有很大的应用前景. ②信用利差[②]建模. 这类模型是对市场交易的企业债的信用利差进行建模和分析, 方法论类似于市场风险的时间序列计量模型. ③信用资产组合的估值. 这类模型服务于信用资产组合的 VaR 计量和资产证券化的估值. 常用的模型有针对单个资产的违约概率和违约损失建模的模型、针对债务组合的基于耦合函数 (copula function) 的模型.

1.3 金融风险管理的主要内容

金融风险管理的理论和实践发展到今天, 已经形成了较为丰富的理论体系、初步完善的工具和方法以及大量的实践经验. 本节从金融机构的主要风险类型和基本计量方法、金融机构的风险管理实践和金融机构的风险管理与资本管理和外部监管三个部分具体说明金融风险管理实践中的主要内容.

1.3.1 金融机构的主要风险类型和基本计量方法

风险管理不是万能的, 考虑到成本收益问题, 金融机构不会也不可能管理经营中面临的所有风险. 关于金融机构的风险有各种分类方式, 常见的分法包括: 市场风险、信用风险、操作风险、流动性风险和模型风险等. 对于保险公司而言, 还

① 最常见的就是 Logistic 回归, 这部分内容在本书第 6 章有介绍.

② 信用利差是因持有信用债比持有无风险的利率债承担更多风险, 所要求的补偿. 一般体现为信用债券的到期收益率高于对应国债 (无信用风险债券) 收益率的部分.

有个特有的保险风险. 表 1.2 对主要的风险类型进行了汇总. 本小节将从业务的风险和经营的风险两个维度, 简单说明主要的风险类型和基本计量方法, 本书后续的章节将对各种风险进行详细的介绍.

表 1.2 各主要风险类型的汇总

风险分类	定义	风险因素	作用对象	计量方法
市场风险	因市场价格的不利变动而造成金融机构损失的风险	利率、汇率、股票价格和商品价格	股票头寸、交易债券头寸、公募基金投资头寸、银行账簿、金融衍生品头寸	敏感性分析 (希腊字母)、风险价值、压力测试
信用风险	因合约或交易对手未按照约定履行义务或对手信用下降从而发生损失的风险	宏观经济变量、贷款方特征、发债企业特征、信用利差	银行贷款、信用债券头寸、资产证券化头寸、金融衍生品的盈利头寸	内部信用评分模型、违约概率和违约损失率建模、组合的信用损失模型和风险价值、衍生品评估
操作风险	由不完善或有问题的内部程序、人员和信息科技系统以及外部事件对机构的经营结果造成损失的风险	内部的流程制度、人员、信息科技系统、外部欺诈	营业额	标准法、高级法
流动性风险	机构无法以合理成本及时获得充足资金用于偿付到期债务, 以及在金融市场交易中未能按照合理的价格和数量成交而发生损失的风险	宏观经济、监管要求、机构信用、金融市场超常规变化	资产和负债未来净现金流、金融市场交易头寸	流动性缺口的计量分析、净融资能力的分析、交易成本模型、价格冲击模型
模型风险	因使用模型的不当而使经营结果发生损失的风险	模型本身的问题、模型使用的问题	模型所应用的业务头寸	模型的校验、模型的校准

1. 金融机构业务的风险

金融机构的业务活动可以从资产业务和负债业务两个方面进行分类, 金融机构的资产业务主要包括: 商业银行的贷款业务、金融资产投资管理业务 (资产配置和交易). 这两大类业务将会带来信用风险和市场风险, 这也是金融机构最主要的风险类型. 金融机构的负债业务主要包括: 商业银行的存款业务和保险公司的承保业务. 这里两大类业务将会带来银行账户的利率风险和保险风险 (承保标的定价、准备金不足带来损失的风险). 总之, 金融机构的市场风险、信用风险和保险风险主要来自金融机构业务本身和其具体的风险特征.

同时, 金融机构的业务风险也包括: 业务的专业人员、系统不完善带来的操作风险, 金融市场交易的流动性带来的交易流动性风险, 以及在从事金融资产管理中产生的部分模型风险.

2. 金融机构经营过程的风险

金融产品往往同质性很强, 各个机构经营结果的优劣和承担的风险在一定程度上取决于公司的经营过程. 也就是金融机构的日常运营和操作本身带来损失的风险. 从这个视角看金融机构的风险最主要的是操作风险[①], 还有法律合规的风险、声誉风险等大多伴随公司的经营管理活动产生, 但很难通过资产负债表等财务数据完全体现出来的风险. 应对此类风险, 需要对公司具体的经营管理流程和日常活动进行风险识别、度量和控制.

3. 金融风险管理的主要计量方法

现代金融风险管理的最主要的特征是运用了以概率统计为理论基础的一系列风险计量模型和建模方法论. 表 1.2 的最后一列简单列出了金融风险管理的主要计量方法.

金融数学与金融工程中常用的模型在风险计量模型中都有运用, 例如, ①单个股票资产收益率、短期利率、波动率和汇率的随机微分方程与时间序列模型, 多个资产的组合的相关性和耦合 (copula) 模型; ②风险度量模型: 风险价值、预期尾部损失、一般的谱风险度量、极值理论等; ③金融数学的经典模型: Markowitz 投资组合理论、CAPM、APT、以 Black-Scholes 模型为代表的衍生品定价和对冲模型等.

金融风险管理是一种实践活动, 要发挥风险计量基本工具的作用最重要的是基于数据进行建模. 建模过程中应用最广的是金融计量的相关方法: ①各种时间序列的建模, 与定价不同, 风险管理的建模目的是预测未来的风险 (标准差) 或者分布的尾部特征; ②信用风险预测建模, 包括是否违约的 0-1 分类变量预测和连续变量的损失回收率建模等; ③相关性的建模, 包括协方差矩阵的预测、Copula 建模等; ④模拟法计算风险度量指标, 基于数据的不依赖模型的历史模拟法、基于模型的蒙特卡罗随机模拟方法等; ⑤回测建模和检验, 由于风险管理关心分布的尾部特征, 在预测有效性的统计检验中需要采用特别的方法, 检验和比较风险度量的有效性等.

1.3.2 金融机构的风险管理实践

金融机构的风险管理是金融机构日常经营管理和战略规划的重要组成部分. 为切实保证风险管理的有效性和可操作性, 金融机构需要建立完整的风险管理体系. 这个体系包括风险管理战略或治理结构、风险管理的组织体系、风险管理流

① 当然流动性风险和模型风险也与公司的经营管理过程密切相关.

程、风险管理措施、风险管理信息和报告系统及内部控制系统等. 整个体系为实现风险管理的总体目标提供组织、制度、过程和方法的保障.

表 1.3 摘自中国工商银行 2020 年和 2021 年的年度财务报告的风险管理部分, 其中全面风险管理的定义包含了以下基本要素: 风险治理架构、风险文化、风险管理策略和风险偏好、风险限额和风险管理政策, 以及对各类具体风险的管理内容. 比较 2020 年与 2021 年的风险管理目标和风险管理整体情况的说明, 可以看出各年具体的风险管理目标和相应的重点关注问题以及采取的措施等.

表 1.3　商业银行风险管理整体说明示例

全面风险管理是指通过建立有效制衡的风险治理架构, 培育稳健审慎的风险文化, 制定统一的风险管理策略和风险偏好, 执行风险限额和风险管理政策, 有效识别、评估、计量、监测、控制或缓释、报告各类风险, 为实现集团经营和战略目标提供保证. 本行在全面风险管理中遵循的原则包括全覆盖、匹配性、独立性、前瞻性、有效性原则等. 董事会及其专门委员会、监事会、高级管理层及其专业委员会、风险管理部门和内部审计部门等构成本行风险管理的组织架构.
2020 年, 本行以 “建设与具有全球竞争力的世界一流现代金融企业相匹配的全面风险管理体系” 为总体目标, 以 “管住人、管住钱、管好防线、管好底线” 为重点, 以 “主动防、智能控、全面管” 为路径, 持续完善风险治理顶层设计, 提升全面风险管理水平. 修订完善全面风险管理制度体系, 落实风险管理责任, 传导风险管理文化, 实现风险管理措施对机构、业务、人员的全覆盖. 优化风险偏好和风险限额管理体系, 提升风险应急管理能力, 夯实集团并表风险管理基础, 推进风险控制体系智慧化建设, 深化大数据、人工智能等新技术应用.
2021 年, 本行遵循 “主动防、智能控、全面管” 的风险管理路径, 推进 “管住人、管住钱、管好防线、管好底线” 重点措施落地, 提升全面风险管理成效. 制定实施风险管理三年规划, 完善风险管理制度体系, 夯实风险管理三道防线建设, 落实风险管理责任. 强化风险偏好和限额管理, 加强风险监测预警, 提升风险防控主动性与前瞻性. 依托融安 e 盾等智能平台, 加快推进风险管理数字化、智能化转型. 加强新兴领域风险管理, 将气候风险纳入全面风险管理体系, 建立气候风险治理架构, 强化气候风险识别与管理, 开展气候风险压力测试.

在全面风险管理框架下, 金融机构的风险管理可以分为四个维度: ①确定风险管理目标, 如将风险造成的损失控制在一定额度内, 或是指定风险发生次数在一定数量之内, 或是没有监管机构处罚等. ②制定风险管理环境, 如董事会的风险偏好和风险容忍度等. ③建立风险管理的具体流程, 如设置风险识别、评估、监测、控制和缓释等具体的风险管理工作内容. ④建立风险管理的工作机制, 将业务线与风险管理工作有机结合, 如职能部门、业务条线的风险管理工作与业务的融合.

1. 风险管理目标

各个机构在每个具体的时间有不同的设置, 但核心要素基本都包括: 匹配公司在该时期的经营和发展目标 (如财务目标、市场占有率目标、经营目标、战略目标等), 并将这些目标落实到具体的风险管理实践的目标.

以表 1.3 为例, 在 2020 年和 2021 年, 两年的风险管理目标既有共同之处也有明显的不同. 2020 年是建设与机构的发展战略目标 (具有全球竞争力的世界一流现代金融企业) 相匹配的风险管理体系, 2021 年则是以 “提升全面风险管理成效”为目标构建风险管理体系. 同时, 还会有细化的一些具体目标, 例如: “实现风险管理措施对机构、业务、人员的全覆盖”, “提升风险应急管理能力”, “夯实集团并表风险管理基础”, “推进风险控制体系智慧化建设, 深化大数据、人工智能等新技术应用”以及“提升风险防控主动性与前瞻性”, “加强新兴领域风险管理”等.

2. 风险管理环境

风险管理环境主要包括董事会对机构的风险偏好和风险容忍度, 以及机构的风险管理组织架构.

风险偏好是指为了实现风险管理目标, 机构对于所承担风险的种类、程度等方面的基本态度. 风险偏好反映了机构对待风险的基本态度和立场, 公司在战略制定、资本规划、经营计划实施、全面预算管理、资产负债管理以及资源分配等经营管理的各个方面均应与其风险偏好相符. 鉴于此, 风险偏好是风险管理在机构经营管理中发挥作用的一个重要组成部分和环节, 对机构从战略到经营到资源分配都具有重要的指导作用.

从上述关于风险偏好的描述看, 不同类型和规模的金融机构的风险偏好是存在差异的, 从机构的风险偏好往往可以揭示公司的定位和发展战略. 处于行业头部的机构, 其定位和目标主要是保持领先和稳健发展, 对待风险的基本态度和立场的风险偏好一定是谨慎和保守的, 与其业务目标是一致的. 对于那些有很大的生存压力和对业务发展有强烈需求的机构, 其对应的风险态度可能会很激进, 会主动或被动地承担其他机构不愿承担的风险, 追求规模的动机会显著超过追求利润和规避风险的动机, 风险的立场趋向于满足资本和合规的行业基本要求. 这体现了现代风险管理不只是简单地“消灭风险”的业务, 而是结合机构的实际, 切实发挥风险管理的作用. 这对于风险管理专业人员意味着更多的挑战, 要灵活运用风险管理的基本原理在不影响机构发展的前提下保证风险的适当和可控.

从多样性角度看, 即使是成熟经济体的金融体系中的各个金融机构也会有其不同的业务发展定位和风险偏好. 与金融资产投资类似, 不同的风险偏好决定了投资者基本的资产配置逻辑, 如果投资者的风险偏好完全一致, 金融投资的流动性也会出现大的问题. 正如各个机构的市场排名和定位不同, 金融机构风险偏好的差异性是客观存在的, 也是保证金融体系长期健康发展的基本条件.

具体实践中, 机构的风险偏好是通过《风险偏好陈述书》的形式出现的, 一般包括: 风险偏好总体陈述、风险容忍度说明、风险限额说明和风险偏好的管理等.

1) 风险偏好总体陈述

风险偏好总体陈述一般包括: ①机构的经营发展总体目标 (实现股东和公司价值、行业排名等); ②机构的资本或偿付能力目标 (资本充足率或偿付能力充足率的行业目标等); ③机构的流动性目标 (流动性管理目标、日常流动性管理目标和极端情景的流动性目标等), 并明确说明机构愿意承担的风险水平.

2) 风险容忍度说明

一般以机构的财务预算和业务规划为基础, 从资本充足性、盈利、流动性、评级、各个风险类型和资产负债管理几个维度设定风险容忍度. 在盈利和资本充足部分会设定具体指标和指标的阈值, 在流动性、评级、资产负债管理和各个风险类型部分主要是定性的要求 (日常流动性水平适中不发生重大流动性事件、评级目标维持 A、资产负债管理良好等).

3) 风险限额说明

一般会结合监管规则、实际的管理需求和风险偏好实践, 制定和调整风险限额体系. 风险限额体系由指标体系和阈值组成, 一般按照风险类型归类 (市场风险、信用风险、保险风险、操作风险和流动性风险等) 提出一级风险限额指标, 然后对具体风险类型进一步细化 (市场风险的利率风险、股票风险等).

4) 风险偏好的管理

基于公司 "风险偏好体系管理办法" 制度和风险控制方案的相关要求, 结合自身业务和风险特征, 明确具体的风险防控职责, 落实风险偏好管理的有关要求. 具体包含: ①定期监控 (风险管理部门组织各部门负责定期监控公司风险容忍度、风险限额指标等监控指标), 并形成定期的风险分析报告及风险应对措施. ②在重大事项或重要情景 (重大事项诸如重大经营决策、重大投资决策, 重要情景例如公司整体实际业务规模超计划过多) 下测算业务是否会突破 (公司或集团层面) 风险容忍度、风险限额的要求. ③突破风险容忍度或风险限额时的处理预案. 一般而言, 当公司风险容忍度出现突破时, 风险管理部应第一时间将有关情况向最高管理层报告, 并先行开展分析评估工作. 公司管理层就风险容忍度突破情况组织处置应对工作, 并及时向董事会报告. 当风险限额突破时, 根据具体情况, 由风险管理部门牵头进行报告和处置. ④加强对重点领域的风险管控. 综合运用负面清单等多种管控机制和手段, 加强对重点风险领域、关键业务环节的穿透管理和风险排查, 及时防范和化解相关风险隐患.

风险管理的组织架构包括: 董事会及其专门委员会、监事会、高级管理层及其专业委员会、风险管理部门和内部审计法律合规部. 图 1.2 是商业银行的风险管理组织架构的示例, 从中可以看出金融机构的风险管理实践得以顺利实施需要的组织配置和流程.

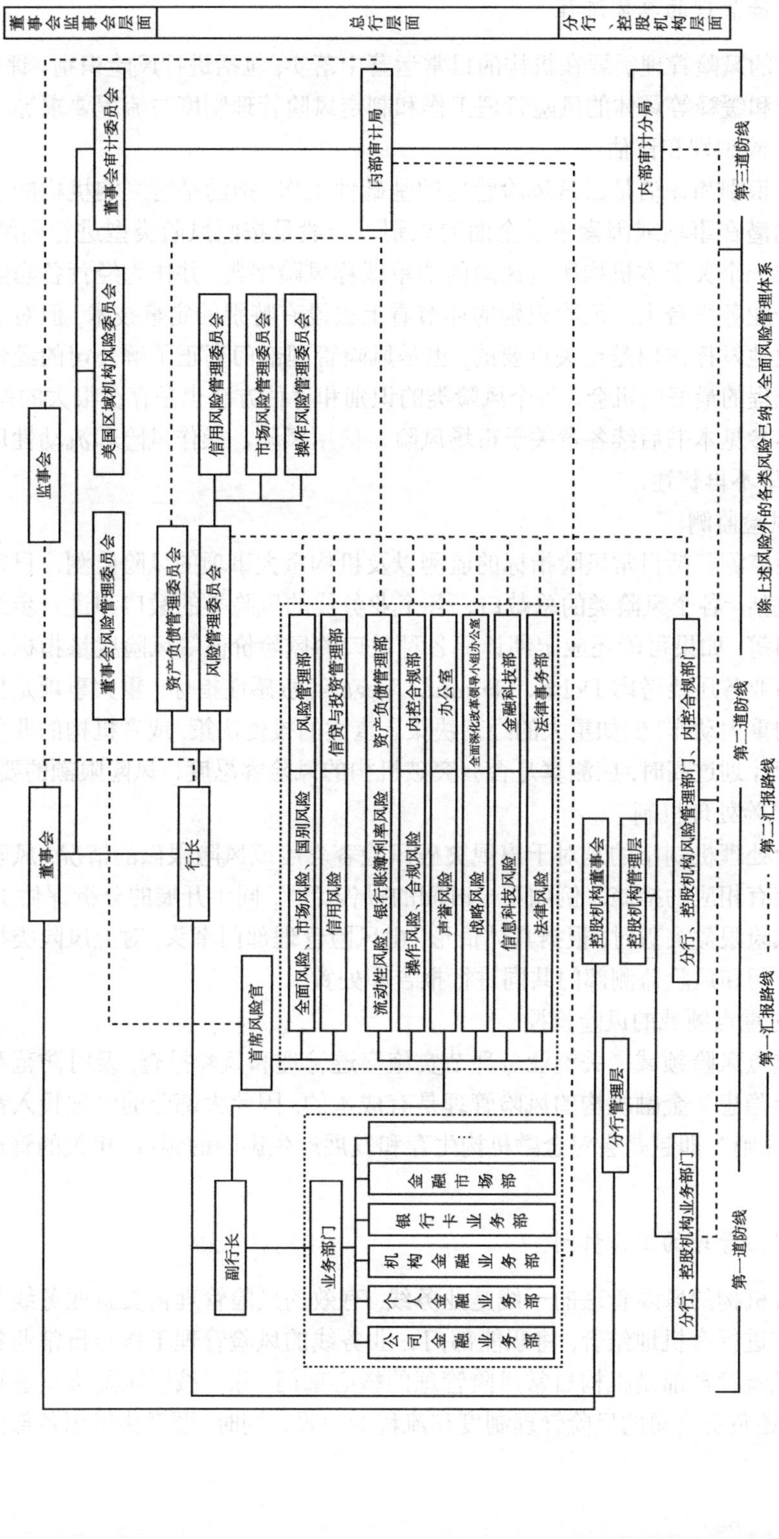

图 1.2 风险管理组织架构示例图

3. 风险管理的具体流程

有效的风险管理需要在机构的日常运营中落实, 包括进行风险识别、评估、监测、控制和缓释等具体的风险管理工作和制定风险管理制度与流程要求等.

1) 风险识别和评估

风险识别和评估是日常风险管理的基础性工作, 指的是对影响机构的主要经营目标的潜在事项或因素予以全面的识别. 一般是按照风险类型进行归纳汇总, 最终生成一个关于本机构所有风险的清单或称风险字典, 并作为经营备忘随时共享到各个业务平台上. 风险识别的环节看上去没有特别的定量技术, 但对于风险管理有效地发挥作用是至关重要的, 也是风险管理部门真正了解公司的经营状况和管理流程的最好的机会. 各个风险类的识别和评估方法也是存在很大的差异的, 具体内容参见本书后续各章关于市场风险、信用风险、操作风险和流动性风险的介绍, 这里不再赘述.

2) 风险监测

风险监测包括日常风险指标的监测以及机构重大事项的风险监测. 日常的风险指标包括: 各个风险类的总敞口、各个业务线的风险类的敞口和进一步细化的风险敞口等, 如果可能还应定期计算各种敞口的风险价值等风险度量指标. 对于市场交易业务还要考虑 Delta、Gamma、Vega 等敏感性指标. 重大事项是指机构经营中的重大动作, 例如重大的经营决策、重大的投资决策, 或者机构的业务规模超出经营计划过高时, 应测算是否会突破机构的风险容忍度、风险限额的要求.

3) 风险处理机制

风险处理机制指的是对于出现突破风险容忍度或风险限额的情况, 风险管理部门应该有相应的措施. 例如第一时间的报告流程, 同步开展的分析评估工作等. 当某些风险限额突破时, 根据具体情形, 由风险管理部门牵头, 对应风险类型的业务管理部门和风险监测部门共同进行报告和处置.

4) 对重点领域的风险管控

对重点风险领域、关键业务环节实施穿透管理和风险排查, 及时防范和化解相关风险隐患. 金融机构的风险管理是有成本的, 因此大部分的管理投入都适用 "重要性原则", 即越是会对金融机构生存和发展产生影响的领域, 相关的管理投入就越大.

4. 风险管理的工作机制

金融机构的风险管理的一线是业务线, 有效的风险管理需要将业务线与风险管理工作进行有机地结合, 将职能部门、业务线的风险管理工作与日常业务融合起来. 风险管理部是机构日常风险管理的核心部门, 除了按照风险类型进行日常的监控, 还负责公司的风险管理制度和流程的建设. 同时, 要牵头组织各部门定期监控公司风险容忍度、风险限额指标等监控指标, 并形成定期的风险分析报告及风险应对措施.

金融机构的风险管理报告可以分为内部报告和外部报告两大类. 内部风险管理报告的编制主要是为了满足内部日常的管理运营和支持公司的战略决策. 外部风险管理报告是为了满足外部监管机构 (中国人民银行、国家金融监督管理总局和证监会) 的监管要求, 以及证券交易所的合规要求和对外部投资者进行信息披露的要求.

机构内部的风险管理报告主要包括定期 (月、季、半年和年度) 的《风险管理报告》、《内部控制自评报告》、《风险监控报告》、《重大风险的管理报告》和《风险预警通知》等. 内部风险管理报告可以根据机构自身情况和需求对风险报告进行定制化处理, 一般可按报告内容划分为综合风险报告和专项风险报告, 也可以按照报告的时间和频率分为定期风险报告和不定期风险报告. 不同层次和种类的风险报告的内容可依据董事会、管理层对风险的管控要求进行灵活调整, 但必须遵循既定的发送范围、程序和频率进行报告.

内部风险管理报告是面向管理层和董事会的管理类报告, 不是风险管理专业人员之间的交流文件, 因此应该尽量满足以下特征: ①报告的规范性. 报告的格式和主要内容是事先规定和明确的, 并尽量简单, 也利于读者尽快掌握最新的信息和定期进行审计. ②报告的内容应有助于读者能够得到最有用的信息, 而不会因为信息过多而导致风险不能被及时发现. 报告传送的信息必须能够对受众的管理或监督工作有帮助, 同时信息也不能过于冗余. 重要的信息应突出且清晰, 应将专业术语和模型语言转变为管理层和董事会能够理解的形式. 指标的变化趋势用图表更容易被理解. ③报告的频率应确保可以提供给管理层和董事会用于判断金融机构风险敞口变化足够的信息. ④报告应该有纪实性, 优秀的决策的基础是完整的基础数据和最新信息.

外部风险管理报告主要是监管要求提交的风险管理报告、上市公司年度报告中关于风险管理部分的报告等. 随着监管的现代化, 监管机构都陆续建立了监管信息系统, 涉及机构管理、高管管理、许可证管理、非现场监管等多项监管职能的应用平台. 对上市公司的风险管理信息披露也是很多交易所的基本要求, 也对风险管理的报告形式提出了各种要求.

在具体的风险管理工作之外, 构建金融机构的风险管理文化、促进风险信息在组织内部持续地沟通、对风险变化情况和风险管理框架运作有效性进行监控这三个维度对风险管理者而言也是非常重要的.

1.3.3 金融机构的风险管理与资本管理和外部监管

在金融机构中, 风险管理是偏中后台的管理岗位, 与金融资产投资对风险的重视相比, 金融机构对风险管理的认同和重视并不是与生俱来的. 监管等外部力量和风险管理的重大事件案例的冲击是金融机构风险管理重要的推动力.

1. 金融机构的风险管理与资本管理

任何商业企业在设立时必须在工商行政管理部门登记注册资金. 这种被称为资本金的资金是投资者用以进行企业生产经营、承担民事责任的基本投入. 资本金本质上是投资者享有的权益和承担责任的资金体现. 金融机构是特殊的商业企业, 没有具体的生产活动, 而是以中介和金融服务 (产品) 为主要的经营活动. 因此, 金融机构持有的资本主要是为了应对可能出现的经营损失和预防机构因资不抵债而破产, 从而确保公众对金融机构的信心.

金融机构在日常经营中经常涉及两个资本相关的概念: 会计资本和监管资本要求 (保险公司称之为偿付能力). 会计资本是根据相关的会计准则定期对企业经营的财务结果进行核算后得到的资产与负债的差额 (即股东权益, 也称净资产或资本盈余). 目前的上市公司财务报告称之为 "所有者权益". 监管对金融机构的资本要求是根据监管机构 (国家金融监督管理总局、证监会) 的相关规定定期计算的监管对本机构的资本要求, 我们简称之为金融机构的 "监管资本要求".

为了简单说明会计资本与监管资本要求的异同, 表 1.4 汇总了中国工商银行、中国人寿保险公司和中信证券三家上市公司 2021 年底的总资产、所有者权益和监管资本要求的信息. 表 1.4 中前两列的资产总额和所有者权益总额的计算方法是统一的, 具有可比性: ①三个机构的资产总额比例约为 27.5∶3.8∶1, 这个比例基本上也是目前我国金融体系中这三大类机构的规模比例; ②三个机构的所有者权益总额比例约为 15.2∶2.2∶1, 这与三类机构的业务模式有关. 表 1.4 中后两列的数据是按照监管规定计算的. 从监管资本看, 商业银行和保险公司都是大于所有者权益总额, 证券公司的数值低于所有者权益总额. 最后一列的 "监管资本要求" 在三类机构间没有可比性, 商业银行对应的是 "资产", 保险公司和证券公司对应的是 "资本".

表 1.4　金融机构的会计资本和监管资本要求 (2021 年年报)

	资产总额/百万元	所有者权益总额/百万元	监管资本/百万元	监管资本要求/百万元
中国工商银行	35171383	3257755	总资本净额 3909669	风险加权资产 21690349
中国人寿保险	4891085	478585	实际资本 1055768	最低资本要求 402341
中信证券	1278665	213808	净资本 107575	风险资本准备 61561
机构间比较	27.5∶3.8∶1	15.2∶2.2∶1	无可比性	无可比性

抛开具体计算上的差异, 对于三类金融机构来说, 财务资本和监管资本的主要作用都是吸收机构未来可能的损失, 特别是金融风险管理中主要的几类风险的

损失. 以银行监管的巴塞尔协议为例, 其明确强调了资本在保护债权人未来责任方面的“缓冲器”作用, 无论是会计资本还是监管资本都是用于吸收机构的未预期损失, 是加在各种减值准备和责任准备金之上的风险安全垫.

从风险的角度看, 风险管理的最根本的抓手是资本. 无论采用何种方法计量机构的风险水平, 金融机构最终都是依赖会计资本来承担风险的. 这是因为只有会计资本才对应了真实的资产, 而不只是一个数字. 同时, 在金融机构的经营管理活动中, 风险管理的最终利益方是股东. 股东既是金融机构资本的出资方, 又是风险责任的承担者. 金融机构的风险管理最终都将体现为资本的管理, 风险计量技术发展的最终目的也是给管理层呈现资本的占用、业务限额等可理解风险画像和可操作的管理工具.

风险管理在金融机构和监管中地位的不断提升也促进了金融机构资本管理的发展. 表 1.5 以中国工商银行为例, 给出了商业银行资本管理说明的要件.

表 1.5 商业银行资本管理说明示例

本行实施集团化的资本管理机制, 以资本为对象和工具进行计划、计量、配置、应用和营运等管理活动. 本行资本管理的目标是: 保持合理的资本充足率水平, 持续满足资本监管法规和政策要求; 不断巩固和提升资本基础, 支持业务增长和战略规划的实施; 建立以经济资本为核心的价值管理体系, 强化资本约束和激励机制, 提高资本配置效率; 创新和拓展资本补充渠道, 提升资本质量, 优化资本结构. 本行资本管理范围涵盖全集团各类经营单位, 资本管理内容包括资本充足率管理、经济资本管理、资本投资和融资管理等.

摘自中国工商银行股份有限公司 2021 年年报.

(1) 资本管理的定义: 以资本为对象和工具进行计划、计量、配置、应用和营运等管理活动.

(2) 资本管理的目标要素: 资本充足率水平, 业务增长和战略规划的实施, 以经济资本为核心的价值管理体系, 资本配置效率, 资本补充渠道. 终极目标是提升资本质量, 优化资本结构.

(3) 资本管理的内容: 资本充足率管理、经济资本管理、资本投资和融资管理.

应用风险管理工具可以将存量资本与业务预算和绩效评价结合, 从资本收益的层面评估各个业务线对企业的贡献. 这种结合丰富了资本分配的过程, 提高了资本的效率. 借助金融监管的外部压力和金融系统风险管控技术的发展, 金融机构的外源性资本补充渠道越来越丰富, 不断进行资本工具创新. 例如, 发行无固定期限资本债券补充资本监管要求的“其他一级资本”部分, 发行合格二级资本工具补充资本监管要求的“二级资本”部分等.

总之, 大量丰富的风险管理技术的应用和风险管理实践的发展, 促使金融机构的资本管理与风险管理之间建立了内在的关联关系, 推动金融机构资本管理与风险管理的统一和相互融合, 从而不断提升资本管理在金融机构健康发展和日常管理中的地位和作用.

2. 金融机构的监管与风险管理

金融监管的基础是行业的基础性法律的授权.《中华人民共和国中国人民银行法》、《中华人民共和国商业银行法》、《中华人民共和国保险法》和《中华人民共和国证券法》中都有相应的条款授权监管机构相应的监管职责.

同时, 现代金融监管越来越强调以金融机构风险监管为本的监管体系, 以审慎监管为主要监管原则. 自 21 世纪初开始, 金融监管机构出台了一系列关于资本监管和风险管理的监管政策、制度和细则, 并根据环境变化不断更新. 读者可以从金融监管机构网站公布的最新监管制度了解相关规定①. 这些文件的设计上有一个统一的特点, 即监管机构的非现场监管体系的主要内容是围绕金融机构的资本和风险管理进行的. 各个规则通过对金融机构的信用风险、市场风险、流动性风险和风险抵御能力的全面监测, 在监管合规性基础上达到及时掌握机构的风险水平并进行预警的监管目标.

1.4 本书的结构和使用建议

本书的定位为金融风险管理的入门教材, 包含以下几章内容.

第 2 章里我们简单介绍了金融市场的主要参与机构和主要的产品, 其目的是为读者科普相关的知识, 为理解后续内容做基本的铺垫. 如果读者对相关市场内容不了解, 可以参考金融市场学相关的书籍, 如果对具体产品不了解, 可以专门补充产品知识. 在本书的范畴内, 了解固定收益证券分析和衍生品的初步知识是必要的.

第 3 章里我们介绍风险度量的基本概念和工具, 其目的是让读者以风险价值 (VaR) 和预期尾部损失 (ES) 为核心了解相关的统计工具和计算评估方法. 这一部分内容的技术基础是时间序列分析中关于波动率和相关性的内容, 但是因为篇幅限制只做了最低限度的介绍. 如果有需要, 可以参考时间序列或者金融计量相关教材中关于波动率的内容.

第 4 章介绍了国际金融监管合作的框架和监管标准. 在介绍过程中除了回顾几版巴塞尔协议的内容和流变以外, 还简单介绍了保险业的偿付能力监管规则. 除了监管业务以外, 对公司治理、薪酬机制、影子银行等监管内容也有涉及. 在衍生品监管领域, 简要介绍了欧盟主导的 MiFID 和 AIFMD 两个管理指令.

从第 5 章开始, 本书逐一介绍了五类金融风险的度量和管理问题, 包括巴塞尔协议体系内的三大风险 (市场风险、信用风险和操作风险), 也包括商业银行日

① 了解我国的金融监管制度可以关注中国人民银行、国家金融监督管理总局、中国证券监督管理委员会 (也就是我们常说的 “一行一局一会”) 的相关网页. 了解国际最新实践可以参考国际清算银行 (BIS) 关于巴塞尔协议的相关网页: https://www.bis.org/bcbs.

常经营过程中无时无刻不在的流动性风险. 每种风险我们都是按照风险的刻画、计量和管理的逻辑展开描述的. 在众多的其他风险类别中, 我们选取了模型风险作为介绍对象. 这里主要的考虑是随着技术的进步, 模型成了风险管理中不可或缺的工具. 一旦模型使用出现偏差, 可能会造成非常严重的后果. 尽管模型风险管理目前还是初级阶段, 了解相关的理念对金融专业学生, 特别是金融数学、金融工程和金融科技这些高度依赖模型和计算机的专业学生而言是非常有必要的.

最后要补充的一点是, 金融风险管理虽然有不少数学的内容, 但是本质上并不是, 也绝不能被讲成一门数学类课程. 金融风险管理有着非常强的实践背景, 要求读者对相关金融机构的运行有基本了解, 对其中的风险点有深刻认识, 这些了解和认识是理解相关方法和针对问题使用正确方法的基础. 每条监管规则的背后都有内在的逻辑和历史的教训, 每个公式方法的背后都是技术水平和实践需求的平衡. 在学习过程中, 强烈推荐读者关心市场上发生的风险事件, 避免空中楼阁, 避免从模型到模型的空对空, 努力做到“理论联系实际”.

思 考 题

1. 举例说明不确定性分为可衡量的不确定性和不可衡量的不确定性.

2. 举例说明自然人、金融业务 (存贷款、保险、投资银行、交易、资产管理) 和金融机构 (商业银行、保险公司、基金公司) 的主要风险.

3. 你认为投资组合可以降低风险吗?

4. 如果投资者的策略都是持有市场组合 (指数基金), 市场会出现什么情况? 风险是什么? 如何度量这种风险?

5. 金融学基本原理回答了资产定价问题, 但如何认识下面的问题: 根据资产定价理论, 金融资产的风险已经包含在价格之中, 那么持有资产后还有风险吗?

6. 你认为 CAPM 理论的哪个前提条件最重要?

7. 从风险管理的角度看, 套利是指没有风险吗?

8. 举例说明 Alpha 策略的择股和择时两种方法的风险.

9. 什么是企业的收益和风险?

10. 怎么理解 “投资人不喜欢被惊吓”?

11. 破产成本如何理解为风险?

12. 你认为商业银行、保险公司和证券公司的破产成本是什么?

13. 举例说明金融产品与金融机构在风险和收益上的差异.

14. 如何度量金融机构的风险和收益?

15. 你认为商业银行、保险公司、证券公司的主要风险有哪些异同?

第 2 章　金融机构与金融产品

金融市场是由形形色色的金融机构交易各式各样的金融产品所构成的. 了解主要的金融机构都在做什么, 面临的风险主要是什么, 各类金融产品的风险收益特征又是什么样的, 对后续学习具体的风险度量和管理至关重要. 由于本书不是专门的金融市场学教科书, 也不是证券投资、衍生品等针对特定产品的教科书, 本章只提供最低限度的知识介绍, 强烈建议没有相关基础的读者阅读介绍市场主体, 介绍股票、债券和衍生品的专业教材.

2.1　金融机构和金融风险

本节介绍银行、证券公司、保险公司、基金公司和期货公司的盈利模式与风险承担. 任何金融机构的风险从根本上都来自其主营业务, 包括资产业务和负债业务, 而且这种主营业务的基本风险是金融机构不能完全对冲或转移、不得不承担的风险. 这种风险可以被视为该机构的核心风险和目标风险, 如商业银行信贷业务中的信用风险、证券交易商面临的市场风险和外汇交易商面临的汇率风险等.

2.1.1　银行面临的风险

传统的银行业务主要是吸收存款并发放贷款, 以利息差获取利润为主要经营目标. 当今大型银行既参与商业银行业务也参与投资银行业务. 商业银行的三大业务包括负债业务、资产业务和中间业务; 投资银行业务包括帮助企业客户发行证券和股票、为企业并购提供咨询以及其他融资业务. 国际大型投资银行一般还参与证券交易业务 (例如, 提供经纪服务). 由于银行业务涉及各个方面, 其主要面临的风险有市场风险、信用风险、操作风险、流动性风险等.

市场风险是由利率、汇率、股票和商品等价格变化导致银行损失的风险. 市场风险主要来自银行的交易业务, 该类风险与银行交易账户上资产跌价的可能性有关. 信用风险是指贷款交易及衍生品交易中对手违约所触发的风险, 传统上该类风险是银行所面临的最主要的风险类型. 传统的应对方法是贷款审批的标准化和贷款对象多样化分散风险; 较新的方法是资产证券化和贷款出售, 以及衍生品管理风险. 操作风险是指银行内部系统失效或外部事件触发损失的风险. 操作风险产生的主要原因包括公司治理结构不健全、内部控制建设尚不完备和风险管理方法落后、信息技术的滞后等. 商业银行的流动性风险表现在两个方面: 资产的流动性和负债的流动性. 资产的流动性主要是指银行在不发生损失的前提下, 迅速变现的能力, 资产变现能力越强, 所付成本越低, 则流动性越强; 负债的流动性是指能够以较低的成本获得所需资金的能力, 筹资的能力越强, 所付的成本越低, 流动性越强. 银行的流动性一旦出现不确定性, 则会产生流动性风险甚至引发破产风险.

2.1.2 证券公司面临的风险

证券公司属于非银行金融机构, 一级市场的承销是其主要业务. 在某种程度上证券公司是经营风险的营利性企业. 因此, 高风险也就成为证券公司经营过程中显著的特点, 对风险的管理贯穿证券公司整个运营体系. 证券公司的主要业务包括证券承销、经纪、自营和并购等业务.

证券承销业务风险是证券公司在承销股票、债券等经营活动中, 由于不能在规定的时间内按时限约定的条件完成承销发行任务而造成损失的可能性. 承销业务风险可能来自证券申购资金延期支付或偿付过桥贷款①的信用风险、过度包装产生的法律风险, 以及项目人员违规操作给证券公司造成损失的风险等. 证券公司经纪业务风险指的是证券公司在办理代理买卖证券业务时受损失的风险, 其诱因多是证券公司和客户对交易原则程序等的违背, 表现形式主要为操作风险. 证券自营业务是以自有资金或以自己名义对外举债筹资, 从事股票、债券、基金、认股权证以及其他权益证券买卖交易的投资活动或行为. 自营业务面临的主要风险是由于投资产品的价格波动带来的市场风险, 以及保证金交易的信用风险. 在并购业务中, 证券公司一般充当的是收取咨询费的财务顾问角色, 过程中面临的风险主要是操作风险.

扮演着证券投资者、机构服务者和做市商等多个角色的证券公司除面临来自具体业务的风险以外, 对外部环境也非常敏感. 证券业受宏观经济运行影响比较明显, 证券市场的行情随经济运行的周期性变化而变化, 当市场利率、汇率、通货膨胀率发生变动时, 证券价格相应也会发生变动, 给证券公司的业务创新在定价、营销、收益确定等方面带来风险. 另外, 证券公司在经营过程中, 由于决策失误、经营管理不善、违规操作、违约等一些原因, 也可能导致金融资产的损失.

2.1.3 保险公司面临的风险

保险公司是专门从事保险业务的公司, 它通过向投保人收取保险费建立保险基金, 对特定风险事故导致被保险人损失或对约定事件的发生, 给予经济补偿或给付, 并获取相应收益. 补偿与给付构成了保险公司的主要负债业务, 为了使公司稳定经营, 保险公司必须保证保险基金的保值增值, 这就要求保险公司要对保险资金进行有效运用 (资产业务), 从而使保险公司具有了金融机构的某些特征. 保

① 指金融机构 A 拿到贷款项目之后, 本身由于暂时缺乏资金没有能力运作, 于是找金融机构 B 商量, 让它帮忙发放资金, 等 A 金融机构资金到位后, B 则退出. 这笔贷款对于 B 来说, 就是所谓的过桥贷款.

险公司经营的业务主要有人寿保险 (寿险) 和财产保险 (财险) 两大类. 寿险公司的主营业务主要针对人的死亡和疾病风险提供保险服务, 同时也提供养老金和年金等具有储蓄和投资功能的服务. 财险公司的主营业务也可以分为两类: 财产险业务和意外伤害险业务.

保险公司的运作与银行的运作有所不同, 保险公司的资产与负债均面临风险. 保险准备金形成保险公司的负债业务, 需要未来进行偿付. 保险公司对这些资金进行运用, 使保险资金保值增值, 形成保险公司的资产业务. 由于保险赔付具有发生时间和赔付金额的不确定性, 因此, 保险公司要合理地进行资产负债配置, 以化解这些不确定性带来的风险. 此外, 保险公司还面临两类重要风险: 道德风险及逆向选择风险. 道德风险是指持有保险的个人及公司在持保后, 行为有所改变而触发的风险; 逆向选择风险是指买入保险的个人或公司所对应的预期赔偿相对较高而触发的风险. 保险公司会采取措施尽量减少两类风险, 但无论如何, 保险公司不可能将两类风险同时消除.

保险公司资产业务及其风险虽有一些特点, 但本质上与银行和证券交易商不同, 将保险公司与其他金融机构区分开来的不在于其资产业务, 而在于其独特的负债业务. 保险公司因其销售各类保险单, 以直接的风险承担而获取资金来源, 进而形成具有独特特征的不确定性负债 (或有负债) 的负债业务. 因此, 相对于风险来自资产业务的银行和证券交易商而言, 保险公司所面临的风险因素不仅来自投资业务中的市场风险、信用风险和操作风险, 而且还来自负债业务所蕴含的人的寿命、人的过失和犯罪以及自然灾害等方面的纯粹风险. 保险负债产品缺乏二级市场和流动性, 这使得一方面保险公司流动性风险不如银行突出, 另一方面保险公司通过保险产品进行自身的流动性管理面临很大的困难.

2.1.4 基金公司面临的风险

证券投资基金管理公司 (基金公司), 是指从事证券投资基金管理业务的企业法人. 基金公司发起人是从事证券经营、证券投资咨询、信托资产管理或者其他金融资产管理的机构, 基金公司是由这些机构出资, 经证券监管机构和法律允许设立的有限责任公司, 其主要任务是发行、管理基金. 需要指出的是, 基金财产独立于基金管理人固有财产, 也就是说在基金公司破产清算或追债的时候, 基金不在此列. 同时, 投资者购买基金的行为也不属于购买基金公司的资产, 而是委托基金公司管理的资产. 因此基金相对证券而言, 本身面临的破产违约风险是比较小的, 透明度也相对较高.

根据基金募集途径和募集目的不同, 在美国通常区分为共同基金 (mutual fund) 和对冲基金 (hedge fund), 在我国区分为公募基金和私募基金, 公募基金类似美国的共同基金, 对冲基金属于私募基金范畴, 但业界专家认为, 由于私募基金在我国的管理方式和投资方式与美国对冲基金的运作方式存在明显区别, 因此二者并非等同的概念, 这里以我国的公募基金和私募基金为例介绍基金公司面临的风险.

1. 公募基金面临的风险

公募基金公司, 顾名思义是通过面向社会大众公开发售进行资金募集的基金公司. 个体投资者参与公募基金的途径可以是证券交易所、银行柜台, 也可以是基金网络平台, 一般投资门槛比较低. 公募基金一般通过大量募集资金, 收取基金管理费作为收入来源, 因此基金经理会在增大基金规模上下功夫.

公募基金根据运作方式不同, 区分为封闭式和开放式基金. 封闭式基金份额数量固定, 期限固定, 在合同期限内投资者不可以赎回基金份额. 如果要提前变现, 只能通过二级市场交易来实现, 这一点类似于股票投资. 与封闭式基金相对的开放式基金是最常见的公募基金类型, 其特点是基金规模不固定, 随时根据市场供求扩大或缩小. 也就是说, 开放式基金的总量在更多投资人购买时会有所增长, 在更多的投资人卖出基金时会有所下降. 由于投资人可以随时增减投资, 基金经理并不能完全掌控投资的节奏, 需要被动应对投资人的增资和撤资.

对于开放式基金而言, 流动性风险是指基金管理人在面临基金持有人赎回压力时, 难以在合理的时间内以公允价格将其投资组合变现而引起资产损失或交易成本的不确定性. 开放式基金赎回机制的存在使其流动性风险表现得尤为突出, 主要表现在: 当基金面临巨额赎回或暂停赎回的极端情况时, 基金保留的流动性头寸一旦无法满足投资者的赎回要求, 从而出现流动性危机时, 基金即面临着出售短期资产或以较高成本融资的局面, 甚至将被迫出售长期投资的资产, 这必然使基金遭受极大损失, 降低基金净值, 净值降低又会诱发新的赎回申请, 形成恶性循环.

基金类别中还有一类被称为 “交易所交易基金”(exchange traded fund, ETF) 的产品, 其主要设计目的是让投资者可以方便地交易一揽子股票或者跟踪特定的股票组合 (比如行业指数等). ETF 的运作和上面提到的公募基金本质的区别在于, 公募基金的买卖是投资者和基金公司之间的交易行为, 而 ETF 的买卖是直接在交易所进行的, 通过实时的股票组合/基金份额转换以保持 ETF 的份额价值和一揽子股票价值的高度吻合. 运营 ETF 本身的风险很小, 面临的最大问题是 ETF 跟踪的股票组合的市场需求不足, 从而导致 ETF 规模萎缩直至消亡. 但这些并不是金融风险管理讨论的内容, 也就不在这里继续展开了.

2. 私募基金面临的风险

私募基金既有采用公司制的, 也有采用有限合伙制的, 目前主流模式为契约型公司. 由于私募基金的投资者一般局限于有财务经验的投资人、机构投资者等特定投资者, 投资人抗风险能力强、资金门槛高, 因此私募基金所受的监管约束比公募基金少得多①. 私募基金经理的收益模式并不仅仅是规模回报, 更多的是通过分享收益的方式来获取高额利润②. 这种“同享福但不共患难”的激励结构, 使得私募基金更愿意承担风险, 用于博取高回报. 由于私募基金规模小, 成立的不确定因素更多, 因此私募基金封闭募集较多, 开放式的私募基金一般也会设置封闭募集期. 私募基金由于受到的约束条款较少, 因此可以有很大的自由度来开发复杂、非传统及自营投资策略. 量化投资基金、期货投资基金、基金的基金 (fund of fund, FOF)、房地产投资信托基金 (real estate investment trusts, REITs)、对冲基金等新生投资方式在私募基金中有更广泛的应用. 对冲基金的策略大致可以分为股票多空策略、全球宏观策略、事件驱动策略和相对价值套利策略四类.

股票多空策略虽然历史悠久但依然是对冲基金策略中最流行的一种. 股票多空对冲策略的关键在于股票的选取, 如果在股票交易策略中, 价格被高估以及低估的股票选取得很好, 该交易策略无论是在牛市还是在熊市均能产生好的收益. 相比单向做多或者单向做空, 对冲策略的风险相对更低一些, 对择时的要求也更低一些.

全球宏观策略的投资方法, 主要是通过在不同国家、地区之间捕捉政策趋势、价格偏差等带来的交易机会, 利用股票、货币、利率等工具进行杠杆押注, 以尽可能地获得正数回报. 1992 年, 索罗斯做空英镑 (利用三元悖论的陷阱, 在做空英镑交易中获利 10 亿美元) 就是全球宏观策略的一个著名的例子.

事件驱动策略主要是通过投资受益于某些特殊事件的证券来获益, 这些事件包括重组、拆分、收购、清盘和破产等. 旨在当证券价格完全消化市场信息之前, 通过买卖特定公司的证券而获得短期收益. 该策略主要采用基本面的分析, 策略的成功与否取决于投资目标公司的发展状况与预期的结果是否一致. 事件驱动策略中最常见的一种是并购套利. 当一项并购计划宣布时, 购买者的股票通常会下跌而标的公司的股票则会上涨, 因此卖空购买方的股票、买入标的公司的股票就能获得双份利润. 保尔森对冲基金就非常善于从常规并购中寻求收益溢价. 在 2004 年强生公司与波士顿科学竞买医疗设备生产商佳藤公司这一经典案例中, 保尔森准确判断了佳藤公司的价值, 即使在佳藤公司被曝产品设计存在缺陷而不得不大规模召回时, 保尔森仍看好该公司的潜力而果断加仓.

相对价值套利策略则是指投资者关注两组相互关联的证券的相对价值, 通过对两组证券双边下注来博取相对价值变化所带来的收益. 常见的相对价值套利策

① 这个是金融监管的基本逻辑: 越是面向投资能力和风险承担能力强的人的产品, 受到的监管相对就越弱. 这就好比一般生活用品的警示标志要求显著低于儿童用品一样.

② 有趣的是, 私募基金在分享收益的同时并不分享损失, 这使得基金经理在增大组合风险的时候有着非常强的激励. 虽然也有一些机制约束私募基金在弥补投资损失之前不能给基金经理业绩分红, 但是起到的作用有限.

略包括股票市场中性策略、可转换套利和固定收益套利等．股票市场中性的投资者会同时进行多头和空头方向的买卖活动，但与股票多、空头的投资者不同的是，他们同时会通过调整多、空头比例来确保投资组合是市场中性、部门中性或者行业中性的．可转换套利则是针对可转换债券而言的，可转换套利投资者可以持有债券的多头，同时持有可转换的股票或者以该股票为标的的权证或期权来对冲风险．固定收益套利策略则是寻找、挖掘所有固定收益证券之间微弱的价差变化规律从而获利，该策略因为长期资本管理公司的横空出世而风光一时，也随着长期资本管理公司的陨落而迅速没落．

同样因为监管宽松、投资灵活，私募基金公司的数量增长很快．截至 2021 年底，我国私募基金达 2 万多家，但一般规模较小，尤其是资产上亿的私募基金比较少．基金的投资表现很大程度依赖于基金经理的个人能力，而基金经理受业绩驱动可能存在高风险投机获取短期利润的动机，因此在私募基金中委托–代理矛盾显著存在．同时由于监管宽松，私募基金相对公募基金存在更高的市场风险、操作风险、道德风险、法律和政策风险等．比如伞型基金、分级基金在我国都有过因为逃避监管，杠杆投资被政策限制发行的历史．

2.1.5 期货公司面临的风险

期货公司是一个非银行金融服务机构，是衍生品市场的重要媒介．其功能是为一些不具备期货交易所会员资格的投资者做代理，包括：买卖期货合约；根据客户的实际要求提供期货交易服务；以自己的名义办理各种交易手续；管理客户的保证金，确保客户保证金的安全性与完整性；进行期货市场的分析，担任客户咨询顾问．

期货经纪公司作为期货交易的直接参与者和交易的中介者，对期货交易风险的影响处于核心地位．交易所 (结算所) 的风险是当期货经纪公司严重亏损、无法代替客户履约后出现的风险，客户爆仓[①]既是客户的风险，也是期货经纪公司的风险．

由于期货的保证金交易具有杠杆性，出现不利行情时，标的资产的微小变动就可能会使投资者权益遭受较大损失．价格波动剧烈的时候甚至会因为资金不足而强行平仓，遭受重大损失，因此进行期货交易会面临较大的价格风险．同时，价格的剧烈波动也会导致单边的流动性缺失，比如价格暴跌的时候往往会出现大家疯狂踩踏出货但是没有人接盘的情形．即使是在通常的市场上，流动性本身也会

① 在市场不利于投资者的情况下，由于期货杠杆交易的性质，投资者保证金账户的客户权益会快速下降．在权益将要归零时，交易所一般会通知投资者补缴保证金．如果投资者补缴不及时，交易所会在权益归零时强制平仓，这个权益归零的价格就是“强平触发价格”．由于市场流动性的影响，平仓结算价格往往比强平触发价格更糟糕 (即多头被强制平仓时结算价格往往低于强平触发价格、空头被强制平仓时结算价格往往高于强平触发价格)．此时投资者不止赔光了保证金，还倒欠交易所一笔费用．这就是人们常说的“爆仓”．

对期货交易产生影响, 特别是在套利交易中, 策略的可行性往往依赖于特定的买卖价格. 如果市场流动性不好, 就会出现在希望的价格上无法成交导致策略失败的情形.

期货交易是建立在信用基础上的买卖之间的关系. 期货公司作为连接交易所和交易者的桥梁和纽带, 居间协调期货市场各个主体之间的关系, 此时的期货公司不仅是交易行为的中介, 而且担当了信用中介的角色. 期货公司是期货市场信用链的中介, 信用传导机制的关键, 任何一方的信用风险都将引起期货公司的信用连锁反应, 甚至风险有可能被放大. 从某种意义上说, 信用中介就是风险中介, 即各种风险的聚合处和汇集点, 这样一来使得期货公司的风险具有聚焦性和全面性, 期货市场上的各种风险均在期货公司聚焦反映出来.

最后, 行情系统、下单系统等可能出现技术故障, 导致无法获得行情或无法下单; 或者由于投资者在操作的过程中出现操作失误, 都可能会造成损失.

2.2 金融产品的分类与损益特征

本节将介绍四类基础金融资产 (股票、债券、外汇、基金) 和四大类基础衍生品 (远期、期货、互换、期权) 的基本概念、市场机制、收益特征和风险特征, 让读者了解基础金融资产的风险差异、融资功能和内在联系. 同时了解衍生品的概念以及四大类衍生品的创新动机、损益差异和风险管理方面的差异. 通过市场机制的介绍让读者了解衍生品的高杠杆特征.

2.2.1 基础金融产品市场

基础金融产品是指在实际信用活动中出具的能证明债权债务关系或所有权关系的合法凭证, 主要有商业票据、债券等债权债务凭证, 股票、基金等所有权凭证和外汇等货币资产. 原生金融工具是金融市场上最广泛使用的工具, 也是衍生金融工具赖以生存的基础.

1. 股票市场

股票是股份公司发行的所有权凭证, 是股份公司为筹集资金而发行的一种有价证券, 股份公司通过发行股票进行股权融资, 持有股票的投资者称为股东, 股东具有参加股东大会、投票表决权、取得股息和红利等权利.

股票市场就是股票发行和流通的场所, 可以分为一级市场和二级市场, 一级市场称为股票发行市场, 二级市场称为股票交易市场. 所谓 “打新股” 是指通过在一级市场申购, 等待其在二级市场上市后卖出获得价差收益. 大部分投资者是在二级市场进行股票的买卖交易, 如我国的上海证券交易所、深圳证券交易所就是股票交易的二级市场. 当然, 并非所有的股票都在证券交易所交易, 因此二级市场通常可分为有组织的证券交易所和场外交易市场. 在证券交易所上市的称为公开上市流通的股票. 而证券交易所以外的市场称为柜台市场 (over-the-counter market, OTC 市场), 在场外交易的股票称为非公开上市股票. 若股票成功在证券交易所上市, 我们称发行股票的公司为上市公司.

股票可以按照不同的方式进行分类. 根据获益方式不同和权利不同, 股票可以分为普通股和优先股. 优先股股东收益来自股票分红, 而普通股股东一般是为了获取股价变动带来的价差收益. 根据上市地点和投资者群体不同, 我国上市公司的股票有 A 股、B 股、H 股等区分. A 股是由我国境内公司发行, 供境内投资者以人民币认购和交易的普通股股票. B 股是在我国境内上海、深圳证券交易所上市, 投资者以美元 (沪市) 或港币 (深市) 认购和交易的股票, 因此存在汇率风险. H 股是注册在中国内地的公司在中国香港发行上市、用港币交易的股票. 鉴于部分公司同时在香港和内地上市, 我国在 2014 年 11 月和 2016 年 12 月分别开通了 "沪港通" 和 "深港通" 业务, 方便股票市场间交易的互联互通, 提升市场定价效率. 除此以外, 我国还设有中小企业板、创业板、科创板等针对不同特征的企业的股票交易板块, 以及场外交易的新三板市场. 2021 年 9 月 3 日成立的北京证券交易所就聚焦中小企业股票的上市交易.

股票不但是公司融资的方式, 也是金融市场中最重要的基础金融产品之一, 同时也是所有基础金融产品中最活跃的市场, 是风险资产的典型代表, 因此股票的投资策略非常丰富.

2. 债券市场

债券是政府、金融机构、工商企业等机构向投资者发行的债权债务凭证. 债券持有人可以定期从债券发行者那里获得债券利息, 到期可回收本金. 依据发行人不同, 债券可以区分为国债、金融债、公司债、地方债等, 其中国债是政府发行的债券, 金融债是由金融机构发行的债券, 公司债是企业发行的债券, 地方债是由地方政府发行的债券. 由于各个实体信用等级不同, 各种债券面临的信用风险存在差异, 其中国债经常被作为无风险债券的代表. 债券的基本条款包括面值、票面利率、付息方式、到期期限等.

面值即一份债券表示的债务本金数量. 票面利率是指债券票面上标明的利率, 也被称为票息率. 票息率决定了未来投资者每期得到的利息大小, 一般是年化利率. 债券根据票面利率是固定还是浮动的, 可以分为固息债券和浮息债券. 固息债券的票面利率是发行时确定的常数, 每期支付额是固定的; 浮息债券会指定一个市场利率作为参考, 每期利息根据当时的市场利率水平确定, 如 6 个月期上海银行间同业拆放利率 (Shanghai interbank offered rate, SHIBOR). 没有规定票面利率的债券是零息债券, 只在期末收到本金, 期间没有利息偿付.

付息方式是指付息间隔, 一般有一年付息一次, 半年付息一次. 对于票面利率是 6% 的债券, 若半年付息一次, 则每次付息的金额占面值的 3%. 到期期限是指从债券发行到还本的持续时间. 债券还本期限长短不一, 有的只有几个月, 有的长达十几年甚至几十年, 因此根据期限债券又分为短期、中期和长期债券, 短期债券一般在 1 年以内, 长期债券通常在 10 年以上.

债券市场是发行和买卖债券的场所, 是金融市场的一个重要组成部分. 债券流通市场也分为场内交易市场和场外交易市场. 我国场内交易市场是指上海证券交易所和深圳证券交易所. 场外交易市场是在证券交易所以外进行证券交易的市场, 主要是银行间交易市场和证券经营机构柜台市场.

债券和股票是公司通过市场进行融资的两种重要的融资方式, 二者存在显著差异.

(1) 股票是股权融资, 购买股票即成为股东, 具有一定比例的公司所有权, 可以参与公司运营, 但股票没有到期日, 只能通过转让或者公司破产清算了结股票头寸.

(2) 债券是债务凭证, 持有债券相当于投资者将本金借给发债公司, 因此可以获取利息收入, 具有到期日, 在到期日可以收回本金, 对公司没有所有权.

(3) 股票投资风险比较大. 股票价格受到上市公司经营状况、行业发展、国家政策变动、利率、汇率、经济周期、重大自然灾害等各种因素的影响, 价格波动幅度较大. 如中国石油 (601857) 自 2007 年在上海证券交易所上市以来, 股价从首日的 48.6 元, 跌到 2016 年 7 月初的 7 元, 累计跌幅达 85.6%.

(4) 债券投资风险比较小. 一般而言, 在发债公司不违约的情况, 投资者可以按时获得本息, 其价格的主要影响因素是利率, 而利率本身相对股价波动较小. 也因此, 债券经常被作为利率衍生品的标的资产, 债券价格成为绘制利率曲线的重要数据来源.

3. 外汇市场

外汇是指以外国货币表示的, 用于国际结算的信用工具, 包括以外币表示的信用工具和有价证券, 如银行存款、商业汇票、银行汇票、银行支票、外国政府库券及其长短期证券等.

外汇由汇率报价, 汇率是一种货币使用另一种货币表示的价格, 如美元对日元汇率为 95.50, 表示 1 美元可兑换 95.50 日元, 即 USD/JPY=95.5; 欧元对美元汇率为 1.324, 表示 1 欧元可以兑换 1.324 美元, 即 EUR/USD=1.324.

影响汇率的主要因素有一国国际收支状况、通货膨胀情况、利率以及政府的干预. 如果一国通货膨胀高于他国, 该国货币在外汇市场上就会趋于贬值; 反之, 就会趋于升值. 如果一国利率上升, 该国货币趋于升值; 反之, 趋于贬值. 汇率变动会影响经济的各个方面, 因此汇率风险属于市场风险的重要组成部分.

我国在 2005 年以前一直采取盯住美元的固定汇率制度, 在 2005 年 7 月 21 日, 我国对人民币汇率形成机制进行改革. 实行以市场供求为基础、参考一揽子货币的管理浮动汇率制度, 逐步推行人民币汇率市场化进程. 2015 年 8 月 11 日, 中国人民银行宣布调整人民币对美元汇率中间价报价机制, 做市商参考上日银行间外汇市场收盘汇率, 向中国外汇交易中心 (CFETS) 提供中间价报价. “8 • 11” 汇改之初, 中国遭遇了高强度的跨境资本流动冲击, 经历了资本外流、储备下降和汇率贬值. 2017 年, 人民币汇率止跌回升. 此后, 中国人民银行基本退出了外汇市场常态化干预, 回归汇率政策中性, 双向波动成为人民币汇率变化的常态.

4. 基金市场

作为一种间接的证券投资方式, 投资者将资金集中给基金管理公司, 由基金管理人管理和运用资金、与投资者共享收益和风险. 基金既可以在场内公开交易, 也可以通过场外认购、赎回等方式进行买卖, 不同基金的交易场所和交易方式存在差别.

我国投资基金起步于 1991 年, 当时只有深圳 “南山风险投资基金” 和 “武汉证券投资基金” 两家. 1992 年, 随着海南 “富岛基金”、深圳 “天骥基金”、淄博 “乡镇企业投资基金” 等 37 家基金的成立, 我国投资基金规模开始扩大. 经历了 2007 年、2015 年和 2020 年三次规模跃升, 截至 2023 年 11 月底, 我国境内共有基金管理公司 144 家, 机构管理的公募基金资产净值合计 27.45 万亿元, 相比 2000 年资产净值增长了 325 倍.

前面讲基金公司的时候, 我们提到了公募基金和私募基金这种按照募集途径的划分方法, 也提到了封闭式和开放式这种按照运作方式的划分方法. 本节我们再介绍一种按照投资对象划分基金的方法. 根据投资对象不同, 可以分为货币基金、债券基金、股票基金、指数基金、ETF、商品基金、合格境内机构投资者 (qualified domestic institutional investor, QDII) 基金、混合基金等. 不同基金面临的市场风险与投资标的的市场风险密切相关.

- “货币基金” 的资金投向是货币市场, 包括短期国债、回购和银行票据等货币产品. 在我国, 货币基金持仓的久期[①]要求不超过 180 天. “余额宝” 等火爆一时的 “宝” 类理财产品, 本质上都是货币市场基金. 这类基金的流动性高, 风险和收益都比较低.
- “债券基金” 指的是以固定收益类产品为主要投资对象, 且投资组合的久期

① 久期定义上是债券价格对于收益率的偏导数. 业界常用的久期定义是上述偏导数除以债券当前的价格, 即麦考林久期. 从计算公式上看, 麦考林久期也可以理解为以现金流现值加权平均的偿还期. 这就是很多文献中久期单位用时间的原因.

组合的综合持续期超过 180 天的基金. 由于有着较长的久期, 债券基金面临的利率风险比较大.

• "股票基金" 是至今为止最为流行的一种基金类型, 要求投向股票组合的仓位不得低于 80%. 由于要应对日常的申购赎回, 股票基金不能满仓操作, 监管规定的最高仓位[①]为 95%. 与债券型基金相比, 股票型基金的市场风险更高, 价格波动更大.

• "指数基金" 和传统的股票基金不同, 其构建目的是跟踪特定的市场指数, 这为风险管理中的对冲策略提供了基础. 这类基金的主要风险是因为复制技术或者流动性等问题, 基金价值走势偏离目标指数.

• "ETF" 在前文中提到过, 其构建目的是为交易一揽子股票提供便利. ETF 结合了封闭式基金和开放式基金的运作特点, 投资者既可以向基金管理公司申购或赎回基金份额, 同时, 又可以像封闭式基金一样在二级市场上按市场价格买卖. 不过, 申购赎回必须以一揽子股票换取基金份额或者以基金份额换回一揽子股票. 申购赎回机制和二级市场交易的共同存在, 就带来了 ETF 在两个市场中的套利机会, 而套利行为的实施, 提升了 ETF 基金价格的有效性. ETF 基金灵活的交易方式也促进了其规模的迅速增长和品种的不断丰富, 截至 2022 年 7 月, ETF 基金市场净值达 1.48 万亿元, 发行数量达到 716 只, 包括股票型、货币型、债券型、商品型和 QDII 型 ETF 基金. 虽然早期的 ETF 基金多以宽基指数为对象, 现在主题类 ETF 已经成为 ETF 基金的主力.

和 ETF 基金运作方式类似的还有 "LOF 基金"(listed open-ended fund). 作为我国特有的基金品种, LOF 既可以在场内交易, 也可以在场外认购、申购或者赎回, 因此同样可以进行灵活的场内外市场套利. LOF 于 2004 年在深圳证券交易所首次上市, 2015 年开始在上海证券交易所推出. LOF 与 ETF 不同的是: LOF 是开放式股票基金, 主要投资股票市场; LOF 可通过现金方式赎回; ETF 基金一般追踪某个指数, 属于被动投资, 而 LOF 既可以采取被动投资方式, 也可以采取主动投资方式; 相对 ETF, LOF 基金门槛较低, 普通投资者也可以参与, 因此受众更广.

• "商品基金" 的投资方向为大宗商品期货和期权市场. 由于大宗商品市场天然的杠杆特性, 这类基金的风险收益相对都比较高. 而且因为大宗商品价格和国际政治等联系密切, 除了传统的金融风险外, 国际政治环境也是这类基金的风险因素之一.

• "QDII 基金" 又叫 "海外基金", 其设立目的是在人民币资本项目不可兑换的情况下, 为国内投资者提供有控制的境外资本市场有价证券投资机会的制度安

① 一个有意思的历史经验是, 我国市场基金平均仓位达到 88% 的时候, 往往市场会出现明显的回调. 这种 "玄学" 被称为 "88 公募魔咒".

排. 相比投资国内的有价证券, 通过 QDII 基金投资海外资本市场, 除了要了解投向的市场以外, 汇率风险也是一个需要考虑的问题.

• “混合基金” 募集的资金可以参与股票、债券、货币市场等各类投资. 灵活性强的同时, 面临的风险源也比单一基金更复杂. 同时, 这类基金非常考验基金经理在大类资产配置上的功力.

2.2.2 衍生品市场

衍生品, 包括远期、期货、互换、期权等四个基本门类. 它们的共同特征是其价值都依附于基础资产未来的价值, 其所依附的基础资产称为 “标的资产”(underlying asset). 标的资产可以是股票、债券、基金、外汇等基础金融产品, 也可以是商品, 还可以是指数、天气、降雨量等可以客观衡量的对象, 当然也可以是衍生品本身, 因此衍生品的品种比基础金融产品丰富得多. 衍生品是重要的风险管理工具, 衍生品市场的蓬勃发展和创新为多元化的风险管理提供了可能. 下面我们简单介绍一下四种基本衍生品的概念和风险特征, 初步了解一下衍生品的风险情况.

1. 远期合约

1) 远期合约的概念

远期合约是一种交易双方约定在未来的某一确定时间, 以确定的价格买卖一定数量的某种实物商品或者金融资产的合约. 常见的远期合约主要有远期外汇合约、远期利率协议和远期股票合约等.

远期合约不是标准化合约, 其合约条款是为买卖双方量身定制的, 通过场外交易达成. 远期合约规定了将来交易的资产、交易的日期、交易的价格和数量, 这些要素也是衍生品都会涉及的要素[①]. 市场参与者从事远期交易的一个原因是远期合约能够在现在锁定未来交易的价格, 从而规避市场价格变动所带来的风险. 比如某个热电厂一个采暖季需要优质煤 100 万吨, 如果拖到采暖季再去购买很可能遇到涨价. 这个时候, 热电厂可以通过签订一份以 100 万吨优质煤为标的, 到期时间为采暖季开始时间的远期合约多头, 将价格锁定在当前期货价格上 (比如 900 元/吨). 这样无论采暖期开始的时候煤炭的价格是 1000 元/吨还是 100 元/吨, 热电厂的价格都是 900 元/吨[②].

---

① 常用的术语包括: 多头 (long position), 即远期合约的买方; 空头 (short position), 即远期合约的卖方; 到期日 (maturity day), 即概念中未来的某一确定时间, 一般是合约结束的日期; 执行价格 (strike price), 即合约中规定的买卖资产的价格; 资产规模 (size), 即合约规定的买卖资产的数量; 标的资产, 即合约中买卖的资产.

② 这个粗略的例子里面, 有很多特征没有展开, 比如具体什么样的煤是可以用来交割这个合约的? 一般都要规定一下热值, 否则空头拿块石头刷上煤灰也能交割的话, 市场就乱了. 还有些问题没讲, 比如为什么正常市场里远期的价格比现货高一些? 这是因为远期合约是交割的时候付钱, 不存在占用资金的问题, 同时也不需要考虑存储成本的问题. 除非现货短时间内非常短缺, 否则现货的价格都比对应的远期要便宜些.

2) 远期合约的损益特征

在远期合约到期时, 若规定 K 是执行价格, S_T 是合约到期日标的资产的价格, T 是到期日, 则

	多头	空头
1 单位标资产的远期合约损益	$S_T - K$	$K - S_T$

将上述损益以 S_T 为横轴, 以合约损益为纵轴, 可以绘制出远期合约在到期日的损益图, 如图 2.1 所示. 由图 2.1 可知, 远期合约的风险和收益是对称的, 无论合约是多头还是空头, 其损失和收益都是无限的. 远期合约的空头会随着标的资产价格的上涨而损失, 随着标的资产价格的下跌而获益, 这和标的资产的多头的变动方向正好是相反的, 因此可以对冲持有标的资产的风险.

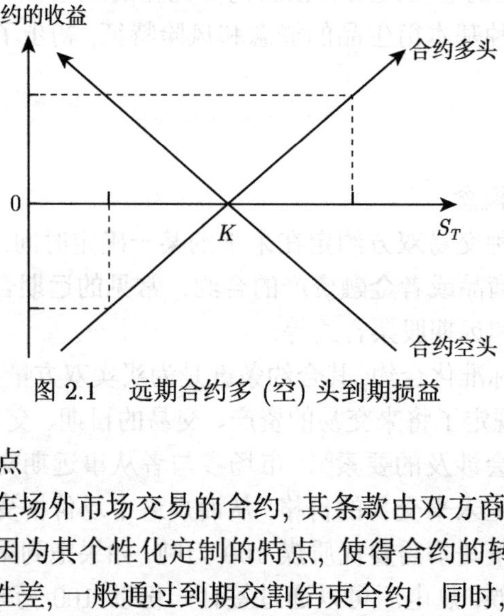

图 2.1 远期合约多 (空) 头到期损益

3) 远期合约的特点

远期合约是一种在场外市场交易的合约, 其条款由双方商定①, 一般都具有高度的灵活性. 也正是因为其个性化定制的特点, 使得合约的转让变得非常困难②. 因此远期合约的流动性差, 一般通过到期交割结束合约. 同时, 场外交易的另一个问题是价格透明度比较低, 市场效率比场内交易要差一些, 而且因为监管少, 更容易产生违约风险.

2. 期货合约

1) 期货的概念

① 也有国际组织, 如国际掉期与衍生品协会 (ISDA) 等机构提供格式合同条款, 但双方仍有相当的空间定制具体的合同内容.

② 就像一瓶普通的可乐很容易找到买家, 但是如果你定制了一瓶榴梿味的可乐, 就不那么容易找到接盘的人了.

期货是指由期货交易所统一制定的、规定在将来某一特定的时间和地点交割一定数量和质量标的物的标准化合约. 按标的资产不同, 期货可分为商品期货与金融期货两大类.

期货和远期合约在风险管理方式上类似, 都是在当前将未来的价格确定下来, 最大的差别在于期货是在交易所交易的标准化产品. 因此它克服了远期合约流动性差、市场效率低和违约风险大的不足. 表 2.1 是我国大连商品交易所交易的黄大豆 2 号期货合约的条款①.

表 2.1 黄大豆 2 号期货合约的条款

合约要素	合约内容
交易品种	黄大豆 2 号
交易单位	10 吨/手
报价单位	元 (人民币)/吨
最小变动价位	1 元/吨
涨跌停板幅度	上一交易日结算价的 4%
合约月份	1, 3, 5, 7, 9, 11 月
交易时间	每周一至周五上午 9:00～11:30, 下午 13:30～15:00
最后交易日	合约月份第 10 个交易日
最后交割日	最后交易日后第 3 个交易日
交割等级	符合《大连商品交易所黄大豆 2 号交割质量标准 (FB/DCE D001—2005)》
交割地点	大连商品交易所指定交割仓库
最低交易保证金	合约价值的 5%
交易手续费	不超过 4 元/手
交割方式	实物交割
交易代码	B
上市交易所	大连商品交易所

从表 2.1 可以看到, 期货合约从标的资产品质、数量、上市交易所、交割地点、报价单位、最低交易保证金等都是统一的.

2) 期货降低风险的交易制度

除了合约标准化以外, 期货合约还通过多种制度降低合约的违约风险、价格波动风险和流动性风险. 这些条款如下.

(1) 保证金制度: 在期货交易中, 任何交易者必须按照其所买卖期货合约价值的一定比例 (通常为 5%~10%) 缴纳资金, 作为其履行期货合约的财力担保, 然后才能参与期货合约的买卖, 并视价格变动情况确定是否追加资金. 这种制度就是保证金制度, 所交的资金就是保证金. 保证金制度既体现了期货交易特有的 “杠杆效应”, 同时也成为交易所控制期货交易风险的一种重要手段. 需要注意的是, 保证金不是期货的报价, 只是降低违约风险的措施.

(2) 每日结算制度: 期货交易所实行每日无负债结算制度, 又称 “逐日盯市”,

① 期货交易所会根据市场需求对合约条款进行调整, 最新条款以交易所网站公布为准, 大连商品交易所官方网址为: http://www.dce.com.cn/.

是指每日交易结束后, 交易所按当日结算价结算所有合约的盈亏、交易保证金余额等.

(3) 强行平仓制度: 当会员或客户的交易保证金不足并未在规定的时间内补足时, 或者持仓超过限额时, 交易所为了防止风险进一步扩大, 有权对其持仓进行提前了结的制度.

(4) 涨跌停板制度: 又称每日价格最大波动限制, 即指期货合约在一个交易日中的交易价格波动不得高于或低于规定的涨跌幅度, 超过该涨跌幅度的报价将被视为无效, 不能成交.

(5) 持仓限额制度: 期货交易所为了防范操纵市场价格的行为和防止期货市场风险过度集中于少数投资者, 对会员及客户的持仓数量进行限制的制度. 超过限额, 交易所可按规定强行平仓或提高保证金比例.

(6) 提前平仓制度: 允许期货持有者在最后交易日前的任意交易时间内通过平仓的方式了结期货头寸. 所谓平仓, 是指在期初买入期货合约后, 未来可以通过平仓指令卖出相同数量期货合约的方式结束期货多头头寸, 或者期初卖出期货合约后, 未来可以通过平仓指令买入相同数量的期货合约结束期货空头头寸. 期货交易中, 有 90% 以上的头寸都是通过提前平仓了结的.

上述制度中, 保证金制度、每日结算制度和强制平仓制度有效降低了投资者的违约风险. 其中保证金通常区分为初始保证金、维持保证金. 初始保证金是交易者新开仓时所需缴纳的资金, 维持保证金是持有某个期货的仓位时, 保证金账户中必须维持的最低余额. 当通过每日结算发现投资者保证金余额低于维持保证金时, 交易所会下发追加保证金的通知, 如果在第二天开市后, 投资者没有追加保证金至初始保证金水平, 交易所有权利强制平仓投资者的期货头寸.

例题 2.1　设大连商品交易所黄大豆 2 号期货合约初始保证金 (和维持保证金) 比率为 5%. 假若某客户以 2700 元/吨的价格买入 5 张黄大豆 2 号合约 (每张 10 吨). 那么, 该客户必须向交易所支付初始保证金为

$$2700 \times 10 \times 5 \times 5\% = 6750(\text{元})$$

假设客户以 2700 元/吨的价格买入 50 吨大豆期货后的第三天, 大豆结算价下跌至 2600 元/吨. 由于价格下跌, 客户的实际亏损为

$$(2700 - 2600) \times 50 = 5000(\text{元})$$

客户保证金账户余额为

$$6750 - 5000 = 1750(\text{元})$$

这一余额小于维持保证金

$$2600 \times 50 \times 5\% = 6500(\text{元})$$

客户需将保证金补足至 6500 元, 需补充的保证金 4750 (即 6500−1750=4750) 元就是追加保证金.

3. 互换合约

互换协议是交易双方按照商定的条件, 在约定期限内交换一系列现金流的协议. 互换协议可以被看作一系列远期合约的组合, 属于场外市场交易的衍生品, 内容可以很灵活, 理论上讲, 只要双方同意, 任何形式的两笔现金流都可以成为互换的对象. 较为常见的互换类衍生品有利率互换和货币互换. 互换的期限可以很长, 最长可以达 15 年.

相对远期和期货, 互换多期现金流的性质使交易者可以更灵活地管理自己面临的利率风险、外汇风险和信用风险. 我们以光大银行和国家开发银行签订的我国第一份利率互换协议为例, 说明如何利用利率互换协议来管理利率风险.

例题 2.2 光大银行和国家开发银行在 2005 年 10 月份达成了我国第一份利率互换协议, 该协议在 2005 年 10 月 10 日签订, 在 2006 年 2 月 10 日, 中国人民银行出台相关政策后执行. 该协议名义本金为 50 亿元, 期限为 10 年, 光大银行每年向国家开发银行支付 2.95% 固定利率, 国家开发银行每年向光大银行支付 1 年期定期存款利率.

国家开发银行签订这一协议是因为国家开发银行的资金来源于发行长期固定利率债券, 而投资为浮动利率贷款, 因此是浮动利率收入、固定利率支出. 一旦利率下跌, 国家开发银行将面临收入下降的风险, 即国家开发银行面临利率风险敞口. 而光大银行与国家开发银行相反, 光大银行的负债主要是浮动利率的短期存款, 而收入主要是固定利率的房屋按揭贷款, 同样面临利率风险敞口. 通过上述利率互换, 两家银行均可以对冲其利率风险敞口. 利息支付的示意图见图 2.2.

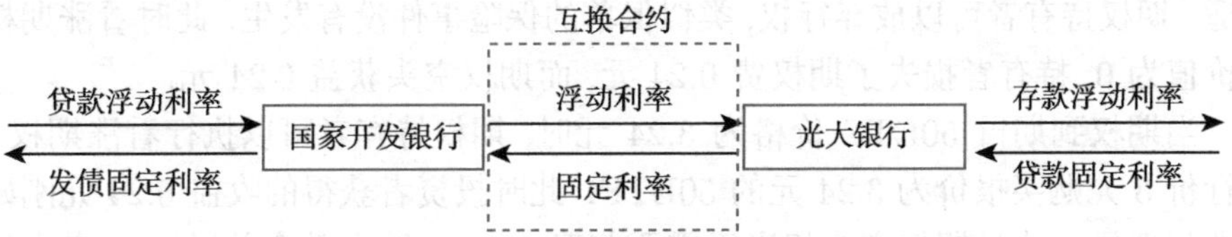

图 2.2 “国开–光大” 互换结构

互换市场并不是只有固定利率换浮动利率这一种互换产品, 两个浮动利率之间也可以在修正了利差的基础上进行互换 (一般称为基点互换, basis swap). 互换的对象也不只限于利率, 任何可以计算收益率的东西都可以拿来换, 比如一方付出利率换取另外一方付出某个指数的收益率, 这类产品被称为收益互换. 通过收益互换, 我们甚至可以将名义上的固定收益类产品转化为实质的股票、大宗商品等. 由于收益互换会显著改变产品的风险特征, 而且具有隐蔽性, 监管机构对收益互换往往有特别的监管要求①.

4. 期权合约

期权合约是指合约的持有方在约定期限内拥有按照事先确定的价格买入或卖出某种标的资产的权利, 不承担买入或卖出的义务. 如果期权持有者拥有买入资产的权利, 称为看涨期权; 如果期权持有者拥有卖出资产的权利, 称为看跌期权. 因此, 期权合约有 4 个头寸, 具体见表 2.2.

表 2.2 期权合约的头寸

持仓方向	看涨期权	看跌期权
期权买方 (多头)	以执行价格买入标的资产的权利	以执行价格卖出标的资产的权利
期权卖方 (空头)	以执行价格卖出标的资产的义务	以执行价格买入标的资产的义务

期权类似保单, 期权买方相当于投保人, 而卖方相当于保险公司, 为了获取期权, 期权合约的买方必须向卖方支付一定的费用, 即期权费或者期权价格, 类似保费. 卖方获得期权费后, 就必须承担合约规定的义务, 类似保险公司的赔付. 因此, 期权合约与远期最大的差别是合约双方的权利和义务是不对等的, 这意味着期权买方和卖方的损益也是不对等的. 下面我们以两个简单的例子说明看涨期权和看跌期权的风险损益情况.

例题 2.3 2022 年 7 月 1 日, 在上海证券交易所, 1 份以 50ETF 基金为标的资产, 执行价格为 3 元, 到期日为 2022 年 12 月 28 日的看涨期权价格为 0.24 元. 当时 50ETF 的价格为 3.05 元, 试计算当 50ETF 在 2022 年 12 月 28 日的价格为 2, 2.5, 3, 3.24, 4 元时, 1 单位 50ETF 的看涨期权的偿付情况.

注 当期权到期日 50ETF 价格为 2, 2.5, 3 元时, 利用市场价格购买基金更合适. 期权持有者可以放弃行权, 类似保单的保险事件没有发生. 此时看涨期权到期价值为 0, 持有者损失了期权费 0.24 元, 而期权空头获益 0.24 元.

当期权到期日 50ETF 价格为 3.24 元时, 期权持有者可以执行看涨期权, 用执行价 3 元购买报价为 3.24 元的 50ETF. 此时投资者获得的收益 0.24 元刚好抵消期权费用. 此时期权空头相当于需要花费 3.24 元购买基金并以 3 元卖出该期权, 单笔交易亏损 0.24 元. 考虑到期初获益 0.24 元, 同样净收益②为 0.

当期权到期日 50ETF 价格为 4 元时, 期权持有者可以执行看涨期权, 用执行价 3 元购买报价为 4 元的 50ETF. 此时投资者获得的收益抵消期权费用后净赚 0.76 元, 而期权空头则亏损 0.76 元.

① 例如 2015 年股市波动期间证监会就叫停了 “融资类收益互换”, 市场的普遍理解是这类互换能够给出比场内融资更高的杠杆率, 从而更容易放大股市的波动.

② 这里我们没有考虑时间价值的问题.

上述执行方式说明考虑期权费 C_0 的情况下, 看涨期权多头到期日的损益为

$$\max(S_T-K,0)-C_0$$

看涨期权空头到期日的损益为

$$-\max(S_T-K,0)+C_0$$

因此以标的资产价格为横轴, 看涨期权多头和空头的损益如图 2.3.

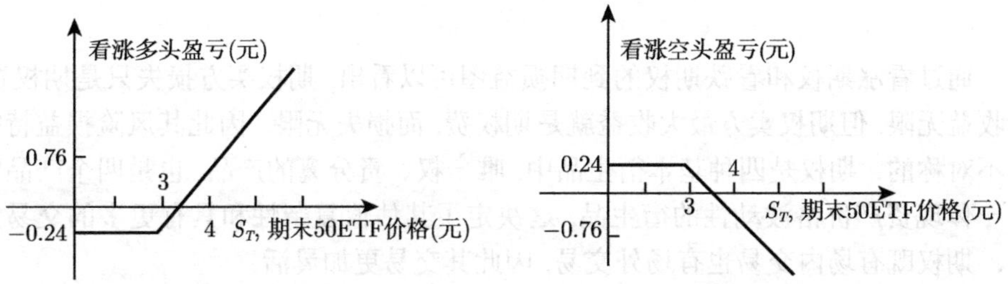

图 2.3 看涨期权多头 (左) 和空头 (右) 的到期损益图

例题 2.4 2022 年 7 月 1 日, 在上海证券交易所, 1 份以 50ETF 基金为标的资产, 执行价格为 3 元, 到期日为 2022 年 12 月 28 日的看跌期权价格为 0.15 元. 当时 50ETF 的价格为 3.05 元, 试计算当 50ETF 在 2022 年 12 月 28 日的价格为 2, 2.85, 3, 4 元时, 1 单位 50ETF 的看跌期权的偿付情况.

注 当期权到期日 50ETF 价格为 3 元和 4 元时, 利用市场价格卖出基金更合适. 期权持有者可以放弃行权, 看跌期权价值为 0, 持有者损失了期权费 0.15 元, 而期权空头获益 0.15 元.

当期权到期日 50ETF 价格为 2.85 元时, 期权持有者可以执行看跌期权. 用执行价 3 元卖出价值 2.85 元的 50ETF, 收益 0.15 元正好抵消期权费用. 此时期权空头需要花费 3 元从看跌期权购买者手中购买基金并在市场上以 2.85 元出售, 单笔交易亏损 0.15 元. 考虑到期初获益 0.15 元, 同样净收益为 0.

同样, 当期权到期日 50ETF 价格为 2 元时, 期权持有者可以执行看跌期权, 用执行价 3 元卖出价值 2 元的 50ETF. 此时投资者获得的收益抵消期权费用后净赚 0.85 元. 而期权空头亏损 0.85 元.

上述执行方式说明考虑期权费 P_0 的情况下, 看跌期权多头到期日的损益为

$$\max(K-S_T,0)-P_0$$

看跌期权空头到期日的损益为

$$-\max(K-S_T,0)+P_0$$

因此以标的资产价格为横轴, 看跌期权多头和空头的损益如图 2.4.

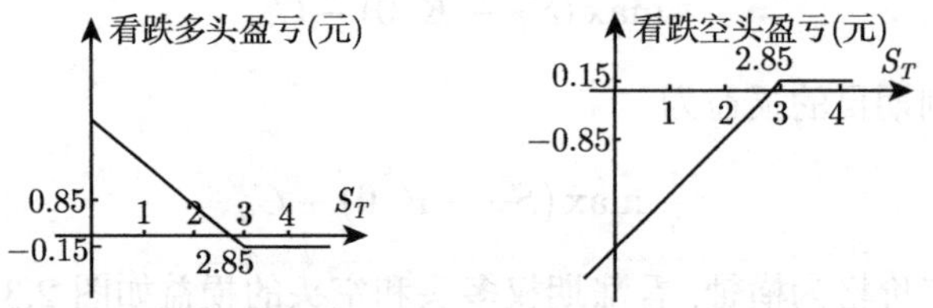

图 2.4　看跌期权多头 (左) 和空头 (右) 的到期损益图

通过看涨期权和看跌期权的到期损益图可以看出, 期权买方损失只是期权费, 而收益无限, 但期权卖方最大收益就是期权费, 而损失无限. 因此其风险损益特征是不对称的. 期权是四种基本衍生品中, 唯一权、责分离的产品, 也是四个产品中唯一体现资产价格波动性的衍生品, 这决定了其估值复杂性和具有更多的交易策略. 期权既有场内交易也有场外交易, 因此其交易更加灵活.

5. 四类衍生品的区别与联系

从四类基本衍生品的风险损益特征可以看出, 虽然其交易机制各不相同, 但其发展历程是与风险管理的需求紧密相连的.

远期合约为锁定标的资产未来买卖的价格提供了工具, 可以满足风险管理者的需求, 但缺乏流动性, 使得中介机构难以对冲风险①. 而期货合约在保留远期合约管理风险的方式的同时, 进行了合约的标准化, 统一了交易地点, 解决了流动性问题, 提升了市场效率. 但远期和期货都只能解决未来某一时间点的价格确定问题, 难以满足多期的风险管理需求, 而互换作为远期合约的组合产品可以解决多个时点的风险管理问题. 远期、互换和期货均为线性风险管理工具, 对冲不利风险的同时也对冲了有利的价格波动, 而期权的推出解决了这个问题, 成为唯一的产权分离的衍生品.

衍生品交易的保证金制度蕴含着高杠杆特征, 使得衍生品交易具有高风险、高收益的特点. 即使是期权, 裸买期权仍然存在高杠杆性, 表 2.3 给出了我国 50ETF 期权在 2015 年 2 月 26 日至 2015 年 6 月 18 日的部分行情. 从表中可以看到, 如果将期权价格的涨跌幅与标的资产 50ETF 的价格涨跌幅比较, 其涨跌幅度远远大于 50ETF, 说明仅靠期权费涨跌获得价格波动的收益, 期权投资杠杆性也很高. 因此金融衍生品投机风险要远远大于基础金融产品的投机风险.

① 比如 A 公司想签订一个远期的多头, 找到某个期货公司 (中介机构). 期货公司在签完合约以后需要再去找一个公司 B 签一个反向的合同, 否则就把风险揽在自己怀里了. “难以对冲风险” 指的是远期的流动性缺乏使得公司 B 并不是很好找. 实际操作中, 考虑到流动性的问题, 期货公司一般是用场内的期货来对冲场外的远期的.

表 2.3 50ETF 期权 (2015 年 6 月到期行权价 2.35) 部分行情

日期	日涨跌幅 (%)		
	认购	认沽	50ETF
2015/2/26	31.74	−19.77	3.38
2015/3/3	−23.43	25.54	−3.15
2015/3/12	27.10	−23.62	3.12
2015/3/16	19.68	−18.63	2.24
2015/3/17	11.28	−14.63	1.31
2015/3/18	15.48	−20.11	2.67
2015/3/30	23.95	−31.91	3.44
2015/5/18	−9.44	−56.60	−2.00
2015/5/26	3.10	107.14	0.51
2015/5/29	−0.45	−75.00	−0.42
2015/6/1	20.05	33.33	4.31
2015/6/15	−10.12	−66.67	−2.93
2015/6/17	1.96	100.00	0.86
2015/6/18	−16.27	−50.00	−4.19

此外四种产品作为衍生品还有一些共同特征如下. ①远期交易: 衍生品既然作为管理标的资产风险的工具, 风险是未来发生损失的不确定性, 其功能决定了其具有远期交易的特点. ②零和博弈: 即合约交易的双方盈亏完全负相关, 并且净损益为零, 因此称为 “零和” 交易. ③表外交易: 由于许多金融衍生品交易在资产负债表上没有相应科目, 因而也被称为 “资产负债表外交易”(简称表外交易). 表外交易的特征使得内外部监控更难以实施, 容易产生隐藏的风险. ④可交易性: 场内交易品种都是可以转让的, 这是金融产品与保单等产品最大的差别. ⑤无发行方: 在衍生品交易过程中, 合约的双方是对等的, 均可作为合约的买方或者卖方. 场内交易甚至不知道交易对手方是谁, 而是全部交给清算机构进行处理.

衍生品市场的参与者通常都包含套期保值者、投机者和套利者. “套期保值者” 是因风险管理需求而进行衍生品交易的参与者, 一般为实体企业或者具有风险敞口的机构. 原料需求企业一般是期货市场上的多头, 而产品出售企业是空头. 同一个企业可以通过期货市场上的操作在生产之初就锁定利润. 投机者是根据对价格未来走势的判断进行单方向买卖的趋势交易者[①], 大部分个人投资者属于这一类. 套利者是寻求 “空手套白狼” 机会的参与者, 包括对冲基金、量化投资基金等, 他们通过侦测不同合约之间的价格偏差, 通过买低卖高的方式锁定利润. 三类投资者的存在一方面活跃了市场, 提供了比现货市场更大的流动性, 另一方面也为更好的价格发现提供了基础.

① 虽然套期保值者经常也是单方面地买卖期货合约, 但他们是未来真的需要买卖现货的人. 投机者则是在没有现货买卖需求的情况下进行单方交易的人.

6. 基础资产与衍生品的辩证关系

基础资产和衍生品是相对的概念, 并没有绝对的界限. 尽管我们几乎不会称股票、债券、基金、外汇等为"衍生品", 但这不意味着它们的价值不依赖于更基础的因素. 以债券为例, 其价格受到利率波动的影响, 教材中谈到久期和凸性的概念时甚至在符号上都和期权的希腊字母一致. 但这并不妨碍我们习惯上把债券放在传统资产类别中. 此外衍生品本身也可以作为标的资产, 如期权的期权我们称之为复合期权, 以期货为标的资产的期权称之为期货期权, 以互换为标的的期权我们称之为互换期权, 等等. 因此通过基础资产和衍生品之间, 以及衍生品与衍生品直接的复合, 我们可以根据市场需求创新出更多的金融产品, 以满足风险管理的需要.

2.3 金融风险和金融产品创新

2.3.1 针对利率风险的产品创新

在金融市场中, 利率作为借贷资金的价格 (利率) 由资金需求和供给两方决定, 并受市场因素影响. 因此利率 (特别是短期利率) 水平会随不同市场信息的出现而频繁变动, 导致利率水平很难进行预测. 作为最重要的市场风险之一, 利率风险管理的衍生品也是非常丰富的, 包括远期利率协议、债券远期、利率期货和利率期权等.

1. 远期利率协议与债券远期

远期利率协议 (forward rate agreement, FRA) 是买卖双方同意从未来某一时刻起在后续的一定时期内按协议利率借贷一笔名义本金的协议. 在涉及的所有利率都以同一种货币计价的远期利率协议中, 名义本金只是用来计算利息的数字, 并不真正在交易双方之间交换①. 协议双方在交割日, 会根据协议利率与参考利率的差距, 使用名义本金计算利息差, 协议双方仅交割利息差②.

FRA 的买方是协议利率 (通常是固定利率) 的支付方, 而卖方是参考利率 (通常是浮动利率) 的支付方. 在预期未来市场利率上升的情况下, 未来资金的需求者为规避融资成本上升的风险会买入 FRA; 未来资金的供给方则会卖出 FRA 来规避资金回报下降的风险.

和 FRA 以利率为标的 (通过利息的方式体现) 不同, 债券远期以债券为标的 (通过价格的方式体现). 因为债券价格的主要影响因素是利率, 因此债券远期也可

① 如果涉及两种货币, 则被归为"货币互换"的范畴, 因为汇率变动的问题, 双方需要在合约起止时点上交换名义本金.

② 前面讲的利率互换从结构上看和 FRA 非常相似, 区别在于 FRA 是在场外市场交易的品种, 而利率互换一般是在场内市场交易的品种.

以看成是一种利率风险管理工具. 与 FRA 不同的是, 债券远期到期需要实物交割标的债券.

2. 利率期货

利率期货是以债务工具为标的的金融期货. 根据标的资产的期限区分为短期利率期货和中长期利率期货, 其中短期利率期货通常以短期债务工具如短期存款、短期国债等为标的资产, 如联邦基金期货、欧洲美元期货、我国的 2 年期国债期货等. 中长期利率期货通常以中长期国债为标的, 也称为中长期国债期货, 如我国的 5 年期、10 年期国债期货. 由于大部分的利率期货都是以债券为依托的, 有时候为了简便, 我们也用债券期货称呼利率期货. 利率期货在期货交易所进行交易, 因此其流动性、活跃度都远高于 FRA 和债券远期, 是一种很受欢迎的利率衍生品, 广泛用于利率相关的套期保值和投机活动中.

使用以债券为依托的利率期货管理利率风险时, 需要注意固定收益证券的基本特征, 即债券价格与利率呈反向变动关系. 因此如果经济主体在未来进行投资, 为了防止未来利率下降所带来的收益下降风险, 应该买入利率期货, 即在利率期货市场做多. 若未来利率真的下降, 利率期货价格上升使得多头获益, 就可以弥补投资收益下降的损失. 同时若经济主体持有浮动利率的资产或是固定利率的负债, 并且要求规避利率下降所带来的风险, 同样可以做多利率期货进行保值. 反之, 如果经济主体需要在未来进行融资, 为了防止未来利率上升带来融资成本上升的风险, 该经济实体可以卖出利率期货, 即在利率期货市场上做空. 若未来利率真的上升, 利率期货价格下跌使得空头获益, 可以弥补融资成本的增加. 因此当经济主体持有固定利率的资产或是浮动利率的负债, 并要求规避利率上升的风险, 则可以做空利率期货进行保值.

3. 利率期权

在交易所 (场内) 和 OTC 市场 (场外) 有不同的利率期权品种进行交易, 在场内交易的主要是利率期货期权, 在场外交易的主要是利率上限 (interest rate caps)、利率下限 (interest rate floors)、利率双限 (interest rate collars) 和互换期权 (swaptions) 等. 利率期货期权合约以利率期货作为标的资产, 期权购买者在期权到期日拥有卖出或买入利率期货的权利. 场外交易的利率期权主要是利率上限、利率下限和互换期权, 一般由金融机构如银行提供, 名义本金和期限都比较自由.

1) 利率上下限

利率上限是不同到期期限、相同协议利率的利率看涨期权的组合. 当合约规定的参考利率 (通常为某个市场利率) 高于协议利率时, 期权卖方向买方赔付两个利率之间的利息差, 而参考利率低于协议利率时, 买方不需要赔付卖方利息差. 因此利率上限买方相当于为未来的利率支付设定了成本上限. 适用于担心未来利率上涨带来损失的情形, 如具有浮动利率存款债务和固定利率贷款的银行或者未来需要融资的公司.

利率下限是不同到期期限、相同协议利率的利率看跌期权的组合. 当合约规定的参考利率 (通常为某个市场利率) 低于协议利率时, 期权卖方向买方赔付两个利率之间的利息差, 而参考利率高于协议利率时, 买方不需要赔付卖方利息差. 因此利率下限买方相当于为未来的利率收益设定了收益下限. 适用于担心未来利率下跌带来收益减少的情形, 如具有浮动利率贷款和固定利率发债的银行或者未来进行投资的公司.

利率双限则是利率上限和利率下限产品的组合, 二者一般期限相同, 方向相反, 如一个未来需要融资的客户, 可以买入一个协议利率为 K_2 的利率上限, 同时卖出一个协议利率为 K_1 的利率下限, $K_1 < K_2$, 两种期权期限相同, 支付日相同, 通过这个利率双限, 该客户可以将未来的利率成本限定在 $[K_1, K_2]$ 之内, 故而得名. 如果客户预期未来利率下跌超过 K_1 的可能性较小, 或者自己可以接受利率成本高于 K_1 的情形, 那么该客户便可以选择使用利率双限, 原因是该产品能够规避自己担心的未来利率上涨超过 K_2 的风险, 同时又可以通过出售利率下限降低风险管理成本. 因此利率双限更体现了投资者对未来利率波动区间的态度.

2) 互换期权

互换期权是以利率互换为标的的期权产品, 用于管理未来利率互换的协议利率变动的风险. 看涨互换期权的持有者有权以期权执行价格作为协议利率, 作为买方签订利率互换①; 看跌互换期权的持有者有权以期权执行价格作为协议利率, 作为卖方签订利率互换②. 因此当预期未来利率互换的协议利率上涨, 需要在未来通过利率互换锁定多期利率成本时, 可以在当前购入看涨互换期权, 在未来利率互换的协议利率上涨时, 通过执行看涨互换期权获得补偿; 当预期未来利率互换的协议利率下跌, 需要在未来通过利率互换获得固定利率收益时, 可以通过当前购入看跌互换期权, 在未来利率互换的协议利率下跌时, 通过执行看跌互换期权获得补偿.

2.3.2 针对汇率风险的产品创新

汇率风险是指在不同货币的兑换中, 因汇率在一定时间内发生不可预期的变化, 导致有关经济主体的实际收益与预期收益或者实际成本与预期成本发生背离, 从而使有关经济主体蒙受损失. 对于那些与外汇有关系的跨国公司、金融机构、国际贸易商、政府机构以及个人投资者而言, 汇率风险是经常存在的, 他们的收付款项、资产、负债以及投资随时都会因为汇率变动而发生意外损失. 当然, 有时汇

① 看涨互换期权又称为支付方互换期权, 持有者行权后, 在利率互换中支付协议利率, 获得参考利率.

② 看跌互换期权又称为收入方互换期权, 持有者行权后, 在利率互换中获得协议利率, 支付参考利率.

率的波动也会带来意外收益, 但这种意外收益往往是不确定的. 对于那些依靠经营获取利润而不是通过汇率的波动而获取利润的机构和个人而言, 防范汇率风险是一种经常性的任务, 他们为此宁愿舍弃汇率波动可能带来的收益, 主要是锁定其汇率风险敞口的头寸部分. 针对外汇的金融产品创新非常丰富, 包括外汇远期、外汇期货、外汇期权、外汇掉期或者货币互换等.

1. 外汇远期

外汇远期合约 (forward exchange contract) 是以外汇为标的的远期合同, 它是最早出现的金融远期合约, 用于当前约定将来某一天或某一期限内以约定汇率买入或卖出一定数量的外汇, 合约期限一般为 1~3 个月, 也可长达 1 年. 常见的外汇合约通常进行外汇的实物交割, 为了提升外汇远期合约风险管理的效率, 后来也出现了外汇综合协议, 通过交割汇率差的方式进行合约了结. 相对其他衍生品而言, 利用远期合约对汇率风险进行管理是一种很容易掌握的手段. 简而言之, 如果在未来有一笔外汇收入, 就卖出外汇远期; 如果在未来有一笔外汇支出, 就买进外汇远期.

2. 外汇期货

外汇期货也叫货币期货或外币期货 (foreign exchange future), 是以外汇为标的的金融期货. 在国际经济往来中, 如果经济主体在未来有一笔需要偿还的外币负债, 就会面临外币币值上升的风险. 为了防止这种风险, 该经济主体可以先在外汇期货市场上购买同等数量的同种外汇期货合约, 等到将来需要在外汇现货市场上买入外币时再将外汇期货合约卖出, 实行对冲, 这种外汇期货套期保值方式就是多头套期保值. 在多头套期保值中, 交易者在现汇市场上处于空头地位, 在外汇期货市场处于多头地位. 空头套期保值是指交易者在现汇市场上处于多头, 为了防止外币贬值的风险, 在外汇期货市场上进行空头交易, 并在将来买入相应的外汇期货予以对冲的交易方式.

3. 外汇期权

外汇期权就是以外汇为标的资产的期权合约. 外汇期权交易可以作为规避汇率波动风险的有效保值工具. 在交易所交易的一般为标准的欧、美式期权[①]. 但由于跨国企业、金融机构或超国家组织如世界银行经常面临多种货币、各种期限、各种组合的风险, 因此相对其他资产的期权, 场外交易的外汇期权品种更丰富, 这些期权统称为外汇奇异期权 (exotic currency options).

外汇奇异期权是为满足客户特定需求而专门设计的期权, 为客户提供了不同的风险与收益的搭配, 其中一些产品由于具有高效率和低成本的优越性而受到客

① 美国称之为香草期权, 表示最基础的期权类型. 这可能是香草口味作为最常见的冰激凌口味的引申用法.

户的普遍欢迎, 并在金融市场上逐渐成熟. 例如一揽子期权是由标准期权变化而来的, 可以看成是由多种货币的欧式期权融合而成. 标准期权通常可表述为一种货币的买权或卖权, 其载体是两种货币间的交换. 一揽子期权涉及多种货币间的复杂汇率关系, 期权的买方获得一项权利, 可以按照约定条款, 用一种货币购买一定金额的货币组合, 或者将货币组合兑换成一定金额的其他货币, 卖方获得期权费并承担相应的义务. 由此可见, 一揽子期权是为了方便客户管理多种货币间的汇率风险而设计的.

一些贸易商、跨国公司和投资公司在经营过程中往往会面临多种货币的汇率风险. 例如, 贸易商与几个国家开展贸易往来, 并用它们的货币进行结算; 跨国公司在几个国家都设有分公司, 它们的资产负债都用所在国货币衡量; 投资公司投资于多种货币的资产等. 这些公司在最终测算利润时都需要按本国货币进行计算. 外国货币和本国货币间的汇率变化会使公司的盈利水平处于不稳定的状态. 为避免这些汇率风险, 公司可以用多个单货币期权规避每个货币的汇率风险, 但此时公司就需要做多笔单独的交易来实现这一目的. 这种操作缺乏灵活性, 同时也增加了操作和管理上的难度. 而一揽子期权只需一笔交易就能锁定所有的汇率风险, 不仅操作灵活简便, 更重要的是它所需的期权费比购买单独的欧式期权要少, 从而降低了避险成本.

4. 货币互换

标准的货币互换 (currency swap, 也称为货币掉期) 是将一种货币贷款的本金和利息与另一种货币的本金和利息进行交换的协议. 货币互换合约要求阐明两种不同货币的本金, 通常互换的两种货币的本金在合约签订时是等值的. 当然由于货币互换在场外交易, 也有仅在约定的两个时间点互换本金的, 比如我国的人民币外汇货币掉期[①]. 货币互换可以改变资产或负债的货币性质, 规避汇率风险. 例如 A 公司发行本金 1300 万美元的债券, 如果预期英镑贬值, 则 A 公司可以签署一份期限和付息频率相同的货币互换合约, 收取美元、支付英镑, 则 A 公司的美元债券转换为英镑债券. 类似地, 如果 A 公司有一个 1000 万英镑的投资, 如果预期未来美元将升值, 则 A 公司可以签署一份货币互换合约, 支付英镑、收取美元, 从而将英镑资产转化为美元资产.

2.3.3 针对价格风险的产品创新

1. 股票衍生品

股票投资都是有风险的. 股票风险是指由于某些因素的影响, 股票价格出现不利于投资者的波动, 致使投资者在投资期内不能获得预期收益, 甚至遭受损失

① 关于我国人民币外汇货币掉期和人民币外汇掉期的具体内容, 可以参见中国货币网网站: https://www.chinamoney.com.cn.

的一种可能性. 股市投资者在股票市场上面临的风险可分为两种: 一种是股市的整体风险, 又称为系统性风险, 即所有股票或大多数股票的价格一起波动的风险; 另一种是个股风险, 又称为非系统性风险, 这类风险来源于公司本身且不能由市场变动来解释. 投资者通过投资组合可以较好地规避非系统性风险, 但不能有效地规避整个股市下跌所带来的系统性风险.

1) 股指期货

股指期货是一种以股票价格指数作为标的的金融期货合约, 由于股指本身无法进行现货买卖, 因此股指期货通常进行现金交割, 而不是实物交割, 这是股票指数期货与其他期货的主要区别. 利用股指期货进行套期保值的原理是股指期货体现了股票市场的系统风险, 而所有股票组合的价值都会受到系统风险的影响, 因此可以利用股票组合收益与股指期货标的指数之间的关系, 使用股指期货管理股票或股票组合的系统风险.

2) 股票期权

股票期权是以股票或者股票指数为标的资产的期权合约. 股票期权为投资者提供了一种很好的规避风险的工具. 单纯运用看涨期权或看跌期权来防范风险是股票期权最简单的应用, 投资者可以通过不同的期权品种构成众多具有不同盈亏分布特征的组合. 具体采用何种期权组合, 一方面取决于投资者对未来标的资产价格走势和波动的预测, 另一方面取决于投资者的风险承受程度. 投资者可以通过选择理想的“风险–收益”模式来选择不同的期权组合进行交易.

2. 商品衍生品

大宗商品价格的稳定对于一国经济的发展是至关重要的, 需要金融工具来控制商品的价格风险. 商品衍生品主要包括商品远期、商品期货、商品期权和商品互换.

1) 商品远期与商品期货

商品远期是最早出现的衍生品, 比如农户或者农户组织可以通过农产品远期订单在种植时确定未来的出售价格, 而贸易商也可以通过远期订单锁定货源或者供货渠道. 商品期货则是为提升商品远期的流动性和交易便利发展起来的, 历史悠久, 种类繁多, 主要有农副产品、金属产品、能源产品、化工产品等几大类. 商品期货为商品远期合约的签订提供了市场价格的指导, 也为商品价格的风险管理提供了场内交易的工具.

2) 商品期权

商品期权通常是以商品期货作为标的资产的期权, 通常与标的期货在同一交易所交易. 由于期货用于套期保值在规避现货损失风险的同时, 也可能带来本身的亏损风险, 因此可以使用商品期权为期货提供风险管理工具. 期权交易策略的丰富性为实体经济中的商品价格风险提供了更多元化的风险管理方式, 如我国 2016 年之后发展的"保险 + 期货"助农模式、"含权贸易"模式等都体现了商品期权和期货的组合应用.

3) 商品互换

商品互换产生于货币和利率互换之后, 是将互换合约标的金融资产换为商品创新而成的. 20 世纪 80 年代, 互换开始出现在商品领域, 尤其是能源产品上. 最常见的商品互换是交易双方签订协议, 甲方以确定数量的某种商品为基础, 周期性地向乙方支付固定价格; 而乙方基于同样的名义商品数量, 周期性地向甲方支付该商品的浮动价格, 通常是该商品在一段时间内的平均价格. 交易的双方也被称作固定方和浮动方. 类似利率互换, 企业可以通过商品互换来灵活管理长期订单的商品价格波动风险. 我国大连商品交易所在 2018 年 12 月也推出了商品互换平台, 方便企业签订商品互换, 管理商品价格风险.

2.3.4 针对信用风险的产品创新

信用衍生品起源于商业银行希望调整它们的风险敞口的需要, 尽管现代银行业已经敏锐地认识到贷款组合的风险小于单笔贷款的风险, 但是银行业的贷款仍然常常过于集中于某些地区或某些业务部门, 由于只存在有限的二级贷款市场, 银行要剥离其所承担的信用风险敞口是很困难的. 信用衍生品可以解决这个难题, 银行可以通过购买信用衍生品来保护保留在它们资产负债表上的贷款, 常用的有信用违约互换、信用价差远期和信用价差期权.

1. 信用违约互换

市场上最常见的信用衍生品是信用违约互换 (credit default swap, CDS). CDS 相当于给某一指定公司违约的风险提供了保险, 这个指定的公司被称为参考实体 (reference entity), 而该公司的违约被定义为信用事件 (credit event). CDS 的买方在信用事件发生时有权利将违约公司的债券以债券面值卖给 CDS 的卖方, 而这一债券的面值也被称为 CDS 的名义本金, 为此 CDS 买方需要向卖方支付一笔费用, 一般以信用利差的方式报价, 称为保费 (premium). 因此, CDS 实质是一种期权, 但信用利差通常分期支付, 直到合约到期或者信用事件发生, 故称为"信用违约互换". 实际上, CDS 的交割方式可以是债券实物交割, 也可以是现金交割.

CDS 是管理信用风险的重要工具. 一个金融机构可以通过买入 CDS 减少自己对于某个公司的信用风险敞口, 同时也可以采用 CDS 来分散信用风险. 例如, 假设某金融机构对某一行业有太大的信用风险, 可以买入这个行业中公司的 CDS, 同时可以卖出与这一行业无关的其他行业公司的 CDS. 和其他的金融产品一样, CDS 也有投资者适当性的要求, 比如一个公司的高管买入自己公司的 CDS 就是不被允许的.

CDS 覆盖的是信用问题带来的损失, 并不覆盖利率等其他因素带来的价格变动. 如果要通盘考虑, 则需要使用将全部的收益进行交换的产品, 即总收益互换 (total return swaps, TRS). 类似利率互换, 在总收益互换中通常进行价差交易, 如果资产总收益低于参考利率, 合约购买者 (保护买方) 从交易对手处获得偿付, 反之, 保护买方向卖方偿付.

2. *信用价差远期和信用价差期权*

信用价差是指风险债券与无风险债券之间的利差大小. 信用价差体现了违约风险和信用风险溢价变化的大小.

信用价差远期 (credit spread forward contract) 是以某参考实体信用价差为标的的远期合约, 如果到期日信用价差大于协议价差, 合约买方就可收到相当于两者差额部分的支付. 反之, 则由合约买方向卖方支付相应数额的金额. 信用价差期权 (credit spread option contract) 是以某参考实体信用价差为标的期权, 看涨期权在未来信用价差高于协议价差时获益, 看跌期权在未来信用价差低于协议价差时获益, 因此看涨期权可以为风险债券的持有者提供信用保护, 看跌期权可以为风险债券的发行者提供成本节约的途径.

2.3.5 针对流动性风险的产品创新

资产证券化是 20 世纪 70 年代以来最具影响力的金融创新之一. 由于通常用于证券化的资产流动性较差, 资产出售者或发起人可以通过发行资产支持证券将流动性较低的资产转换为现金资产, 因此, 资产证券化的重要特征之一是改善资产出售者或发起人资产的流动性. 另外, 由于资产证券化可以转移资产发起人承担的资产的市场风险和信用风险, 资产证券化也起到了转移风险的作用.

资产证券化是指把缺乏流动性, 但在未来拥有稳定可测现金流的资产 (基础资产) 归集起来, 通过结构性重组, 将其转变为可以在金融市场上出售和流通的证券. 概括地讲, 一次完整的证券化融资的基本流程是: 发起人将证券化资产出售给一家特殊目的实体 (SPV), 或者由 SPV 主动购买可证券化的资产, 然后 SPV 将这些资产汇集成资产池 (asset pool), 再以该资产池所产生的现金流为支撑在金融市场上发行有价证券融资, 最后用资产池产生的现金流来清偿所发行的有价证券.

以住房抵押贷款为基础资产发行的证券——住房抵押贷款证券 (mortgage-backed securities, MBS), 起源于 20 世纪 70 年代, 是最早出现的资产证券化产品, 从 20 世纪 90 年代到 21 世纪初由于美国经济的发展和利率的不断下调, MBS 市场得到迅猛发展, 在美国资产证券化市场上占主导地位. 从 1985 年开始, 出现了以汽车贷款、信用卡贷款、企业应收账款等不同标的资产的证券化产品, 这些产品统称为资产支持证券 (asset-backed securities, ABS). 在 1996 年又出现了抵押债务证券 (collateralized debt obligation, CDO). CDO 是将多个债务资产打包, 转让给 SPV, SPV 以这些债务资产支持, 发行不同级别的债券, 这些债券被称为 CDO. 2007~2008 年的次贷危机与资产证券化的泛滥和信用衍生品的过度扩张有关.

2.3.6　针对其他风险的产品创新

伴随着世界经济和区域经济的不断发展, 金融市场的产品也日益丰富起来. 在众多金融衍生品中, 气候类衍生品成为金融衍生品的大家庭里新的一员, 它的出现是为了满足某些行业对天气和自然灾害风险规避的需求.

1. 天气类衍生品

各种天气原因引发的灾害屡见不鲜, 带来的损失也是巨大的. 人们在不断地探索减少天气灾害的损失时, 在金融领域里创造了天气衍生品. 天气衍生品的标的资产一般是依据天气度量指标编制的某种指数, 目前市场上使用最广泛的天气指数是气温指数, 基于气温指数的交易额占到了天气衍生品市场交易额的 80%. 而发展最为迅速和成熟, 最具代表性的产品当属芝加哥商品交易所 (CME) 的采暖日指数 (heating degree day, HDD) 期货和制冷日指数 (cooling degree day, CDD) 期货①.

天气衍生品是将金融衍生品的风险管理原理应用于对天气灾害风险的管理, 为天气灾害风险的管理提供了全新的思路和理念, 天气衍生品有着自身独有的特点.

(1) 天气衍生品合约依据的是气象部门提供的有关气温、降水、风速等相关数据, 具有很强的客观性, 信息不对称的概率大大减少, 从而减少了道德风险的可能性. 天气衍生品有利于相关的经济主体直接对天气风险进行套期保值, 更好地规避天气给经济行为带来的影响.

(2) 天气衍生品的出现在很大程度上扩大了天气风险分散和转移的范围. 天气衍生品市场吸引了大量的天气对冲者的参与, 牵涉到各个行业和领域, 其中常见的有农业、能源行业、室外休闲业、季节性服装行业、交通业、食品和饮料业、保险和再保险业等. 同时, 在市场规模和流动性不断扩大的影响下, 越来越多的投资银行和基金业被吸引进入该市场. 这样一来, 就吸引了大量的社会资金参与分散和转移天气风险, 提升了市场流动性和效率.

---

① HDD = max(65 华氏度减日平均气温, 0), CDD = max(日平均气温减 65 华氏度, 0), $T=\frac{5}{9}(t-32)$, 其中 T 表示摄氏度, t 表示华氏度.

2. 巨灾风险衍生品

近些年，随着全球气候变暖，暴雨、飓风等严重自然灾害事件越来越频繁，对人类生产生活造成巨大的经济损失．规避灾难性气候对经济活动带来的重大影响促进了巨灾风险衍生品的发展，其主要包括巨灾债券、巨灾期货、巨灾期权、巨灾互换等．

1) 巨灾债券

巨灾债券是一种场外交易的含巨灾期权的债券产品，持有巨灾债券的投资者可以获得高于普通债券的利息，但一旦巨灾发生，可能面临本金损失，因此巨灾债券相当于投资者持有债券和巨灾期权的空头，从而替代保险公司承担了巨灾损失的风险．1994 年，汉诺威 (Hannover Re) 再保险公司第一个正式发行了 8500 万美元的巨灾债券．1995 年和 1996 年是巨灾债券发展的初期，大部分尝试是失败的，但为投资者、银行与保险业提供了宝贵经验．1996 年末至 1997 年初，市场上出现了第一个成功的例子，即汉诺威再保险公司推出包含日本地震、澳洲与加拿大的飓风与地震以及欧洲飓风等风险的巨灾债券．

2) 巨灾期货

巨灾期货是以巨灾指数或巨灾损失率为交易标的的期货产品，2007 年 3 月芝加哥商品交易所 (CME) 推出了标的为 CME-Carvill 飓风指数的期货与相关期权．

3) 巨灾期权

巨灾期权通常是以巨灾指数或巨灾损失率为标的的期权．1995 年，芝加哥商品交易所推出 PCS(property claim services) 巨灾期权，以 PCS 每天提供的巨灾损失指数为标的，以买权、卖权和价差期权的形式进行交易，被誉为保险衍生品中最具代表性、最成功的产品．PCS 将其所定义的巨灾损失指数作为天然巨灾指数期权的交易标的物，将美国全国划分为九个地理区，以进行巨灾损失的相关资料统计．

4) 巨灾互换

巨灾互换是指交易双方基于特定的巨灾触发条件交换彼此的巨灾风险责任，当巨灾触发条件满足时，可以从互换对手中获得现金赔付．由于不同地域的巨灾风险类型，发生风险的时间和程度有很大差异，承保不同地区的保险公司可以根据巨灾风险对等原则签订巨灾互换合约，实现承保巨灾风险的多样化、分散化，降低自身风险组合的损失波动．巨灾互换产品于 1996 年开始在美国发行，产品中巨灾风险的衡量是按照地点和风险事故来分类的．例如，一个单位的佛罗里达州飓风的风险标的可能等于两个单位加利福尼亚州地震的风险标的，而这种数量之间的关系则由市场的力量来决定．

思考题

1. 银行和保险公司面临的主要风险是什么？保险公司所面临的风险与银行所面临风险有何不同之处？

2. 交易所交易基金相比开放式对冲基金和封闭式对冲基金的优势是什么？

3. 解释利率远期的套期保值原理. 比较利率远期和利率期权套期保值原理的区别.

4. 比较信用违约互换和总收益互换管理信用风险的区别.

5. 查阅中国金融期货交易所、大连商品交易所、郑州商品交易所、上海期货交易所等网站, 了解我国目前已经推出的交易所除 50ETF 期权外, 还有哪些品种?

6. 期权与远期、期货、互换在风险管理方面有什么不同?

7. 信用违约互换与利率互换、货币互换等有何不同?

8. 如果某投资者现在购买了一栋房屋, 并为此进行了以 5 年期 LPR 为参考利率的 10 年期浮动利率房屋按揭贷款, 每年调整一次利率水平, 目前预期未来 LPR 的利率会上升, 现有以 LPR 为参考利率[①]的利率互换和利率期权产品, 投资者希望零成本管理利率风险, 针对投资者预期和风险管理要求, 如何管理该房屋按揭贷款的利率风险?

9. 一个投资者持有 10 万份 50ETF 基金, 持有成本为 2.5 元/份, 他长期看好 50ETF 基金, 但担心万一预测失误带来下跌亏损风险, 他希望能够通过 6 个月期 50ETF 看跌期权在 2 元的位置止损, 已知 6 个月期, 执行价为 2 元的 1 份 50ETF 的看跌期权当前价格为 0.03 元, 该投资者购买了 10 万份看跌期权为基金做保护, 如果在期权到期日, 50ETF 的价格为 1.8 元, 试计算该投资者的组合价值.

10. 一家玉米深加工企业担心玉米原材料价格上涨, 因此通过购买玉米期货来进行风险管理, 但又担心自己对未来行情预测有误, 万一玉米价格下跌, 玉米期货亏损可能会吞噬原材料的成本节约, 现在有玉米期货看涨期权和玉米期货看跌期权, 你建议使用何种方式管理企业担心的风险? 说出你的理由.

---

① LPR: 我国的贷款市场报价利率 (loan prime rate, LPR), 是由中国人民银行授权全国银行间同业拆借中心计算并公布的基础性的贷款参考利率, 2020 年 1 月 1 日起, 各金融机构主要参考 LPR 进行贷款利率报价.

第 3 章 风险度量的基本概念和工具

金融机构每天都面临着不确定性 (uncertainty), 但是不确定性本身并不一定意味着风险的存在, 从不确定性到风险之间还需要一个必要的环节, 就是所谓的风险敞口 (risk exposure)[①]. 以下雨为例, 今天可能下雨 (不确定性存在), 出门最好带上雨伞, 这样即使真下雨了 (不确定性事件朝着不好的方向实现了), 我们只要撑起雨伞 (降低对下雨的风险敞口), 被淋湿 (发生损失) 的可能性就会小很多. 当然, 并不是什么情况下打伞都能解决问题, 如果预报的雨特别大, 雨伞可能扛不住, 需要换成雨衣 (更进阶的风险管理手段), 或者干脆就不要出门了 (彻底终止某些业务).

因此, 我们笼统地把风险等同于不确定性的前提, 是这种不确定性会给我们带来后果, 也就是首先要有风险敞口. 现代风险管理的基本理念, 就是识别不确定性, 分析自身对其的风险敞口, 使用各种工具调节风险敞口的大小. 虽然风险类型多种多样, 但随着现代风险管理技术的发展和应用, 在实践中普遍使用的风险度量方法是存在着一定的共识的. 特别是在银行风险管理领域, 风险价值等工具有着广泛的应用. 本章就以风险价值为对象, 对风险度量的基本概念、常用工具 (波动率和相关性描述)、基本计算方法以及基本评价方法进行讲解.

3.1 风险度量

3.1.1 风险价值的基本定义

风险价值的提出源于业界实践的需要. 试想你作为风险管理部门的负责人, 午饭时间接到首席执行官 (CEO) 的电话: “我马上有一个会议, 你上午递交的报告没空看了. 这样吧, 你就概括一下, 我们的风险到底有多大? …… 我不管过程, 我就要你一个数, 你说吧. ”

如果是在 1990 年以前, 你的内心一定是崩溃的, 因为那个时候的风险报告充斥着各种协方差矩阵、敏感性指标 (如希腊字母等)、各种随机模拟等等, 缺乏一个简洁直观的数字表达. 传统的金融教科书中, “风险” 的度量一般来自于经典投资组合里面中的 “均值–方差” 框架, 其中 “均值” 刻画收益, “方差” 刻画风险. 这种

---

① 关于 risk exposure 的中文翻译, 有 “风险敞口” 和 “风险暴露” 两种, 前面的翻译见于《金融机构风险管理 术语》(GB/T 42339—2023), 后面的翻译常见于央行相关管理文件.

刻画方式在风险管理中并不好用, 一个重要的原因在于金融机构追求相当高的稳定性. 例如巴塞尔协议 II 针对信用风险和操作风险的要求是以 99.9%“安全” 为基础的, 也就是说银行要能够消化 99.9% 的以上两类风险带来的损失. 若 AA 评级一年内违约的概率为 0.03%, 那意味着银行维持一个 AA 评级的话, 一年内经营窘迫可能违约的概率不能超过 0.03%, 换句话说该机构需要在面临市场和自身经营不确定性的情况下, 保证 99.97% 的概率不违约.

从这些例子里我们可以看出, 金融机构更多关注的是极端情况. 为此, 摩根大通 (J. P. Morgan) 的量化部门在总裁的压力之下将风险的刻画换了一个角度: 给出一个估计值, 使得在未来一段时间之内, 损失超过该估计值的概率不大于给定的置信水平. 这个估计值, 用数学的语言讲出来就是损失分布的某个分位数, 在风险管理的世界里, 它有另外的一个名字, 叫作风险价值 (value-at-risk), 更常见的是其英文缩写——VaR[①].

定义 3.1 (风险价值)

设 T 期累计损失 x_T 服从分布 $F_X(x)$, 则展望期为 T, 置信水平为 α 的风险价值 $\mathrm{VaR}_{T,\alpha}$ 定义为在 T 时间内, 损失超过 $\mathrm{VaR}_{T,\alpha}$ 这个数字的概率不超过 $1-\alpha$, 即

$$\mathrm{VaR}_{T,\alpha} = \inf\{x|F_X(x) > \alpha\} = F_X^{-1}(\alpha)$$

为了记号简便, 在没有歧义的情况下, 我们通常省略时间 T, 简化记号至 VaR_α.

因为金融机构面临的风险多种多样, 因此为了具体区分, 有时候我们给 VaR 加上定语. 比如市场 VaR、信用 VaR 等等. 其中市场 VaR 用来衡量由于市场价格变动导致的损失, 信用 VaR 用来衡量由于交易产品信用状况变化导致的损失. 比如说, 假设某银行在 2015 年 8 月 10 日的一天展望期的 95% 市场 VaR 为 1000 万元, 其含义为在 2015 年 8 月 11 日内, 该银行因为市场价格变动导致的损失超过 1000 万元的概率不超过 5%[②].

下面介绍 VaR 的简短历史.

如前所述, 传统的风险报告仅仅衡量了风险敞口, 而风险敞口本身并不能直接对应损失, 还需要对不确定性有一个判断才能使用. 同时, 由于不同产品受到的影响因素不同, 风险敞口在不同业务线中间很难有效地加总. 相比之下 VaR 直接

① VaR 也常被翻译为 “在险价值”. 这里需要注意一下 VaR 和 VAR 是两个完全不同的概念, 全部大写的 VAR 一般指的是时间序列分析里面的向量自回归模型 (vector autoregressive model).

② 注意我们为了使 VaR 保持正数, 直接用损失分布去定义 α, $\alpha = 95\%$ 才是我们要的正确的分位点. 不要看到 α 就本能地去想计量里 95% 置信区间的 $\alpha = 5\%$.

对应了损失金额，在不同的业务线之间都可以应用，并且可以加总. VaR 的提出和完善归功于 J. P. Morgan 的 CEO Dennis Weatherstone，他希望简洁地了解未来 24 小时交易组合整体风险水平的要求. 这个要求的结果就是以 VaR 为基础，浓缩在一页纸的上的"4:15 报告". 该报告于每天收盘之后的 15 分钟之内生成完毕. 这个时间对于衡量整个公司的交易组合而言是非常紧张的，因此业界对于 VaR 计算的时效性要求非常高.

1990 年左右，J. P. Morgan 完成了 VaR 计算需要的内部系统，其他一些银行也积极跟进. 到 1993 年左右，VaR 已经成为测度风险的一个重要工具. 1994 年，该模型以 RiskMetrics 的名称公布于世，其核心输入是交易组合中各个资产的协方差矩阵. 之后 RiskMetrics 从 J. P. Morgan 独立出来继续开发各种风险计量系统. 1997 年，美国证券交易委员会 (SEC) 要求上市公司必须披露其衍生品交易活动. 大部分银行和机构披露的财报中都包含 VaR 这一信息. 1999 年，巴塞尔协议 II 要求使用 VaR 来计量市场风险，这一举动推动了 VaR 在世界范围内的应用.

3.1.2 风险价值与经济资本

金融学中的一个基本观念就是"承担风险应该获得相应的收益"①，这个观念应用于基金业绩评价之中，衍生出的就是"夏普比率"，即超额收益除以基金的波动率. 这个比率用来指明哪个基金的风险收益比率更划算. 从前面的讨论可以看出，"银行尽量不倒闭"的要求使得监管当局监管者要求银行应为未来可能的损失持有"充足"的资本. 需要注意的是，持有资本是需要支付成本的，我们不可能要求银行持有无穷的资本. 故这种"充足"是概率意义上的"充足"，即将银行资本不足变为小概率事件. 显然银行"安全"地持有风险资产 (risky asset) 的要求应该和其 VaR 相关，一个银行的 VaR 越高，他就需要准备更多的资本以备不时之需. 这种理念带来了风险管理中两个重要的概念："经济资本"(economic capital) 和"经风险调整的资产回报"(risk adjusted return of capital, RAROC).

定义 3.2 (经济资本)

给定累计损失 x，其展望期为 T，置信水平为 α 的经济资本定义为

$$\mathrm{EC}_{T,\alpha} = \mathrm{VaR}_{T,\alpha} - E(x)$$

这里 VaR 减去预期损失的逻辑是：产品价格中已经对预期损失进行了补偿，所以在计算经济资本的时候就不重复计算了.

比如某银行每年贷款组合预期损失为贷款余额的 1%，99.9% VaR 为贷款余

① 严格讲，并非所有风险都应该有回报. 在 CAPM 的框架之内，只有不可分散的风险才应该获得相应的回报.

额的 5%. 如果要以 99.9% 的"安全性"持有该贷款组合, 需要的经济资本为贷款余额的 4%. 这里预期损失的那个 1% 完全可以通过定价 (收取某种费用, 或者追加利差等方式) 来预先收取. 图 3.1 给出了经济资本的示意, 其中直方图是损失的直方图, 损失预期值和 VaR 之间的差距定义为经济资本. 在这个例子里面我们使用的是 99% 的 VaR, 因此这个经济资本也就对应着 99% 置信水平的经济资本.

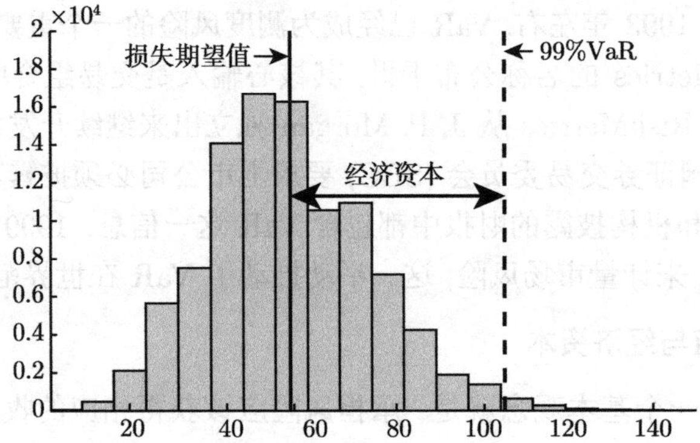

图 3.1　经济资本示意图

经济资本的出现, 为衡量银行的资本效率提供了一个新的视角. 既然经济资本是银行"安全"持有一定风险的要求, 银行的资本效率可以通过银行的预期收益和经济资本的比率来衡量.

定义 3.3 (经风险调整的资产回报)

展望期为 T, 置信水平为 α 的 RAROC 为

$$\text{RAROC} = \frac{\text{收入} - \text{费用} - \text{预期亏损}}{\text{经济资本}}$$

这种方式下, 一个银行的议价能力和风控能力都能得到体现. 给定其他因素不变, 一个银行的议价能力越强, 通过定价转嫁的风险就越多, 经济资本就越低; 一个银行的风控能力越强, VaR 就越低, 同样经济资本就越低. 继续我们上面的例子, 如果银行存贷利差为 2.5%, 管理费用为贷款余额的 0.7%, 经济资本的回报 (经济资本一般会投到无风险产品上) 为 2%, 那么该银行的 RAROC 为

$$\frac{2.5\% - 0.7\% - 1\% + 2\% \times 4\%}{4\%} = 22\%$$

当然, 实际应用中, 经济资本的计算远比这个例子复杂. 在巴塞尔协议 II 的框架

中, 需要被覆盖的风险除了市场风险、信用风险以外还有操作风险, 不同的风险对应的 VaR 要求各不相同, 不同风险之间还涉及加总的问题.

3.1.3 一致风险度量

对于风险度量而言, 我们一般希望有如下性质, 满足这些性质的度量被称为"一致风险度量"(coherent risk measures).

定义 3.4 (一致风险度量)

风险度量 $\rho(\cdot)$ 被称为一致风险度量, 当且仅当其满足

1. 如果资产组合 A 在各种情况下都比资产组合 B 的收益低, 则 $\rho(B) > \rho(A)$.
2. 如果向资产组合 A 中加入现金 K, 构成新组合 $\tilde{A}$, 则风险度量应相应下降 K, 即 $\rho(\tilde{A}) = \rho(A) - K$.
3. 如果将资产组合 A 按原样放大 λ 倍, 构成新组合 $\hat{A}$, 则风险度量同样扩大 λ 倍, 即 $\rho(\hat{A}) = \lambda\rho(A)$.
4. 如果两个资产组合 A, B 合并为新组合 C, 则新组合的风险度量应该不大于 A 和 B 的风险度量之和, 即 $\rho(C) \leqslant \rho(A) + \rho(B)$.

对于 VaR 而言, 我们很容易验证前三条是成立的. 但对于最后一条, VaR 并不总能满足. 比如下面的例子, 银行有两笔贷款 A 和 B, 每笔贷款 100 万元, 所有可能的情况如下:

可能情况	对应概率
A, B 全都安全	95.0%
A 违约, B 安全	2.50%
B 违约, A 安全	2.50%
A, B 全部违约	0.00%

容易得到, A 和 B 的损失边缘分布以及两者作为一个整体的分布状况:

A(或 B) 的损失	对应概率	A, B 组合的损失	对应概率
0	97.5%	0	95.0%
100	2.50%	100	5.00%
		200	0.00%

从而可知, 对于 A, B 各自而言, 其 97% VaR 均为 0. 但是作为贷款组合而言, 其 97% VaR 为 100 万元, 最后一条次可加性不成立.

在一致风险度量的要求下，陆续提出了各种满足条件的风险度量，最常见的一种是“预期尾部损失”(expected shortfall, ES)①．和 VaR 不同的是，ES 回答的问题是，在发生了极端情况下，损失的期望值是多大？从定义上看，ES 就是条件期望．

定义 3.5 (预期尾部损失)

设 T 日累计损失 x_T 服从分布 F，则展望期为 T，置信水平为 α 的预期尾部损失满足：

$$\mathrm{ES}_\alpha = E(x_T|x_T > \mathrm{VaR}_\alpha)$$

其中 VaR_α 为同一资产展望期为 T，置信水平为 α 的 VaR．ES 还有一些其他的叫法，如条件尾部期望 (CTE) 或者条件风险价值 (CVaR) 等．

继续刚才的例子，进一步假设一旦发生损失，损失的金额是 $[0,100]$ 的均匀分布，则 A 和 B 组合各自的 97% 预期尾部损失均为 50 万元．由于 $\mathrm{VaR}_{AB,97\%} = 100$，损失超过该 VaR 的情况要么 A 违约且损失为 100 万元，要么 B 违约且损失为 100 万元，易见损失期望就是 100 万元，而且恰好是单个组合预期尾部损失的和，满足次可加性．读者可以自行验证其他置信水平下的 ES 也是满足次可加性的．

预期尾部损失的另一种定义方式为

$$E_u(\mathrm{VaR}_u|u > \alpha) = \frac{1}{1-\alpha}\int_\alpha^1 \mathrm{VaR}_s \mathrm{d}s$$

这里需要注意的是当 u 是 $[0,1]$ 均匀分布的时候，$\mathrm{VaR}_u = F_x^{-1}(u)$ 和 x 是同分布的．这只需要注意到 x 的分布函数 $F(x)$ 是 $[0,1]$ 均匀分布，就可以从下式中证明：

$$P(\mathrm{VaR}_u \leqslant s) = P(F_x^{-1}(u) \leqslant s) = P(u \leqslant F(s)) = F(s)$$

从而我们有

$$E_u(\mathrm{VaR}_u|u > \alpha) = E_u(\mathrm{VaR}_u|\mathrm{VaR}_u > \mathrm{VaR}_\alpha) = E_x(x|x > \mathrm{VaR}_\alpha)$$

这种定义的好处在于将 ES 表示为损失分布分位数的加权平均．这种想法产生了“谱风险度量”(spectral risk measures)②．

① 这里要说明一下，把 ES 翻译为“预期尾部损失”并不是直译，因为 shortfall 本身并不包含尾部的概念．但这种翻译确实考虑到了“发生了超越 VaR 的事件下的预期损失”这个概念，而且可以和信用风险度量中的“预期损失”(expected loss) 概念进行区分．

② 这种度量也被称为“扭曲风险度量”(distortion risk measures)．

定义 3.6 (谱风险度量)

设 T 日累计损失 x_T 服从分布 F, 其谱风险度量 M_ϕ 定义为

$$M_\phi(X) = \int_0^1 \phi(p)F^{-1}(p)\mathrm{d}p$$

其中 ϕ 是非负单调不减右连续, 定义在 $[0,1]$ 上可积函数满足 $\int_0^1 \phi(s)\mathrm{d}s = 1$.

当我们令权重函数为 $\phi(p) = \dfrac{1}{1-\alpha}1_{\{p>\alpha\}}$ 时, 谱风险度量 $M_\phi(X) = \mathrm{ES}_\alpha$. 如果要求权重连续变化, 可以考虑下面这种指数形式的权重

$$\phi_\gamma(s) = \frac{\mathrm{e}^{-(1-s)/\gamma}}{(1-\mathrm{e}^{-(1-s)/\gamma})\gamma}$$

随着 γ 的下降, 该函数对极端损失给予的权重在加大. 可以证明, 谱风险度量满足一致风险度量的全部要求.

欧洲保险和职业养老金协会 (European Insurance and Occupational Pensions Committee, EIOPC) 在 2006 年的一份报告中比较了 VaR 和 ES 这两种度量各自的优点 (EIOPC, 2006). 简单总结起来, VaR 的长处在于简单明了, 易于理解, 其统计分析对数据的要求也相对比较低, 因为估计分位点远比估计尾部期望要容易. ES 的长处在于满足全部的一致性风险度量条件, 不会低估组合的风险敞口, 但代价是更复杂的计算和更高的数据要求. 在银行体系中, VaR 的使用占据着绝对的地位. 在保险行业中, 保险公司更倾向于使用 VaR 而再保险公司更倾向于使用 ES. 当然这不是铁律, 在违约风险的度量中, 有一类被称为 "违约损失"(loss given default, LGD) 就是沿袭了 ES 的概念.

3.1.4 VaR 和 ES 的抽样方差

在实际工作中, VaR 和 ES 都是从数据中估计的, 也就是说风险度量本质上是一个统计量, 应该有抽样方差. 了解这个抽样方差显示了风险度量本身有多不确定, 虽然这个值在监管上并没有被强调.

Manistre 和 Hancock (2005) 分析了风险度量的方差, 针对 VaR, 其抽样方差为

$$\sigma^2(\widehat{\mathrm{VaR}}_{\alpha,n}) = \frac{\alpha(1-\alpha)}{n}\left[f(\widehat{\mathrm{VaR}}_{\alpha,n})\right]^{-2}$$

其中 $f(\cdot)$ 是损失的密度函数, $\widehat{\mathrm{VaR}}_{\alpha,n}$ 是使用 n 个观测值估计的 α 置信度下的 VaR. 估计损失分布的密度函数不是一件容易的事情, 在没有假设损失分布的前

提下, Manistre 和 Hancock (2005) 建议使用以下近似估计:

$$\hat{f}(\mathrm{VaR}_\alpha) = \frac{\xi}{\hat{F}_n^{-1}(\alpha) - \hat{F}_n^{-1}(\alpha - \xi)}$$

其中 $\xi = 0.01$, $F_n(\cdot)$ 是损失的经验分布函数. 易见, 这个经验密度函数非常依赖于 ξ 的选择.

例题 3.1　假设我们获得了一批损失数据 ($n = 500$), 通过计算样本均值和标准差得知损失的均值为 -16.46, 标准差为 193.69.

● 假设损失服从正态分布, 计算 $\mathrm{VaR}_{95\%}$ 实际上就是计算损失的 95% 分位数, 在正态假设下为 (这里我们借用了 Excel 的函数表达式)

$$\mathrm{VaR}_{95\%} = \mathrm{NORMINV}(0.95, -16.46, 193.69) = 302.13$$

对应的密度函数取值为

$$f(\mathrm{VaR}_{95\%}) = \mathrm{NORMDIST}(302.13, -16.46, 193.69, \mathrm{FALSE}) = 0.0005325$$

代入公式可以得到算 $\mathrm{VaR}_{95\%}$ 的标准误[①]估算值为

$$\sqrt{\frac{0.95 \times (1 - 0.95)}{500}} \frac{1}{0.0005325} = 18.30$$

● 一般而言, 损失几乎不可能是正态分布, 我们就这个例子里面的损失直方图如图 3.2. 从图中可以看出, 损失直方图明显偏离了对应的正态分布, 因此上面讲的基于正态分布的估算误差是比较大的. 作为对照, 我们换用全部非参数的方法重新估计该标准误. 首先, 在非参数方法下, 我们可以简单地使用样本的 95% 分位点作为 $\mathrm{VaR}_{95\%}$ 的估计, 即

$$\mathrm{VaR}_{95\%} = \text{第 25 大损失} = 305.03$$

由于我们的数据有 500 个, 对应 95% 的分位数就是从大到小排列的损失的第 500×0.05 个, 也就是第 25 大损失. 密度函数的估算我们使用近似公式

$$\hat{f}(\mathrm{VaR}_\alpha) = \frac{0.01}{\hat{F}_n^{-1}(0.95) - \hat{F}_n^{-1}(0.94)} = \frac{0.01}{\text{第 25 大损失} - \text{第 30 大损失}} = 0.000385$$

再次代入公式计算可以得到算 $\mathrm{VaR}_{95\%}$ 的标准误估算值为

$$\sqrt{\frac{0.95 \times (1 - 0.95)}{500}} \frac{1}{0.000385} = 25.31$$

① 即抽样方差开根号.

可以看到不管是 VaR 本身还是其标准误, 在非参数模式下都比正态假设下要大.

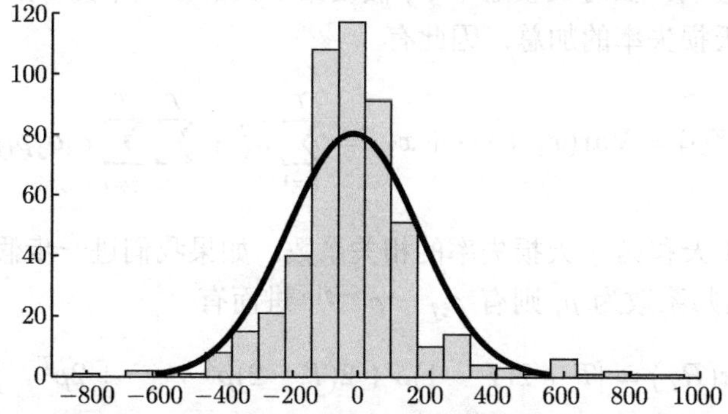

图 3.2 损失分布示意图

针对 ES 方差的渐近公式要更复杂一些:

$$\sigma^2(\widehat{\mathrm{ES}}_{\alpha,n}) = \frac{\mathrm{Var}(X|X > \widehat{\mathrm{VaR}}_{\alpha,n}) + \alpha[\widehat{\mathrm{ES}}_{\alpha,n} - \widehat{\mathrm{VaR}}_{\alpha,n}]^2}{n(1-\alpha)}$$

其中 $\widehat{\mathrm{ES}}_{\alpha,n}$ 是使用 n 个观测值估计的 α 置信度下的 ES, $\mathrm{Var}(X|X > \widehat{\mathrm{VaR}}_{\alpha,n})$ 是损失的条件方差. 两位作者同时还给出了 VaR 和 ES 的协方差:

$$\mathrm{Cov}(\widehat{\mathrm{ES}}_{\alpha,n}, \widehat{\mathrm{VaR}}_{\alpha,n}) = \frac{\alpha[\widehat{\mathrm{ES}}_{\alpha,n} - \widehat{\mathrm{VaR}}_{\alpha,n}]}{n[\hat{f}(\widehat{\mathrm{VaR}}_{\alpha,n})]}$$

由于 ES 的定义为超过 VaR 的损失的平均值, 我们自然有 ES>VaR, 从而可以看到 ES 和 VaR 正相关这个再自然不过的结论.

3.1.5 相关性与多期 VaR 的计算

到此为止, 我们都没有讨论如何将展望期为 t 的 VaR 扩充到展望期为 $m \times t$ 的 VaR 的问题. 对于金融机构而言, 这个问题最常见的形式一般是将一天的 VaR 扩增为一年的 VaR. 这个扩增过程有一个最简单办法:

$$\mathrm{VaR}_{T,\alpha} = \sqrt{T}\mathrm{VaR}_{1,\alpha}$$

这种方法的基本逻辑是假设每天的损失分布是独立同分布的正态分布 $N(0,\sigma^2)$, T 天的累计损失为 $N(0,T\sigma^2)$. 由于正态分布的分位点对于标准差 σ 而言是线性的, 方差扩大 T 倍意味着 VaR 扩大 $\sqrt{T}$ 倍.

这种扩增在非正态分布①或者交易日损失之间有相关性的状况下并不适用. 对于分布的问题, 我们在后面有专门的介绍, 这里简单讲一下正态分布之下日间损失存在相关性的影响. 在对数收益率下, 假设第 i 天的损失率为 x_i, 则 T 天累计损失率就是每一天损失率的加总. 因此有

$$\mathrm{Var}(X_T)=\mathrm{Var}(x_1+\cdots+x_T)=\sum_{i=1}^{T}\sigma_i^2+\sum_{i=1}^{T}\sum_{j\neq i}^{T}\sigma_i\sigma_j\rho_{ij}$$

其中 ρ_{ij} 为第 i 天和第 j 天损失率的相关系数. 如果我们进一步假设日损失服从一阶自回归, 回归系数为 ρ, 则有 $\rho_{ij}=\rho^{|i-j|}$, 进而有

$$\mathrm{Var}(R_T)=[T+2(T-1)\rho+2(T-2)\rho^2+\cdots+2\rho^{T-1}]\sigma^2$$

当损失正相关时, 累计损失率的方差比单日损失方差的 T 倍要大. 用简单的 $\sqrt{T}$ 方法会低估风险. 这个例子也给我们一种修正方法, 即对日损失率进行一阶自回归建模, 估计参数 ρ, 并代入上式计算正确的方差, 进而获得正确的扩大系数. 表 3.1 给出了从 1 天到 1 年 (250 天) 不同自相关系数之下的扩大系数, 其中第一行是忽略自相关的简单 $\sqrt{T}$ 方法的结果.

表 3.1　不同自相关强度和期限下的扩大系数

估计参数	$T=1$	$T=2$	$T=5$	$T=10$	$T=50$	$T=250$
$\rho=0.00$	1.00	1.41	2.24	3.16	7.07	15.81
$\rho=0.05$	1.00	1.45	2.33	3.31	7.43	16.62
$\rho=0.10$	1.00	1.48	2.42	3.46	7.8	17.47
$\rho=0.20$	1.00	1.55	2.62	3.79	8.62	19.35

3.1.6 VaR 的分解与加总

投资组合不止有一种产品, 一个金融机构也不止有一条业务线. 因此在投资组合和其构成资产之间, 在金融机构整体风险和各业务线风险之间存在着分解和加总的需求. 本节简要介绍如何将整体的 VaR 进行分解, 以及将个体 VaR 加总的一些业界常用方法.

假设我们面临的整体风险由 $1,2,\cdots,N$ 部分组成, 每部分的体量 (资产组合中的各个资产价值、金融机构中各条业务线的业务额等) 为 x_i, 整体的风险价值为 VaR. 那么某一个特定部分增加一个单位, 总体的 VaR 水平的变动量可以用一阶导数衡量, 因此我们可以定义第 i 个成分贡献的所谓的成分 VaR 为

$$C_i=x_i\frac{\partial \mathrm{VaR}}{\partial x_i}$$

① 不是所有的分布其分位点都是标准差的线性函数.

由于 VaR 的定义满足齐次函数的定义[①], 欧拉定理自然地给出了整体 VaR 等于部分 VaR 之和的关系:

$$\text{VaR} = x_1 \frac{\partial \text{VaR}}{\partial x_1} + \cdots + x_N \frac{\partial \text{VaR}}{\partial x_N} = \sum_{i=1}^{N} C_i$$

这进一步说明, 我们已经将 VaR 完全分解到了各个部分上, 每部分分得其成分 VaR (component VaR).

VaR 的加总比分解难度大, 因为新成分的加入会影响整个投资组合的变化, 加之 VaR 不满足次可加性, 理论上除了重新计算整体的 VaR, 没有准确的加总办法. 但是业界重算 VaR 的成本巨大, 因此业界实践中提出了各种加总方法. 最简单的方法就是把各个部分的 VaR 直接加起来, 但是由于各个部分之间存在相关性, 直接相加一般会导致高估, 一个相对"靠谱"的加总方式 (一般被称为混合 VaR, hybrid VaR) 为

$$\text{VaR}_{\text{total}} = \sqrt{\sum_i \sum_j \text{VaR}_i \times \text{VaR}_j \times \rho_{ij}}$$

其中 ρ_{ij} 是 i, j 之间损失的相关系数. 如果我们将 VaR 替换成对应的方差 σ^2, 上式是很好理解的, 就是整体方差和各部分方差和协方差之间的关系. 直接处理 VaR 是为了更好地应对损失分布非正态的情况[②].

对于经济资本 EC 而言, 混合加总方式一样适用, 即

$$\text{EC}_{\text{total}} = \sqrt{\sum_i \sum_j \text{EC}_i \times \text{EC}_j \times \rho_{ij}}$$

其中 ρ_{ij} 是 i, j 之间损失的相关系数. 同时经济资本也是齐次函数, 满足相应的欧拉定理:

$$\text{EC} = x_1 \frac{\partial \text{EC}}{\partial x_1} + \cdots + x_N \frac{\partial \text{EC}}{\partial x_N}$$

这种分解对于金融机构分配其风险资本金有重要的意义.

例题 3.2 我们假设某个银行有两条业务线, 每条业务线涉及三种风险, 其经济资本估算如下:

① 我们以投资组合为例, 将其整体资产价值扩大一倍, 则每个部分都相应地扩大了一倍, 而这个时候整体的风险恰好也扩大了一倍, 所以 VaR 相应地也扩大了一倍, 这说明 VaR 是一次齐次函数.

② 关于不同加总方式的讨论, 可以参考 Rosenberg 和 Schuermann (2006) 的文献. 他们的结论指出混合 VaR 和更复杂地使用 Copula 技术计算的 VaR 很接近.

风险类型	业务线	
	1	2
市场风险	30	40
信用风险	70	80
操作风险	30	90

相关性设定为: 同一业务线内, 市场风险和操作风险相关系数为 0.6, 信用风险和其他两类风险的相关系数为 0.3. 不同业务线之间, 同为市场风险的相关系数为 0.5, 同为信用风险的相关系数为 0.6, 其他情况相关系数均为 0. 请据此使用混合方法计算该银行的经济资本, 并使用欧拉定理进行经济资本分配.

使用混合法计算经济资本首先需要确定不同业务线和经济资本之间的相关系数矩阵, 按照题目的讲法, 该矩阵如表 3.2 所示, 对应的经济资本向量为

$$\mathrm{EC} = (30, 70, 30, 40, 80, 90)$$

使用混合法计算可以得到银行的经济资本为

$$\mathrm{EC}_{\text{total}} = \sqrt{\mathrm{EC} \times \Omega \times \mathrm{EC}^{\mathrm{T}}} = 211.849$$

表 3.2　相关矩阵 Ω (灰底为同一业务线内的矩阵)

	市场 1	信用 1	操作 1	市场 2	信用 2	操作 2
市场 1	1	0.3	0.6	0.5	0	0
信用 1	0.3	1	0.3	0	0.6	0
操作 1	0.6	0.3	1	0	0	0
市场 2	0.5	0	0	1	0.3	0.6
信用 2	0	0.6	0	0.3	1	0.3
操作 2	0	0	0	0.6	0.3	1

为了计算经济资本的分配, 我们需要近似计算经济资本关于两条业务线的偏导数. 以第一条业务线为例, 假设其规模增加 1%, 由于经济资本满足一致性风险度量的第三条性质 (这个读者可以自行验证), 整体的经济资本向量变为

$$\mathrm{EC}_1 = (30.3, 70.7, 30.3, 40, 80, 90)$$

使用混合法计算新的银行的经济资本为 212.523, 因此关于第一条业务线应该分配的经济资本为

$$x_1 \frac{\partial \mathrm{EC}}{\partial x_1} = \frac{\partial \mathrm{EC}}{\partial x_1 / x_1} = \frac{212.523 - 211.849}{0.01} = 67.4$$

同理可以计算第二条业务线应该分配的经济资本为

$$x_2\frac{\partial\mathrm{EC}}{\partial x_2}=\frac{\partial\mathrm{EC}}{\partial x_2/x_2}=\frac{213.296-211.849}{0.01}=144.7$$

可以验证两条业务线的经济资本加在一起约等于银行总体的经济资本.

3.2 基 本 工 具

本节介绍 VaR 计算中常用的工具, 包括单一序列波动率的估计、协方差矩阵的估计、分布设定、Copula 和相依性的初步知识等. 需要指出的是这里只是最低限度地介绍相关内容, 这些内容并不能替代专门的统计或时间序列教材.

3.2.1 波动率建模

波动率就是标准差. 在金融中, 由于波动率的量纲和收益率相同, 因此比方差更常用. 但是在建模过程中, 方差有时候更有优势, 因此在金融计量中波动模型往往建立在条件方差建模的基础上. 除此之外, 还有些和波动率相关的概念, 我们简略罗列如下.

• 已实现波动率 (realized volatility): 这个概念传统上指一段时间之内的收益率的标准差, 即

$$\sqrt{\frac{1}{T}\sum_{i=1}^{T}(r_i-\hat{\mu})^2}$$

由于高频数据的出现, 已实现波动率现在的概念常指使用高频数据计算的日波动率.

• 条件波动率: 指基于当前信息之下对未来波动的预期, 是波动率建模中常用的概念.

• 隐含波动率: 指将市场期权价格代入 Black-Scholes 公式反推出的波动率.

波动率最显著的特点是波动率聚类 (volatility clustering), 也就是高波动状态和低波动状态都有一定的持续性. 图 3.3 就是一个典型的金融资产日回报率序列, 可以看到明显的波动率聚类特征. 波动率的聚类特征暗示了波动本身有很强的可预测性, 这也是波动率建模相比收益率建模更容易、预测效果也更好的基础.

波动率随时间变化的理论解释有很多, 主要的有信息驱动、杠杆效应、波动率反馈、流动性不足、市场状态不确定等. 由于这些不是本章重点, 这里就不再展开详述了.

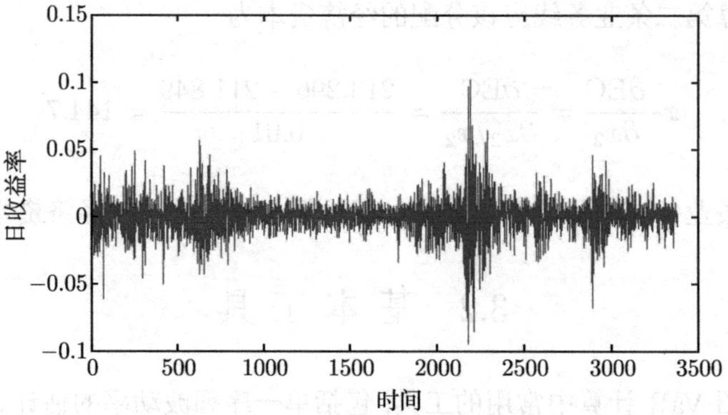

图 3.3 收益率时序图示例

1. 自回归条件异方差模型 (ARCH) 模型

波动率估计的最大问题在于，每个交易日只有一个日收益率，单凭一个数据点是无法估计二阶矩的. 因此粗糙的估计方法要么依赖于历史上一段时间的平均波动水平 (即传统意义上的已实现波动率)，要么基于方差的类似物，比如收益率的绝对值、收益率的平方、高低价差等. Engle 于 1982 年提出的 ARCH 模型就是一种处理时间序列数据中条件异方差的模型，该模型的提出为波动率建模开辟了新的途径. 从某种意义上来说，A-RCH 模型的提出标志着金融计量学 (financial econometrics) 的兴起.

一个简单的 ARCH(p) 模型可以写为

$$
\begin{gathered}
r_t = \mu_t + \epsilon_t \\
h_t = \omega + \alpha_1 \epsilon_{t-1}^2 + \alpha_2 \epsilon_{t-2}^2 + \cdots + \alpha_p \epsilon_{t-p}^2 \\
\epsilon_t = \sqrt{h_t} e_t \\
e_t \sim \text{i.i.d.} N(0,1)
\end{gathered}
$$

其中 μ_t 描述了收益率均值的动态，一般用一个常数或者一个简单的自回归移动平均 (ARMA) 模型来建模. 为预测的需要，明天的均值函数今天就要知道取值了. p 为 ARCH 项滞后阶数. 上述 ARCH 模型意味着使用在截止到 $t-1$ 的信息下，t_r 服从均值为 μ_t、方差为 h_t 的正态分布. ARCH 模型的残差分布并非一定要求为正态分布，但是零均值和单位方差是必须的，这是保证模型能识别收益率均值的条件方差的基础.

ARCH(p) 模型有一些简单的性质.

• ARCH(p) 意味着 ϵ_t^2 服从如下 p 阶条件自回归 (AR(p)) 模型:

$$E(\epsilon_t^2|\mathcal{F}_{t-1}) = h_t = \omega + \alpha_1 \epsilon_{t-1}^2 + \alpha_2 \epsilon_{t-2}^2 + \cdots + \alpha_p \epsilon_{t-p}^2$$

定义 $\eta_t=\epsilon_t^2-E(\epsilon_t^2|\mathcal{F}_{t-1})$, 有 $E(\eta_t|\mathcal{F}_{t-1})=0$. 故

$$\epsilon_t^2=\omega+\alpha_1\epsilon_{t-1}^2+\alpha_2\epsilon_{t-2}^2+\cdots+\alpha_p\epsilon_{t-p}^2+\eta_t$$

- 稳定性条件为 $\alpha_1+\cdots+\alpha_p<1$.
- 无条件方差为 $\omega/(1-\sum_{i=1}^p\alpha_i)$.
- 即使残差的条件峰度为 3, 残差无条件峰度仍然大于 3:

$$\kappa=\frac{E[\epsilon_t^4]}{[E(\epsilon_t^2)]^2}=\frac{E\left[E_{t-1}[\epsilon_t^4]\right]}{\left[E(E_{t-1}[e_t^2h_t])\right]^2}=\frac{E\left[E_{t-1}[e_t^4]h_t^2\right]}{[E(E_{t-1}[e_t^2]h_t)]^2}=3\frac{E\left[h_t^2\right]}{E[h_t]^2}>3$$

最后一个大于号源于 Jensen 不等式. 这个证明说明 ARCH 结构有放大峰度的效果, 其无条件峰度总比条件峰度要大一些.

2. *广义自回归条件异方差 (GARCH) 模型*

ARCH 模型在实际应用中经常遇到一个问题: 滞后阶数选取往往指向一个很大的数字. 这是因为波动率的持续性很强, 超过单纯条件自回归 (AR) 模型能刻画的范围. 为了解决这个问题, Bollerslev 于 1986 年在 ARCH 模型的基础上提出了 GARCH 模型. 一个 GARCH(p,q) 模型的结构如下:

$$\begin{aligned}r_t&=\mu_t+\epsilon_t\\h_t&=\omega+\sum_{i=1}^p\beta_ih_{t-i}+\sum_{j=1}^q\alpha_j\epsilon_{t-j}^2\\\epsilon_t&=\sqrt{h_t}e_t\\e_t&\sim\text{i.i.d.}N(0,1)\end{aligned}$$

类比 ARCH 模型, GARCH 模型有如下基本性质.

- 令 $\eta_t=\epsilon_t^2-E(\epsilon_t^2|\mathcal{F}_{t-1})=\epsilon_t^2-h_t$, GARCH$(p,q)$ 意味着 ϵ_t^2 服从 ARMA$(\max(p,q),p)$:

$$\begin{aligned}\epsilon_t^2&=\omega+\sum_{i=1}^p\beta_ih_{t-i}+\sum_{j=1}^q\alpha_j\epsilon_{t-j}^2+\eta_t\\&=\omega+\sum_{i=1}^p\beta_i(\epsilon_{t-i}^2-\eta_{t-i})+\sum_{j=1}^q\alpha_j\epsilon_{t-j}^2+\eta_t\\&=\omega+\sum_{i=1}^{\max(p,q)}(\beta_i+\alpha_i)\epsilon_{t-i}^2-\sum_{i=1}^p\beta_i\eta_{t-i}+\eta_t\end{aligned}$$

定义 $i > p$ 和 $j > q$ 的 β_i 与 α_j 都为 0.

- 稳定性条件为 $\beta_1 + \cdots + \beta_p + \alpha_1 + \cdots + \alpha_q < 1$.
- 无条件方差为 $\omega/(1 - \sum_i \alpha_i - \sum_j \beta_j)$.
- 无条件峰度大于 3.

由于 GARCH 模型对应的 ARMA 模型比 ARCH 模型对应的 AR 模型结构更丰富, GARCH 模型比 ARCH 模型能更好地刻画波动率的动态行为. GARCH 模型下的波动率有均值回复的特性, 即多期预测会逐渐趋向无条件方差 (也叫长期方差). 以 GARCH(1,1) 模型为例, 其多期预测公式为

$$E_t(h_{t+k}) = \sigma^2 + (\beta + \alpha)^{k-1}(h_{t+1} - \sigma^2)$$

其中 $\sigma^2 = \omega/(1 - \beta - \alpha)$ 为无条件方差.

3. 常用的 GARCH 模型扩展

在实际数据中, 波动率除呈现出聚类效应以外, 还有一些常见的特征. 在构建预测模型时考虑这些特征可以提高模型对波动率的预测精度.

1) 杠杆效应

杠杆效应指的是第 t 日同等幅度的涨跌引起第 $t+1$ 日波动变动幅度和涨跌符号相关的现象. 一般情况下, 下跌往往伴随着比上涨更大的第 $t+1$ 日的波动. 这种现象的一个解释是公司的现金流波动通过股权得到反映, 当价格下跌时, 整体股权的价值下降了, 故只能以更大的股价波动率来反映同样的现金流波动. 这种解释涉及公司的股权和公司价值之间的关系, 在财务上与杠杆率的概念相近, 因此这个效应就被冠以 "杠杆效应" 的名字了.

我们将标普 500 的第 $t+1$ 日波动率[①] Vol 按照第 t 日收益率 ret 从小到大的一系列区间作分类平均并将结果展示在图 3.4 中, 可以看出明显的非对称性.

进一步我们可以做如下回归验证杠杆效应的存在 (括号里是稳健标准误):

$$\widehat{\mathrm{Vol}}_{t+1} = 0.0017 + \underset{(0.0200)}{0.7768}\mathrm{Vol}_t + \underset{(0.0168)}{0.0006}|\mathrm{ret}_t| + \underset{(0.0175)}{0.0970}|\mathrm{ret}_t| \times I_{\{\mathrm{ret}_t<0\}}$$

其中 $I_{\{\mathrm{ret}_t<0\}}$ 为示性函数, 在 $\mathrm{ret}_t < 0$ 时为 1, 否则为 0. 可以看到交叉项系数为正, 且显著异于零, 说明杠杆效应显著存在.

杠杆效应的存在告诉我们, 如果想更好地建模波动率, 应该将收益率的正负这一信息显式地纳入模型中. 这方面常见的模型如下[②].

① 这里波动率以日内数据计算的已实现波动率度量.

② 为了简单起见, 我们只给出各类模型最简单设定下的形式. 所有模型的均值方程式均为 $r_t = \mu_t + \sqrt{h_t}e_t$, 扰动项 e_t 均假设服从标准正态分布.

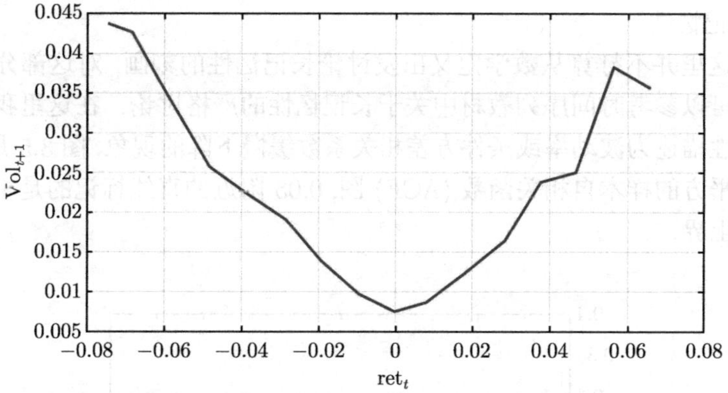

图 3.4 杠杆效应图示

- EGARCH

$$\ln(h_t) = \omega + \alpha_1\left(|e_{t-1}| - \sqrt{\frac{2}{\pi}}\right) + \gamma_1 e_{t-1} + \beta_1 \ln(h_{t-1})$$

EGARCH 模型和传统 GARCH 模型不同的地方在于, 其建模的对象是条件方差的对数值, 这种建模方式可以有效地刻画方差剧烈变动时期的波动率. 其弱点在于为了构造零均值的冲击项 $\left(|e_{t-1}| - \sqrt{\frac{2}{\pi}}\right)$, 收益率的冲击是以标准化形态进入方差方程式的. 实际上, 投资者对原始的涨跌幅更敏感. 很少有投资者在思考收益冲击时会先对其按照当前的波动水平进行标准化. 在 EGARCH 模型中, 对数方差对标准化残差的反映函数为 $\alpha_1|e_{t-1}| + \gamma_1 e_{t-1}$, 当 $\alpha_1 > 0$ 且 $\gamma_1 < 0$ 时, 意味着波动率对负向冲击的反映更强烈.

- GJR-GARCH

$$h_t = \omega + \alpha_1 \epsilon_{t-1}^2 + \gamma_1 \epsilon_{t-1}^2 I_{\{\epsilon_{t-1}<0\}} + \beta_1 h_{t-1}$$

- TARCH

$$h_t^{1/2} = \omega + \alpha_1|\epsilon_{t-1}| + \gamma_1|\epsilon_{t-1}| I_{\{\epsilon_{t-1}<0\}} + \beta_1 h_{t-1}^{1/2}$$

- APARCH

$$h_t^{\delta/2} = \omega + \alpha_1(|\epsilon_{t-1}| + \gamma_1\epsilon_{t-1})^\delta + \beta_1 h_{t-1}^{\delta/2}$$

APARCH 模型和 EGARCH 模型类似, 都是间接对条件方差建模, 不同的是 APARCH 模型将转换幂次作为模型参数的一部分.

2) 长记忆性

我们这里并不打算从数学定义出发讨论长记忆性的刻画, 对这部分内容感兴趣的读者可以参考时间序列教材中关于长记忆性的严格讨论. 在这里我们粗略地将长记忆性描述为波动率或条件方差相关系数缓慢下降的现象. 图 3.5 是标普 500 日回报率平方的样本自相关函数 (ACF) 图, 0.05 附近的直线标记的是相关系数的置信区间上界.

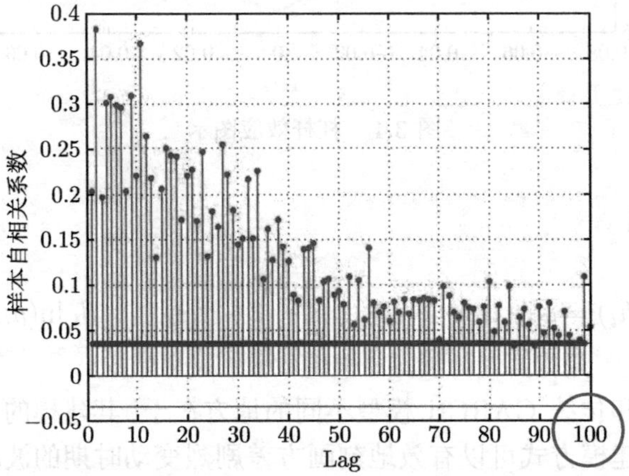

图 3.5 日回报率平方的样本自相关函数示例

这种缓慢下降的自相关系数在模型估计参数上的体现是, 对于 GARCH(1,1) 模型而言, 估计结果往往会出现 $\alpha+\beta\approx 1$. 也就是说, 看起来模型似乎意味着条件方差序列甚至不是一个稳定序列! 为此, 在建模过程中, 我们甚至会直接强制 $\alpha+\beta=1$. 此时, 如果允许方差方程式包含截距项, 无条件方差会变成无穷大. 所以为了模型的稳定性, 一般约束 $\omega=0$. 这时, 方差方程式变为

$$h_t=\beta h_{t-1}+(1-\beta)\epsilon_{t-1}^2$$

这个形式的 GARCH 模型有一个特别的名字, 叫指数加权移动平均 (exponential weighted moving average, EWMA) 模型. 该模型是 RiskMetrics 建模波动率的基础. 在业界实践中, 甚至不需要估计 β 的值, RiskMetrics 在手册中给出的建议是, 日度数据使用 0.94, 月度数据使用 0.97. 上述模型在 RiskMetrics 的体系中被称为 RM1994.

一般而言, 将不同的时间序列叠加之后, 新的序列记忆性会增强. 举个例子, 如果我们有两个系数不同的 AR(1) 序列 x_t 和 y_t, 这两个序列的和 $z_t=x_t+y_t$ 的时序模型将变为 ARMA(2,1). 和序列除了自相关加强以外, 由于移动平均项的加

入, 其一阶自相关系数也更复杂了. 这种思想在新版 RiskMetrics 波动率模型中体现为如下方法

$$h_{t+1} = \sum_{i=1}^{m} w_i h_{i,t+1}$$
$$h_{i,t+1} = (1-\lambda_i)\epsilon_t^2 + \lambda_i h_{i,t}$$
$$w_i = \frac{1}{C}\left[1 - \frac{\ln(\tau_i)}{\ln(\tau_0)}\right], \quad \lambda_i = \exp\left[-\frac{1}{\tau_i}\right]$$
$$\tau_i = \tau_1 \rho^{i-1}, \quad i = 1, 2, \cdots, m$$

其中, $C = \sum_{i=1}^{m} w_i$, $\tau_0 = 1560$, $\tau_{\max} = 512$, $\rho = \sqrt{2}$, $m = \ln[\tau_{\max}/\tau_1]/\ln\rho$. 该模型也被称为 RM2006. 各个 $h_{i,0}$ 可以用数据初始的几期数据使用 λ_i 对应的权重加权平均得到.

新方法相比老方法而言能产生更缓慢的条件方差自相关函数下降趋势. 图 3.6 是使用同样的数据, 以 RM1994 和 RM2006 分别建模得到的条件方差的样本自相关函数. 可以明显地看到 RM2006 和 RM1994 在自相关性上的差别.

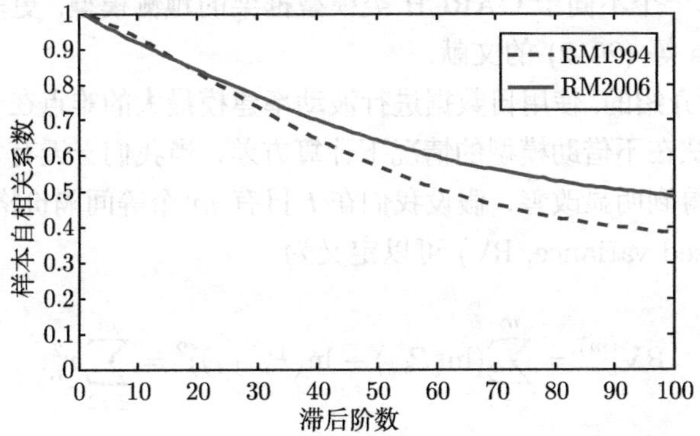

图 3.6 RM1994 和 RM2006 拟合的条件方差自相关函数图

4. 参数估计

GARCH 类模型的参数估计均可使用最大似然估计 (maximum likelihood estimation, MLE). 这种估计方法的基本理念是 "存在即合理": 给定收益率分布之下, 模型的参数使得观测数据出现的概率最大. 我们以 GARCH(1,1) 为例, 模型设定为

$$r_t = \mu_t + \epsilon_t$$

$$h_t = \omega + \alpha_1 \epsilon_{t-1}^2 + \beta h_{t-1}$$

$$\epsilon_t | \mathcal{F}_{t-1} \sim N(0, h_t)$$

其似然函数由联合密度的对数形式构成, 即

$$l(\theta;r)=-\frac{T}{2}\ln(2\pi)-\frac{1}{2}\sum_{t=1}^{T}\left(\ln(h_t)+\frac{(r_t-\mu_t)^2}{2h_t}\right)$$

按照“存在即合理”的理念, 合理的参数选择应该使得上述函数取到最大值. 为了条件方差恒为正数, 我们施加如下约束

$$\alpha>0,\quad \beta>0$$

同时附加初值条件 h_1 为收益率的无条件方差. 为了使模型产生的无条件方差和实际数据对应, 约束 $\omega=h_1(1-\beta-\alpha)$, 这种方法同时将优化参数减少了一个.

5. 已实现测度的应用

随着日内数据可得性的改善, 近年来在波动率建模方面给予日内数据的已实现测度 (realized measures) 的应用逐渐广泛起来. 这里我们只简单介绍其中两类最常用的度量和一个不同于 GARCH 类模型框架的预测模型. 更多的信息读者可以参阅 Bauwens 等 (2012) 的文献.

回忆之前所介绍的, 使用日数据进行波动率建模最大的难点在于一天只有一个收益率数据, 无法在不借助模型的情况下计算方差. 当我们一天有多个观测值的时候, 这个问题会得到明显改善. 假设我们在 t 日有 m 个等间隔价格采样 $\{P_{i,t}\}$, 已实现方差 (realized variance, RV) 可以定义为

$$\mathrm{RV}_t^{(m)}=\sum_{i=2}^{m}(\ln(P_{i,t})-\ln(P_{i-1,t}))^2=\sum_{i=2}^{m}r_{i,t}^2$$

这个定义背后的逻辑是

$$\begin{aligned}\mathrm{Var}(r_t)&=\mathrm{Var}\left(\sum_{i=2}^{m}r_{i,t}\right)\\&=\sum_{i=2}^{m}\mathrm{Var}(r_{i,t})\ (\text{假设日内收益率之间没有相关性})\\&=\sum_{i=2}^{m}\left(\frac{1}{m}\sum_{i=2}^{m}r_{i,t}^2\right)\ (\text{假设日内收益率同方差})\\&=\sum_{i=2}^{m}r_{i,t}^2\end{aligned}$$

其中第二个假设并不是必须的, 极限意义下还是可以收敛到日方差的. 但第一个假设并不是可有可无的, 如果日内收益率有相关性, RV 会系统性地高估 (负相关) 或低估 (正相关) 日波动率. 随着采样频率的上升, 日内收益率的相关性总会出现 (源于交易者的正向或者负向交易行为、最小报价单位等微观结构等). 鉴于此, 一个简单的规避方法就是不要采用太高频率的采样. 虽然这里有一批文献研究频率是多少为 "最优", 但从实践角度看一般文献建议的 "5 分钟采样频率" 这个经验法则已经够用了.

如果我们愿意假设对数价格 $p(t)$ 服从带跳跃的几何布朗运动:

$$\mathrm{d}p(t) = \mu(t)\mathrm{d}t + \sigma(t)\mathrm{d}W(t) + \kappa(t)\mathrm{d}q(t)$$

其中 $\mathrm{d}q(t)$ 是连续泊松过程, $\mathrm{d}q(t) = 1$ 说明在 t 时刻有一个价格的跳跃, 跳跃发生的强度为 $l(t)$, 跳跃的幅度为 $\kappa(t)$. 在这种假设下, 在 $t-1$ 到 t 时刻间的已实现方差的极限为

$$\mathrm{RV}_t^{(m)} \to \int_{t-1}^{t} \sigma^2(s)\mathrm{d}s + \sum_{t-1<s\leqslant t} \kappa^2(s)\Delta q(s), \quad \mathrm{d}\text{当 } m \to \infty \text{ 时}$$

另一种计算方差的方法 BV(bipower variation) 基于收益率的错位相乘, 具体地

$$\mathrm{BV}_t^{(m)} = \frac{\pi}{2}\frac{m}{m-1}\sum_{i=2}^{m} |r_{i,t}||r_{i-1,t}|$$

与 RV 的极限包含两个部分不同, BV 的极限只有连续扩散项的部分, 没有跳跃项的部分

$$\mathrm{BV}_t^{(m)} \to \int_{t-1}^{t} \sigma^2(s)\mathrm{d}s, \quad \text{当 } m \to \infty \text{ 时}$$

从极限上看, RV > BV, 这也就衍生出一个针对价格非连续变动对方差贡献的 "跳跃方差" 度量: $J_t = \max(\mathrm{RV}_t - \mathrm{BV}_t, 0)$. 类似地, 我们可以定义 "连续方差" 度量为 $\mathrm{CV}_t = \min(\mathrm{RV}_t, \mathrm{BV}_t)$. 这两个定义是考虑到实际数据计算的时候, 会偶尔出现 RV<BV 的情况.

基于已实现测度, 波动率预测的环境大为改善, 因为这个时候我们可以 "看到" 波动率的数值, 这使得传统时间序列的模型都可以拿过来应用. 在这里我们介绍 Corsi (2009) 提出的异质性自回归模型 (heterogenious autoregressive model, HAR):

$$\mathrm{RV}_t^{1/2} = \omega + \beta_d \mathrm{RV}_{t-1}^{1/2} + \beta_w \mathrm{RV}_{w,t-1}^{1/2} + \beta_m \mathrm{RV}_{m,t-1}^{1/2} + e_t$$

其中

$$\mathrm{RV}_{w,t}=\frac{1}{5}\sum_{i=1}^{5}\mathrm{RV}_{t-i},\quad \mathrm{RV}_{m,t}=\frac{1}{22}\sum_{i=1}^{22}\mathrm{RV}_{t-i}$$

也就是说, 在 HAR 模型中, 当天的波动率可以由过去一天、一周和一个月的信息来预测. 相比传统的 AR(22) 模型而言, 这个模型参数更少, 估计起来也更简便. 考虑到方差的不同成分对未来方差的预测能力不同, 可以把上式中的 RV 项换成连续方差 CV 和跳跃方差 J 的组合:

$$\mathrm{RV}_t^{1/2}=\omega+\beta_d\mathrm{CV}_{t-1}^{1/2}+\beta_w\mathrm{CV}_{w,t-1}^{1/2}+\beta_m\mathrm{CV}_{m,t-1}^{1/2}+\alpha_d J_{t-1}^{1/2}+\alpha_w J_{w,t-1}^{1/2}+\alpha_m J_{m,t-1}^{1/2}+e_t$$

因为 HAR 模型极容易扩展, 相关的研究不胜枚举, 感兴趣读者可以自行搜索阅读.

3.2.2 相关性设定

任何一个金融机构都不可能只持有一种金融资产, 因此相关性建模就成了一个重要的问题. 在理论上, 相关性建模可以做得非常复杂, 但在实际应用过程中, 相关性建模主要就是指针对多个资产回报率之间的协方差矩阵的建模. 这是因为在实践中我们往往假设分布为多元正态分布, 从而组合的回报率作为各个资产回报率的线性组合呈现为一元正态分布. 确定了方差的大小, 基本上就可以确定了分布的分位点了.

假设资产组合包含 N 种资产, 每种资产的回报率方差为 σ_i^2, 资产 i 和资产 j 之间回报率的相关系数为 ρ_{ij}, 不同资产的投资额为 α_i, 则组合的方差为

$$\sigma_P^2=[\alpha_1,\cdots,\alpha_N]C[\alpha_1,\cdots,\alpha_N]^{\mathrm{T}}$$

其中 C 为协方差矩阵, 其定义为

$$C=\begin{bmatrix}\sigma_1^2 & \sigma_1\sigma_2\rho_{12} & \cdots & \sigma_1\sigma_N\rho_{1N}\\ \sigma_2\sigma_1\rho_{21} & \sigma_2^2 & \cdots & \sigma_2\sigma_N\rho_{2N}\\ \vdots & \vdots & \ddots & \vdots\\ \sigma_N\sigma_1\rho_{N1} & \sigma_N\sigma_2\rho_{N2} & \cdots & \sigma_N^2\end{bmatrix}=D\begin{bmatrix}1 & \rho_{12} & \cdots & \rho_{1N}\\ \rho_{21} & 1 & \cdots & \rho_{2N}\\ \vdots & \vdots & \ddots & \vdots\\ \rho_{N1} & \rho_{N2} & \cdots & 1\end{bmatrix}D$$

其中 $D=\mathrm{diag}(\sigma_1,\cdots,\sigma_N)$.

建模 C 矩阵的最简单的方法就是直接计算历史数据的协方差矩阵, 这种方法依赖的假设是: 资产之间的相关性在用于计算的历史区间之内保持不变, 并且在使用该矩阵进行预测的未来时段仍然保持不变. 一般来说, 这是一个不切实际的假设. 相当多的研究指出, 当市场处于承压状态 (也就是价格出现大幅下跌) 时, 不同资产之间的相关性会加强, 所谓“覆巢之下, 安有完卵”就是对这种现象的一

个形象的描述. 因此, 假设协方差矩阵保持不变对于风险管理而言是存在相当风险的.

如果我们要求 C 矩阵能够对当前的市场状况作出反映, 就必须对其动态进行建模, 而且需要将当前的收益率作为模型的一部分纳入进去. 这实际上和我们对一元波动率建模的时候面临的问题是一样的. 其解决方案自然也是类似的. 这里我们仅介绍最简单的 EWMA 方法.

EWMA 方法就是一元波动率建模部分的翻版, 同样需要设定波动率的初值和权重系数. 其中波动率的初值可以设置为估计窗口内收益率数据的样本协方差矩阵 Σ_0, 其中第 (i, j) 位的元素 $\sigma_0(i,j)$ 为

$$\sigma_0(i,j) = \sum_{t}^{T} \epsilon_{i,t}\epsilon_{j,t}$$

其中 $\epsilon_{i,t} = x_{i,t} - \mu_i$, μ_i 为 x_i 的均值①. 同样地, 使用 RM1994 给出的规则, 对于日度数据选取 $\lambda = 0.94$, 对于月度数据选取 $\lambda = 0.97$. 更新每天协方差矩阵的方式同样是用 λ 做加权平均, 即

$$\sigma_t(i,j) = \lambda\sigma_{t-1}(i,j) + (1-\lambda)\epsilon_{t-1}\epsilon_{t-1}^{\mathrm{T}}$$

其中 $\epsilon_t = (\epsilon_{1,t}, \cdots, \epsilon_{n,t})^{\mathrm{T}}$, n 为组合包含的资产个数, $t > 1$.

这里, 我们使用两个指数 (银行 x_1、制药 x_2) 为例展示其计算过程. 数据长度为 500 天, 第 501 天为样本外预测.

序号	x_1	x_2	$x_1-\mu_1$	$x_2-\mu_2$	$\sigma(1,1)$	$\sigma(1,2)$	$\sigma(2,2)$
1	0.25%	0.72%	0.11%	0.56%	0.0460%	0.0170%	0.0554%
2	−1.43%	−1.13%	−1.56%	−1.30%	0.0432%	0.0160%	0.0522%
3	−3.12%	−0.52%	−3.25%	−0.68%	0.0421%	0.0162%	0.0501%
⋮	⋮	⋮	⋮	⋮	⋮	⋮	⋮
500	−0.34%	−0.82%	−0.47%	−0.98%	0.0267%	0.0158%	0.0296%
501	—	—	—	—	0.0251%	0.0149%	0.0278%

对于序号为 1 的数据, 我们没有其历史数据, 因此对应的方差和协方差均为样本对应值, 即

$$\sigma_1(1,1) = \frac{1}{n}\sum(x_{1,t} - \mu_1)^2 = 0.0460\%$$

① 这里为了书写统一, 我们把分量 i 的方差写成 $\sigma(i,i)$. 又因为模型里不同期限的矩阵不同, 我们加入了下标来表示协方差是哪一期的.

$$\sigma_1(1,2)=\frac{1}{n}\sum(x_{1,t}-\mu_1)(x_{2,t}-\mu_2)=0.0170\%$$

$$\sigma_1(2,2)=\frac{1}{n}\sum(x_{2,t}-\mu_2)^2=0.0554\%$$

对于序号为 2 的数据, 我们借助上述更新公式, 获得对应的方差和协方差, 即

$$\begin{aligned}\sigma_2(1,1)&=\lambda\sigma_2(1,1)+(1-\lambda)(x_1-\mu_1)^2=0.0432\%\\ \sigma_2(1,2)&=\lambda\sigma_2(1,2)+(1-\lambda)(x_1-\mu_1)(x_2-\mu_2)=0.0160\%\\ \sigma_2(2,2)&=\lambda\sigma_2(2,2)+(1-\lambda)(x_2-\mu_2)^2=0.0522\%\end{aligned}$$

以此类推, 反复迭代, 可以获得序号 501 对应的预测值, 即

$$\begin{bmatrix}0.0251\% & 0.0149\%\\ 0.0149\% & 0.0278\%\end{bmatrix}$$

假设我们有一个投资组合, 在银行指数上投资 5000 万元, 在制药指数上投资 1000 万元, 则第 501 天预计的组合价值波动率:

$$\sigma_P=\sqrt{[5000,1000]\begin{bmatrix}0.0251\% & 0.0149\%\\ 0.0149\% & 0.0278\%\end{bmatrix}\begin{bmatrix}5000\\ 1000\end{bmatrix}}=89.68$$

即 89.68 万元.

这里我们介绍的 EWMA 相当于 RM1994 版本, 读者当然可以换用 RM2006 版本的矩阵形式解决相关问题, 这里就不再重复了.

3.2.3 分布设定

截至目前, 我们对于损失分布的假定基本上都使用的是正态分布. 但实际数据中, 损失分布往往出现偏峰厚尾的现象: 大损失出现的概率高于正态分布给出的估计. 这使得我们在建模时需要考虑对厚尾现象进行处理.

1. 极值理论

在统计学中, 极值理论研究的刚好就是分布的极端尾部状况. Gnedenko (1943) 指出相当广泛的一类分布的尾部有类似的特征. 假设 $F(v)$ 是损失 X 的累计分布函数, 给定一个尾部截断点 u, 如下条件概率:

$$F_u(y)=P(X\leqslant u+y|X>u)=\frac{F(u+y)-F(u)}{1-F(u)},\quad y>0$$

拥有相同的极限分布 ($u \to \infty$), 其分布函数为

$$G_{\xi,\beta}(y) = 1 - \left[1 + \frac{\xi}{\beta}y\right]^{-1/\xi}$$

该分布被称为广义帕累托分布 (generalized Pareto distribution, GPD). 当参数 $\xi = 0$ 时, 上述分布退化为 $1 - \exp(-y/\beta)$. 尺度参数 $\beta > 0$. ξ 决定了分布的尾部厚度, 当原始分布是正态分布时, 其尾部分布的 $\xi = 0$. 随着原始分布的尾部逐渐变厚, ξ 的值逐渐增大. 特别地, 原始分布的 k 阶矩存在的要求是 $\xi < 1/k$. 对于金融数据而言, ξ 一般在 0.1 到 0.4 之间, 即有比正态分布更厚的尾部, 但是不至于方差爆炸到无穷大.

GPD 只描述了条件概率, 无条件概率可以用如下方式表示 ($x > u$):

$$\begin{aligned}P(X > x) &= P(X > x|X > u)P(X > u)\\ &\approx P(X > y + u|X > u)\frac{n_u}{n}\\ &\approx (1 - G_{\xi,\beta}(x - u))\frac{n_u}{n}\end{aligned}$$

第二行我们使用数据中损失超过 u 的个数 n_u 占样本总数 n 的比例来替换 $P(X > u)$, 第三行直接使用了 GPD 的定义. 为了使用 GPD, 我们的第一个任务是确定截断点 u 的大小. 常用的方法如下.

• 分位数方法: 既然 u 代表一个很高的损失水平, 那么就令 u 为损失经验分布的一个很高的分位数, 比如 95%, 99% 等.

• 经验法则: 与分位数法类似, 将全部 n 个损失从大到小排列, 选择第 k 个损失作为 u, 其中 k 可以取

① $k = \sqrt{n}$;

② $k = n^{2/3}/\ln[\ln(n)]$.

• 平均超越函数 (mean excess function, MEF) 法: 平均超越函数定义为

$$\hat{M}(u) = \frac{\sum_{i=1}^{n}(X_i - u)I_{[X_i > u]}}{\sum_{i=1}^{n}I_{[X_i > u]}}, \quad u \geqslant 0$$

对于 GPD 而言, 该函数对于截断点 u 而言是线性函数

$$M(u) = \frac{\beta}{1-\xi} + \frac{\xi}{1-\xi}u$$

这使得我们可以借助数据计算的经验 MEF, 将其作为 u 的函数图像画出来, 查找使得函数变为 "线性" 的最小 u. 这个 u 就是我们要找的截断点. 图 3.7 是我们以标普 500 日损失率① (日收益率的相反数) 为例作出的 $\log P$-$\log X$ 图 (左) 和 MEF 图 (右). 按照 GPD 的推论, 当损失足够大的时候, 两个对数之间应该呈现出线性关系, 并且 MEF 应该呈现一条 (绝大部分情况应该向上倾斜的) 直线. 这两点都已经得到证实. 需要说明的是, 我们剔除了损失最大的几个样本点, 读者可以尝试将全部数据用来作图, 可以看到最大的几个损失带来的扭曲.

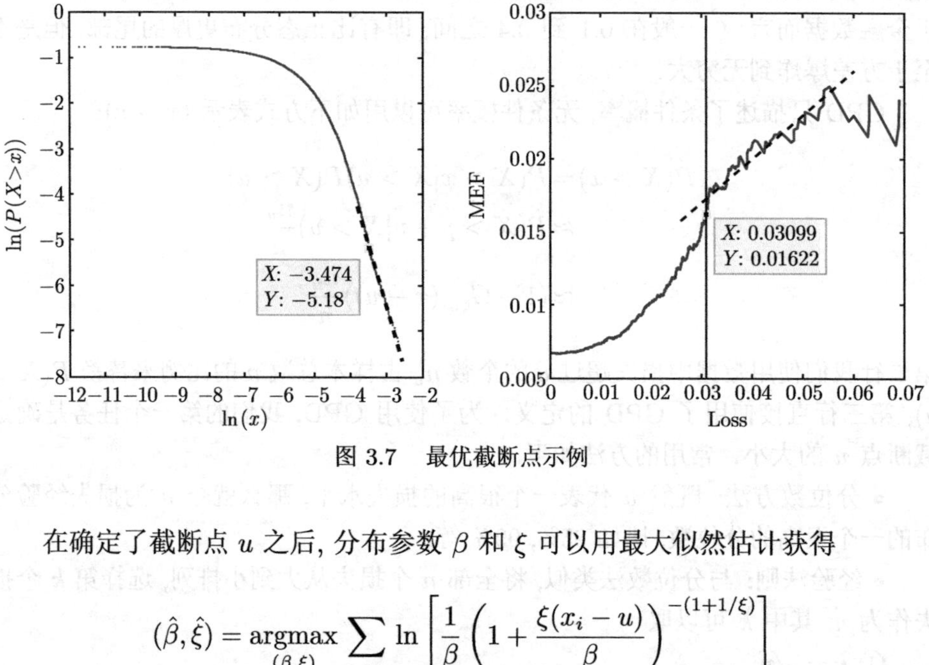

图 3.7 最优截断点示例

在确定了截断点 u 之后, 分布参数 β 和 ξ 可以用最大似然估计获得

$$(\hat{\beta},\hat{\xi})=\underset{(\beta,\xi)}{\operatorname{argmax}}\sum_{x_i>u}\ln\left[\frac{1}{\beta}\left(1+\frac{\xi(x_i-u)}{\beta}\right)^{-(1+1/\xi)}\right]$$

只不过这里需要注意的是, 真正用来计算似然函数值的样本是那些损失超过 u 的样本. 习惯上我们还附加如下约束: $\beta>0,\ 0.1<\xi<0.4$. 第二条约束之所以存在是因为经验上这个范围适用于绝大多数金融市场上的损失分布, 它并不意味着 GPD 只在这个范围内有意义.

对于给定的置信水平 α, 在 GPD 之下的 VaR 满足

$$1-\alpha=\frac{n_u}{n}\left[1+\frac{\xi(\mathrm{VaR}_\alpha-u)}{\beta}\right]^{-1/\xi}$$

① 1950/1/3~2015/8/28 的日度数据, 为了作图, 我们仅选取有正损失的交易日, 样本数量约 8000 个.

反解就可以得到

$$\mathrm{VaR}_\alpha = u + \frac{\beta}{\xi}\left[\left(\frac{n}{n_u}(1-\alpha)\right)^{-\xi} - 1\right]$$

对于预期尾部损失 (ES) 而言, 我们有

$$\mathrm{ES}_\alpha = \mathrm{VaR}_\alpha + E[X - \mathrm{VaR}_\alpha | X > \mathrm{VaR}_\alpha]$$

为了计算上式中的期望, 我们先证明如下等式:

$$F_{\mathrm{VaR}_q}(y) = G_{\xi,\beta+\xi(\mathrm{VaR}_q - u)}(y)$$

由条件概率定义可知

$$\begin{aligned}
F_{\mathrm{VaR}_q}(y) &= P(v - \mathrm{VaR}_q \leqslant y | v > \mathrm{VaR}_q) \\
&= \frac{P(\mathrm{VaR}_q < v < y + \mathrm{VaR}_q)}{P(v > \mathrm{VaR}_q)} = 1 - \left(\frac{1 + \xi\dfrac{y + \mathrm{VaR}_q - u}{\beta}}{1 + \xi\dfrac{\mathrm{VaR}_q - u}{\beta}}\right)^{-1/\xi} \\
&= 1 - \left(1 + \xi\frac{y}{\beta + \xi(\mathrm{VaR}_q - u)}\right)^{-1/\xi} = G_{\xi,\beta+\xi(\mathrm{VaR}_q - u)}(y)
\end{aligned}$$

从而有

$$E[X - \mathrm{VaR}_\alpha | X > \mathrm{VaR}_\alpha] = E(y) = \frac{\beta + \xi(\mathrm{VaR}_q - u)}{1 - \xi}$$

因此

$$\mathrm{ES}_q = \mathrm{VaR}_q + \frac{\beta + \xi(\mathrm{VaR}_q - u)}{1 - \xi} = \frac{\mathrm{VaR}_q + \beta - \xi u}{1 - \xi}$$

例题 3.3 我们基于 500 个损失数据估计 GPD, 截断点使用 200, 尾部损失个数为 13 个. 估计得到 $\beta = 43.526$, $\xi = 0.371$. 基于以上结果, 估算 99% 的 VaR 和 ES, 并基于广义 GPD 推算 VaR 的标准误.

计算 VaR 和 ES, 直接代入上面的公式就可以得到

$$\begin{aligned}
\mathrm{VaR} &= u + \frac{\beta}{\xi}\left[\left(\frac{n}{n_u}(1-\alpha)\right)^{-\xi} - 1\right] \\
&= 200 + \frac{43.526}{0.371}\left[\left(\frac{500}{13}(1-0.99)\right)^{-0.371} - 1\right] = 249.915
\end{aligned}$$

$$\mathrm{ES}=\frac{\mathrm{VaR}_q+\beta-\xi u}{1-\xi}=\frac{249.915+43.526-0.371\times 200}{1-0.371}=348.555$$

计算 VaR 的标准误需要首先计算 $f(\mathrm{VaR})$, 其中 f 采用 GPD 的密度函数进行计算

$$\begin{aligned}f(\mathrm{VaR})&=\frac{1}{\beta}\left[1+\xi\frac{\mathrm{VaR}-u}{\beta}\right]^{-1/\xi-1}\frac{n_u}{n}\\&=\frac{1}{43.526}\left[1+0.371\frac{249.915-200}{43.526}\right]^{-1/0.371-1}\times\frac{13}{500}=0.000161\end{aligned}$$

调用 VaR 的标准误公式有

$$\sigma_{\mathrm{VaR}}=\frac{1}{f(\mathrm{VaR})}\sqrt{\frac{\alpha(1-\alpha)}{n}}=\frac{1}{0.000161}\sqrt{\frac{0.99(1-0.99)}{500}}=27.608$$

2. GPD 和幂律分布

GPD 和金融数据分析中的 “幂律”(power law) 概念密切相关, 所谓分布 Y 服从幂律分布, 就是指其服从如下的结构:

$$P(Y>x)=Kx^{-\alpha}$$

而上述损失 X 的无条件概率可以进一步表示为

$$P(X>x)=\left[1+\xi\frac{(x-u)}{\beta}\right]^{-1/\xi}\frac{n_u}{n}$$

如果我们令 $u=\beta/\xi$, 则上式进一步化为

$$P(X>x)=\frac{n_u}{n}\left(\frac{\xi}{\beta}\right)^{-1/\xi}x^{-1/\xi}$$

对应 “幂律” 中的参数 $K=\frac{n_u}{n}\left(\frac{\xi}{\beta}\right)^{-1/\xi}$, $\alpha=\frac{1}{\xi}$. 也就是说, 如果尾部的条件分布服从 GPD, 那么无条件分布可以等价于 “幂律” 的形式. 这也解释了为什么 “幂律” 在数据中经常得到支持.

3. 偏态分布

在广义帕累托分布之外, 描述收益率非对称的分布常见的还有各种的带偏斜的分布. 偏 t 分布 (skewed-t) 就是经常被使用的一种偏态分布. 其基础为标准化

t 分布, 因此兼顾了收益分布的厚尾特征. 其密度函数为

$$\operatorname{st}(z|\eta,\lambda)=\begin{cases} bc\left(1+\dfrac{1}{\eta-2}\left(\dfrac{bz+a}{1-\lambda}\right)^2\right)^{-(\eta+1)/2}, & z<-a/b \\ bc\left(1+\dfrac{1}{\eta-2}\left(\dfrac{bz+a}{1+\lambda}\right)^2\right)^{-(\eta+1)/2}, & z\geqslant -a/b \end{cases}$$

其中

$$a=4\lambda c\frac{\eta-2}{\eta-1},\quad b^2=1+3\lambda^2-a^2,\quad c=\frac{\Gamma((\eta+1)/2)}{\sqrt{\pi(\eta-2)}\Gamma(\eta/2)}$$

参数的定义域为 $-1<\lambda<1, 2<\eta<\infty$. λ 是控制偏斜的参数, $\lambda>0$ 意味着分布左偏, $\lambda<0$ 意味着分布右偏. η 是分布的自由度, 越小说明厚尾现象越严重. 当 $\lambda=0$ 时, 偏 t 分布退化为标准 t 分布. 当 $\lambda=0$ 且 $\eta=\infty$ 时, 其退化为标准正态分布.

偏 t 分布可以通过最大似然估计获得参数. 对于给定的偏 t 分布, 其分位点可以使用分布函数求逆的方法得到.

4. Cornish-Fisher 展开

Cornish-Fisher (CF) 展开是计算概率分布分位点的一种近似方法. 这种方法将随机变量 X 的分位点展开为标准正态分布 Z 的分位点和 X 各阶矩的函数. 对于满足 0 均值, 标准差为 1 的随机变量 X, 其 q 分位点为

$$x_q=z_q+\frac{z_q^2-1}{6}S+\frac{z_q^3-3z_q}{24}(K-3)-\frac{2z_q^3-5z_q}{36}S^2$$

其中 z_q 是标准正态分布的 q 分位数, S 和 K 分别是分布的偏度和峰度. 对于非标准化分布的随机变量 X 而言, 其 q 分位点可以表示为

$$\mu+\sigma x_q^*$$

其中 x_q^* 是分布对应的标准化分布 $X^*=\dfrac{X-\mu}{\sigma}$ 的分位数. 在实践中为了简化计算, 可以只将 x_q 展开到前 2 阶, 即

$$x_q=z_q+\frac{z_q^2-1}{6}\kappa_3$$

例题 3.4 假设某个损失数据的均值为 0.13, 标准差为 97.55, 偏度为 0.013, 峰度为 5.2, 使用 CF 展开推算 99% 分位点. 注意 CF 展开对应的是标准化分布, 而标准化分布并不会改变偏度和峰度, 对于标准化损失而言, 我们有

$$
\begin{aligned}
x_{99}^{*} &= z_{99} + (z_{99}^{2} - 1)\frac{S}{6} + (z_{99}^{3} - 3z_{99})\frac{(K-3)}{24} - (2z_{99}^{3} - 5z_{99})\frac{S^{2}}{36} \\
&= 2.326 + (2.326^{2} - 1)\frac{0.013}{6} + (2.326^{3} - 3 \times 2.326)\frac{(5.2-3)}{24} \\
&\quad -(2 \times 2.326^{3} - 5 \times 2.326)\frac{0.013^{2}}{36} \\
&= 2.849
\end{aligned}
$$

由于偏度不大, 展开式的最后一项非常小, 在实际操作过程中可以考虑省略. 如果只使用偏度修正而忽略峰度修正, 则结果为 2.326. 由于分布的峰度并不低, 忽略峰度调整的结果偏差比较明显. 借助这个分位点推算, 我们可以还原出损失的 99% VaR 为

$$
\mathrm{VaR}_{99} = \mu + \sigma x_{99}^{*} = 0.13 + 97.55 \times 2.849 = 278.05
$$

3.2.4 Copula 与相依性

EWMA 等 GARCH 类模型处理相关性的方法都依赖于对联合分布进行假设. 在风控领域里, 联合分布一般都比较复杂, 而我们知道的联合分布本身又非常有限. 为了解决这个问题, 统计学家们提出了 Coupla 这个工具. 和已知联合分布计算边缘分布相反, Copula 将边缘分布 “连接” 起来生成联合分布, 通过分离边缘分布建模和相依性建模, 极大地丰富了我们能够处理的联合分布. 图 3.8 简单概括了一下联合分布、Copula 函数、边缘分布以及它们之间的关系.

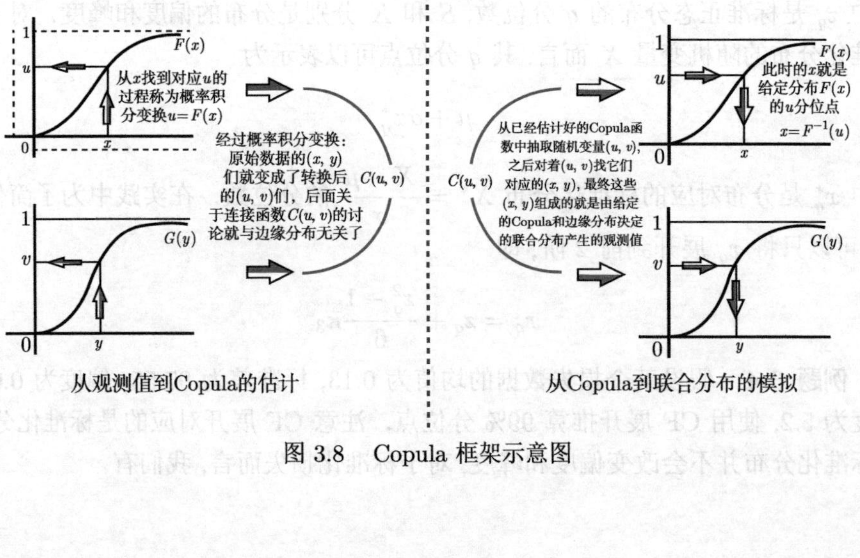

图 3.8　Copula 框架示意图

1. Copula 的几个基本概念

Copula 最重要的结果是 Skalar 定理, 即 $X_1, X_2, \cdots, X_n$ 之间的联合分布可以写成各自边缘分布 $F_i(x_i)$ 和一个定义在 $[0,1]^n$ 上 $C(y_1, y_2, \cdots, y_n)$ 的复合:

$$F(x_1, \cdots, x_n) = C(F_1(x_1), \cdots, F_n(x_n))$$

注意到对于任意的随机变量 X_i, $F_i(X_i)$ 是 [0,1] 上的均匀分布, 这说明 Copula 函数 C 的选取和 x_i 的数值没关系, 只和 X_i 的排序有关系. 也就是说, 在 Copula 的框架下, 相关性不是传统意义上的 X_i 之间的相关性 (Pearson 相关性 ρ_P), 而是 $F_i(X_i)$ 之间的相关性, 这种相关性被称为 Spearman's rho 相关性, 记为 ρ_S:

$$\rho_S(X, Y) = \rho_P(F_x(X), F_y(Y))$$

类似地还有 Kendall's tau 相关性. 令 (X_i, Y_i) 为来自两个分布的随机变量对, 且两对之间互相独立:

$$\rho_\tau(X, Y) = P[(X_1 - X_2)(Y_1 - Y_2) > 0] - P[(X_1 - X_2)(Y_1 - Y_2) < 0]$$

可以发现和 ρ_S 一样, ρ_τ 也只和相对大小有关.

Copula 还有一个重要的概念, 就是描述极端事件同时发生的 "尾部相关性". "极端事件扎堆出现" 是历次金融危机出现最常见的模式, 比如 2008 年美国次贷危机中, 本来相关性很弱的住房抵押贷款因为次贷违约传染而骤然加强, 使得本来不会大规模同时违约的贷款池出现聚集性的违约, 进而导致整个风控模型失效. 为了考察联合分布容纳尾部相关性的能力, 研究者提出了两个指标:

$$\lambda_U = \lim_{u \to 1} \sup P[X_1 > F_1^{-1}(u) | X_2 > F_2^{-1}(u)]$$

$$\lambda_L = \lim_{u \to 0} \sup P[X_1 \leqslant F_1^{-1}(u) | X_2 \leqslant F_2^{-1}(u)]$$

这两个指标分别称为 "上尾相依性"(λ_U) 和 "下尾相依性"(λ_L), 两个指标的取值都是 [0,1]. 如果任意一个指标大于 0, 则称相应的尾部存在渐近相依, 否则称为渐近独立. 尾部相依指标和 C 函数有直接的联系:

$$\lambda_U = \lim_{u \to 1^-} \frac{1 - 2u + C(u, u)}{1 - u}$$

$$\lambda_L = \lim_{u \to 0^+} \frac{C(u, u)}{u}$$

对于有简单解析表达式的 Copula 函数而言, 这两个指标可以直接求解出来.

2. 常见的 Copula 函数类别

常见的 Copula 函数有很多种类, 这里简单介绍两个大类, 阿基米德类 (Archimedean) 和椭圆类 (elliptical). 前者擅长提供非对称的尾部相依性, 后者则擅长提供对称的尾部相依性. 由于这里篇幅限制, 我们就不讨论每个种类的一般定义了, 只将这两类里面最具代表性的几个 Copula 函数族列出, 并罗列它们的相关性特征供读者参考.

1) 阿基米德类 Copula 函数

• Gumbel 族

$$C(u,v)=\exp\left(-[(-\ln u)^{\theta}+(-\ln v)^{\theta}]^{1/\theta}\right),\quad \theta\geqslant 1$$

• Clayton 族

$$C(u,v)=(u^{-\theta}+v^{-\theta}-1)^{-1/\theta},\quad \theta>0$$

• Frank 族

$$C(u,v)=-\frac{1}{\theta}\ln\left[1+\frac{(e^{-\theta u}-1)(e^{-\theta v}-1)}{e^{-\theta}-1}\right],\quad \theta\neq 0$$

2) 椭圆类 Copula 函数

• 正态族

$$C_{\rho}^{\mathrm{Ga}}(u,v)=\mathrm{BN}_{\rho}(\Phi^{-1}(u),\Phi^{-1}(v))$$

其中 $\mathrm{BN}_{\rho}(\cdot,\cdot)$ 是 $\mu_i=0,\sigma_i=1,\rho_{ij}=\rho$ 的二元正态分布.

• t 族

$$C_{n,\rho}^{t}(u,v)=\mathrm{Bt}_{\rho,n}(t_n^{-1}(u),t_n^{-1}(v))$$

其中 $\mathrm{Bt}_{\rho,n}(\cdot,\cdot)$ 是 $\rho_{ij}=\rho,df=n$ 的二元 t 分布.

通过搭配不同的 Copula 函数, 我们可以使用同样的边缘分布生成不同的联合分布. 图 3.9 中, 我们使用四种不同的 Copula 函数配合同样的正态边缘分布, 给出了四个不同的联合分布.

从图 3.9 中可以看出, 相比于正态 Copula, Gumbel 和 Clayton 分别在上 (下) 尾部有散点聚集的情况, t 则在上下尾同时出现了聚集现象. 这个现象可以通过计算这些 Copula 函数的尾部相依性指标再现. 在表 3.3 中, 我们给出了以上五种 Copula 函数的两个秩相关性指标以及上下尾相依性指标. 其中 $D_1(\theta)$ 和 $D_2(\theta)$ 是第一和第二 Debye 函数①, t_ν 是自由度为 ν 的标准 t 分布的分布函数.

① $D_k(x)=\frac{k}{x}\int_0^x\frac{t^k}{\mathrm{e}^t-1}\mathrm{d}t.$

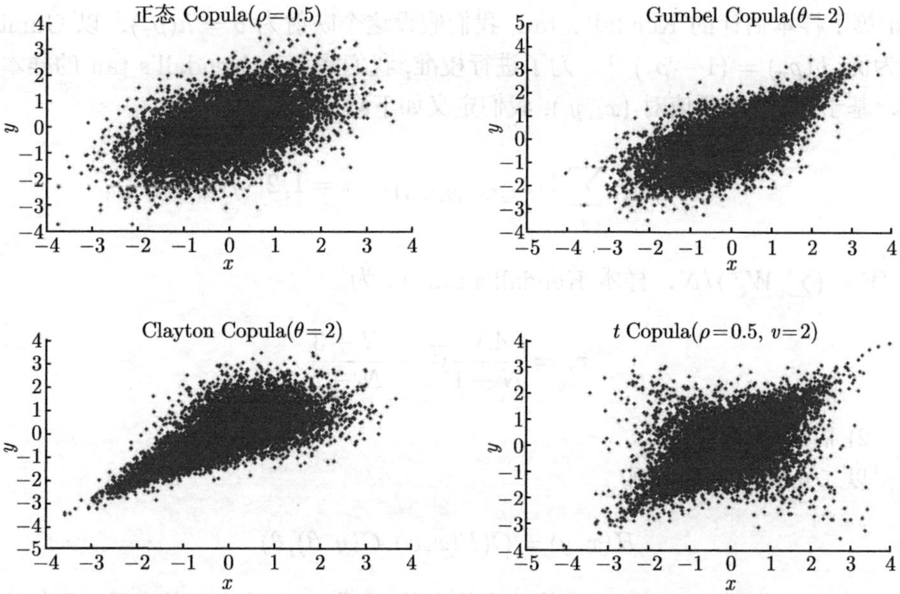

图 3.9 正态边缘分布下不同 Copula 函数生成的联合分布

表 3.3 几类 Copula 函数的相依性特征

函数类别	ρ_S	ρ_τ	λ_L	λ_U
Gumbel	无解析表达	$1-\theta^{-1}$	0	$2-2^{1/\theta}$
Clayton	复杂形式	$\dfrac{\theta}{2+\theta}$	$2^{-1/\theta}$	0
Frank	$1-\dfrac{12}{\theta}[D_1(\theta)-D_2(\theta)]$	$1-4\dfrac{1-D_1(\theta)}{\theta}$	0	0
正态	$\dfrac{6}{\pi}\arcsin(\rho)$	$\dfrac{6}{\pi}\arcsin(\rho)$	0	0
t	$\dfrac{6}{\pi}\arcsin(\rho)$	$\dfrac{6}{\pi}\arcsin(\rho)$	$2t_{\nu+1}\left(-\sqrt{\dfrac{(\nu+1)(1-\rho)}{1+\rho}}\right)$	

3. Copula 参数的估计简介

1) 校准

当我们选取的 Copula 函数有秩相关系数可以和参数一一对应的情况下，使用校准方法比较简便. 我们以表 3.3 中比较完整的 Kendall's tau 为例做一个说明. 所谓校准方法，就是通过调节 Copula 函数的参数，使得模型产生的 Kendall's tau 等于样本估计的 Kendall's tau, 我们假设这个映射为 $\theta = h(\rho_\tau)$. 以 Gumbel 族为例, $h(\rho_\tau) = (1-\rho_\tau)^{-1}$. 为了进行校准, 我们需要有 Kendall's tau 的样本估计. 基于 N 个观测值对 (x_i, y_i), 我们定义如下频数:

$$W_i^+ = \frac{1}{N}\sum_j 1_{\{j:x_j \leqslant x_i, y_j \leqslant y_i\}}, \quad i = 1, 2, \cdots, N$$

和 $\overline{W} = (\sum_i W_i^+)/N$. 样本 Kendall's tau, r_τ 为

$$r_\tau = \frac{4N}{N-1}\overline{W} - \frac{N+3}{N-1}$$

2) 估计

以二元联合分布为例

$$H(x, y) = C(F(x, \alpha), G(y, \beta), \theta)$$

其中 α 和 β 分别为 X 和 Y 边缘分布的参数, θ 是 C 函数自己的参数. 虽然这三组参数一起决定了 H 的形式, 但是在 Copula 框架中, 边缘建模和 C 函数建模是可以分开两个步骤进行的. 这一点在估计参数的似然函数中可以明显地体现出来

$$\ln L(\theta, \alpha, \beta|X, Y) = \sum_{i=1}^n \ln c(u_i, v_i; \theta) + \sum_{i=1}^n \ln f(x_i; \alpha) + \sum_{i=1}^n \ln g(y_i; \beta)$$

其中 $c(u, v)$ 是 C 函数作为分布函数对应的密度函数, f 和 g 是边缘密度. 这个三项分离的结构使得我们在估计 Copula 函数参数的时候, 可以预先通过概率积分变换处理掉边缘分布的信息, 把 (X, Y) 转化为 (u, v), 从而专注于优化第一个求和号

$$\hat{\theta} = \underset{\theta}{\operatorname{argmax}} \sum_{i=1}^n \ln c(F(x_i), G(y_i); \theta)$$

这里获取 F 和 G 的方式可以是先通过统计方法基于各自的数据估计分布函数, 获得参数化的 $F(x)$ 和 $G(y)$, 也可以在数据充足的情况下使用经验分布函数替换

$$\hat{F}(x_i) = \frac{1}{N+1}\sum_{j=1}^N 1_{\{x_j \leqslant x_i\}}, \quad \hat{G}(y_i) = \frac{1}{N+1}\sum_{j=1}^N 1_{\{y_j \leqslant y_i\}}$$

3) 拟合优度评价

在同一个 Copula 族内部, 我们可以通过校准或者估计的方式来确定最适合数据的参数. 在这之外, 我们还需要在不同的函数族之间做出选择, 判断哪个函数

族更适合数据. 这个过程一般这样完成, 对函数族 k, 通过参数估计获得能给出最好拟合结果的 Copula 函数 $C^k_{\theta,N}(\hat{\theta}_k)$. 然后通过拟合优度计算获得所有待考虑函数 $\{C^i_{\theta,N}(\hat{\theta}_i)|i=1,2,\cdots,K\}$ 中拟合最好的那个作为最终的 Copula 函数. 在这个过程中, 纯粹由数据产生的经验 Copula 函数 $C_N(u,v)$ 会充当比较的基准①. 以二元分布为例, 其经验 Copula 函数满足

$$C_N(\hat{F}(x_i),\hat{G}(y_i))=\frac{1}{N}\sum_{i=1}^{N}1_{\{j:x_j\leqslant x_i,y_j\leqslant y_i\}}$$

对于估计好参数的 $C^k_{\theta,N}(\hat{\theta}_k)$, 这个概率的模型对应值为

$$C^k_{\theta,N}(\hat{F}(x_i),\hat{G}(y_i);\hat{\theta}_k)$$

我们可以使用 Cramér-von Mises 统计量形式的拟合优度指标来定义 $C^k_{\theta,N}(\hat{\theta}_k)$ 到经验 Copula 之间的距离

$$\mathrm{CM}^k_N=N\sum_{i=1}^{N}\left\{C_N(\hat{F}(x_i),\hat{G}(y_i))-C^k_{\theta,N}(\hat{\theta}_k)\right\}^2$$

由于数据量 N 在不同模型之间都一样, CM^k_N 本质上就是比较了一下两个函数的 L_2 距离. 最终选定的 Copula 函数应该是各个 CM^k_N 中最小的那个.

3.3 风险价值的基本计算方法

本节我们介绍计算风险价值的几种基本方法, 包括历史模拟法、针对非线性产品的二次模型和展开方法、蒙特卡罗模拟方法, 并简单介绍其他相关方法. 在本节中, 我们以 x 代表影响金融产品价格的因素, 以 $D(x)$ 代表金融产品的价格. 比如

- 股票: x 是股票的价格, $D(x)=x$.
- 债券: x 一般指利率水平. 为简单起见, 假设利率曲线是水平的, 即不同投资期限要求的回报率相同. T 年期、年付一次利息、息票率 c、面值 F 的普通债券的理论价格 $D(x)$ 为

$$\sum_{t=1}^{T}\frac{cF}{(1+x)^t}+\frac{F}{(1+x)^T}$$

① 关于记号, 下标带 θ 的表示是基于 N 个观测值估计的 Copula 函数, 下标这里没有 θ 的是经验 Copula 函数, 因为后者不需要估计参数. $\hat{\theta}_k$ 是函数族 k 内估计的最优参数.

• 指数期货: x 是当前指数的报价. T 时刻到期, 对应期限无风险利率为 r (连续复利) 的指数期货理论价格 $D(x) = x\mathrm{e}^{rT}$.

• 期权: x 是股票的价格. 到期时间为 T, 对应无风险利率为 r, 隐含波动率为 σ 的欧式买权, 在 Black-Scholes 模型下的理论价格 $D(x) = xN(d_1) - K\mathrm{e}^{-rT}N(d_2)$. 其中 K 是行权价, $N(\cdot)$ 是标准正态分布的分布函数, $d_1 = \dfrac{\ln(x/K)+(r+\sigma^2/2)}{\sigma\sqrt{T}}$, $d_2 = d_1 - \sigma\sqrt{T}$.

这几个例子里面, 除了股票以外, 其他的 $D(x)$ 都是理论值, 并不意味着实际市场上就是如此形成价格的, 仅仅提示读者这些 x 是其价格重要的影响因素. 按照 $D(x)$ 作为 x 的函数是否为线性函数, 不同的资产可以大致分为线性资产 (股票、期货等) 和非线性资产 (期权、债券等). 最后再强调一句, 以下所有方法都是基于历史数据的分析, 因此都抱有一个基本的哲学信念, 即历史会重演.

3.3.1 历史模拟法

1. 简单历史模拟法

简单历史模拟法是计算 VaR 最简便快捷的计算方法. 为简单起见, 我们以股票资产为例介绍其展望期为 1 天的 VaR 的计算方法. 假设今天的股票价格是 x_T, 历史数据从标号 0 开始到 $T-1$, 一共 T 个.

$$\underbrace{x_0, x_1, x_2, \cdots, x_{T-1}}_{T\text{期历史数据}}, x_T$$

要计算明天的 VaR 需要知道明天股票价格 x_{T+1} 的分布. 简单历史模拟法假设明天所有可能的价格为

$$x_{T+1}^{(i)} = x_T\frac{x_i}{x_{i-1}} \equiv x_T S_i, \quad i = 1, 2, \cdots, T$$

我们称 S_i 为一个情景, 其对应的是历史上第 i 天的 "毛收益" x_i/x_{i-1}. 如果在 T 和 $T+1$ 时刻股票重复了第 i 天这个情景, 那么收益率就是 $x_{T+1}^{(i)}$ 表示的样子了. 也就是说, 我们首先计算历史上 "明天和今天价格的比值", 再将这个比值乘到当前的价格上, 就得到了一个下一天的可能价格. 重复这个过程穷尽所有历史数据区间, 我们就得到了明天价格的历史模拟结果:

$$\left\{x_{T+1}^{(i)} | i = 0, 2, \cdots, T-1\right\}$$

接下来基于这组价格计算出明天的损益, 然后寻找损失的对应分位数即可.

对于股票组合，其历史模拟法操作方式基本相同，需要注意的是由于股票之间相关性的存在，抽取情景的时候必须对齐时间．以两个股票为例，其情景集合为 $\{(S_{x,i}, S_{y,i}) | i = 1, \cdots, T\}$ 共 T 个情景，而不是 $\{(S_{x,i}, S_{y,j}) | i, j = 1, \cdots, T\}$ 共 T^2 个情景．

这里举一个例子，假设我们持有一个分散化组合，分别对应了银行指数、制药指数、工业机械指数和农业指数．当前持仓状况如表 3.4 所示．

表 3.4 投资组合各部分市值 (万元)

资产	银行指数	制药指数	工业机械指数	农业指数	合计
市值	4000	3000	2000	1000	10000

当前时刻选定为 2022 年 12 月 31 日，历史数据为向前追溯 500 个交易日数据．数据片段如表 3.5，这个数据片段截取了历史数据最开始的三个交易日，以及当前日期的收盘价．

表 3.5 各个指数收盘价数据片段

序号	日期	银行指数	制药指数	工业机械指数	农业指数
0	2020/12/10	4844.74	13257.8	4986.69	4796.63
1	2020/12/11	4784.97	13162.21	4899.61	4746.41
2	2020/12/14	4840.64	13282.66	4972.69	4859.81
⋮	⋮	⋮	⋮	⋮	⋮
500	2022/12/30	4521.83	11292.5	5482.81	4843.27

数据来源：WIND 数据终端的银行指数 (886052.WI)，制药指数 (886051.WI)，工业机械指数 (886021.WI)，农业指数 (886045.WI)．

按照情景的定义，我们可以用表 3.5 计算出所有的情景，并且可以进一步计算出各个情境下的组合的价值．和当前市值比较就可以得到组合的损益了．仅限于表中的数据，我们可以计算出的是 S_1 和 S_2，结果如表 3.6 所示．

表 3.6 情景及对应的组合价值

	银行指数	制药指数	工业机械指数	农业指数	组合价值	损失
S_1	0.988	0.993	0.983	0.990		
$x_{T+1}^{(1)}$	4467.57	11213.45	5389.6	4794.84	9887.00	113.00
S_2	1.012	1.009	1.015	1.024		
$x_{T+1}^{(2)}$	4576.09	11394.13	5565.05	4959.51	10129.00	−129.00
⋮	⋮	⋮	⋮	⋮	⋮	⋮

接下来将所有情景下的损失按照从大到小排列起来, 对于 99% 水平的 VaR 而言, 基于 500 个观测值的分位点应该为排序后的损失中的第 $500\times(1-0.99)=5$ 个. 这一过程在表 3.7 列明.

表 3.7　简单历史模拟法的损失排序

情景	损失	排序	
331	553.377	1	
304	451.113	2	
56	314.542	3	
349	301.442	4	
299	**292.202**	**5**	$\Rightarrow \text{VaR}_{99\%}=292.202$
274	259.376	6	
⋮	⋮	⋮	

上述简单历史模拟法有两个缺陷. 第一个缺陷是历史有远有近, 简单历史模拟法将不同情景等同起来看待, 而常识告诉我们距离今天越近的情景对于明天的预测能力应该越强, 距离今天比较远的情景对明天的预测能力应该较弱. 换句话说, 距离今天越远的数据越有可能来自于不同的抽样样本. 第二个缺陷是情景的设定不能体现波动率的影响. 举个例子, 如果明天的波动率预测值是某个情景对应的历史波动率的 2 倍, 一个自然的想法是明天的波动率调整后情景应该是历史情景的 2 倍. 简单历史模拟法无视波动率上的差异, 相当于假设波动率永远是一个常数. 为了修正这两种缺陷, 加权历史模拟法和波动率调整历史模拟法被提出来.

2. *加权历史模拟法*

为了体现距离当前日期远近不同影响, 我们需要给每天一个权重, 这个权重应该随着情景发生时刻距离当前的时间间隔呈现递减的趋势. 一个自然的想法是引入一个乘数 λ, 情景 i 权重等于情景 $i+1$ 权重的 λ 倍, 如果我们选择 $\lambda<1$, 则权重自然递减. 对于历史数据长度 T 而言, 上述想法定义的情景 i 的权重表达式为

$$w_i=\frac{\lambda^{T-i}(1-\lambda)}{1-\lambda^T}$$

应用洛必达法则, 我们可以知道当 $\lambda=1$ 时, 权重为

$$\lim_{\lambda\to 1}\frac{\lambda^{T-i}(1-\lambda)}{1-\lambda^T}=\frac{1}{T}$$

正好对应了简单历史模拟法的等权重情形.

经验而言, λ 应该为一个接近 1 的数值, 这样可以使得所有历史数据的权重不会有太大的差异. 否则花费时间和金钱收集处理的比较久远的历史数据实际上并没有多少信息贡献. 遗憾的是这个参数的选取并没有理论指导. 表 3.8 给出了不同 λ 取值之下的权重比较.

表 3.8 不同 λ 取值之下的权重比较

情景	$\lambda=1$	$\lambda=0.995$	$\lambda=0.99$	$\lambda=0.975$	$\lambda=0.95$
1	0.0020	4.46×10^{-4}	6.68×10^{-5}	8.15×10^{-8}	3.83×10^{-13}
2	0.0020	4.49×10^{-4}	6.75×10^{-5}	8.36×10^{-8}	4.03×10^{-13}
3	0.0020	4.51×10^{-4}	6.82×10^{-5}	8.58×10^{-8}	4.24×10^{-13}
⋮	⋮	⋮	⋮	⋮	⋮
498	0.0020	0.0054	0.0099	0.0238	0.0451
499	0.0020	0.0054	0.0100	0.0244	0.0475
500	0.0020	0.0054	0.0101	0.0250	0.0500

读者可以计算一下最近情景和最远情景权重的比值: 这个比值在 $\lambda=0.995$ 时约为 12 倍, 在 $\lambda=0.95$ 时已经是天文数字了. 如果我们以 $\lambda=0.995$ 的最远情景权重为截断点, 对于 $\lambda=0.95$ 而言, 实际有效数据长度只有 93 左右, 而非 500. 也就是说大约 4/5 的数据白收集了, 因为它们对应的权重太小, 在计算过程中不会对结果产生实质性影响. 截至损失排序的步骤, 都和简单历史模拟法一致, 只是最终确定 VaR 时, 由于不同损失的权重不同, 需要从上向下累计权重. 对于显著性水平 99% 的 VaR 而言, 权重累加到刚好达到或者超过 1% 的那个损失就是对应的 VaR. 表 3.9 给出了算例 (这个算例中 $\lambda=0.995$).

表 3.9 加权历史模拟法的损失排序

情景	损失	权重	累计权重	
331	553.377	0.0023	0.0023	
304	451.113	0.0020	0.0043	
56	314.542	0.0006	0.0049	
349	301.442	0.0026	0.0075	
299	292.202	0.0020	0.0095	
274	**259.376**	**0.0018**	**0.0113**	$\Rightarrow \mathrm{VaR}_{99\%}=259.376$
151	256.266	0.0009	0.0122	
⋮	⋮	⋮	⋮	

3. 波动率修正历史模拟法

波动率作为收益率的方差, 逻辑上也是会影响到损失的大小的. 比如某个情景 S_i 发生的时刻对应的资产波动率为 σ_i, 当前预期的下一期波动率为 σ_{T+1}, 那么我们没有理由认为下一期的资产价格直接等于 $x_T S_i$, 而是应该对波动率的大小进行反映, 如果预期下一期波动率比情景对应的波动率高, 那么价格变动的幅度应该相应加大才对. 为此, 我们可以用如下公式修正情景 S_i 使其能更好地反映波动率的影响.

$$S_i^* = \frac{x_{i-1} + (x_i - x_{i-1})\sigma_{T+1}/\sigma_i}{x_{i-1}}$$

修正公式背后的逻辑是如果波动率放大到原来的 2 倍, 则价格变动也应该放大到原来的 2 倍. 修正后的下一期资产价格为 $x_T S_i^*$.

波动率修正方法和前面讲的两种方法不同的一点在于波动率本身需要估计, 因此计算速度慢一些. 借助模型本身也提出了另外一个问题, 就是波动率预测估计. 在基本工具一节, 我们介绍了一组基于 GARCH 结构的波动率模型, 这些模型都可以用来进行波动率的估计. 为简单起见, 我们以 RM1994 为例进行估计, 其他方法类似. 波动率初值定为历史区间的回报率标准差, $\beta = 0.94$. 表 3.10 给出了银行指数的部分结果, 其中最后一行对应的是下一期的波动率预测值, 其计算方法为

$$\sqrt{0.94 \times 0.0127^2 + (1-0.94) \times (-0.0061)^2} = 0.0124$$

表 3.10 银行指数波动率估计, 基于 RM1994 模型

情景	收盘价	回报率	方差 (10^{-4})	波动率	
0	4844.74				← 历史数据开始
1	4784.97	−1.23%	1.5200	1.23%	← 初值为历史数据方差
2	4840.64	1.16%	1.5196	1.23%	
⋮	⋮	⋮	⋮	⋮	
500	4521.83	0.61%	1.6127	1.27%	← 历史数据结束
501			1.5383	1.24%	← 下一期波动率预测

基于计算出来的波动率水平, 可以生成波动率调整情景 (表 3.11). 以银行指数的 S_1^* 为例, 其计算过程为 (原始数据需要参见表 3.10):

$$S_1^* = \frac{4844.74 + (4784.97 - 4844.74) \times \dfrac{1.24\%}{1.23\%}}{4844.74}$$

表 3.11 波动率调整后情景及对应的组合价值

	银行指数	制药指数	工业机械指数	农业指数	组合价值	损失
σ_1	1.23%	1.66%	1.63%	1.76%		
S_1^*	0.988	0.993	0.984	0.992		
$x_{T+1}^{(1)}$	4467.57	11213.45	5395.09	4804.52	9891	109
⋮	⋮	⋮	⋮	⋮	⋮	⋮
σ_{T+1}	1.24%	1.61%	1.48%	1.34%		

接下来就和简单历史模拟法一样，将损失从大到小排列，寻找合适的分位数(表 3.12).

表 3.12 波动率更新历史模拟法的损失排序

情景	损失	排序	
331	433.956	1	
304	378.515	2	
299	288.734	3	
274	280.572	4	
430	**274.819**	**5**	$\Rightarrow \text{VaR}_{99\%} = 274.819$
56	273.630	6	
⋮	⋮	⋮	

4. 基于 Bootstrap 方法计算 VaR 的标准误

前文我们给出了 VaR 的标准误计算的理论公式，但同时也指出了其中损失密度函数的估计存在相当的困难. Bootstrap 方法则给出了一个绕过损失密度估计直接估算 VaR 的标准误的路径. 其基本思路如图 3.10 所示，通过对原始样本反复进行有放回的抽样，获取和原始样本大小一致、数据相近的"新样本"，并使用和原始样本同样的 VaR 计算方法计算新样本下的 VaR. 重复上述过程，我们就能获得一批来自同一个样本 (即原始样本) 但是又略有不同 (因为抽样的样本每次都不完全一致) 的 VaR. 这批 VaR 的样本标准差就可以看成原始样本计算的 VaR 的标准误.

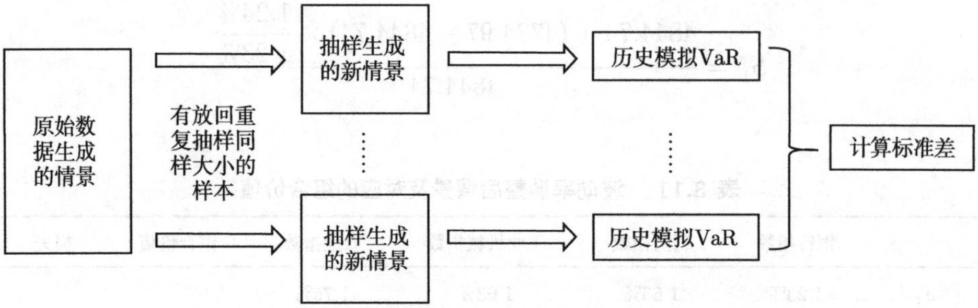

图 3.10　Bootstrap 示意图

下面是一个基于简单历史模拟法的 Bootstrap 演示代码, 平台是 MATLAB, 程序依赖于 unidrnd 函数从 T 个 id 中有放回抽取 T 个 id 作为第 i 次模拟的样本.

```
alpha = 0.99;
pricemat = csvread('data.csv',1,2);
ratiomat = pricemat(2:end,:)./pricemat(1:end-1,:);
port = [4000,3000,1000,2000];
T = size(ratiomat,1);
M = 10000; % Bootstrap times

VaR = nan(M,1);
for i = 1:M
  rmat_use = ratiomat(unidrnd(T,T,1),:);
  VaR(i) = HS_simple(rmat_use,port,alpha,T);
end

VaRstd = std(VaR); %计算VaR的Bootstrap标准误
VaR = HS_simple(ratiomat,port,alpha,T) %计算历史模拟法的VaR
[VaRmean-1.96*VaRstd,VaRmean+1.96*VaRstd]
                                %基于正态分布推算的VaR的95%置信区间
[quantile(VaR,0.025),quantile(VaR,0.975)]
                                %基于模拟分位点推算的VaR的95%置信区间
function VaR = HS_simple(ratiomat,port,alpha,T)
  loss = sum(port)-ratiomat*port';
  VaR  = sort(loss,'descend');
  VaR  = VaR(floor(T*(1-alpha)));
end
```

3.3.2 二次模型

历史模拟法并不只限于计算股票组合的损失, 其他非线性资产也可以使用历史模拟法进行计算: 首先用历史模拟法生成 $x_{T+1}^{(i)}$, 然后代入资产价格关于标的的函数 ($D(x)$) 求得明天的资产价格. 这种计算方法虽然直接, 但是如果 $D(x)$ 函数形式比较复杂, 计算强度将会显著增加. 这个时候我们就要寻求其他的近似方法. 从数学的角度看, 满足一定条件的函数都可以使用展开的方式在局部泰勒级数进行逼近. 在风险管理中, 对于非线性产品而言, 我们仅考虑到 2 阶展开的状况, 在当前价格 x_T 处展开, 我们有

$$D(x_{T+1}^{(i)}) = D(x_T) + D^{'}(x_T)\Delta_x + \frac{1}{2}D^{''}(x_T)(\Delta_x)^2$$

其中 $\Delta_x = x_{T+1}^{(i)} - x_T$. 只要资产关于风险源 x 的前两阶导数能够计算, 我们就可以很容易地计算出 $D(x_{T+1}^{(i)})$ 的近似值. 注意这个时候我们并不需要反复计算前两阶导数, 需要的只是它们在当前状态 x_T 下的取值. 也就是说不管情景有多少个, 这两个导数仅需要算一次, 这极大地提高了运算的速度. 对于不同的产品而言, 前两阶导数由于历史原因有各自不同的叫法. 比如对于期权而言, 其价格关于标的资产价格的一阶导数被称为 Delta(Δ), 二阶导数被称为 Gamma(Γ). 对于债券而言, 其价格关于到期收益率的一阶导数被称为久期 (duration), 二阶导数被称为凸性 (convexity).

如果某个资产的价格依赖于 k 个风险源, 展开时需要考虑全部风险源的影响, 即

$$D(x_{1,T+1}^{(i)}, \cdots, x_{k,T+1}^{(i)}) = D(x_{1,T}, \cdots, x_{k,T}) + \sum_{i=1}^{k}\frac{\partial D}{\partial x_i}\Delta_{i,x} + \frac{1}{2}\sum_{i,j=1}^{k}\frac{\partial^2 D}{\partial x_i \partial x_j}\Delta_{i,x}\Delta_{j,x}$$

其中 $\Delta_{s,x} = x_{s,T+1}^{(i)} - x_{s,T}$. 对于债券而言, 其理论价格由不同期限的投资回报率和现金流结构决定. 一般而言, 不同投资期限的收益率是不一样的, 就像银行存款一年期和五年期存款利率不同类似. 这使得不同期限的利率可以被看成是不同的风险源. 对于一个三年期债券而言, 其利率风险的风险源可以被认为有三个, 分别对应一年到三年的收益率水平.

如果我们处理的资产是线性资产 (也就是说其价格是风险源的线性函数), 或者虽然是非线性资产, 但是当风险源的变动幅度不大, 在局部一阶近似已经足够好的情况下. 作为二次模型的一个特例, 我们直接使用一阶近似来描述资产价格的变动. 这种模型也被称为一阶模型. 典型的适用一阶模型的资产如指数期货、收益率曲线小幅变动之下的债券等.

3.3.3 蒙特卡罗模拟

无论是上述哪一种历史模拟法, 均假设资产明天的价格等于今天资产的价格乘以过去某连续两天的资产价格比 (可以经过调整). 这种计算方式对股票是合理的, 但是对于衍生品, 特别是期权类的非线性产品, 这种直接算比值的方法误差会非常大①. 因此, 对于非线性产品, 计算的时候我们会将标的资产的运动用诸如历史模拟法这种方式进行模拟, 然后基于模拟的标的资产价格计算衍生品的价格, 从而获得资产组合在下一期的模拟价值. 由此我们就可以计算损失分布, 然后就可以获得 VaR 的估计. 我们将这种方式称为 "普通的蒙特卡罗模拟" 方法.

在这种模拟方法中, 最消耗时间的步骤, 是根据模拟的标的价格计算模拟的衍生品价格. 对于欧式期权的价格, 我们很容易使用 Black-Scholes 模型直接计算其价格. 但是绝大部分衍生品并没有解析定价公式 (explicit pricing formula), 而是需要使用诸如递归、模拟等数值计算手段, 这些手段的速度往往很慢. 对于大规模的资产组合, 这种时间消耗往往是不能忍受的. 因此, 我们需要找办法绕过资产定价的过程. 上面介绍的二阶模型就是一种绕过定价过程的基本办法. 我们称这种基于二次模型的蒙特卡罗模拟为 "加速的蒙特卡罗模拟" 方法.

我们用下面这个例子来对普通和加速蒙特卡罗模拟进行示例. 假设当前股票价格为每股 100 元, 60 天无风险利率 r 为年化 3%, 股票收益率波动率 σ 为年化 20%. 我们持有的资产为股票 1 手② (用以模拟线性资产) 以及对应 1000 手股票的行权价 110 元、到期日 60 天的欧式看涨期权 (用于模拟非线性资产). 我们使用模拟方法计算该组合 10 天的置信度 99% 的 VaR.

当前的资产价值见表 3.13.

表 3.13 资产组合概况

资产	数量	单价	总价
股票	100	100	10000
期权	100000	0.5653	56530
合计			66530

股票价格假设服从几何布朗运动, 从而我们可以使用下面的式子模拟明天的股票价格:

$$S_i = S_0 \exp\left[\left(r - \frac{\sigma^2}{2}\right)\Delta t + \sigma\sqrt{\Delta t} z_i\right] \tag{3.1}$$

其中 z_i 是服从标准正态分布的第 i 次抽样的随机数③. S_0 是股票今天的价格, S_i

① 可以设想这样一种情况, 假定其他因素都不变, 标的资产在单位时间内变动的幅度也都一样. 由于期权的 Delta 在临近到期时会明显变化, 远离到期时间的期权价格变动幅度不能作为临近到期时期权价格变动幅度的抽样.

② 1 手股票 = 100 股股票.

③ 如果使用 Excel 生成正态随机数的话, 可以使用如下公式 Norm.s.inv(rand()).

是模拟的 10 天后股票价格. 由于我们计算的是 10 天之后的情形, 波动率和无风险利率都是以年化方式回报, 假设一年为 365 天, 则 $\Delta t = 10/365$.

1. 普通的蒙特卡罗模拟

计算 VaR 的时候经由如下步骤, 对于第 i 次模拟:

(1) 取随机数 z_i, 使用公式 (3.1) 计算模拟价格 S_i.

(2) 针对模拟价格 S_i 计算期权头寸的价格 $C_i = C(S_i, K, 50)$. 这里 $C(\cdot)$ 是 Black-Scholes 定价公式给出的期权价格, 因为是 10 天以后, 所以到期时间在那个时点上就只有 50 天了.

(3) 计算头寸的损失 $L(i) = 100(S_0 - S_i) + 100000(0.5653 - C_i)$.

在示例的参数之下, 我们做 1000 次模拟, 结果列在表 3.14 中. 其中期权价格我们借助了 Black-Scholes 公式. 获得 1000 个损失值之后, 我们取其 99% 分位数作为所需要的 VaR.

表 3.14　1000 次模拟结果

i	z_i	S_i	C_i	L_i
1	−0.7131	100.69	0.493	7203
2	−0.8394	97.29	0.176	39201
3	−0.0853	99.75	0.378	18758
⋮	⋮	⋮	⋮	⋮
998	−0.3884	98.75	0.281	28561
999	−0.5910	98.09	0.229	33862
1000	1.6075	105.49	1.550	−99065

2. 加速的蒙特卡罗模拟

对于加速算法, 我们首先需要分析影响组合价值变动的因素. 我们的组合里面有股票和该股票的期权, 所以股票自然是一个重要的影响因素. 除此之外, 如果组合的时间价值比较大, 还需要考虑时间变动带来的影响. 比如我们这个例子里面, (每一份) 期权价格相对时间的导数 (Theta) 为 −5.935, 即存续期减少 10 天, 期权的价格应该变化 $-5.935 \times 10/365 = -0.1626$. 对比当前期权价格 0.5653, 这个效应很难被忽略. 因此, 这个例子中, 在二次模型的基础上我们还需要考虑时间效应. 总结起来, 组合价值的变动应该表示为

$$\Delta P_i = \frac{\partial P}{\partial t}\Delta t + \frac{\partial P}{\partial S}\Delta S_i + \frac{1}{2}\frac{\partial^2 P}{\partial S^2}\Delta S_i^2 \tag{3.2}$$

由衍生品的相关知识, 我们借助 Black-Scholes 公式结果计算欧式期权关于价格的一阶导数 (Delta)、二阶导数 (Gamma) 和关于时间的一阶导数 Theta. 股票价

值除了对股价做一比一的反映以外并没有到期时间的概念, 因此 Delta 和 Theta 都为 0. 由于求导是线性运算, 我们可以计算组合的相应值, 结果列在表 3.15 中.

表 3.15 组合的敏感性表

资产	Theta	Delta	Gamma	头寸
期权	−5.9343	0.1414	0.0276	100000
股票	0	1	0	100
组合	−593434	14240.59	2763.538	

基于表 3.15 计算 VaR 可经由如下步骤, 对于第 i 次模拟:

(1) 取随机数 z_i, 使用公式 (3.1) 计算模拟价格 S_i.

(2) 针对模拟价格 S_i 计算价格变动 $S_i - S_0$. 同时展望期为 10 天意味着 $\Delta t = 10/365$.

(3) 使用公式 (3.2) 计算头寸的损失 $L(i) = -\Delta P_i$.

使用普通蒙特卡罗模拟用过的随机数, 我们重复那 1000 次模拟, 见表 3.16.

表 3.16 重复 1000 次模拟结果

i	z_i	S_i	ΔS_i	Delta	Gamma	Theta	模拟损失
1	−0.7131	100.69	0.69	14240.59	2763.54	−593434	5855
2	−0.8394	97.29	−2.71	14240.59	2763.54	−593434	44728
3	−0.0853	99.75	−0.25	14240.59	2763.54	−593434	19797
⋮	⋮	⋮	⋮	⋮	⋮	⋮	⋮
998	−0.3884	98.75	−1.25	14240.59	2763.54	−593434	31905
999	−0.5910	98.09	−1.91	14240.59	2763.54	−593434	38422
1000	1.6075	105.49	5.49	14240.59	2763.54	−593434	−103708

同样地, 在获得 1000 个损失值之后, 我们取其 99% 分位数作为所需要的 VaR.

熟悉期权希腊字母的读者可能会觉得, 这种计算方式比用 Black-Scholes 公式更复杂. 毕竟希腊字母的计算有时候比计算期权价格更麻烦. 但是需要提醒注意的是, 这里计算的所有导数的值, 均是代入当前时刻的变量, 而不是展望期结束时刻的变量. 和展望期末股价模拟值跟着随机数不停变动不同, 当前的股价只有一个确定值. 这意味着, 不管我们做多少次模拟, 这些导数仅需要计算一次! 而普通的蒙特卡罗模拟每次模拟损失的计算都需要 Black-Scholes 公式, 当模拟的规模加大或者定价并不像 Black-Scholes 公式这么简单直接的时候, 加速算法的时间优势会表现得特别明显.

3.3.4 其他方法

1. 基于 GARCH 模型的参数与半参数方法

在基本工具一节中, 我们介绍了估计波动率的 GARCH 模型, 由于损失是收益的相反数, 同样的结构也适用于建模损失 x_t. 我们定义 $l_t = x_t/x_{t-1}$, 对应收益率, 我们称其为"损失率".

$$l_t = \mu_t + \epsilon_t$$
$$h_t = \omega + \sum_{i=1}^{p} \beta_i h_{t-i} + \sum_{j=1}^{q} \alpha_j \epsilon_{t-j}^2$$
$$\epsilon_t = \sqrt{h_t} z_t$$
$$z_t \sim \text{i.i.d.} F(0,1)$$

其中 $F(0,1)$ 表示一个均值为 0、方差为 1 的分布[①]. 注意到均值方程实际上已经在对分布进行建模了, 而我们的计算 VaR 要的就是这个分布. 为此我们只需要知道 F 的分位点. 这个分位点可以由两种方式获得.

1) 参数方法

参数方法是对分布做出假设 (比如假设为标准正态分布等), 从而直接获得其分位点的方法. 例如, 在已知 F 的分布之下, 一天的 α 水平的损失率 VaR 为

$$L_\alpha = \mu_t + \sqrt{h_t} F_\alpha^{-1}$$

如果需要计算资产价值损失本身的 VaR, 可以用 $x_T L_\alpha$ 来估计.

2) 半参数方法

半参数方法顾名思义就是在估计 VaR 的过程中部分使用不依赖于参数化分布的方法. 这种方法的提出源于我们对损失率分布的观察. 前面提到过, 损失率分布并不是正态分布, 使用其他参数化分布虽然能部分解决分布非正态的问题, 但是仍然有其局限性. 一个更直接的办法是让数据说话, 即直接使用模型估计过程中产生的 $\{z_t | t = 1, 2, \cdots, T\}$ 作为样本计算其样本分位点. 其基本流程如下.

(1) 基于历史数据估计 GARCH 模型, 并基于估计参数获得 z_t 的历史值序列. 由于 GARCH 模型的估计并不依赖于正态分布, 其拟最大似然估计方法 (QMLE) 对于 z_t 不服从正态分布的情况仍然适用. 参数仍然有一致性. 因此我们可以认为 z_t 序列就是从标准化分布 F 中抽取的一个样本.

(2) 将 $\{z_t\}_{t=1}^{T}$ 进行排序

$$z_{(1)} \leqslant z_{(2)} \leqslant \cdots \leqslant z_T$$

---

① 关于 $F(0,1)$ 这个分布函数, 我们可以假设其服从某个已知分布, 也可以用估计出来的残差模拟其分布函数. 不同的方式导致 VaR 计算的时候分为了参数方法和半参数方法.

(3) 其经验分位点为

$$\hat{F}_\alpha^{-1} = z_{([\alpha T])}$$

其中 $[x]$ 表示不大于 x 的最大整数, 即向下取整.

(4) 将分位点插入参数方法的 VaR 表达式中, 即成

$$L_\alpha = \mu_t + \sqrt{h_t}\hat{F}_\alpha^{-1}$$

计算资产价值损失本身的 VaR, 可以用 $x_T L_\alpha$ 来估计.

2. Copula 的应用: WCDR 的估计

贷款打包是资产证券化的初级形态. 一般而言, 资产池内各个贷款之间总会有一定的相关性, 即便是努力分散化的资产池, 其资产还是共同暴露在宏观经济风险之中. 这种相关性会通过不同贷款共同违约来体现, 而建模这种相关性, 就成了资产池违约损失估算的核心问题.

相关性建模有一个基础问题称为"维数诅咒". n 个资产的相关系数矩阵的参数是 n^2 量级的, 随着资产池的扩大, 参数数量会急剧增加. 考虑到贷款可能不都是活跃交易的, 数据本身颗粒度又差①, 必须要极大地简化模型才能实现估计. 这里介绍一种基于正态 Copula 的因子模型.

在因子模型中, 资产 i 的违约时间 T_i 被 1-1 映射到一个新的随机变量 U_i 上, 而这个新变量满足如下表达式:

$$U_i = a_i F + \sqrt{1 - a_i^2} Z_i$$

其中 F 是公共因子, Z_i 是资产 i 的特质性成分, 两个因子互相独立. 在正态 Copula 框架中, 这两个因子都被假设为标准正态分布. 可见在这种结构下, U_i 和 U_j 的相关系数是 $a_i a_j$. 相比使用 $n(n+1)/2$ 个参数的原始相关矩阵, 因子模型的参数个数为 n.

对于资产 i 而言, 我们可以从统计数据中估计出这一类型的贷款违约时间的分布函数 Q_i, 并使用这个函数对违约时间 T 进行概率积分变换得到 $Q_i(T)$. 注意到这里的 $Q_i(T)$ 是 [0,1] 均匀分布, 而因子模型需要的是正态分布, 我们可以用如下转换来定义 U_i:

$$U_i = \Phi^{-1}(Q_i(T))$$

其中 $\Phi(x)$ 是标准正态分布的分布函数.

如果在时刻 T 组合出现违约情况, 就意味着 $T_i < T$, 从而有

① 数据颗粒度差的意思是指, 信息的精细程度不够. 比如我们很难获得具体每笔贷款每天的价值变动, 只能大概知道整个组合一段时间有几笔贷款出问题了.

$$P(T_i < T|F) = P(U_i < U|F) = \Phi\left[\frac{\Phi^{-1}(Q_i(T)) - a_i F}{\sqrt{1-a_i^2}}\right]$$

如果我们假设资产池中的贷款有同样的违约时间分布 $Q(T)$, 并且不同贷款之间的违约相关性都一样, 即 $a_i^2 = \rho$. 上面的式子可以化简为

$$P(T_i < T|F) = \Phi\left[\frac{\Phi^{-1}(Q(T)) - \sqrt{\rho}F}{\sqrt{1-\rho}}\right]$$

对于大的组合来说, 这个概率可以很好地近似组合中违约贷款的比例. 一般来说 ρ 都是正的, F 越小, 这个概率越大. 因此我们可以定义 F 的最差情况为满足下面式子的 F:

$$P(F \geqslant \Phi^{-1}(\alpha)) = 1 - \alpha$$

其中 α 是我们计算 VaR 的时候说的置信度, 也就是说公共因子 F 接近最糟糕的 5% 情况的时候, 我们计算出来的违约概率, 应该比 95% 的违约概率都要大. 这个违约概率, 我们称为最差情况违约概率 (worst case default rate, WCDR):

$$\text{WCDR}(T,\alpha) = \Phi\left[\frac{\Phi^{-1}(Q(T)) + \sqrt{\rho}\Phi^{-1}(\alpha)}{\sqrt{1-\rho}}\right]$$

这里的 $Q(T)$ 可以看成单笔贷款在 T 时刻之前 (含) 违约的概率, 即 T 期违约概率.

进一步, 我们可以通过历史数据估计每 1 块钱贷款, 如果违约能够收回多少, 这个数字被称为回收率 R. 从而一旦发生损失, 总额 L 的资产池, 其损失 (LGD) 为 $L(1-R)$. 结合上面的损失概率, 对于本金为 L、回收率 R 的资产池, 其 VaR 估计为

$$\text{VaR}(T,\alpha) = L(1-R) \times \text{WCDR}(T,\alpha)$$

顺便提一句, 在华尔街, 正态 Copula 被广泛应用于 CDO 定价. 2008 年次贷危机过程中, 缺乏尾部相关性的正态 Copula 严重低估了资产池中不同资产的相关性, 导致相关产品的价格被模型严重高估. 这个过分乐观的估计也使得市场在崩溃的时候无所适从, 因为按照模型的估算, 产品明明还有一定的价值. 基于此, 美国《连线》杂志曾经刊文指责正态 Copula 是危机的元凶. 这里我们无意批判这种 "马后炮" 式的大聪明行为, 但有必要思考为什么正态 Copula 被选为标准模型? 一个显而易见的理由是, 这个方法本身通俗易懂且计算简便, 对资产池内产品的个数不敏感等①. 作为一个模型风险的经典案例, 这个例子我们在本书第 9 章讨论模型风险的章节会再次分析到.

① 另一个深层的原因, 可能是因为正态 Copula 算出来的价格忽视了尾部相关性, 从而更 "好看". 对于投行来说, 卖价更高当然是乐意的, 况且这个价格背后还有个 "严谨的数学模型" 支持.

例题 3.5　假设某贷款组合中每笔贷款 100 万元, 共计 100 笔, 单笔违约时间为 0 到 50 年的均匀分布, 单笔回收率为 30%, 不同贷款之间的相关性为 0.1, 请计算 0.5 年展望期、99% 置信水平下的 VaR.

代入上面的公式可以得到

$$\begin{aligned}\mathrm{WCDR}(0.5, 99\%) &= \Phi\left[\frac{\Phi^{-1}(Q(0.5)) + \sqrt{0.1}\Phi^{-1}(0.99)}{\sqrt{1-0.1}}\right] \\ &= \Phi\left[\frac{-2.3263 + \sqrt{0.1} \times 2.3263}{\sqrt{0.9}}\right] = 0.0468\end{aligned}$$

其中 $Q(T)$ 是 $[0,1]$ 均匀分布的分布函数, $Q(0.5) = 0.5/50 = 0.01$, $\Phi^{-1}(\cdot)$ 是标准正态分布的分布函数.

再结合回收率 30% 可以计算

$$\mathrm{VaR}(0.5, 99\%) = 100 \times 100 \times (1 - 30\%) \times 0.0468 = 327.60\ (\text{万元})$$

3.4　风险价值的评价方法

风险价值计算最终给出的数值是否合理是一个重要的问题. 在实际应用过程中, 我们有两种方式来确定计算方法的合理性. 一种方式是在建模的过程中人为将样本分为两个不同的区间, 用一部分样本估计模型参数, 并用另一部分样本进行伪样本外测试. 另一种方式是在之后的交易日中持续跟踪模型的表现. 我们下面讲的是前一种方法, 后一种方法可以借鉴质量控制相关的方法. 伪样本外测试也有两种不同的方式, 一种称为滚动窗口方式 (rolling), 另一种称为扩展窗口方式 (expending), 其基本流程为:

(1) 选定估计参数的样本 $\{r_1, \cdots, r_M\}$, 基于此样本估计模型参数, 预测 $M+1$ 天的 VaR_{M+1}.

(2) 抽样计算 VaR_{M+2},

(2a) (滚动窗口) 保持用于估计的样本长度不变, 向前移动估计窗口一天至 $\{r_2, \cdots, r_{M+1}\}$, 基于此样本估计模型参数, 预测 $M+2$ 天的 VaR_{M+2}.

(2b) (固定窗口) 保持用于估计的样本起点, 终点向前移动估计窗口一天: $\{r_1, \cdots, r_{M+1}\}$, 基于此样本估计模型参数, 预测 $M+2$ 天的 VaR_{M+2}.

(3) 重复 (2) 直到穷尽样本.

3.4.1　回测 (backtesting) 检验

VaR 本身是一个分位数的概念, 因此 VaR 是否可靠可以看 VaR 是否真的是给定显著性水平之下的分位数. Kupiec 检验用的就是这种思路: 如果 VaR_α 是合理的, 那么实际数据中损失超过 VaR 的概率应该为 $1-\alpha$. 为此, 我们构造变量 $V_i = I_{\{x_i \geqslant \mathrm{VaR}_i\}}$, 其中 VaR_i 是第 i 个样本外预测的 VaR, x_i 为该 VaR 对应的实际损失. 按照定义, V_i 服从两点分布. 如果 VaR 合理, V_i 取 1 的概率应该为 $1-\alpha$.

由此, 可以引入统计上常用的对数似然比 (LR) 检验解决这个问题. 特别地, 我们假设样本外数据一共有 N 个, $\sum V_i = N_1$, 则

$$\mathrm{LR} = 2\left(N_1 \ln\left(\frac{N_1}{N(1-\alpha)}\right) + (N-N_1)\ln\left(\frac{N-N_1}{N\alpha}\right)\right) \sim \chi^2(1)$$

检验的原假设为 VaR 为损失分布的 $1-\alpha$ 分位点. 如果拒绝原假设, 即意味着 VaR 给出的分位点和其声称的分位点有统计显著的差异. 并不能保证损失不超过 VaR 的概率为 α. 注意到这个检验是一个 "双边" 检验, 拒绝原假设并不意味着 VaR 低估了, 也有可能是高估. 我们知道 VaR 低估意味着公司对自身的风险状况估计不足, 那是不是 VaR 高估就没有问题呢? 答案是否定的, 因为 VaR 直接影响到金融机构被要求持有的风险准备金水平, 过高的估计 VaR 会导致金融机构保有过高的风险准备金. 这将增加金融机构的运营成本, 并限制其业务开展. 一个好的 VaR 估计应该是不高不低, 恰到好处.

例题 3.6 假设样本区间 N 为 1000 天, 置信水平 α 为 99%, 实际数据中损失超过 VaR 的天数 N_1 为 13 天和 20 天时, 分别进行 VaR 的回测检验.

当 N_1 为 13 天时, 计算可得

$$\begin{aligned}\mathrm{LR} &= 2\left(13 \times \ln\left(\frac{13}{1000 \times 0.01}\right) + (1000-13) \times \ln\left(\frac{1000-13}{1000 \times 0.99}\right)\right) \\ &= 0.8306 < \chi^2_{0.99}(1) = 6.6349\end{aligned}$$

由于 LR 远低于 $\chi^2(1)$ 在 1% 显著性水平下的临界值, 因此无法拒绝原假设, 可以认为 VaR 可靠.

当 N_1 为 20 天时, 计算可得

$$\begin{aligned}\mathrm{LR} &= 2\left(20 \times \ln\left(\frac{20}{1000 \times 0.01}\right) + (1000-20) \times \ln\left(\frac{1000-20}{1000 \times 0.99}\right)\right) \\ &= 7.8272 > \chi^2_{0.99}(1) = 6.6349\end{aligned}$$

由于 LR 高于 $\chi^2(1)$ 在 1% 显著性水平下的临界值, 因此拒绝原假设, 可以认为 VaR 不可靠, 不能保证损失不超过 VaR 的概率为 99%.

在 N=1000 天的时间窗口中, 理论上实际亏损超过 VaR 的天数应在 1000×1% =10 天左右, 由图 3.11 可得, 当 $N_1 \leqslant 3$ 和 $N_1 \geqslant 20$ 时, Kupiec 检验都会拒绝原假设, 分别对应 VaR 高估和低估的情况.

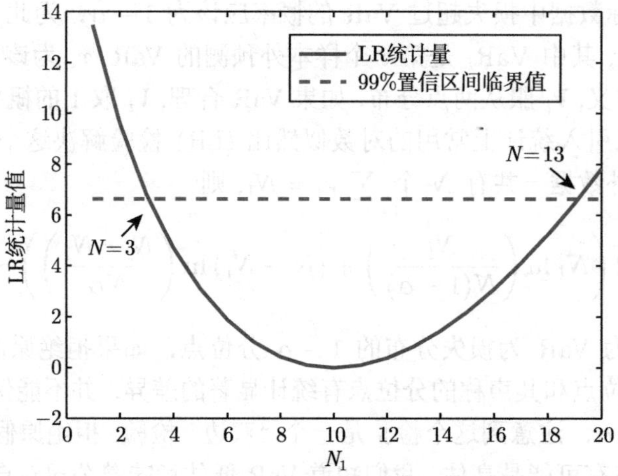

图 3.11 不同实际损失天数下的 LR 统计量

3.4.2 覆盖 (coverage) 检验

回测检验只是验证了 VaR 是否为一个合理的分位数, 但是并不能区分如下两种情况. 假设我们的样本外部分一共有 100 个数据点, 我们现在测试的是 95% 显著性水平, 两种估计方法都给出了 $N_1/N = 0.95$ (也就是说都完美地通过了回测), 但是方法一中损失超过 VaR 的情况发生得特别集中, 而方法二中损失超过 VaR 的情况发生得比较分散. 这时候两种方法如何选择? 回测检验并不能提供指导. 从应用的角度上讲, 既然损失超过 VaR 是小概率事件, 一旦发生就意味着金融机构将面临危机. 我们自然不希望作为报警器的 VaR“持续失灵”, 否则金融机构有可能会面临一连串的危机事件. 翻译为数学语言, 我们希望的是 $P(L_t > \text{VaR}|L_{t-1} > \text{VaR}) = P(L_t > \text{VaR}|L_{t-1} \leqslant \text{VaR})$, 也就是说, 不管现在是不是出现危机状况, 未来出现危机状况的概率不应该有不同.

为了解决这个问题, Christofferson (1998) 提出了一对覆盖检验: 无条件覆盖 (unconditional coverage) 检验和条件覆盖 (conditional coverage) 检验. 前者检验的是 VaR 是否为合理的分位数, 使用的方法就是上述的回测检验. 后者则考虑的是条件在当前的状态之下, 未来损失超过 VaR 的概率是否相等.

假设样本外数据一共有 N 个:

(1) 损失超过对应 VaR 的样本数为 N_1, 因此 $P(x_i \geqslant \text{VaR}_i)$ 的估计为 $\hat{p}_1 = N_1/N$.

(2) 本期损失未超过对应 VaR 的前提下, 下一期损失超过 VaR 的样本数为 N_{01}, 因此 $P(x_{i+1} \geqslant \text{VaR}_{i+1}|x_i \leqslant \text{VaR}_i)$ 的估计为 $\hat{p}_{01} = N_{01}/(N - N_1)$.

(3) 本期损失超过对应 VaR 的前提下, 下一期损失超过 VaR 的样本数为 N_{11},

因此 $P(x_{i+1} \geqslant \text{VaR}_{i+1}|x_i \geqslant \text{VaR}_i)$ 的估计为 $\hat{p}_{11} = N_{11}/N_1$.

条件覆盖检验的原假设就是要检验 (2) 和 (3) 这两个概率是不是相等. 同样使用 LR 检验, 可以构造如下检验统计量

$$\begin{aligned}\text{LR} = & \ 2\left(\ln\left[(1-\hat{p}_{11})^{N_1-N_{11}}\hat{p}_{11}^{N_{11}}\right] + \ln\left[(1-\hat{p}_{01})^{N-N_1-N_{01}}\hat{p}_{01}^{N_{01}}\right]\right. \\ & \left. - \ln\left[(1-\hat{p}_1)^{N-N_1}\hat{p}_1^{N_1}\right]\right) \sim \chi^2(1)\end{aligned}$$

如果拒绝原假设, 意味着损失超过 VaR 的概率与前一期损失是否超过 VaR 并不独立①.

例题 3.7 假设样本区间 N 为 1000 天, 置信水平 α 为 99%, 实际数据中损失超过 VaR 的天数 N_1 为 13 天, 连续发生损失超过 VaR 的天数 N_{11} 为 1 天和 3 天时, 分别进行 VaR 的覆盖检验.

当 N_{11} 为 1 天时, $N = 1000$, $N_1 = 13$, $N_0 = 987$, $N_{11} = 1$, $N_{01} = 12$, 因此 $\hat{p}_1 = 0.013$, $\hat{p}_{01} = 0.0122$, $\hat{p}_{11} = 0.0769$, 计算可得

$$\begin{aligned}\text{LR} = & \ 2(\ln[(1-0.0769)^{12}0.0769] + \ln[(1-0.0122)^{975}0.0122^{12}] \\ & - \ln[(1-0.013)^{987}0.013^{13}]) \\ = & \ 2.0043 < \chi^2(1) = 6.6349\end{aligned}$$

由于 LR 远低于 $\chi^2(1)$ 在 1% 显著性水平下的临界值, 因此无法拒绝原假设, 可以认为未来损失超过 VaR 的概率与前一期损失是否超过 VaR 独立, 即该 VaR 序列通过了条件覆盖检验. 结合例题 3.6, 该 VaR 序列也通过了无条件覆盖检验.

3.4.3 基于损失函数的检验

损失函数是预测评价中经常使用的一种工具, 其定义了对预测偏差的惩罚力度. 我们只需要比较损失函数的大小, 就可以知道不同预测之间的相对好坏. 举个简单的例子, 如果我们想预测一个数据 $\{x_t|t = 1, 2, \cdots, T\}$, 手头有两个预测模型生成的序列 $\{x_t^{(j)}|t = 1, 2, \cdots, T, j = 1, 2\}$, 其中上标 j 表示模型 j 产生的预测序列. 以下两种损失函数都可以用来做比较:

$$\text{MAE}_j = \frac{1}{T}\sum |x_t - x_t^{(j)}|$$

---

① 需要提醒的是, 条件覆盖检验的原假设并不是"未来损失超过 VaR 的概率相等且等于预设值", 后者对应的统计量为

$$\text{LR} = 2\left(\ln\left[(1-\hat{p}_{11})^{N_1-N_{11}}\hat{p}_{11}^{N_{11}}\right] + \ln\left[(1-\hat{p}_{01})^{N-N_1-N_{01}}\hat{p}_{01}^{N_{01}}\right] - \ln\left[(1-\alpha)^{N_1}\alpha^{N-N_1}\right]\right) \sim \chi^2(2)$$

其在原假设成立的情况下服从自由度为 2 的卡方分布. 这个检验也被称为条件覆盖混合检验 (conditional coverage mixed test).

$$\mathrm{MSE}_j = \frac{1}{T}\sum (x_t - x_t^{(j)})^2$$

两者的主要区别在于对异常值的反映敏感性不同, 如果预测误差中有异常值出现 (很大的误差), 一般建议使用平均绝对误差 (MAE), 慎用均方误差 (MSE). 后者容易受到个别异常值的干扰, 提供有误导性的结果.

上述两种损失函数并不能直接应用于 VaR 预测的评价, 原因在于 VaR 预测的并不是损失本身, 而是损失的分位数. 针对这种预测使用的损失函数一般称为 Tick 损失函数, 其定义为

$$\mathrm{Tick}_j = \frac{1}{T}\sum_t (\alpha - I_{\{x_t<\mathrm{VaR}_{t,\alpha}^{(j)}\}})(x_t - \mathrm{VaR}_{t,\alpha}^{(j)})$$

其中 α 是 VaR 的显著性水平, x_t 是资产的真实损失①. Tick 损失函数越小, 表示 VaR 的预测精度越高. 如果需要进一步比较精度差别是否有统计显著性, 常用的方法是使用 Diebold-Mariano (DM) 统计量做检验. 如果两个预测精度相同, 那么它们的损失函数应该相等, 而损失函数本身是一个样本均值的概念, 因此预测精度是否相同就变成了检验 "两个预测序列逐点损失函数的差值是否为零均值" 的问题. 如果我们对同一个序列 $\{x_t\}$ 有两个不同的 VaR 预测序列 $\{\mathrm{VaR}_{t,\alpha}^{(1)}\}$ 和 $\{\mathrm{VaR}_{t,\alpha}^{(2)}\}$, 检验可以通过以下步骤完成:

(1) 分别计算两预测序列的逐点损失函数, 即 $l_t^{(j)} = (\alpha - I_{\{x_t<\mathrm{VaR}_{t,\alpha}^{(j)}\}})(x_t - \mathrm{VaR}_{t,\alpha}^{(j)})$.

(2) 计算逐点损失函数的差值序列 $e_t = l_t^{(1)} - l_t^{(2)}$.

(3) 计算 $\{e_t\}$ 的长期方差, 其定义为

$$\mathrm{LRV}_e = \gamma_0 + 2\sum_{k=1}^{h}\left(1 - \frac{k}{1+h}\right)\gamma_k$$

其中 γ_k 是差值序列的 k 阶自协方差系数 $\mathrm{Cov}(e_t, e_{t-k})$, h 是估计的带宽参数, Andrews (1991) 给出过一个确定 h 的方法: $\hat{h} = 1.1447 \times \left(\frac{4\hat{\rho}}{(1-\hat{\rho})(1+\hat{\rho})}\right)^{2/3} T^{1/3}$, 其中 $\hat{\rho} = \mathrm{Cov}(e_t, e_{t-1})/\mathrm{Var}(e_t)$. 这个最优带宽值并不是整数, 使用的时候需要取整处理②.

① Tick 损失函数的设定源于计量方法中的分位数回归方法, 随机变量 Y 的分位数 u 可以通过最小化如下目标函数得到 $\min_u E(|y(u - I_{\{y<0\}})|)$.

② 至于是向上还是向下, 理论上并没有指导, 建议两种都做一下实验.

(4) 计算 DM 统计量, 并对比标准正态分布的分位点

$$\mathrm{DM} = \frac{\left(\sum e_t\right)/T}{\sqrt{\mathrm{LRV}_e/T}} \sim N(0,1)$$

如果 DM 统计量显著且为正 (负) 数, 则意味着模型 1 给出的预测统计上显著地优 (劣) 于模型 2 给出的预测.

如果觉得计算长期方差麻烦, 在任何一个支持回归分析计算异方差和序列相关 (HAC) 稳健标准误的软件中估计如下模型:

$$e_t = d + \epsilon_t$$

DM 统计量的值就是以 HAC 稳健标准误计算的 d 的 t 值, 统计量的显著性等价于回归常数项的显著性①. 这里 HAC 稳健标准误需要的滞后阶可参考第 3 步里面的最优带宽处理, 或者使用预测文献常用的经验法则, 针对向前 k 步预测, 带宽可以选择 $\max(3, 2k)$. 针对两个模型的比较, 目前比较主流的方式是使用模型置信集 (model confidence set, MCS) 的方式. 这种方法会给出一个模型组, 这个组内的模型比没有纳入的模型预测能力显著得好, 但是组内模型之间预测能力没有显著差异. 具体的做法因为篇幅限制就不展开了.

思 考 题

1. 回顾正文经济资本例子中的银行, 如果某一年发放贷款的时候不够谨慎, 预期尾部损失 (ES) 上升到贷款余额的 2%, 99.9% VaR 上升到贷款余额的 7%, 存贷利差降低到 2%, 请重新计算该银行的 RAROC.

2. 假设一天的市场风险损失服从正态分布, 均值为 0 万元, 标准差为 1000 万元, 用简单扩增的办法计算一年的 99.5% VaR. 假设损失的一阶自相关系数为 0.5 时重新计算该 VaR, 并比较两个结果的差异.

3. 我们假设某个银行有两条业务线, 每条业务线涉及三种风险, 其经济资本估算如下. 相关性设定为: 同一业务线内, 市场风险和操作风险相关系数为 0.5, 信用风险和其他两类风险的相关系数为 0.2. 不同业务线之间, 同为市场风险的相关系数为 0.4, 同为信用风险的相关系数为 0.6, 其他情况相关系数均为 0. 请据此使用混合方法计算该银行的经济资本.

风险类型	业务线	
	1	2
市场风险	25	30
信用风险	70	60
操作风险	40	90

① 以常见的 STATA 命令为例, 这个命令可以写成 neweye, lag(optlag). 这个 optlag 按照正文的方式算好后填入即可.

4. 接上题, 若业务线 1 增加 1% 的规模, 其经济资本按顺序变为 (25.3, 70.7, 40.4), 若业务线 2 增加 1% 的规模, 其经济资本按顺序变为 (30.3, 60.6, 90.9). 使用欧拉定理估算如何将上一题计算的风险资本金分配给两条业务线. (提示: 先计算在两种情况下银行经济资本的增量. 由欧拉定理的公式, 资本金分配量为总体经济资本增量除以业务线规模增长率.)

5. 假设 GARCH 模型估计的结果为 $\omega = 4\times 10^{-6}$, $\beta = 0.95$, $\alpha = 0.03$. 请计算该模型的长期方差 (无条件方差). 如果当前的波动率水平 ($\sqrt{h_{t+1}}$) 为 1.6%, 向前 20 天之后的波动率水平是多少 (以期望、方差、开根号计算)?

6. 假设 ϵ_t 服从正态分布, 计算 EGARCH(1, 1, 1) 模型和 GJR(1, 1, 1) 模型的 1, 2, 3 步向前预测公式. 体会线性模型和对数线性模型在预测上的区别.

7. 从公开市场数据中获取上证指数过去 1 年的历史数据, 使用 EWMA 方法计算其日波动率. 同时可以再获取过去 1 年的深证指数历史数据, 使用 EWMA 方法计算每天的协方差矩阵.

8. 假设我们基于 500 个历史数据模拟产生了如下排序损失数据. 假设 GPD 使用的截断点 u 为 200. 使用最大似然估计法估计 GDP 分布的参数, 并据此计算该资产的日度 99% VaR 和 ES.

情景	损失	排序	情景	损失	排序
414	616.964	1	267	239.633	11
394	435.930	2	476	231.584	12
415	382.115	3	413	228.084	13
373	275.917	4	376	222.802	14
381	272.206	5	368	220.110	15
353	272.067	6	428	210.085	16
369	261.626	7	374	205.243	17
410	255.966	8	377	187.323	18
240	254.687	9	386	186.354	19
378	245.264	10	336	179.512	20

9. 假设某个期权组合的 Delta 为 15, 标的股票价格为 8 元, 日收益率的波动率为 1.5%, 请估算期权组合每天的 99% VaR. 如果进一步获悉该组合的 Gamma 为 −2, 计算基于二阶展开计算该组合的 μ, σ, S, 并利用 Cornish-Fisher 展开计算该组合的 99% VaR. 比较修正和不修正 S, 计算出来的 VaR 的差别有多大.

10. 使用正文的例子, 在普通历史模拟法中, 如果生成情景的时候, 对每个指数分开抽样而不是作为一个整体一起抽样, 得到的 VaR 是倾向于更大还是更小, 为什么?

11. 某做市商买入了股票 A 的看涨期权 10000 份 (标的价格 20、行权价 22、期限 6 个月、年化波动率 25%), 同时卖出股票 B 的看跌期权 5000 份 (标的价格 35、行权价 30、期限 12 个月、年化波动率 30%), 无风险利率假设为 5%, 无股息, 两只股票相关系数为 0.5. 采用普通蒙特卡罗模拟、加速蒙特卡罗模拟两种方法计算两周展望期的 99% VaR (可以假设股票 A, B 服从各自的几何布朗运动, 其中 $\rho(dW_1, dW_2) = 0.5$).

12. 假设某银行持有 10 亿元的贷款余额, 数据显示每笔还款年违约率为 1%, 违约回收率为 30%, 违约相关性为 0.1. 计算一年期 99.9% 的 WCDR, 并计算对应的 VaR.

第 4 章　国际金融监管概览

伴随着金融一体化和全球化进程的加快, 各地区的金融监管当局逐渐意识到仅仅依赖本地区的金融监管无法有效抑制风险, 也无法为跨境经营的金融机构提供一个公平竞争的环境. 于是, 欧美日等发达经济体的金融监管当局率先行动起来, 组建了国际金融监管合作组织, 制定国际统一的金融监管标准, 防止金融机构通过跨境经营实现监管套利, 为全球金融体系构建统一的监管标准.

4.1　国际金融监管治理框架

2008 年国际金融危机爆发前, 国际金融监管合作机构的成员主要集中在欧美日等发达经济体. 2008 年国际金融危机的爆发, 暴露了发达国家金融体系中脆弱的一面, 也暴露了现代金融监管理论的缺陷, 发达国家为尽快走出危机, 不得不对国际金融监管合作组织及金融治理框架进行调整, 大范围吸收中国、印度等新兴经济体加入国际经济金融合作机构.

4.1.1　G20 主导下金融稳定理事会的成立

2008 年国际金融危机爆发之前, 在全球经济政策的协调与合作方面, 由加拿大、法国、德国、意大利、日本、英国和美国等国家组成的七国集团 (G7) 是国际经济决策的主要机构, "广场协议" 以及东南亚金融救助等都是 G7 的合作成果. 为有效应对亚洲金融危机、维护全球金融稳定, G7 于 1999 年 4 月成立了金融稳定论坛 (Financial Stability Forum, FSF), 成员为 G7 各成员国的央行和金融监管当局以及国际金融组织, 以评估影响全球金融稳定的因素, 并提出稳定金融的建议, 采取相应行动, 促进各成员国金融监管当局间的信息交流与合作.

2008 年国际金融危机爆发之后, 由发达经济体和新兴市场经济体共同成立的二十国集团 (G20) 逐渐取代了 G7, 成为全球经济合作的主要国际合作机构, 新兴市场经济体的话语权也逐渐提升. 在新的国际金融治理模式下, G20 决定对国际金融体系进行一系列的改革, 其中最重要的举措之一就是扩容金融稳定论坛, 吸纳更多新兴市场经济体.

2009 年 4 月, G20 领导人伦敦峰会决定将金融稳定论坛改组为金融稳定理事会 (Financial Stability Board, FSB), 成员经济体扩大到包括中国、印度和巴西等 11 个重要新兴市场经济体在内的 24 个国家或地区, 以及国际清算银行、国际货币基金组织、世界银行、经济合作与发展组织、巴塞尔银行监管委员会等 12 个国际经济金融组织. 扩容后的金融稳定理事会在继承了金融稳定论坛已有权力和责任的基础上, 进一步扩大了职责范围, 逐渐成为引领危机后国际金融监管改革、维护全球金融稳定的主要机构. 金融稳定理事会下设三个常设机构, 分别为脆弱性评估常设委员会、监管合作常设委员会和标准执行常设委员会, 分别负责全球金融体系脆弱性评估、推进金融监管合作以及强化国际标准的实施及其监督.

4.1.2 国际金融监管合作组织

金融稳定理事会作为国际金融监管改革的主要承担者, 将指导和协调巴塞尔银行监管委员会、国际证监会组织和国际保险监督官协会等标准制定机构, 会同国际上两大会计准则制定机构——国际会计准则委员会和美国会计准则委员会, 对国际金融监管规则和会计规则进行全面的修订, 力图通过提高金融审慎监管标准, 提高金融体系的稳健程度, 防止大规模金融危机的再次爆发.

巴塞尔银行监管委员会 (Basel Committee on Banking Supervision, 以下简称巴塞尔委员会) 是国际银行监管合作组织, 其制定的巴塞尔协议 (巴塞尔协议 I、巴塞尔协议 II 和巴塞尔协议 III) 已经成为 G20 领导人承诺实施的国际银行监管标准. 1974 年, 富兰克林国民银行和赫斯塔特银行等金融机构的相继破产, 引起了人们对跨境经营的银行风险及赫斯塔特风险[①]的关注, 也推动了国际银行监管合作组织的成立. 1975 年 2 月, 十国集团 (美国、英国、法国、德国、意大利、日本、荷兰、加拿大、比利时、瑞典) 共同成立了巴塞尔委员会, 成员包括各成员央行和银行监管部门代表. 2008 年国际金融危机爆发后, 为提高巴塞尔委员会各项标准在全球的接受程度, 巴塞尔委员会于 2009 年 3 月决定邀请澳大利亚、巴西、中国、印度、韩国、墨西哥和俄罗斯加入. 随后, 在 G20 的指导下, 巴塞尔委员会于 2009 年 6 月又邀请 G20 中的非巴塞尔委员会成员加入. 至此, 巴塞尔委员会成员包括世界上 27 个主要国家或地区, 发展中国家在其中的话语权也有一定程度的提升. 目前, 巴塞尔委员会已成为全球银行审慎监管标准的主要制定者, 为各成员在银行监管合作提供了平台. 巴塞尔委员会的成员包括各成员的银行监管机构和中央银行, 巴塞尔委员会主席也可以邀请其他机构成为巴塞尔委员会的观察员. 巴塞尔委员会决策委员会 (Group of Governors and Heads of Supervision, GHOS) 是巴塞尔委员会的监督和最高决策机构. 巴塞尔委员会向决策委员会报告工作. 巴塞尔委员会的工作主要由会计专家组、监督与实施组、政策制定组、宏观审慎监管组和巴塞尔咨询组五个组完成, 其中政策制定组负责制定银行监管规则, 监督与实施组负责监测和促进相关规则的实

① 赫斯塔特风险 (Herstatt risk) 是指汇率变化带来的以外币计价的资产价值损失的可能.

施[①]. 巴塞尔委员会的秘书处由国际清算银行提供, 但国际清算银行不对巴塞尔委员会的工作进行干涉.

国际证监会组织 (International Organization of Securities Commissions, IOSCO) 是国际证券监管合作组织, 负责证券市场的国际标准制定并提供协作平台. 与巴塞尔委员会诞生的原因类似, 国际证监会组织成立之初是为了解决跨境证券交易带来的监管、法律等问题, 推动国际证券业的监管合作. 1974 年, 作为美洲内部一个区域性协会的证监会——美洲协会成立, 1984 年 4 月决定将其拓展为国际证监会组织. 截至 2024 年 3 月国际证监会组织的成员来自 131 个国家或地区, 成员覆盖超过全球 95% 的证券市场, 且成员仍在不断增加. 中国证监会于 1995 年加入该组织, 成为其正式会员. 国际证监会组织将 1998 年通过的《证券监管目标和原则》和 2002 年通过的《多边谅解备忘录》分别作为证券市场的国际监管标准和国际合作标准. 国际证监会组织的秘书处于 2001 年由加拿大的蒙特利尔迁到西班牙的马德里. 国际证监会组织的成员包括正式会员、联系会员和附属会员, 仅有正式会员可行使投票权利. 主席委员会是国际证监会组织的最高权力机构, 执行委员会是国际证监会组织的执行机构, 下设技术委员会和新兴市场委员会, 其中技术委员会负责监管发达证券市场、制定监管标准, 新兴市场委员会负责设立原则和最低标准、对成员提供培训等.

国际保险监督官协会 (International Association of Insurance Supervisors, IAIS) 是国际保险监管合作组织. 与巴塞尔委员会和国际证监会组织相比, 成立于 1994 年的该组织较为年轻. 国际保险监督官协会的成员覆盖了全球 97% 的保险业务, 其主要职责包括制定国际保险业监管规则、推动国际保险业监管规则的实施以及为各成员的保险业和监管者提供交流和分享信息的平台, 其目标一是发展和维护公平、安全和稳定的保险市场, 保护投保人的利益, 有序地推进保险业全球一致的有效监管, 二是促进全球金融稳定. 其制定的《保险监管核心原则》(ICPS) 已经成为全球保险业监管的公认框架, 成为评价一国监管体系有效性的标准.《保险监管核心原则》于 2000 年首次发布, 分别在 2003 年和 2011 年进行两次全面修订, 2012 年和 2013 年分别对个别条款进行修订和补充. 2011 年 10 月发布的《保险监管核心原则、标准、指南和评估方法》, 在风险管理、集团监管、资本充足性监管、宏观审慎监管及监管协作等多个方面提出了新的要求, 明确了以偿付能力监管为核心的监管框架各个环节的基本要求. 全体会议是国际保险监督官协会的最高决策机构, 日常工作由执行委员会领导, 执行委员会由不同地区的成员组成, 下设审计及风险、预算、金融稳定、实施和技术五个委员会, 各委员会分别设立工

① 补充一个冷知识, 巴塞尔委员会并没有实质上的监管权力, 其做出的判断也没有实质的法律效力. 其主要工作是为各成员的监管机构提供监管标准和指引, 这些标准和指引经过各成员监管机构结合本地区的实际进行改造后通过立法或者行政规定等方式具体实施.

作组开展相关工作.

4.1.3 世界金融机构

国际货币基金组织与世界银行并称为世界两大金融机构. 在 G20 主导的新的国际金融治理框架中, 仍旧占据相当重要的地位. 在维护金融稳定方面, 国际货币基金组织与世界银行携手开展的金融部门稳定评估 (FSAP) 工作卓见成效, 与金融稳定理事会共同合作, 已达到维护金融稳定的目标. 国际货币基金组织 (International Monetary Fund, IMF) 是根据 1944 年 7 月布雷顿森林会议签订的《国际货币基金组织协定》, 于 1945 年 12 月 27 日在华盛顿成立的处理国际货币事务的全球性组织. 其初始成立时的宗旨是对成员国的汇率政策和贸易情况进行监督, 促进国际货币体系的稳定运行, 确保国际金融体系的有效运作. 进入牙买加体系后, 浮动汇率制的实行及短期资本流动的加快, 加大了国际货币市场的波动, 导致金融危机频发, 国际货币基金组织的工作重点也逐渐向维护金融稳定, 进行危机援助以及危机后的改革转移. 随着新兴市场国家在全球 GDP 的占比不断上升, IMF 的份额和投票权已经不能满足不断变化的全球经济格局, IMF 从 2005 年启动了自身的治理改革, 2008 年国际金融危机的爆发推动了改革的步伐, 2016 年 1 月 27 日, 国际货币基金组织宣布, 《董事会改革修正案》已从 1 月 26 日开始生效. 根据方案, 中国份额占比将从 3.996% 升至 6.394%. 截至 2024 年 3 月, 国际货币基金组织共有 190 个成员国, 最高权力机构是理事会, 由各成员国派正、副理事各一名构成, 各理事单独行使本国的投票权, 投票权的大小由其所缴纳的基金份额决定. 执行董事会是常设决策机构, 由 24 名执行董事组成, 其中 8 名由基金份额最大的前五名和中国、俄罗斯及沙特阿拉伯三个国家任命, 其余 16 名由 16 个选区选举产生.

世界银行 (World Bank) 成立于 1944 年布雷顿森林会议之后, 于 1946 年正式开始运营. 世界银行由国际复兴开发银行、国际开发协会、国际金融公司、多边投资担保机构和解决投资争端国际中心五个成员机构组成, 总部设在美国首都华盛顿. 世界银行最初建立的目标是帮助二战后相关的国家重建, 当前的主要任务仍旧是帮助非洲、亚洲和拉丁美洲等国家克服贫困, 推动经济发展. 理事会是世界银行的最高决策机构, 包括各成员国任命的正、副理事各一名, 理事会推选出一名理事会主席. 日常经营活动由执行董事会开展, 执行董事会成员包括世界银行行长和 25 名执行董事, 除股份最多的美国、日本、英国、法国和德国直接选派外, 中国、俄罗斯和沙特阿拉伯也可单独选派, 其他 17 个执行董事由其他成员国划分的 17 个选区中产生, 各执行董事的投票权由成员国认缴的股本数额决定. 伴随着世界经济格局的变化, 在 G20 主导的新的全球经济治理模式下, 发展中国家的地位不断上升, 从 2008 年 4 月世界银行发展委员会提出第一阶段改革的一揽子计划至 2010 年 4 月世界银行发展委员会春季会议通过的第三阶段改革方案, 实现了发达国家向发展中国家投票权的转移, 这次改革使中国在世界银行的投票权从 2.77% 提高到 4.42%, 成为世界银行第三大股东国. 2018 年, 世界银行增资 130 亿美元, 此次增资后, 中国在世界银行的投票权进一步上升. 截至 2023 年 9 月, 中国在世界银行的投票权为 5.97%, 仅次于美国和日本, 仍位列世界银行第三大股东国.

4.2 国际银行业监管规则: 巴塞尔协议

4.2.1 为什么需要巴塞尔协议

巴塞尔协议, 或者说更广义的国际监管规则并不是自古有之, 而是伴随着金融业的发展和历次重大经济金融危机的血泪教训逐步完善的[①]. 处于竞争中的银行等金融机构往往都倾向于承担更高的风险, 这种行为导致了谨慎的机构在竞争中处于不利地位. 这种对于个体机构而言的优选行为会使得国家的经济状况因金融机构过度的风险承担行为而被置于危险之中. "大而不能倒" 的系统重要性机构如果倒闭, 会导致整个经济承担损失, 并最终需要政府动用公共资源去进行昂贵的救助. 为了避免这种情况, 监管需要迫使金融机构更加谨慎地对待风险, 毕竟金融要服务于经济发展, 而不是威胁经济稳定. 从这个本心出发, 监管的原则要求金融机构通过保有更高的资本金、增加透明度和提升流动性等手段提升他们消化吸收负向经济、金融冲击的能力. 至于为什么需要国际监管规则, 这主要是为了协调各成员的监管尺度, 使得金融机构在参与国际竞争的时候处于一个相对公平的状态.

1988 年, 巴塞尔委员会发布了第一版巴塞尔协议 (巴塞尔协议 I), 首次提出了全球统一的 8% 的资本监管要求; 伴随着金融自由化和一体化进程的加快, 亚洲金融危机爆发之际, 巴塞尔委员会启动了第一版巴塞尔协议的修订工作, 并于 2004 年提出了带有激励相容理念的第二版巴塞尔协议 (巴塞尔协议 II), 确立了巴塞尔协议的三大支柱. 然而, 巴塞尔协议 II 尚未完全实施, 2008 年国际金融危机就全面爆发了, 这也一度引发了国际社会对巴塞尔协议 II 的质疑. 针对 2008 年国际金融危机暴露出的金融体系及监管框架的缺陷, 巴塞尔委员会推出了包含资本充足率、杠杆率、流动性、大额风险敞口及宏观审慎监管在内的第三版巴塞尔协议 (巴塞尔协议 III).

从三版巴塞尔协议的内在关系来看, 巴塞尔协议 III 不是对巴塞尔协议 II 和

---

① 感兴趣的读者可以同时参阅华盛顿信托银行 (Washington Trust Bank) 关于巴塞尔协议 III 推出必要性的简介文章: https://www.watrust.com/downloads/wealth-management/whitepapers/Whitepaper-baseliii.pdf.

巴塞尔协议 I 的全盘否定, 而是针对金融体系暴露的新问题进行的拓展和完善. 从巴塞尔协议 I 到巴塞尔协议 II 再到巴塞尔协议 III, 巴塞尔委员会始终坚持以资本监管为核心, 在巴塞尔协议 II 中为资本充足率的分母, 即“风险加权资产”提供了更为灵活的计算方法, 同时为了防止由于内部模型引入带来的监管套利等问题, 构建了以资本监管、监督检查和信息披露为支柱的基本框架, 巴塞尔协议 III 在维持了该基本框架的基础上, 引入了杠杆率作为资本充足率的补充指标, 同时从流动性和集中度等多方面对巴塞尔协议进行完善. 针对巴塞尔协议 I 和巴塞尔协议 II 中仅关注单家机构风险, 而忽视系统性风险的情况, 提出了宏观审慎监管框架.

4.2.2 巴塞尔协议的适用范围

作为国际银行监管合作机构, 巴塞尔委员会首要关注的是银行的风险. 在巴塞尔协议 I 中, 巴塞尔委员会明确资本监管应适用于包括其从事银行和金融业务的附属机构在内的银行集团. 然而, 伴随着金融自由化进程的加快, 金融体系出现混业经营的趋势, 银行控股公司、金融控股公司等金融集团陆续产生且规模庞大, 如果仅关注银行层面的风险可能会存在监管套利等问题. 因此在巴塞尔协议 II 中, 进一步扩大了巴塞尔协议的适用范围, 将监管范围扩大到银行集团内部不同层次的银行、银行集团以及银行集团的控股公司, 要求银行集团的并表口径应该最大可能地涵盖其从事的所有银行业务和其他相关金融业务. 就是说, 对于银行已经多数持股或控制的银行、证券公司和其他金融企业通常都应该包含在巴塞尔协议的监管并表范围中. 其中, 证券公司是指从事与银行业务受到一样监管的或被视为银行业务的证券业务的企业, 其他金融企业包括从事融资租赁、信用卡发行、资产组合管理、投资咨询、托管和保管以及其他类似于银行业相关业务的企业. 但是, 值得一提的是, 由于保险公司的业务和风险特征与银行存在较大不同, 因此, 巴塞尔协议不适用于保险公司及银行集团的保险子公司. 对于保险公司的监管, 国际上使用另一套监管体系, 本书将在下一节中进行详细的介绍.

巴塞尔协议并非适用于所有的银行集团. 在巴塞尔协议中, 明确指出巴塞尔协议适用于国际活跃银行. 但是, 对于什么是国际活跃银行, 巴塞尔委员会及相关文件中并未给出明确的规定, 仅在巴塞尔委员会组织的定量测算中将并表总资产在 30 亿欧元以上的银行作为单独的一组银行, 视同于国际活跃银行进行考虑. 目前, 国际上对于巴塞尔协议对中小银行的适用性问题也有较大争议. 大部分观点认为, 对业务相对简单、风险相对较小的中小银行来说, 应该适用于更为简单的监管规则, 如果对小银行实施与大银行相同的监管规则, 将迫使小银行不得不追求较高的风险、较高的收益、高流动性的资产以满足监管要求, 且不得不追求规模效应, 这样反而加大了金融体系的同质化风险, 增加了金融体系的不稳定性.

2008 年国际金融危机爆发之前, 巴塞尔协议还只是各成员自愿实施的国际银行监管标准, 不具有任何的法律效力. 在危机后 G20 的治理模式下, G20 领导人韩国首尔峰会通过了巴塞尔协议 III 的相关规则, 并承诺实施, 从而赋予了巴塞尔协议在实施中的硬约束. 根据 G20 峰会的决议和金融稳定理事会的安排, 巴塞尔委员会成立了相关工作组, 定期组织同行评估, 对巴塞尔协议实施进展情况进行跟踪和一致性评价, 并将实施进展和评估结果定期报告 G20 峰会.

4.2.3 第一版巴塞尔协议

20 世纪 70 年代金融全球化的进程中, 跨国银行在全球金融体系中的作用不断上升, 但此时缺乏国际统一的监管规则, 对跨国银行进行统一监管. 1974 年, 德国赫斯塔特银行和美国富兰克林国民银行相继倒闭, 引起了各成员监管当局的重视, 同年底, 十国集团的央行行长在瑞士巴塞尔成立了巴塞尔委员会. 1975 年 9 月, 巴塞尔委员会发布《库克协议》, 提出了跨国银行监管的国际准则, 迈出巴塞尔委员会协调国际金融监管规则的第一步.

20 世纪 80 年代, 拉美债务危机的爆发引发了金融监管当局对银行资本充足性的重视, 而此时各成员监管当局对银行资本金的要求差异加大, 为避免不公平竞争, 1988 年 7 月, 巴塞尔委员会公布了《关于统一国际银行资本衡量和资本标准的协议》("International Convergence of Capital Measurement and Capital Standards"), 即巴塞尔协议 I, 首次提出了统一的国际资本充足率标准.

巴塞尔协议 I 的核心内容是要求商业银行的资本充足率不得低于 8%, 核心资本充足率不得低于 4%. 其中, 资本充足率等于资本除以风险加权资产. 在巴塞尔协议 I 的框架下, 资本包括核心资本和附属资本两大类. 核心资本主要包括实收资本和公开储备, 附属资本主要包括未公开储备、重估储备、普通呆账准备金、混合债务工具和长期次级债券; 风险加权资产包括表内风险加权资产和表外风险加权资产两个部分, 在计算表内风险加权资产时, 根据资产类别、性质以及债务主体的不同, 分别对应于 0%、10%、20%、50% 和 100% 五个风险权重, 表外加权资产则是通过转化系数将表外授信业务纳入.

20 世纪 90 年代末, 金融自由化背景下的欧美金融市场风云变幻, 银行对金融衍生品和资产证券化等金融创新工具的运用日益广泛, 金融市场的波动对银行体系的安全影响越发明显. 鉴于此, 巴塞尔委员会于 1996 年 1 月发布了《资本协议市场风险补充规定》, 对市场风险的度量及其资本要求进行了规定, 要求将市场风险的预测值乘以 12.5 加入风险加权资产, 同时拓宽资本的定义, 在核心资本、附属资本的基础上, 纳入用于覆盖市场风险的三级资本.

巴塞尔协议 I 的提出, 确立了资本监管在国际银行监管中的核心地位, 统一了国际银行监管标准, 为国际银行业乃至金融业的发展创造了一个相对公平的环境. 然而,面临金融创新的不断发展、金融机构差异化的不断增加, 巴塞尔协议 I 专注于信用风险的局限性逐渐显现出来, 这也使得监管逐步向巴塞尔协议 II 迈进.

4.2.4 第二版巴塞尔协议

20 世纪末至 21 世纪初, 全球金融自由化的进程加快, 银行竞争日益激烈, 业务创新层出不穷, 监管套利能力不断提升, 对国际金融监管规则提出了更高的要求. 为了应对这些挑战, 巴塞尔委员会于 1998 年启动了巴塞尔协议 II 的修订工作, 分别于 1999 年 6 月、2001 年 6 月和 2003 年 4 月推出了三轮征求意见稿, 与此同时开展了三轮全球定量测算分析, 最终于 2004 年 6 月正式发布《统一资本计量和资本标准的国际协议: 修订框架》, 即巴塞尔协议 II.

巴塞尔协议 II 的监管框架包括资本监管、监督检查和信息披露三大支柱. 为了实现银行监管的奖优罚劣, 对风险管理水平较高的银行提供资本优惠, 巴塞尔协议 II 允许银行使用内部模型计量风险, 并基于此计算银行的监管资本. 内部模型的引入提升了第一支柱资本监管的风险敏感性, 但同时也增加了银行进行监管套利的可能. 因此, 为了有效实施资本监管, 巴塞尔协议 II 引入监管当局的监督检查机制作为第二支柱, 从监管者的视角对银行资本充足性进行评估; 引入信息披露和市场约束作为第三支柱, 为市场参与者提供更多信息以形成有效的投资判断, 进而对银行形成约束. 在巴塞尔协议 II 的框架下, 三大支柱相互强化、紧密联系, 共同支持监管目标的实现.

1. 第一支柱: 资本监管

第一支柱延续了巴塞尔协议 I 中资本充足率为 8% 的最低要求, 但是对风险加权资产的含义进行了拓展. 在巴塞尔协议 I 的框架下, 风险加权资产仅包含信用风险加权资产, 后续修订补充了市场风险加权资产. 在此基础上, 巴塞尔协议 II 引入了操作风险加权资产, 要求将操作风险的预测值乘以 12.5 加入分母风险加权资产. 操作风险是金融机构与生俱来的风险之一, 伴随金融机构规模的不断扩张、金融交易的日益复杂、信息技术的不断提升, 银行能够越来越娴熟地运用各类风险缓释技术减少信用风险和市场风险的敞口, 但其面临的操作风险也越来越大. 巴塞尔协议 II 将风险加权资产的覆盖范围拓展至操作风险, 确立了以信用风险、市场风险和操作风险三大风险为基础的风险计量框架.

巴塞尔协议 II 在风险加权资产的计算中引入内部模型法, 提升了风险计量的敏感性, 实现了资本监管的激励相容. 巴塞尔协议 I 框架下的信用风险加权资产是基于资产的粗线条划分及其对应的离散的风险权重计算得出的, 没有考虑同类资产不同信用等级的差异, 难以准确刻画银行的风险状况. 巴塞尔协议 II 允许银行使用信用风险内部评级法、市场风险内部模型法和操作风险高级计量法等内部模型方法进行风险度量, 使得资产质量高、风险管理水平高的银行面临较低的资本要求, 实现了鼓励银行不断提升风险管理水平的目标. 同时, 巴塞尔协议 II 还将资产证券化和交易对手信用风险引入信用风险框架, 以应对资产证券化、金融衍生品和证券融资交易等金融创新的快速发展.

在信用风险方面, 巴塞尔协议 II 将巴塞尔协议 I 的信用风险计量方法拓展为标准法, 同时引入了内部评级法确定风险加权资产, 其中内部评级法包含初级法和高级法. 内部评级法 (IRB) 是基于银行内部二维的信用评级体系 (借款人评级和债项评级) 实现信用风险评估的方法. 借款人评级对应的是违约概率 (PD), 即借款人违约的可能性; 债项评级对应的是违约损失率 (LGD), 即在违约出现时, 有多少损失发生. 违约概率、违约损失率、违约风险敞口 (EAD) 和有效期限 (M) 共同构成了风险权重函数的输入参数体系. 银行通过信用风险模型估计风险因素或监管当局给定某些风险因素, 将估计值输入新资本协议提供的风险权重函数, 以计算银行风险加权资产及资本充足率. IRB 初级法和 IRB 高级法的主要区别在于风险因素的计算方法, 初级法和高级法都要求商业银行估计 PD, 但初级法的 LGD、EAD 和 M 由监管当局根据相应要求给出, 高级法则要求银行通过自己的内部评级系统和信用风险模型估计 LGD、EAD 和 M.

在市场风险方面, 巴塞尔协议 II 下市场风险的度量方法包括标准法和内部模型法. 其中, 标准法采用累加的方式, 即分别运用监管当局给定的公式计算利率、汇率、股票和商品风险的资本要求, 然后进行加总. 而内部模型法的使用需要经过监管当局的批准, 分别运用 VaR 模型和压力 VaR 共同形成一般风险和特定风险的计量, 并进行加总得到内部模型法下市场风险的度量.

在操作风险方面, 巴塞尔协议 II 包含三种操作风险的计量方法: 基本指标法、标准法和高级计量法, 其中标准法包括一般标准法和替代标准法. 这三种方法的复杂性和风险敏感性逐步提高, 适合操作风险管理水平由低到高的银行. 其中基本指标法和标准法都属于"自上而下"的方法, 即由监管部门根据行业风险数据制定统一的标准. 高级计量法是属于"自下而上"的方法, 需要运用银行的内部数据和模型计量操作风险, 进而进行资本配置. 巴塞尔委员会在 2001 年发布的巴塞尔协议 II 的征求意见稿中推荐了内部计量法、损失分布法和记分卡法三种高级计量法. 然而在 2006 年发布的巴塞尔协议 II 的综合文本中并没有再次给出高级计量法的具体方法, 而是赋予了商业银行更多的自由裁量权, 允许商业银行设计符合自身特点、满足监管要求的高级计量模型. 目前, 操作风险的高级计量方法仍旧面临较高的模型风险.

2. 第二支柱: 监督检查

第二支柱是从监管者的角度对银行风险管理体系实施外部监督, 要求各成员监管当局应结合各自银行业的实际风险对银行进行监管, 在强化各成员监管当局职责的同时提高了银行监管的灵活性. 巴塞尔协议 II 明确了外部监管的四个原则: 一是监管当局应该根据银行的风险状况和外部经营环境, 全面判断银行的资本充足率是否达到要求; 二是银行应参照其面临的风险大小, 建立起严格的内部评估体系, 使其资本水平与风险程度相匹配, 并制定维持资本充足水平的战略; 三是监管当局应及时对银行的内部评估程序、资本补充战略和资本充足状况进行检查和评价, 以确保每家银行有合理的内部评级程序; 四是在银行资本充足率未达要求时, 监管当局要及时对银行实施有效干预, 并可要求银行持有超过最低比率的资本. 第二支柱建立了监管者与银行有效的对话机制, 提高了巴塞尔协议 II 的灵活性, 赋予监管当局较大自由裁量权, 但同时也为监管宽容留下了一定的空间.

第二支柱同时从风险覆盖和外部审查的角度对第一支柱形成有效的补充. 在风险覆盖方面, 第二支柱对第一支柱未能覆盖的风险进行监管, 包含集中度风险、银行账户利率风险等. 在外部审查方面, 对第一支柱由于风险敏感性提高而带来的模型风险和监管套利, 通过第二支柱予以纠正和完善. 此外, 对于第一支柱下最低资本要求未能有效涵盖风险的银行, 第二支柱也能对其进行补充和完善.

3. 第三支柱: 信息披露

第三支柱对信息披露的要求不仅包括披露频率、披露的载体和地点等, 还包括各监管指标具体的披露模板和内容, 第三支柱要求银行应披露资本、风险敞口、风险评估程序以及银行资本充足率等重要信息. 第三支柱是第一支柱和第二支柱有效实施的保障, 第一支柱中风险计量的失准、第二支柱中可能的监管宽容, 都可能通过第三支柱下有效的市场约束得以缓解. 通过有效的信息披露, 去除投资者和被投资机构之间的信息不对称性, 能够有效防范第一支柱和第二支柱下可能存在的监管漏洞. 此外, 第三支柱的提出是对激励相容监管理念的践行. 通过信息披露, 稳健的、经营良好的银行可以以更为有利的价格和条件在市场上获得资金, 而风险高的银行必须支付更高的风险溢价、提供额外的担保或采取其他安全措施来获得资金, 从而在市场中处于不利地位. 这种市场奖惩机制可以促使银行保持充足的资本水平, 推动银行和金融体系的稳定发展.

4. 巴塞尔协议 II 的主要不足

2008 年国际金融危机的爆发暴露了金融体系的不足, 也对巴塞尔协议 II 提出了进一步修改的需要, 主要包括以下三个方面.

巴塞尔协议 II 关注的是银行的微观稳健, 即强调风险从银行的转移, 相关的监管要求也只是建立在对风险真实转移认定基础之上的, 并没有关注风险本身的化解状况和转移后实际承担者的稳健, 缺乏对系统性风险的指导和要求. 这使得在次贷危机向金融危机转化的过程中, CDO、CDS 等资产证券化产品不仅成为风险传染的媒介, 同时也极大地放大了次级贷款的风险, 最终引致包括银行业在内的整个金融系统风险的爆发. 因此, 金融监管的重点不应是关注单个金融机构的倒闭与破产, 而关键看其是否会引发风险的传染和系统风险的爆发, 重点是对系统性风险的监管.

银行经营具有天然的顺周期性, 资本监管加剧了这种顺周期性, 而巴塞尔协议 II 下具有较高风险敏感性的资本监管对顺周期性的强化作用更加明显. 在经济繁荣时期, 银行的资产质量较高, 抵押品价值较高, 面临的客户经营状况良好, 此时银行对违约概率、违约损失率等风险因子的估值较低, 而借款方的评级较高, 从而导致根据内部模型计算得到的监管资本较低, 刺激银行进一步扩大信贷规模, 推动了经济的进一步繁荣; 在经济萧条期, 银行的资产质量下降, 抵押品价值下跌, 面临的客户经营状况较差, 此时银行对违约概率、违约损失率等风险因子的估值上升, 而借款方的评级也下降, 从而导致根据内部模型计算得到的监管资本上升, 导致了银行的惜贷行为, 进一步加剧了经济的下滑. 顺周期效应的增强加剧了经济的波动, 给整个金融体系带来了巨大的系统性风险.

巴塞尔协议 II 细化了各类风险标准法模型, 引入内部模型法, 但大大增加了计算风险加权资产的复杂性, 同时降低了风险加权资产的可比性. 从模型的角度来看, 基于常态数据建立的模型往往低估尾部即极端情况下的风险, 还会导致银行对压力情况下的风险准备不足, 模型的过度复杂化将导致其校准和检验更加难以实现, 因此复杂模型可能反而会降低风险计量的准确性. 从银行的角度来看, 银行具有资本套利的内在动力, 风险计量方法的复杂化在降低了监管套利成本的同时, 增加了监管成本, 影响了监管有效性. 更为重要的是, 风险计量方法的复杂化会降低不同银行监管资本的可比性, 影响促进银行业公平竞争目标的实现. 由于银行采用的内部模型及其基础数据、参数和前提假设各不相同, 会导致不同银行对同一资产组合计量的资本要求出现较大差异, 加之可能存在的模型风险, 会影响资本充足率计算的准确性, 并为银行通过模型低估资本要求、进行监管套利创造机会. 银行之间资本充足率的可比性降低, 会影响监管标准执行的一致性和银行业的公平竞争, 损害监管的公信力.

4.2.5 第三版巴塞尔协议

2008 年国际金融危机爆发后, 国际经济金融治理架构发生了巨大的变化, 发展中国家在国际舞台上发挥着越来越重要的作用. 巴塞尔委员会也将其成员拓展至所有的 G20 成员国, 并基于扩充后的巴塞尔委员会开展了巴塞尔协议 III 的修订工作. 巴塞尔协议 III 泛指从 2009 年起发布的一系列监管改革措施, 其主体文件于 2010 年 12 月颁布, 在经过一系列修订和完善之后, 最终方案于 2017 年 12 月发布. 在巴塞尔协议 II 三大支柱的基础上, 巴塞尔协议 III 强化了资本定义, 明确了储备资本和逆周期资本，提高了损失吸收能力，同时提出了杠杆率作为资本的补充，扩大了风险覆盖范围，补充了流动性监管要求，提出了宏观审慎监管的理念．这一揽子监管指标的改进和完善，是巴塞尔委员会针对危机暴露出问题的反思，也是提高金融稳定的有效应对．

1. 资本监管框架及其改进

巴塞尔协议 III 对巴塞尔协议 II 的资本结构和内涵均进行了较大的调整．在资本结构方面，巴塞尔协议 III 取消了覆盖市场风险的三级资本，并根据吸收损失能力的不同，将资本划分为核心一级资本、其他一级资本和二级资本．其中一级资本为银行在持续经营的条件下吸收损失的资本，包括以普通股为主要构成的核心一级资本和其他一级资本；二级资本仅能够在银行清算条件下吸收损失，其目的是在银行破产的情况下保障存款人和债权人的利益．同时，从审慎监管的角度出发，巴塞尔协议 III 对相关会计科目计入监管资本时提出了监管调整的要求．巴塞尔协议 III 保留了最低资本充足率 8% 的要求，同时对以核心一级资本为分子的核心一级资本充足率提出了 4.5% 的最低要求，对以一级资本 (核心一级资本 + 其他一级资本) 为分子的一级资本充足率提出了 6% 的最低要求．

巴塞尔协议 III 在最低资本要求的基础上，从宏观审慎监管的视角出发，还提出了应由核心一级资本来满足的资本缓冲及附加要求，主要包括储备资本缓冲、逆周期资本缓冲和系统重要性附加资本要求．

2. 流动性监管框架

在 2008 年国际金融危机中，大量资本充足的银行发生了倒闭，这引起了业界和学者对资本监管有效性的反思．巴塞尔委员会在提高资本监管有效性的同时，也引入了流动性风险的监管理念，认为即使达到资本充足率最低监管要求的银行，也应满足流动性的监管要求．巴塞尔协议 III 提出了两个流动性监管标准：流动性覆盖率指标和净稳定资金比率指标，同时还提供了一套通用监测指标[①] 来衡量商业银行在未来一年内、在设定的压力情境下，用稳定资金支持表内外资产业务发展的能力．巴塞尔委员会已于 2013 年正式发布了流动性覆盖率指标的最终文本，净稳定资金比率的国际规则修订亦于 2014 年完成并正式发布．

① 包括合同期限错配、融资集中度、可用的无变现障碍资产、与市场有关的监测工具，以帮助监管当局识别和分析单个银行和银行体系的流动性风险趋势．其中，“流动性覆盖率”定义为合格流动性资产与未来 30 日的资金净流出量的比值，且要求该比值应大于等于 100%，用于衡量在设定的严重压力情境下，优质流动性资产能否充分满足短期流动性需要．“净稳定资金比率”指标是指“可用的稳定资金来源”与“业务所需的稳定资金来源”的比值，同样要求该比值应大于等于 100%．

3. 杠杆率监管框架

巴塞尔协议 II 引入内部模型法计算风险加权资产, 带来了银行通过内部模型的构建实施监管套利的可能性. 巴塞尔协议 III 引入简单、透明且不具有风险敏感性的杠杆率指标, 作为资本要求的底线. 杠杆率定义为一级资本与杠杆率风险敞口 (调整后的表内外资产总额) 的比率, 最低要求为 3%. 在 2014 年 1 月巴塞尔委员会发布的杠杆率规则中, 加强了对金融衍生品和证券融资交易等高杠杆业务风险敞口的计量. 作为资本充足率的补充, 杠杆率不仅有助于防止银行体系杠杆过高, 避免不稳定的去杠杆过程对更广泛的金融体系和经济造成损害, 也有助于防止模型风险和计量错误的发生, 避免银行利用风险资本要求的漏洞形成监管套利.

4. 大额风险敞口框架

风险集中度监管是巴塞尔协议 III 框架中关注的另一重点, 2013 年 3 月发布的大额风险敞口监管框架旨在降低银行在面临交易对手方突然违约时所造成的最大损失, 增强银行吸收损失的能力, 缓解全球系统重要性银行间的危机传染, 维护金融稳定. 该监管框架将大于合格资本 (核心一级资本或一级资本) 5% 以上的风险敞口认定为大额风险敞口, 并将大额风险敞口的上限确定为合格资本的 25%. 巴塞尔协议 III 对全球系统重要性银行实行较普通银行更为严格的大额风险敞口限制, 即监管上限为 10%～15% 的合格资本, 并且鼓励各成员根据自身情况实行较此更加严格的监管上限.

5. 宏观审慎监管

2008 年国际金融危机前的金融监管偏向于关注单家银行风险, 认为单家银行稳健就意味着金融体系安全. 然而危机表明, 不仅要关注单家银行风险, 更要关注金融体系的系统性风险, 单家银行稳健是金融体系安全的必要非充分条件. 2008 年国际金融危机爆发之后, 从宏观审慎的视角加强金融监管, 构建宏观审慎和微观审慎相结合的金融监管体系, 防范系统性风险, 成为巴塞尔委员会努力的主要方向之一. 巴塞尔委员会分别从时间维度和跨业维度加强了宏观审慎监管.

在时间维度上, 巴塞尔委员会对逆周期监管政策提出了相应要求, 包括储备资本、逆周期资本和前瞻性的拨备制度等. 银行体系天生就具有内在的顺周期性, 在经济上行周期中银行更愿意发放贷款, 从而导致信贷繁荣, 经济进一步上行; 在经济下行周期中银行产生惜贷情绪, 导致信贷紧缩, 资产价格下跌, 经济进一步下行. 然而, 设计不当的激励机制将进一步加剧这种顺周期性, 使得银行追求短期效益而忽视了潜在风险, 增加了金融体系的波动. 巴塞尔委员会认为, 从根本上消除顺周期性是不可能的, 应当将逆周期监管政策的重点放在确保金融体系在经济上行时期积累足够的“缓冲”上. 巴塞尔委员会提出, 应当要求银行建立储备资本和逆周期资本, 提高风险抵御能力. 除此之外, 银行计提前瞻性拨备也可以起到增强银行体系风险抵御能力的效果. 同时, 国际社会已经达成共识, 可以采取贷款成数和压力测试等政策工具, 实现逆周期调节的目标. 储备资本缓冲是指要求银行在非压力情形下持有的高于最低资本要求的超额资本缓冲, 以抵御经济下行时期可能发生的损失. 根据巴塞尔委员会的规定, 储备资本缓冲的最低标准为风险加权资产的 2.5%, 应当用核心一级资本来满足, 虽然在压力时期, 银行可以利用该缓冲资本吸收损失, 但银行的监管资本比率越接近于最低资本要求, 对其利润分配的要求就将越严格. 逆周期资本缓冲是缓解资本监管顺周期性效应的重要工具, 巴塞尔协议 III 要求银行在信贷过度投放期计提超额资本, 避免由于信贷过度投放积累过多的系统性风险, 并用于抵御未来经济衰退时期银行遭受的损失. 2010 年 12 月 16 日, 巴塞尔委员会发布《实施逆周期资本监管指导原则》, 要求各成员监管当局参照该指引, 根据本国银行业实际, 制定逆周期资本政策框架, 视需要要求银行计提逆周期资本. 巴塞尔委员会建议采用广义信贷/GDP 作为判断是否计提逆周期资本的基本指标, 根据广义信贷/GDP 指标对其长期趋势的偏离度, 确定经济上行周期应计提的逆周期资本要求. 在逆周期资本要求的制定方面, 根据各成员监管当局对系统性风险积累程度的判断, 逆周期资本要求可在 0~2.5% 的范围内调整. 与储备资本相同, 逆周期资本也必须由核心一级资本来满足, 未满足逆周期资本要求的银行的利润分配将受到限制.

在跨业维度上, 巴塞尔委员会关注的重点是控制系统重要性金融机构的负外部性, 加强对系统重要性金融机构的监管. 根据金融稳定理事会的定义, 系统重要性金融机构是指在金融体系中居于重要地位、承担关键功能, 其破产、倒闭可能给金融体系和经济活动造成严重损害的金融机构. 2011 年 11 月, 巴塞尔委员会公布了《全球系统重要性银行: 评估方法和额外损失吸收能力要求》, 正式提出了识别和评估全球系统重要性银行的方案, 并于 2013 年 7 月发布了修订稿. 巴塞尔委员会的评估思路是, 选取规模、关联度、可替代性、复杂性和全球活跃程度五个方面 12 个指标作为反映银行影响金融体系稳定的系统重要性指标, 对各个指标进行赋值, 通过加权平均的方法得出单家银行的全球系统重要性分值, 再根据分值对银行的全球系统重要性进行排序. 以定量方法为基础, 征求各成员监管者的意见, 结合定性判断最终形成系统重要性的度量结果. 在定量和定性分析的基础上, 对系统重要性银行采取分组的方法 (bucketing approach), 根据系统重要性程度将银行分为不同的组别, 然后对不同组别的银行分别实施 1%~2.5% 的附加资本要求, 同时在第一组之上设立空组, 进入空组的银行附加资本要求为 3.5%. 此外, 提高对系统重要性金融机构的监管强度, 建立有效处置系统重要性金融机构的政策框架, 也是加强系统重要性机构监管、防范系统性风险的重要举措. 对于国内系统重要性银行巴塞尔协议 III 也提出了原则性的要求, 由各成员监管者根据相关原则, 对国内系统重要性银行进行评估并提出附加资本要求.

2017 年 12 月 7 日, 巴赛尔委员会颁布了《巴塞尔协议 III: 后危机时代改革的最终方案》, 即巴赛尔协议 III 的最终版, 标志着 2008 年国际金融危机后国际银行监管规则制定工作的基本完成, 并在 2023 年 1 月 1 日起正式实施. 相比于之前的版本, 巴赛尔协议 III 的最终版通过优化信用风险加权资产和操作风险加权风险的计量, 以及限制内部模型的使用和设置资本计量底线要求等修订, 来寻找简单性、可比性和风险敏感性的平衡, 并且对全球系统重要性银行提出了最低杠杆率附加要求. 巴赛尔协议 III 最终版的发布和正式实施是国际银行监管改革重要的里程碑, 将在降低全球系统重要性银行的风险, 以及为各大银行在国际竞争中提供更加公平的条件等方面发挥重要的作用.

4.3 国际保险业监管规则

保险业是金融体系重要的组成部分, 作为一种重要的社会经济补偿机制, 对社会经济的稳定发展有重要意义. 然而, 保险公司的资产负债表及其承担的风险与其他金融机构有所不同, 保险公司不仅在资产业务方面与银行、证券公司一样承担风险, 更重要的是保险公司作为风险承担专业企业, 是以负债业务承担风险来获取收入的, 而且负债业务中所承担的风险不同于资产业务中信用风险和市场风险等投机性风险, 而是寿命、健康和财产损失的纯粹风险. 正是由于其风险特征与银行业及证券业存在较大的不同, 因此, 巴塞尔协议并不适用于金融集团中的保险公司. 目前, 对于保险公司的监管, 包括偿付能力监管、公司治理结构监管和市场行为监管三大方面, 其中偿付能力作为影响保险公司持续经营的重要因素, 是保险监管的核心.

偿付能力是指保险公司补偿其所承担保险责任的能力. 一般而言, 若保险公司能够支付到期债务或者索赔额, 该保险公司就具有偿付能力, 否则就不具备偿付能力, 所以偿付能力也可以理解为偿债能力. 对保险公司偿付能力产生较大影响的是被称为关键风险的 “C 风险”, 包括 C-1、C-2、C-3 和 C-4 四类风险. C-1 风险亦称资产风险, 它包括股票、债券、不动产投资、储蓄和抵押贷款等投资方式所带来的风险. C-2 风险又称为定价风险, 它来源于保险公司预定的死亡率、发病率、费用率, 与实际情况差别较大, 使产品定价发生较大偏差. C-3 风险即利率风险, 它的产生主要是由于利率的波动, 使保险公司蒙受投资损失. C-4 风险也称一般管理风险, 这类风险来源于公司扩展带来市场风险、税法的改变、保险欺诈、管理失误、法律诉讼等.

4.3.1　欧盟偿付能力制度

欧盟偿付能力制度的演变可以划分为四个阶段. 第一阶段是初创时期 (1964~1988 年), 主要由再保险指令和第一代保险指令组成, 提出了寿险和非寿险的偿付能力监管标准, 主要根据保费或者赔款的特定比例, 设定最低保证金和法定偿付能力额度, 其主要框架和基本标准沿用至今. 第二阶段是发展时期 (1988~2002 年), 主要由第二代和第三代保险指令组成, 欧盟取消了对产品和费率的管控, 代之以偿付能力监管. 第三阶段是偿付能力 I 时期 (2002~2015 年), 主要是由第四代保险指令组成, 修改和完善了第一代寿险和非寿险偿付能力监管标准, 推出统一的偿付能力监管标准, 即 "偿付能力 I"(Solvency I), 但在 2004 年才生效. 偿付能力 I 是一种规模导向的偿付能力监管制度体系, 主要依赖于定量检测指标, 侧重于资产负债评估, 对最低资本额度、偿付能力充足率等各项监管指标值的波动范围有明确的定量取值指标. 第四阶段是偿付能力 II 时期 (2016 年至今), 偿付能力 II 在偿付能力 I 的基础上进行了全方位的扩展, 参照巴赛尔协议 II 的设定, 偿付能力 II 中提出了包括定量要求、定性要求和信息披露的三支柱监管框架, 凸显了风险基础资本的核心理念, 采用市场一致性原则对资产负债予以价值评估, 并且改变了采用简单固定比率确定偿付能力额度的方法, 将资本监管转向偿付能力资本要求 (SCR) 和最低资本要求 (MCR) 的双重资本监管体系.

从 20 世纪 60 年代至 21 世纪 10 年代, 欧盟国家已经在偿付能力 I 的框架下运行了 50 多年的时间, 各成员国逐步确立以偿付能力监管为核心的欧盟保险监管体系, 明确了完全母国控制原则, 提出动态偿付能力充足要求, 各成员国保险监管理念、模式和制度设计也逐渐趋向统一. 总的来说, 由于偿付能力 I 的监管指标计算简便、可操作性强, 较短时间内被欧盟各成员国广泛采纳. 然而, 50 多年中, 保险业和金融业都发生了翻天覆地的变化, 偿付能力 I 已经不再适应保险业的现状, 在 2008 年国际金融危机冲击的影响下, 偿付能力 I 也暴露出以下缺点: 一是偿付能力评估方式过于简化. 仅以偿付能力充足率作为衡量保险企业偿付能力是否充足的主要标准, 忽略了保险公司法人治理结构、内部风险管理控制模式等因素对偿付能力的影响. 二是对新型风险类型认知评估不足. 偿付能力 I 未能有效适应日益复杂的市场变化和日趋多元的投资方式, 难以全面、及时、准确、客观地衡量保险公司资产风险、运营风险、资产负债匹配风险、信用风险、巨灾风险等新型风险类型. 三是部分监管存在空白, 一些金融衍生品未纳入偿付能力监管范畴, 金融混业经营体制下证券、银行业等对保险业的负面影响被不当忽视, 过分强调资本逐利性而弱化对最终消费者权益的有效保障. 四是监管不一致性越来越高, 由于部分欧盟成员国认为该体系设定的最低资本门槛过低, 纷纷进行补充和细化,导致欧洲各国对偿付能力的监管要求参差不齐, 影响到欧洲单一市场的巩固和运行. 以上这些导致了 2008 年国际金融危机下众多保险公司因风险评估不当、风险防控失效、偿付能力丧失而倒闭破产. 监管部门逐渐意识到应该构建更为全面、严谨、动态的风险评估体系, 以充分考虑和评估保险机构的整体财务状况、行业发展动态、风险管理、金融技术发展、国际财务报告和审核标准等因素, 偿付能力 II 监管框架应运而生. 与此同时, 巴塞尔委员会着手开始研究巴塞尔协议 II, 其推出的创新监管理念也在一定程度上对偿付能力机制产生了重要的影响.

早在 2001 年 5 月, 欧盟委员会下属的保险委员会就正式启动了偿付能力 II 项目. 2003 年 4 月, 欧盟保险委员会 (European Insurance Committee) 会议确定了偿付能力 II 的基本概念和原则. 2007 年 7 月, 欧盟委员会采纳了偿付能力 II 提案, 2008 年 2 月通过了该提案的修改版. 同时, CEIOPS 分别就准备金计量、技术规范明细、运行风险等问题进行了五次定量影响研究 (QIS), 形成数据资料用于制定实施细则. 第五次定量影响研究 (QIS5) 开始于 2010 年 7 月, 欧洲保险和养老金监管委员会 (CEIOPS) 对标准公式进行终稿校验, 修改定稿的偿付能力 II 已于 2011 年 10 月提交英国金融服务管理局 (FSA), 原本预计正式实施时间为 2012 年 11 月 1 日, 但后来将实施时间不断推迟, 最终于 2016 年 1 月 1 日起正式实施.

偿付能力 II 以经济资本作为评估基础, 对资产和负债进行衡量, 强调对风险进行持续性的评估测量, 并以此为依据提出资本要求. 在制度设计上, 既关注单个保险公司的认可资本、认可负债、偿付能力充足率等个体指标, 又充分考虑保险公司治理结构、行业风险防范、行业整体偿付能力、保险市场竞争秩序等层面问题, 在充分保护被保险人和受益人利益的同时, 注重优化保险资源配置和鼓励保险创新. 在监管理念上, 偿付能力 II 基于保险公司的个体风险承担情况评估偿付能力风险, 强调不同风险类型保险产品之间的内在关联, 鼓励保险公司依据各自风险承担的具体情况设计保险产品、开展保险业务. 在监管框架上, 偿付能力 II 的设计框架借鉴了巴塞尔协议 II 的三支柱框架, 包括支柱一 "定量要求"、支柱二 "定性要求" 和支柱三 "信息披露".

1. 第一支柱: 定量要求

偿付能力 II 的第一支柱是偿付能力 II 的数量基本要求, 主要涉及 5 个方面的数量标准要求: 资产和负债、技术性准备金、自由资本、资本要求、投资规则. 其中资本要求包括偿付能力资本要求 (SCR) 和最低资本要求 (MCR) 两个方面.

保险公司的自有资本分为第一层次 (Tier 1)、第二层次 (Tier 2) 和第三层次 (Tier 3), 三个层次的自有资本吸收损失的能力依次递减. 欧盟对保险公司三个层次的自有资本占偿付能力资本和最低资本的比例进行限制. 例如, 规定要求第一层次自有资本占偿付能力资本要求的比例至少为 50%, 第三层次自有资本占偿付能力资本要求的比例不得高于 15%; 用来满足最低资本要求的资金仅限于第一层次和第二层次的自有资本, 并且第一层次自有资本所占的比例不得低于 80%.

偿付能力资本要求的计算采用风险价值法, 目前包括的风险类别有市场风险、违约风险、承保风险、无形资产风险以及操作风险, 同时考虑各风险之间的相关性. 偿付能力资本要求等于基本偿付能力要求与操作风险要求、责任准备金和递延税收带来的损失吸收能力的调整三部分之和. 模型的置信度设定为 99.5%, 时间为一年, 这一假设意味着在未来的一年中, 在任何不利事件的影响下, 仍有 99.5% 的概率能够保证其拥有足够的偿付能力.

最低资本要求计算模型是一个以 SCR 的 25% 为底部、SCR 的 45% 为顶部的线性模型, 它的标准模块与 SCR 类似, 但没有考虑操作风险和违约风险的影响. 此外该模型还有绝对底线的要求 (AMCR).

2. 第二支柱: 定性要求

第二支柱即监管评价机制, 在审慎监管原则指引下, 强调监管机构需全面评估保险公司风险管理和内部控制的有效性, 重点监管保险公司内控机制及保险公司承担的、未纳入第一支柱的其他类型风险.

偿付能力 II 监督检查的内容主要包括内部控制、公司治理、风险管理、连续性测试、压力测试等, 审查范围几乎涵盖保险公司的各个方面. 在监管审查的过程中, 如果发现保险公司存在风险管理系统不健全、内部模型不足、面临的特定风险未反映在模型中等问题, 那么监管机构有权敦促保险企业采取预防性与纠正性措施予以消除. 此外, 偿付能力 II 要求保险公司对于内部控制与内部审计的审查必须遵守外包有关规定, 确保其对外包业务的有效控制.

公司治理和风险管理是监管审查的重点. 在公司治理方面, 要求合格的治理体系应有透明的组织构架、适合且恰当的关键员工、高效的信息系统、清晰的权责界定, 并符合保险企业所经营的业务种类及规模. 在风险管理方面, 要求保险企业应根据其规模和经营特征建立风险管理委员会和相关的风险管理机构, 加强对保险企业所面临的各种风险的评估和测量, 保证监管机构资本标准模型的有效性; 有序建立与其特定风险特征相一致的内部模型, 注重模型参数有效性的检验, 关注长尾风险对内部模型有效性的影响; 建立起风险及偿付能力评估程序, 衡量和评估保险企业总体偿付能力.

3. 第三支柱: 信息披露

第三支柱即监管报告与信息公开披露, 要求保险公司按照监管机构要求, 将经营状况、财务报告、承担风险等情况及时向监管机构上报并公开披露.

第三支柱要求保险企业必须在年报中简明扼要地披露其偿付能力及财务状况. 包括业务性质及绩效描述, 治理体系及其充足性概况, 企业所面临的各类风险敞口、风险集中、风险敏感性及采取的各种风险缓和措施, 企业资产、技术性准备金及其他负债的估值方法及数额, 保险企业自有资本的结构与数量及变化情况, MCR 与 SCR 数额, 使用内部模型计算 SCR 与使用标准模型计算的差额等. 同时还要求保险企业向监管机构递交的以监管为目的的报告应涵盖任何对监管者决策可能产生影响的信息; 至少应包括计算 SCR 所需了解的保险企业治理、风险管理系统、资本结构、以计算偿付能力为目的的估值原则等方面. 此外, 监管机构有权要求保险企业提供任何其认为可能影响其作出正确判断的信息.

相较于偿付能力 I, 偿付能力 II 是对过去保险监管体系的系统重塑, 在理念、措施、方法、技术等方面都与偿付能力 I 有很大差别. 主要的五大特点如下:

(1) 监管理念统一化. 偿付能力 II 由第一支柱定量要求、第二支柱定性要求和第三支柱信息披露要求组成, 体现了以风险为基础的定性分析与定量分析相结合的全面风险管理监管思路, 风险评估和风险治理构架与银行监管体系趋同, 为银行监管和保险监管的统一监管和集团监管奠定了重要基础.

(2) 风险管理核心化. 欧盟偿付能力 II 三支柱的监管体系形成了风险资本、风险管理与风险信息反馈的风险治理架构, 凸显风险基础资本的核心理念. 在偿付能力资本要求上, 一方面扩大了风险整合的范围, 关注不同风险之间的相关性, 真正地实现了以风险为基础的科学计量; 另一方面规定公司在实行标准法计算偿付能力资本外, 可以开发适合自身风险特征的资本要求个体内部模型, 从而促进公司根据实际的经验发展出最适合本身的风险管理系统, 为公司提升风险管理水平提供动力.

(3) 价值评估市场化. 欧盟偿付能力 II 改变了偿付能力 I 通过认可资产减去认可负债计算偿付能力额度的价值评估方式, 偿付能力资本要求以国际财务报告准则所定义的公允价值为评估基础, 采用资产负债的市场一致性原则对资产负债予以价值评估, 对于可套期风险负债的技术准备金数额应当直接根据金融工具市场价格确定, 对于不可套期风险的负债技术准备金数额, 则通过最佳估计与风险边际的方式确定.

(4) 额度要求体系化. 欧盟偿付能力 II 改变了偿付能力 I 中用简单的固定比率确定偿付能力额度的方法, 将资本监管转向最低资本要求和偿付能力资本要求双重资本体系, 保险公司资本监管水平大为提高.

(5) 集团监管同步化. 欧盟偿付能力 II 强调集团监管与单独监管的合作, 要求不同监管主体对集团风险状况共同评估, 集团监管的主监管机构在某些问题上具有更大的决策权, 重大问题决策争议由欧洲保险及职业年金监督管理委员会予以调解.

4.3.2 美国偿付能力监管

美国关于偿付能力监管的研究与实践开始于 20 世纪 80 年代, 经过 30 多年的发展, 已经建立起了一个完善成熟的偿付能力监管体系. 美国对保险业的监管是由联邦政府和州政府共同进行的, 并且两者的职能范围较为清晰: 联邦政府主要负责宏观经济政策的调控、保险计划的制定、直接的行政监管等; 各州设立的保险监管部门——保险监管局则主要侧重于对保险公司的偿付能力和资产负债比例等业务的监管, 以及维护投保人的公平、平等的待遇. 美国每个州都有自己的保险法律, 并不存在全国统一的联邦保险业监管法规. 美国于 1871 年成立美国保险监督官协会 (NAIC), 旨在减少各州保险监管法规政策与准则的差异以及加强各州政府监管的协调性, 经过美国保险监督官协会 100 多年的努力, 各州关于偿付能力监管的法律已趋于一致. 1999 年 11 月通过的《金融服务现代化法案》改变和扩充了美国保险监督官协会的职责, 使其成为联邦一级保险监督机构.

20 世纪 90 年代以前, 美国没有对保险公司的资本金充足性进行相应的规定. 20 世纪 80 年代, 美国一些保险公司由于遭受经济波动的影响相继出现了破产的情形, NAIC 为了应对新形势的变化, 开始寻求根据保险公司的风险状况决定最低资本要求的监管方法, 并建立起了相应的监管体系. 总体来看, 美国现行的偿付能力监管体系可以分为四个方面: 保险监管信息系统 (insurance regulatory information system, IRIS)、财务分析和偿付能力跟踪系统 (financial analysis solvency tools, FAST)、风险资本制度 (risk based capital, RBC) 和现金流量测试 (cash flow testing, CFT).

1. 保险监管信息系统

通过分析保险公司的财务状况, 帮助各州保险监管机构挑选出有丧失偿付能力风险的保险公司, 并予以重点关注, 从而帮助各州监管机构合理地分配保险监管资源, 最大化监管的效率. NAIC 使用四类 12 种财务指标测试保险公司法定年度报表中的信息, 这些财务比率统称为保险监管信息系统 (IRIS) 比率, 包括综合比率、盈利比率、流动性比率和后备比率. IRIS 包括统计和分析两个阶段. 如果保险公司特定年份的结果通过了统计阶段, 那么保险公司就完成了本年度的 IRIS 检查; 如果没有通过统计阶段, 那么该保险公司将进入 IRIS 的分析阶段, 在这个阶段中 NAIC 的检查人员会使用定性和定量标准进一步分析保险公司的年度报表数据. 每个接受检查的保险公司都会被指定一个优先级, 分别是第一优先、第二优先、第三优先和无优先. 第一优先类别代表最坏的结果, 而无优先类别则代表最好的结果. 保险公司有时会被指定为无优先, 例如, 检查人员知道统计阶段的异常结果产生于非重大事件或环境, 如某笔一次性的交易或会计实务中的某次特例. 分析阶段的检查结果不会作出公布, 但统计阶段的所有比率测试结果都会被公布.

2. 财务分析和偿付能力跟踪系统

由于 IRIS 在使用过程中暴露出很多弱点, 如各比例的权数相等、比率重叠使用等. 自 1990 年起 NAIC 增加了一些新的检测指标, 全部比率加权汇总并使用 Logistic 回归方法, 建立了财务分析和偿付能力跟踪系统 (FAST). FAST 一共包括 25 个指标, 而且每个指标的不同范围赋予不同的分值, 然后将所有指标的得分值相加, 得到 FAST 的检验结果. FAST 检查的对象是年毛保费收入超过 5000 万美元的寿险和健康保险公司, 以及年毛保费收入超过 3000 万美元的财产和责任保险公司, 并且至少在 17 个州开展业务的公司, 其目的是防止大公司出现偿付能力的问题. 如果在 FAST 分析中发现了异常结果, NAIC 会联系保险公司所在州进一步了解保险公司的财务状况和该州对保险公司所采取的监管行动. 如果 NAIC 确定该州对保险公司采取了适当的举措, 那么 NAIC 就会终止它对这个案例的干涉或继续监督该保险公司. 如果 NAIC 认为该州对保险公司的监管行为不足, 那么 NAIC 会建议进一步的行动. 如果该州不听从 NAIC 的建议, 那么 NAIC 会通知保险公司开展业务的其他州, 并协调各州对该保险公司采取行动.

3. 风险资本制度

NAIC 的风险资本制度 (RBC) 为评估保险公司资本金相对于其经营风险的充足性提供了保证, 是美国偿付能力监管体系的重要组成部分. RBC 的基本思路是: 按照保险公司面临的承保风险、资产风险、信用风险和赔款准备金风险分别规定风险资本额, 并与风险因子相乘, 得到一个假设的最低资本金数额 (也称“风险资本总额”), 然后将其与保险公司总调整资本比较, 以确定该公司的资本金是否充足, 监管部门据此采取相应的干预措施.

4. 现金流量测试

美国现金流量测试 (CFT) 是一种典型的情景分析方法, 使用模拟建模来预测保险公司现有业务的资产、负债及所有者权益在未来的状况. 该方法对保险公司未来各项现金流量的预测建立在一系列的假设下, 然后观察保险公司在多种不同的利率情景下的偿付能力情况、准备金水平和财务状况等. 在美国, NAIC 要求保险公司必须在七种利率假设下进行现金流量测试, 而且保险公司的精算师要对现金流量测试的过程和结果负责, 以保证保险公司的准备金足以应对未来的负债. 通常而言, 寿险公司的预测期为五年, 财险公司的预测期为一年.

4.3.3 偿付能力监管的国际比较

由于保险公司是经营风险的企业, 而偿付能力代表着保险公司应对整体风险的能力, 所以各地区对偿付能力监管体系的研究和建立都是从对保险公司所面临的风险进行识别与分类开始的. 但是, 各地区偿付能力监管的风险分类则因其市场状况的不同而存在不同程度的差异 (表 4.1).

不同的偿付能力监管体系识别的风险类型存在一定的差异, 但基本上涵盖了保险公司面临的主要风险. 从表 4.1 中我们可以看出, 不同的偿付能力监管体系识别的风险类型主要包括承保风险 (保险风险)、资产风险、运营风险 (操作风险)、市场风险 (利率风险或投资风险) 等风险种类, 而这些都是能够对保险公司的正常经营造成重大影响的风险, 其中承保风险更是保险公司特有的风险.

表 4.1 国外保险偿付能力监管体系中关于风险的分类

国家或地区	公司类别	偿付能力监管体系中考察的风险种类
欧盟偿付能力 II	寿险、财险、健康险	市场风险、承保风险、交易对手违约风险、无形资产风险、运营风险
英国	寿险、非寿险	市场风险、承保风险、交易对手违约风险、无形资产风险、运营风险
澳大利亚	寿险	保险风险、投资风险、资产负债风险、操作风险
	普通险 (非寿险)	保险风险、投资风险、违约风险、资产负债风险、巨灾风险、操作风险
美国	寿险	资产风险、定价风险、利率风险、运营风险
	财险	资产风险、信用风险、准备金风险、净签单保费风险
	健康险	资产风险、定价与承保风险、信用风险、运营风险
加拿大	寿险	资产风险、定价风险、利差定价风险、利率风险、运营风险
	财险	资产风险、承保风险、信用风险、流动性风险、运营风险
日本	寿险和健康险	承保风险、预定利率风险、资产运用风险、运营风险
	损害险和意外险	承保风险、预定利率风险、资产运用风险、运营风险、巨灾风险

不同国家或地区偿付能力监管的风险识别过程针对寿险公司与非寿险公司分别设计了不同的风险分类方案. 例如, 欧盟偿付能力 II 针对寿险、财险和健康险公司的承保风险分别设计了更为细化的风险分类方案; 美国偿付能力的监管专门考察了人寿保险公司面临的利率风险, 以及健康险公司面临的长期资本风险; 加拿大考虑了流动性风险对于非寿险公司的偿付能力监管的重要性; 日本则在非寿险偿付能力监管的风险类别中加入了巨灾风险.

从历史的角度看, 不同国家或地区关于偿付能力监管的风险识别和分类经历了一个不断完善的过程. 不同的偿付能力监管体系识别的保险公司风险的种类经历了一个从少到多的过程, 例如, 欧盟偿付能力 I 仅考虑了保险公司面临的赔付风险, 而偿付能力 II 的偿付能力资本要求则增加了对信用风险、市场风险、运营风险的考虑. 此外, 保险公司偿付能力监管的风险分类也借鉴了巴塞尔协议中关于银行监管的风险分类规定, 各地区偿付能力监管识别的风险类型基本上包含了巴塞尔协议 III 中涉及的风险类型.

我国的第一代偿付能力监管体系始建于 2003 年, 其监管标准基本上复制了欧盟和美国的第一代规模导向的监管体系. 我国的第二代偿付能力监管体系 (CROSS) 建立于 2012 年, 并在 2016 年起正式全面实施. 对比美国和欧洲的二代监管体系, 我国的监管体系在框架上借鉴了欧盟的 "三大支柱" 结构、最低资本要求计算方法等内容, 在保险集团的监管、再保险的监管、压力测试等方面借鉴了美国的监管规则.

4.4 金融稳定理事会主导的金融监管改革

4.4.1 公司治理改革

公司治理结构是现代银行制度的核心, 不论是对于单家银行机构还是全球金融体系来说, 公司治理都至关重要. 考虑到银行作为金融中介在金融体系中的重要地位, 2008 年国际金融危机后银行公司治理问题的改革也被提到全球金融改革的议事日程中. 2008 年国际金融危机前, 巴塞尔委员会于 1999 年发布了《强化稳健的公司治理实践》, 并于 2006 年进行了修订, 成为监管当局推动银行改进公司治理水平及银行自身实践的重要标准. 然而, 危机中银行的公司治理仍旧暴露出不少缺陷, 例如董事会对高级管理层的监督不够充分、不恰当的风险管理组织架构、复杂且不透明的组织架构和行为等. 危机后, 巴塞尔委员会对此进行了反思和修订.

巴塞尔委员会于 2010 年 10 月发布《强化公司治理的指导原则》, 提出了金融机构公司治理的改革方案.《强化公司治理的指导原则》提出了银行实现稳健公司治理的 14 条原则, 包括董事会职责、高管层责任、风险管理和内部控制要求、薪酬管理要求、对复杂或不透明治理结构的要求以及信息披露和透明度要求六个方面. 在董事会职责方面, 分别对董事会应承担银行的全部责任 (原则 1)、董事会成员应具备并保持履职的资格 (原则 2)、董事会应采取措施并定期审查 (原则 3)、母公司董事会的职责 (原则 4) 进行了规定; 在高管责任方面, 明确高管层应在董事会指导下保证银行的业务活动与董事会通过的经营战略、风险偏好和风险政策相符 (原则 5); 在风险管理和内部控制要求中包括——设立独立的风险管理部门 (原则 6)、分别在集团层面和单个实体层面对风险进行持续的识别和监控 (原则 7)、通过跨部门沟通和报告的方式就风险情况进行沟通 (原则 8)、内外部审计和内部控制部门的成果运用 (原则 9); 在薪酬管理要求中包括——董事会对薪酬体系的监督和审查 (原则 10)、薪酬与审慎性风险承担行为的挂钩 (原则 11); 在对复杂或不透明治理结构的要求中, 对董事会和高管层知晓公司的结构 (原则 12)、董事会和高管层理解公司的特殊结构 (原则 13) 提出了要求; 在信息披露和透明度要求中, 要求银行的公司治理应对其股东、存款人和其他相关利益相关者、市场参与者保持充分的透明度 (原则 14).

此外, 《强化公司治理的指导原则》明确了银行业监管机构的职责, 包括为银行建立完善稳健的公司治理架构提供指导, 定期评估银行公司治理政策、措施和执行情况, 要求银行对公司治理政策和措施中的实质性缺陷采取有效措施和手段, 与其他国家或地区的相关监管部门合作等. 同时, 《强化公司治理的指导原则》阐释了股东、存款人和消费者、外部审计机构、银行业协会等其他利益相关者和市场参与者、法律框架对于强化银行公司治理的作用.

金融稳定理事会开展了对公司治理的评估工作, 并于 2013 年 2 月发布了评估结果, 评估中发现, 《强化公司治理的指导原则》提出后, 各地区银行的公司治理有了一定的改善, 但仍有进一步强化和提升的空间. 于是, 巴赛尔委员会于 2015 年 7 月 8 日正式对外发布了《银行公司治理原则》. 此次所做的修订主要有: 一是强化对银行风险治理的要求, 尤其是充实了对风险偏好、风险策略和风险文化的监管要求. 二是进一步强化董事会职责, 要求董事会在制定银行总体战略、监督风险管理和内控体系有效运行方面发挥更大的作用; 董事个人要符合相关资质条件, 积极跟踪了解银行业的最新发展变化, 并确保有足够的时间履行职责; 除执行董事之外, 董事会成员中要有足够的非执行和独立董事等. 三是增加了关于监管者职责的原则, 要求监管者不仅要评估银行的公司治理结构, 还要评估其 "治理有效性", 以及选任董事和高管人员的程序; 监管者要与银行董事会和高管有效互动, 并具备相应的监管手段发现和解决银行治理中存在的问题. 四是强化对薪酬体系和信息披露的要求, 强调董事会应加强对薪酬体系设计和运作的监督, 薪酬水平的确定应当符合银行的长期稳健经营和发展要求, 并按照所承担的风险进行调整.

4.4.2 薪酬机制改革

大型金融机构的薪酬机制改革也是 2008 年国际金融危机后金融稳定理事会推动的主要改革之一. 2008 年国际金融危机爆发前, 金融机构的高管薪酬与公司的短期盈利能力挂钩, 这就导致金融机构的高管只注重短期收益而不关注长期风险, 甚至为了追求短期收益不惜开展高风险业务, 从而导致银行面临较高的潜在风险. 而这些追求高风险的行为放大了金融机构乃至整个金融体系的风险. 2009 年, 金融稳定理事会发布《稳健薪酬实践的原则》, 旨在降低薪酬机制导致的追求风险的逆向激励.

2018 年国际金融危机后, 金融稳定理事会对金融机构公司薪酬机制的稳健原则进行了规范, 建立与风险承担相匹配的薪酬机制, 解决薪酬当期支付与风险延期暴露的问题. 金融稳定理事会于 2009 年 4 月发布了《稳健薪酬实践的原则》, 分别从有效的薪酬治理、薪酬与承担的风险相匹配、有效的股东监督和实施三个方面规范了稳健的薪酬实践原则. 在有效的薪酬治理方面, 要求公司董事会必须积极监督薪酬体系的设计和安排, 必须监测、审查薪酬体系以确保薪酬体系正常运行, 从事财务管理的人员与从事风险控制的人员必须独立, 且拥有适当的授权, 并对这些岗位进行补偿以匹配他们在公司中的重要角色. 在薪酬与承担的风险相匹配方面, 《稳健薪酬实践的原则》要求薪酬必须根据所有的风险进行调整, 必须与风险承担相对称, 当公司业绩下滑时应降低或取消奖金, 薪酬的支付应该考虑风险敞口的时间, 不应在短期内支付完毕, 而应结合风险敞口的时间延期交付, 应根据员工的岗位和职责确定不同的薪酬组合, 且该组合中现金、股权和其他形式酬劳的比例应该与风险特征保持一致. 在有效的股东监督和实施方面, 应设立严格且持续的薪酬监督机制, 对于其中的缺陷应迅速采取措施, 公司应对薪酬安排进行清晰、完备且及时的信息披露, 以便接受所有股东的监督.

随后, 金融稳定理事会于 2009 年 9 月发布了《稳健薪酬原则的执行标准》, 分别从公司治理改革、支付体系的全球标准、强化披露和提高透明性的角度践行稳健薪酬实践原则. 在公司治理方面, 该标准指出金融机构应该拥有薪酬委员会, 代表董事会对薪酬体系进行监督, 薪酬委员会应确保薪酬政策符合相关原则和监管要求. 风险和合规部门的员工薪酬应与业务条线相独立, 但应足够吸引符合资格的员工, 风险和合规部门员工的业绩评价应基于相关工作目标的实现情况. 在薪酬和资本方面, 金融机构应确保总的可变薪酬不会限制他们补充资本的能力. 在工资结构及其与风险一致性方面, 可变薪酬的总量和配置应该充分考虑当前风险和潜在风险的情况, 公司经营状况下滑时应相应减少公司的可变薪酬, 包括通过追回等安排对已得薪酬进行扣减. 工资结构中应有相当部分的可变薪酬, 也应有相当部分延迟支付, 且这些部分的占比应随着职位的提升而不断上升. 延迟支付薪酬的时间应充分考虑业务及其风险的特征, 最低不少于三年, 薪酬的支付速度不应快于按比例计算的薪酬. 同时, 要求高级管理层 50% 以上的可变薪酬以股权或与股权相关的金融工具发放, 以建立长期的激励安排等. 在信息披露方面, 要求薪酬的年度报告应及时披露, 并对披露的具体要素进行了规范.

4.4.3 影子银行的治理与监管

以对冲基金、私募股权基金、资产证券化等为代表的影子银行体系的大发展是 20 世纪 90 年代以来国际金融市场最显著的特征. 影子银行体系游离于监管之外, 杠杆程度和流动性风险都很高, 信息也非常不透明, 且影子银行体系与传统商业银行业务相互关联, 又多通过跨境投资在全球范围内配置资产, 很容易引发系统性风险. 加强对影子银行体系的监管已经成为危机后国际金融监管改革的重要内容.

影子银行系统的概念由美国太平洋投资管理公司执行董事麦卡利于 2007 年首次提出并被广泛采用, 又称为平行银行系统 (the parallel banking system), 是指游离于监管系统之外的, 与传统、正规的商业银行系统相对应的金融机构. 影子银行包括投资银行、对冲基金、私募股权基金、货币市场基金、债券保险公司、结构性投资等非银行金融机构. 2011 年 4 月 12 日, 金融稳定理事会发布题为《影子银行: 范围划定》的研究报告, 进一步扩大了“影子银行体系”的定义范围, 指出影子银行体系应定义为“游离在银行业监管体系之外、引发系统性风险和监管套利等问题、包括各类相关机构和业务活动在内的信用中介体系”. 影子银行范围界定的明确为后续加强监管的研究提供了基础.

1. 加强影子银行监管的指导原则

2011 年 10 月, 金融稳定理事会发布《加强影子银行监管的指导原则》, 按照宏观审慎与微观审慎监管结合的思路, 分别从确定影子银行范围、影子银行风险监测的原则、影子银行风险监测的方案、影子银行监管的工具设计以及影子银行的监管等五个方面提出了加强影子银行体系监测和监管的政策建议.

在确定影子银行的范围方面, 金融稳定理事会提出两步法, 第一步是“广撒网”, 关注所有非银行信用中介, 确保数据收集和风险监控全面覆盖影子银行对金融体系的潜在相关风险; 第二步是“细捕鱼”, 将政策关注重点聚焦于期限或流动性转换、不合理信用风险转移或杠杆作用等导致系统性风险增加或出现监管套利迹象等影响金融监管效果的非银行信用中介.

在影子银行体系监测的基本原则方面, 金融稳定理事会提出以下七个方面的原则: ①监测范围方面, 应合理制定监控范围, 全面掌握影子银行体系及其对整个金融体系的影响; ②监测程序方面, 应确定影子银行体系监测框架并定期进行持续风险评估; ③数据及信息方面, 监管当局应有权收集所有必需的数据信息并确定监管报告口径, 同时借助市场信息数据, 从宏观视角和微观视角综合判断, 收集频率应确保能够实现有效风险监控; ④市场创新或变化趋势方面, 应保持监控的灵活性, 能够捕获可能产生新风险的市场创新或变化趋势; ⑤监管套利方面, 监管当局应关注因监管政策变动导致影子银行规模扩大的趋势; ⑥属地市场情况方面, 影子银行监控框架应充分考虑本国或当地金融市场结构、监管框架及国际关联度; ⑦信息交换方面, 应加强境内外监管机构定期信息交换, 便于准确评估影子银行体系风险影响及风险跨境传染溢出情况.

金融稳定理事会同时提出了影子银行体系监控的标准方案, 共分三个步骤: 首先, 对影子银行体系进行总体扫描和流量描绘, 根据资金流量数据、银行监管报告中的相关数据等信息全面掌握非银行信用中介的总体规模及发展趋势, 并通过银行集团并表监管数据观察银行子行与非银行子行的交易及其他关联情况; 其次, 识别影子银行体系中可能形成系统性风险或监管套利问题的领域, 重点关注参与期限转换、流动性转换、信用风险转移和高杠杆四大风险信号; 最后, 详细评估系统性风险和监管套利问题, 分析影子银行体系对金融体系系统性风险的压力影响. 重点关注影子银行体系与正规银行体系的关联度、总体规模、经营收益.

在影子银行监管工具的设计方面, 金融稳定理事会提出应着重针对影子银行体系形成的负外部性和风险, 设计审慎监管工具, 关注其可能对金融市场造成的影响和损害, 并注重协调运用多种监管工具. 应在保持国际统一标准解决共同风险、避免跨境监管套利与充分考虑各地区金融体系和金融市场结构的差异之间达成平衡. 同时, 应定期对监管工具执行效果和有效性进行评估并适时跟进完善, 应积极通过实践经验和良好做法沟通交流、加以促进.

对于影子银行的监管措施, 金融稳定理事会指出, 影子银行包含了各种各样的业务和活动实体, 构建适应所有影子银行要素的单一监管模式是不可取的, 监管模式需要考虑业务模式、风险特征和系统性风险贡献度等方面的差异. 监管当局应广泛地考虑政策干预的预期成本与收益, 使用适当的准则判断其效力, 基于影子银行体系产生的系统性风险采取针对性的监管措施. 从广义上可将影子银行的监管对策分为四类: 一是间接监管. 通过监测银行和影子银行实体间的相互作用, 降低转移到正规银行体系中的风险, 同时阻止监管套利的发生, 如银行通过将全部或部分业务经由影子银行业务转移到表外来降低资本或流动性的约束要求. 二是直接监管. 通过对影子银行机构自身的调节减少对系统造成的风险. 三是对影子银行业务的监管. 监管当局应对产生风险的市场、制度或行为等进行干预, 以促进影子银行体系信用中介的健全. 四是采取宏观审慎的监管措施. 与其将监管重点放在机构或行为上, 不如采取政策措施, 在更广泛的范围内对影子银行体系的风险进行识别, 如采取逆周期性的监管措施来加强市场基础设施, 降低"传染"风险. 相对于其他手段, 宏观审慎监管措施可以更广泛地解决影子银行体系带来的系统性风险问题.

2013 年 8 月, 金融稳定理事会发布《加强影子银行监管》的报告, 提出了影子银行的监管政策框架. 这一政策框架包括三个要素: 一是评估. 金融稳定理事会提出, 应当根据实质重于形式的原则, 评估和划分影子银行. 金融稳定理事会按照经济功能将影子银行分为五类, 有发生挤兑可能性的集合投资管理、基于短期融资的贷款准备、基于短期融资或客户资产担保融资的市场中介、担保和促进信用创造的业务、证券化信用中介和金融机构融资. 二是政策工具. 根据不同类别影子银行的特点、其所在的市场结构和导致的金融风险的严重程度采用不同的政策工具. 三是信息共享. 包括增强不同国家监管当局的信息共享, 分享各类影子银行的状况及其监管工具的相关信息.

2. 金融稳定理事会对影子银行的监管重点

2012 年 4 月, 金融稳定理事会提交给 G20 财长和央行行长的《金融监管改革进展报告》回顾了影子银行风险监测和监管方面取得的进展. 一方面金融稳定理事会已经建立并不断完善年度数据测算机制, 2011 年度有更多国家参与了定量测算, 这有助于改进对全球影子银行体系业务活动的监测. 另一方面金融稳定理事会正在如下五个领域研究制定监管政策建议: 一是缓解受监管银行体系和影子银行体系之间的溢出效应; 二是降低货币市场基金遭受“挤兑”冲击的可能; 三是评估和缓解货币市场基金之外的其他影子银行机构带来的系统性风险; 四是评估和加强对资产证券化交易的监管, 防止其再度创造过高的杠杆水平; 五是研究降低证券融资和回购交易的风险与顺周期效应的市场机制及监管措施.

1) 降低银行和影子银行机构的风险关联

2008 年国际金融危机表明, 商业银行和影子银行之间存在千丝万缕的联系, 商业银行和影子银行之间的风险敞口值得关注. 根据金融稳定理事会的要求, 巴塞尔委员会就防止影子银行对商业银行的风险传染问题进行研究并提出政策建议. 针对该问题, 巴塞尔委员会开展了以下三个方面的工作: 一是明确银行投资基金的资本要求. 2013 年 12 月, 巴塞尔委员会发布《银行资金投资基金的资本要求》政策文件, 要求银行投资基金原则上应采用穿透法, 即根据基金的基础资产计提资本. 二是限制银行对包括影子银行机构在内的单一交易对手的大额风险敞口. 2014 年 4 月, 巴塞尔委员会发布《大额风险敞口计量和控制的监管框架》, 提出了对包括基金、证券化机构和其他金融工具的大额风险敞口要求, 并要求将银行账户和交易账户的所有表内外敞口包括在内, 加强对影子银行机构大额风险敞口的监管. 三是修订并表监管规则, 确保所有银行活动, 包括与影子银行之间的活动都被恰当地纳入审慎监管范围. 巴塞尔委员会成立了并表监管工作组负责推进该项工作.

2) 降低货币市场基金的挤兑风险

货币市场基金提供了一种类存款工具, 尤其是在短期内可按票面价值赎回的情况下, 货币市场基金具有明显的准存款特征. 因此, 金融稳定理事会认为货币市场基金也存在受到投资者挤兑的风险. 这在 2008 年国际金融危机中表现得尤为突出, 在 2008 年 9 月雷曼兄弟倒闭后的一周内, 美国货币市场基金被赎回了 14%. 由于货币市场基金是机构投资者短期资金的主要来源, 发挥着将社会零散资金聚集并转化为短期批发资金的功能, 一旦货币市场基金出现问题, 整个影子银行体系乃至整个金融体系都可能无法运转. 2012 年 10 月, 经金融稳定理事会审议通过, 国际证监会组织发布了《货币市场基金的监管政策建议》的报告, 对加强货币市场基金监管提出了建议, 包括在可能情况下, 要求所有使用摊余成本法的货币市场基金改用盯市法计算基金份额价值, 以降低挤兑的可能性; 若由于市场需求等原因无法进行转换, 则应满足与银行相类似的资本、流动性等审慎监管要求, 以防发生挤兑.

3) 加强对资产证券化的监管

针对 2008 年国际金融危机中资产证券化暴露出来的问题, 巴塞尔委员会修订了资产证券化风险敞口计量规则, 提高了资产证券化产品的资本要求. 2012 年 11 月, 国际证监会组织在对危机后主要国家资产证券化监管政策改革调查的基础上, 发布了《资产证券化监管的全球发展》报告, 总结了相关国家在增强资产证券化透明度、标准化和风险留存方面的监管要求, 并就促进不同国家改革措施的协调统一提出了政策建议.

4) 控制证券融资交易风险

2008 年国际金融危机中, 证券融资交易成为系统性风险的重要来源之一. 金融稳定理事会指出, 尽管证券融资交易是金融机构的重要融资方式, 但也可能成为非银行机构放大杠杆和加剧资产期限错配的工具. 在 2008 年国际金融危机期间, 作为证券融资交易标的, 当证券发生实质性损失时, 市场大幅收紧并导致了资产的甩卖, 表明证券融资交易具有明显的顺周期性. 2013 年 8 月, 金融稳定理事会发布《控制证券借贷和回购交易中的影子银行风险的政策框架》报告, 提出了加强证券融资交易监管的政策建议, 包括提高市场透明度、加强对证券融资交易的监管和改善市场架构等. 2014 年 10 月, 金融稳定理事会发布《非中央清算证券融资交易折扣率的监管政策》, 明确了非中央清算的证券融资交易抵扣率的最低标准.

4.4.4 衍生品市场的变革

兼具高杠杆、结构复杂、透明度低的衍生品, 尤其是场外衍生品在 2008 年国际金融危机之前得到飞速发展, 对此次危机的爆发和传播起了巨大的推动作用. 场外衍生品可能引发风险的原因主要包括: 市场透明度低, 缺乏有效的交易报告和信息披露等监管制度; 杠杆效应与投机行为相互促进放大了风险; 缺乏中央清算体系, 存在交易对手违约风险; 监管法规的放松等. 危机爆发后, 如何有效加强场外衍生品监管成为国际金融监管改革的热点, 并引起了全球范围的对场外衍生品及其监管规制的全面反思.

2009 年 4 月, G20 领导人伦敦峰会发布《完善监管和提高透明度》的政策报告, 其第 17 条建议完善基础设施以支持场外衍生品市场有序发展, 呼吁各地区监管当局在必要情况下采取措施推动市场主体使用中央交易对手清算场外衍生品. 2009 年 9 月召开的 G20 领导人匹兹堡峰会进一步要求“最迟至 2012 年底, 所有适当的标准化场外衍生品合约应在交易所或电子平台上交易, 并通过中央对手方清算. 场外衍生品合约须向交易信息库报告. 非集中清算的合约应具有更高的资本要求. 金融稳定理事会和相关成员国应定期对承诺落实情况进行评估, 并考察其是否足以增加衍生品市场透明度、降低系统性风险和防范市场操纵行为”. 为落实 G20 领导人的要求, 2010 年 10 月, 金融稳定理事会公布《改进场外衍生品市场的报告》, 提出场外衍生品市场改革的一揽子政策建议. 建议主要内容如下.

推行标准化, 增加市场透明度, 实现集中清算和交易所/电子平台交易的必要条件. 主要包括: 监管机构应优先考虑特定种类场外衍生品的系统相关性, 包括对交易量和风险敞口进行评估, 与市场参与者共同推进场外衍生品合约的标准化; 监管机构应与市场参与者共同努力, 提高使用标准操作程序和直通式交易 (straight-through-processing) 程序的场外衍生品的市场份额, 以此促进市场参与者使用标准化工具; 监管机构应制定激励措施和适当的管理制度, 促进标准工具和标准程序的使用, 在定期检查之外尤其要监控市场参与者在多大程度上仅为规避集中清算和交易要求而使用非标准合同.

推进集中清算, 降低场外衍生品的系统性风险. 主要包括: 一是提出了决定某场外衍生品是否“标准”及是否适合集中清算时的监管判断因素, 包括但不限于, 该合约条款和操作程序的标准化程度; 该工具所处市场的深度和流动性; 是否具有公平、可靠和市场普遍接受的定价来源. 二是认为监管机构应决定对哪些产品进行强制清算, 但同时不应要求中央对手方清算其无法有效控制风险的产品, 并且不可在与 G20 设定的目标相违背的情况下强制进行集中清算. 三是明确为使市场参与者满足强制清算要求, 中央对手方的准入应基于客观和无歧视的标准. 四是要求中央对手方应恰当决定不适用强制清算的特例, 尤其是不应批准可能带来系统性风险的场外衍生品. 监管机构应积极监控上述衍生品的交易和使用情况, 并定期评估其是否适合纳入强制清算. 五是提出中央对手方的最低监管标准. 为确保全球监管环境公平并增进金融系统安全, 所有中央对手方应接受持续监管, 并至少达到国际支付清算委员会和国际证监会组织发布的《金融基础设施标准》的相关要求. 六是要求监管者应实施审慎监管以反映非经集中清算场外衍生品带来的系统性风险, 如实施巴塞尔委员会提出的对交易对手风险设立更高的资本要求的政策. 同时, 还应对其他进行场外衍生品交易但不受资本法规约束的机构 (如代理商、交易商和保险公司) 实施类似的资本约束, 防止监管套利行为的发生. 七是要求监管机构确认包括非标准衍生品在内的相当部分的场外衍生市场依然无法进行集中清算, 为此应确保市场参与者拥有可靠的程序来测度、监控和降低与对手方非集中清算合约相关的信用风险和操作风险.

推进交易所/电子平台交易, 要求国际证监会组织和其他相关机构在 2011 年 1 月 31 日前就以下事项完成调查: 各种交易所/电子平台可用于衍生品交易的特点; 市场具有的使交易所/电子平台交易可行的特点; 推进交易所/电子平台交易的利弊; 可能促进交易所/电子平台交易的监管行为. 同时, 要求监管机构研究提高非标准化、非集中清算的金融工具价格和交易透明度可能带来的利弊.

向交易信息库报告. G20 领导人认为信息库能够为监管者、市场参与者和公众提供信息, 极大提高场外衍生品市场的透明度, 并协助监管机构行使评估系统性风险和实施市场监管等职责. 报告主要内容包括: 一是建议监管机构确保交易信息库收集、储存并 (向公众和监管者) 报告所有场外衍生品交易的全面数据, 不论这些交易是否最终被集中清算. 二是要求市场监管机构、中央银行、审慎监管机构和处置机构必须拥有有效可行的渠道以获得交易信息库的数据, 从而履行其各自的监管职责. 在此基础上应允许巴塞尔委员会、国际支付结算委员会等国际组织为履行统计监测等职责获得交易信息库信息. 三是要求监管机构在必要时建议议会立法, 消除限制信息收集和发布的法律障碍. 四是授权监管机构要求市场参与者准确及时地报告所有场外衍生品交易, 包括集中清算和非集中清算的交易.

场外衍生品市场改革的评估和合作. 考虑到场外衍生品市场大多具有全球属性, 需要进行国际合作来推动市场执行监管要求和履行监管职责, 减少潜在的监管套利行为. 为此工作组一方面建议国际证监会组织、巴塞尔委员会等标准制定者、国际清算银行、其他相关监管机构和市场参与者共同制定报告机制, 进一步评估实践中在多大程度上落实了报告中的各项建议; 另一方面要求监管机构应使用、推行并在需要时继续完善双边或多边安排, 以促进相关监管机构交换有关场外衍生品市场和参与者的信息.

2012 年 4 月, 金融稳定理事会向 G20 财长和央行行长会议提交《金融监管改革进展》报告, 对场外衍生品市场改革取得的进展进行了回顾. 报告指出, 推进场外衍生品市场改革是推动建立可持续运转的金融市场、终结大而不倒现象的关键措施. 围绕通过全球中央清算对手框架实现场外衍生品集中清算的进展情况, 报告提出了实践中确认的推动市场交易主体通过跨境中央交易对手实现集中清算的四项前提条件: 一是市场参与者可以在满足透明和客观的标准基础上, 按照公平的条件获得中央清算对手方服务; 二是所有相关国内和国际政府当局签署合作监督协议, 实现对全球交易对手方的强有力、一致和有效的监管; 三是识别具有系统重要性的中央清算对手方, 建立恢复和处置框架, 确保中央清算对手方提供的关键服务功能在危机中得以持续; 四是基于中央清算对手方清算的货币种类, 为其提供适当的流动性支持安排.

4.5 欧盟主导的 MiFID 和 AIFMD

4.5.1 MiFID 和 MiFID II

MiFID (Markets in Financial Instruments Directive), 一般翻译成 (欧盟) 金融工具市场指令, 是欧洲监管机构针对在欧盟金融市场上开展股票业务的金融机构提出的增强透明性和规范信息披露的框架文件. 这个指令提出了交易事前和事后的透明性要求、金融企业的行为规范等. MiFID 的初衷是让欧盟成员之间能够使用一个统一且稳健的监管框架来保护投资者的利益. 这个框架文件 2004 年开始起草, 2007 年在欧盟范围内实施.

作为以投资者保护为核心的监管框架, 其一大特色就是对投资者进行了分类. 在 MiFID 的框架下, 投资者被分为个人投资者 (retail clients)、专业投资者 (professional clients) 和合格对手方 (eligible counterparties). 因为不同的投资者能力不同, 需要给予的保护也不同, 这个分类的目的就是为了给不同的客户匹配他们能力的保护. 在这个框架内, 合格对手方受到的保护和限制最低而个人投资者受到的保护和限制最高. 不同客户划分也影响到他们能够获取的信息层级.

MiFID 实施后一年世界就迎来了 2008 年国际金融危机, 欧盟在 2018 年用更新后的 MiFID II 替代了原来的 MiFID 作为新的指令. 旧版 MiFID 的一个基本缺陷是监管集中在股票市场, 而 2008 年国际金融危机的发源恰恰不是股票市场. 因此在新版的 MiFID II 中, 框架包囊括了包含场外衍生品在内的几乎所有的产品门类. 同时旧版 MiFID 只统一监管注册在欧盟范围内的机构, 对于注册在欧盟范围外的机构, 其监管要求由各个成员国自行决定, 这就给了机构监管套利的空间. 这个问题在 MiFID II 中也得到了修订. MiFID II 的适用范围可以总结为两部分: 欧盟国家可以交易的所有金融产品, 即使交易员身处欧盟之外; 在欧盟国家从事金融行业的人和机构. 还有一点要说明的是, 相比旧版 MiFID 而言, 新版 MiFID II 虽然还沿用了指引 (directive) 这个名字, 但实际上是有法律效力的监管规则 (regulation).

MiFID II 规定了更多的交易申报要求和测试以提升信息透明度和降低 "暗池"(dark pools) 的使用. 所谓的暗池, 指的是可以让投资者不披露身份信息从事交易活动的私人交易场所, 一般用于提供额外流动性或者匿名大宗交易. 新规则同时对高频交易进行了约束, 其使用的算法必须进行注册, 通过测试并设置熔断机制 (circuit breakers).

MiFID II 提出了 "研究报告和经纪业务的分离" 的要求, 即银行和经纪商不能再像以前一样对研究报告和经纪业务打包收费, 必须要明确经纪业务的收费和研究报告的收费. 同时经纪商需要公布包括价格、交易量在内的多达 50 项的信息, 而且需要保留包括电话录音在内的全部通信记录. MiFID II 也提出了 "最优执行"(best execution) 的要求, 即买方在执行客户的指令的时候, 需要为客户谋求最好的结果[①].

可以看出, 2018 年实施的 MiFID II 是一个雄心勃勃的强监管典范性文件. 执行这个文件面临着诸多挑战, 按照波士顿咨询公司和 IHS Markit 的报告[②], 各个金融机构为了准备 MiFID II 的实施总计支出了大约 21 亿美元的费用. 此外, 监管本身有一个宽严尺度的问题, 过严的监管可能会刺激投资者去寻找监管不那么严格的经纪商来进行交易, 反而是增加了风险.

4.5.2 AIFMD

AIFMD (Alternative Investment Fund Managers Directive), 一般翻译为另类投资基金管理人指令, 是欧盟针对 2008 年国际金融危机中被忽视的另类投资产品[③] 在 2013 年开始实施的监管规则. 这个指令是欧盟针对注册在欧盟的对冲基金、私募基金、房地产投资基金等提出的一个监管框架. 有意思的是, AIFMD 中的 M 强调了该指令并不直接针对另类投资基金本身, 而是针对基金经理的行为. 只要是欧盟内开展业务的另类投资基金经理, 不管他的基金是在欧盟内还是欧盟外, 都受到 AIFMD 的监管.

AIFMD 的核心目标有两个: 通过更严格的信息披露来保护投资者, 消除另类投资基金可能对欧盟经济产生的系统风险 (systemic risk). 为了达到前者, AIFMD 对潜在利益冲突、流动性状况、有独立性的资产估值等都做了规定. 在整个欧盟层面, 该指令要求另类投资基金只对专业投资者开放, 并允许成员国在附加额外的安全措施的基础上将另类投资基金对个人投资者开放. 为了达到后者, AIFMD 强制要求基金经理的薪资政策应避免刺激基金经理承担过高的风险[④], 并要求基金有稳健的管理体系可以应对流动性问题.

为了在欧盟市场开展另类投资基金业务, 机构必须遵照 AIFMD 行事. 显然, 这种强监管让基金开展业务的成本大幅上升, 大量的信息披露也使得他们在竞争中处于相对不利的地位. 但鉴于欧盟地区目前仍然是全球最富裕的地区之一, 这些基金虽然抱怨重重, 但是仍然在 AIFMD 的框架下运营着.

---

① 在综合交易速度、算法的表现等各类因素之下, 为客户选择一个最合适的经纪商. "最优执行" 的基本保障是经纪商的选择只与经纪商执行订单的表现相关. 如果佣金里面还打包了研究报告的费用, 交易成本这个维度就被扭曲了, 里面掺杂了研究做得如何这个因素, 而这个因素并不是执行客户订单这件事需要考虑的因素.

② https://cdn.ihs.com/www/pdf/counting-the-cost-of-mifid-ii.pdf.

③ 所谓的另类投资产品, 指的是非传统投资产品, 即股票、债券、现金之外的产品. 例如私募、风投、对冲基金、艺术品和古董、大宗商品期货、衍生品和房地产等. 另类投资一般是机构投资者参与, 但是经过专营另类投资的基金 (alternative funds), 个人投资者也可以参与其中. 由于个人投资者和机构之间巨大的能力差距, 为了维护整个金融体系的稳定, 必须对这些渠道进行监管. 虽然不是欧洲的案例, 感兴趣的读者仍然可以通过检索 "雷曼迷你债券""Accumulator" 这两个在香港市场上的另类投资产品的故事来体会上面这句话.

④ 这个风险一般用欧洲系统风险委员会 (European Systemic Risk Board, ERSB) 报告的杠杆值为指标.

思 考 题

1. 为什么需要国际监管框架, 现行的国际监管框架有哪些?

2. 三版巴塞尔协议的主要区别有哪些? 每一版本的完善都是针对什么样的问题进行的?

3. "宏观审慎" 和 "微观审慎" 有什么不同? 为什么做到微观审慎的经济体, 还会出现系统性金融风险?

4. 什么是 "逆周期" 监管, 为什么在监管实践中逆周期很重要?

5. 保险行业的偿付能力体系和银行的巴塞尔体系有什么异同?

6. 为什么风险管理的问题和公司治理、薪酬改革等问题密切相关?

7. 什么是影子银行? 影子银行的存在会对金融系统产生什么不良影响?

8. 影子银行监管的要点是什么?

9. 什么是衍生品交易中的透明性? 如何在实践中提高衍生品交易的透明性?

10. MiFID 框架下为什么要对投资者进行分类? 这体现了什么样的监管逻辑?

11. AIFMD 的适用范围是什么? 由某个美国籍基金经理在中国运营的面向法国投资者的英国艺术品投资基金是否受到 AIFMD 管辖?

第 5 章　市场风险管理

金融机构每天都暴露在各种资产价格变动之中, 我们一般将这种由价格变动带来的风险, 统称为市场风险. 不同产品的市场风险来源各不相同, 股票类资产的市场风险主要来自组合内各只股票的价格波动, 债券类资产的市场风险则主要来自利率的波动①, 衍生品的市场风险则主要来自标的资产的价格变动. 本章按照股票类资产、固定收益类资产和以期权为代表的衍生品资产的顺序分别介绍不同产品的市场风险的基本特征、常用的定量分析方法以及管理方法. 本章中涉及到的金融学和金融工程学的知识仅作最低限度介绍, 相关内容可以参阅系列教材中的专门教材.

5.1　股票类资产的市场风险刻画与管理

在第 3 章中, 我们以股票组合为例讨论了市场风险 VAR 的计算方法. 在本章中, 我们简要介绍一类股票市场特色的风险分解方式——因子模型, 并基于因子模型介绍股票市场的风险刻画与管理.

5.1.1　因子模型的基本结构

1. 宏观因子模型

当 f_t 为可观测的经济或金融数据的时序时, 我们称因子模型为宏观因子模型. 这类模型的代表就是 “市场模型”, 这个模型只有一个市场回报率作为因子. 这源于大家普遍认为个股和市场组合之间的走势存在着密切的关系. 定义超额收益为收益率减掉无风险利率, 我们有如下回归方程:

$$r_{it} - r_f = \alpha_i + \beta_i(r_{mt} - r_f) + \epsilon_{it}$$

其中 r_{it} 是股票 (或股票组合) i 在第 t 期的回报率, r_{mt} 是市场组合在第 t 期的回报率, r_f 是无风险收益率, ϵ_{it} 是误差项. 和资本资产定价模型不同, 这里允许 α_i 不等于 0.

在市场模型之下, 股票 i 收益的方差 Var 可以分解为

$$\text{Var}(r_i) = \beta_i^2 \text{Var}(r_m) + \text{Var}(\epsilon_i) = \beta_i^2 \sigma_m^2 + \sigma_i^2$$

① 这里的利率变动一般只针对市场利率变动而引起的利率变动, 不包含因具体债券信用状况变动而引起的利率变动, 后者一般被归为信用风险.

即个股的风险由 (与市场组合的相关性而代入的) 市场收益驱动的方差 $\beta_i^2\sigma_m^2$ (我们称其为系统性风险) 和与市场组合不相关的特质性风险 σ_i^2 构成. 这两种风险的管理手段不同, 管理系统性风险一般使用指数期货对冲的方式来管理, 特质性风险一般来说是通过分散化和构建组合的方式来控制. 借用回归分析中的决定系数 R^2 的定义:

$$R^2 = \frac{\beta_i^2\sigma_m^2}{\beta_i^2\sigma_m^2 + \sigma_i^2}$$

我们可以将 R^2 看作资产 i 的全部风险中系统性风险的占比 (对于后面谈到的多因子模型, R^2 可以看作资产 i 的风险中被各个因子解释的占比), $1-R^2$ 看作异质性风险的占比. 我们使用 A 股 2011 年到 2018 年的周数据构建市值加权市场组合 (MKT), 并以其作为因子, 使用单因子模型解释个股回报. 回归方程的系数和系统性风险占比统计量汇报于表 5.1 中①.

表 5.1 全 A 股 2011～2018 年周数据市场模型结果

	均值	标准差	分位点		
			25%	50%	75%
α	0.004	0.013	0.000	0.002	0.005
MKT	1.200	0.550	1.027	1.204	1.364
R^2(%)	30.16	13.25	22.06	30.25	38.17

数据来源: 原始数据来自 WIND 数据, 经过作者清洗后计算得到, 结果仅供参考. MKT 一行展示的是市场组合因子的系数.

2. 基本面因子模型

基本面因子模型使用资产特异的特征, 比如所在行业、市值、各种财务指标等等决定不同资产之间的共同因子. 此类模型以 Fama 和 French (1993) 提出的 Fama-French 三因子模型为代表.

该模型的核心是通过选择可观测的资产特征变量, 将资产按照该变量的值进行排序构造资产组合, 然后将资产组合收益的差作为因子的值. 以市值因子 “size” 为例, 它们将股票按照市值从大到小排序并构造大市值组合和小市值组合, 最后选取的因子为小市值组合与大市值组合的收益差 (SMB). 基于构造出来的因子, 可以用时序回归的方式计算因子载荷. 传统的三因子模型的第三个因子来自高市净率 (PB) 组合与低市净率组合的收益差 (HML). 关于中国市场的研究指出②, 价值因子 (VMG: 低市盈率 (PE) 组合与高市盈率组合的收益差) 是比 HML 更合适的

① 均值为各回归方程系数的平均值, 标准差为各回归方程系数的标准差. 这里的统计量是对全部系数做的简单统计, 不是回归里面针对某个系数的显著性检验.

② 关于我国股票市场定价因子的研究, 推荐读者去阅读 Liu 等 (2019). 这篇论文除了给出了中国版本的三因子模型以外, 还详细讲述了如何针对中国市场小市值股票有壳资源的特点进行数据清洗.

第三个因子. 我们使用 A 股 2011 年到 2018 年的周数据构建三因子模型解释个股回报. 回归系数和系统性风险占比统计量汇报于表 5.2 中. 可以看出, 当增加了新的因子后, 以 R^2 衡量的被解释的风险占比上升了 10% 以上.

表 5.2 全 A 股 2011~2018 年周数据中国三因子模型结果

	均值	标准差	分位点		
			25%	50%	75%
α	0.002	0.148	0.000	0.002	0.006
MKT	1.316	11.396	0.882	1.028	1.178
SMB	1.611	37.544	0.363	0.724	1.037
VMG	0.057	20.572	−0.818	−0.365	0.014
R^2(%)	42.52	15.55	33.09	41.73	51.06

数据来源: 原始数据来自 WIND 数据, 经过作者清洗后计算得到, 结果仅供参考. MKT, SMB, VMG 分别展示的是因子对应的系数.

3. 一般因子模型

因子模型通常是将个股的回报分解到可观测或者不可观测的因子之上. 一个标准的因子模型如下:

$$R_{it} = \alpha_i + \beta_{i1} f_{1t} + \beta_{i2} f_{2t} + \cdots + \beta_{iK} f_{Kt} + \epsilon_{it}$$

其中, R_{it} 是资产 i 在第 t 期的回报, f_{kt} 是第 k 个因子 $(k = 1, 2, \cdots, K)$ 在第 t 期的取值. β_{ik} 是因子 k 的“载荷”或“暴露”. ϵ_{it} 是误差项, 包含该资产特异性的信息. 我们也常用向量来表示上述因子模型. 记

$$R_{it} = \alpha_i + \beta_i f_t + \epsilon_{it}, \quad \beta_i = (\beta_{i1}, \beta_{i2}, \cdots, \beta_{iK}), \quad f_t = (f_{1t}, f_{2t}, \cdots, f_{Kt})^{\mathrm{T}} \tag{5.1}$$

为了让模型有意义, 我们需要一些基本假设, 这些假设包括

- 因子 f_t 作为时间序列需要有二阶平稳性, 否则我们无法定义方差和协方差矩阵.

$$E(f_t) = \mu_f, \quad \mathrm{Cov}(f_t) = E[(f_t - \mu_t)(f_t - \mu_t)^{\mathrm{T}}] = \Omega_f$$

- 误差和任意因子不相关, 否则因子就没有提取干净.

$$\mathrm{Cov}(f_{kt}, \epsilon_{it}) = 0 \quad 对任意的 i, k, t$$

- 误差没有序列相关性, 并且没有截面相关性, 否则方差和协方差矩阵将会变得特别复杂.

$$\mathrm{Cov}(\epsilon_{it}, \epsilon_{js}) = I_{\{(i=j)\cap(t=s)\}} \sigma_i^2$$

其中 $I_{\{\cdot\}}$ 为示性函数.

- 误差项均值为 0, 即 $E(\epsilon_{it}) = 0$. 这使得我们可以做如下收益分解:

$$E(R_{it}) = \alpha_i + \beta_i^{\mathrm{T}} E(f_t)$$

其中 $\beta_i^{\mathrm{T}} E(f_t)$ 是因为承担因子的系统性风险带来的预期回报, α_i 为未预期回报, 或者叫异常回报 (abnormal return). 在均衡模型中, 一般假设 α_i 为 0, 也就是没有异常回报.

为了后续表达方便, 我们在这里定义几个矩阵. 假设观测时间 $t = 1, 2, \cdots, T$, 股票数量为 N, 则对于给定的时间 t, 市场上的各只股票的收益率组成的向量为

$$R_t = (R_{1t}, \cdots, R_{Nt})^{\mathrm{T}}, \quad t = 1, \cdots, T$$

从我们对因子模型误差的假设中可以看出, 因子模型下的资产的相关性结构和因子关系密切. 我们将因子模型写成如下截面回归的形式:

$$R_t = \alpha + Bf_t + \epsilon_t, \quad t = 1, 2, \cdots, T$$

$$B = \begin{pmatrix} \beta_{11} & \cdots & \beta_{1K} \\ \vdots & \ddots & \vdots \\ \beta_{N1} & \cdots & \beta_{NK} \end{pmatrix}_{N\times K}, \quad f_t = \begin{pmatrix} f_{1t} \\ \vdots \\ f_{Kt} \end{pmatrix}_{K\times 1}, \quad \epsilon_t = \begin{pmatrix} \epsilon_{1t} \\ \vdots \\ \epsilon_{Nt} \end{pmatrix}_{N\times 1}$$

$$E[\epsilon_t \epsilon_t^{\mathrm{T}}] = \begin{pmatrix} \sigma_1^2 & & \\ & \ddots & \\ & & \sigma_N^2 \end{pmatrix} \equiv D$$

按照协方差矩阵的定义, 结合我们做的稳定性假设, 有

$$\mathrm{Cov}(R_t) = \Omega_R = B\Omega_f B^{\mathrm{T}} + D$$

这个矩阵拆开可以看到因子载荷对于方差和协方差矩阵的影响:

$$\mathrm{Var}(R_{it}) = \beta_i^{\mathrm{T}} \Omega_f \beta_i + \sigma_i^2, \quad \mathrm{Cov}(R_{it}, R_{jt}) = \beta_i^{\mathrm{T}} \Omega_f \beta_j$$

类似地, 如果我们基于资产 $1, 2, \cdots, N$ 构造以权重 $w = (w_1, \cdots, w_N)$ 的资产组合. 组合的回报同样也是基于因子 f_t 的, 其协方差矩阵为

$$\mathrm{Var}(R_{p,t}) = w^{\mathrm{T}} B\Omega_f B^{\mathrm{T}} w + w^{\mathrm{T}} Dw$$

4. 因子模拟组合

在很多场合下, 我们面临的问题是知道因子暴露 (β), 但是不知道因子暴露 (f). 比如我们认为市值背后有一个 "市值因子", 不同股票对该因子的暴露就是股票的市值, 我们就可以写出如下截面回归:

$$R_t = \alpha + \beta f_t + \epsilon_t, \quad t = 1, 2, \cdots, T$$

这里 β 是一个 $N \times 1$ 的可观测向量, 比如我们提到的 "市值" 等, f_t 是不可直接观测的因子, 该因子服从我们对因子模型的基本假设, 存在时间不变的方差 $\mathrm{Var}(f_t) = \sigma_f^2$ 并且与误差项不相关. 和传统线性模型的写法相反, 对于每个时间点 t, β 是 N 个观测数据, f_t 是单一的未知参数, 残差有单纯的异方差 $D = \mathrm{diag}(\sigma_1^2, \cdots, \sigma_N^2)$. 为了提高估计的效率, 使用广义最小二乘 (GLS) 法进行因子的估计①:

$$\hat{f}_{t,\mathrm{GLS}} = (\beta^{\mathrm{T}} D^{-1} \beta)^{-1} \beta^{\mathrm{T}} D^{-1} R_t$$

当 D 未知时, 可以使用可行的广义最小二乘 (fesiable GLS, FGLS) 法进行估计. 其基本逻辑是单纯异方差不会摧毁普通最小二乘 (OLS) 参数的一致性, 因此可以从 OLS 参数开始, 用残差计算 $\hat{D}$, 再代入上式计算因子的值.

为了管理某个因子的风险 (比如使得组合对某个因子 "中性", 即组合收益率不随该因子收益率的变动而变动), 我们需要构造一个组合复制出因子的动态, 这种组合自然地被称为因子模拟组合 (factor mimicking portfolio, FMP). 有的时候因子组合是显而易见的, 比如因子是市场回报率的时候, 市场指数组合就是因子组合. 其他可以直接观测的因子, 都可以仿照 Fama-French 的方法构造组合. 对于一般的因子回报, 我们可以使用上式给出的估计值来刻画. 此时 $h \equiv (\beta^{\mathrm{T}} D^{-1} \beta)^{-1} \beta^{\mathrm{T}} D^{-1}$ 就可以看成投资的权重. 实际上, 这个权重还有一个更有经济意义的解释, 即 h 是如下优化问题的解:

$$\min_h \quad h^{\mathrm{T}} D h \quad \text{s.t.} \quad h^{\mathrm{T}} \beta = 1$$

也就是说, 我们希望寻找满足下列两个条件的组合: ①最小化组合因股票特质性方差而带来的风险 $h^{\mathrm{T}} D h$; ②保持对因子载荷的单位暴露.

5.1.2 因子模型下的风险归因分析

因子模型之下, 假设我们以权重 w 构造投资组合, 则组合的收益率应该满足

$$w^{\mathrm{T}} R_t = w^{\mathrm{T}} \alpha + w^{\mathrm{T}} B f_t + w^{\mathrm{T}} \epsilon_t$$

也就是说, 组合的因子暴露为 $w^{\mathrm{T}} B$. 在第 3 章中, 我们的分析提示波动率是风险度量的基础变量, 下面关于风险归因的讨论也就从组合的方差出发:

$$\sigma_p^2 = w^{\mathrm{T}} \Omega_R w = w^{\mathrm{T}} B \Omega_f B^{\mathrm{T}} w + w^{\mathrm{T}} D w$$

① 严格地讲, 最后一项应该是去掉均值的回报率.

1. 资产 j 的风险贡献

在实践中，我们经常需要考虑如果调整一下某个资产 j 的权重，会对整体组合的风险产生什么影响. 参考我们对 VaR 做分解的方式，我们可以定义以波动率为风险度量的、资产 j 的边际风险为

$$\mathrm{MRC}_j = \frac{\partial \sigma_p}{\partial w_j} = \frac{\partial \sqrt{w^{\mathrm{T}}\Omega_R w}}{\partial w_j} = \frac{(\Omega_R w)_j}{\sigma_p}$$

其中 $(A)_i$ 表示向量 A 的第 i 个元素. 同样地，我们可以模仿成分 VaR 定义资产 j 的风险贡献为

$$\mathrm{RC}_j = w_j \frac{(\Omega_R w)_j}{\sigma_p}$$

由于标准差也满足一次齐次性，所以整个组合的风险就等于各个资产的风险贡献的和:

$$\sigma_p = \sum_{j=1}^{N} \mathrm{RC}_j$$

计算风险贡献为构建投资组合提供了新的视角，传统投资组合调配的时候往往从投资金额出发，比如构造等投资金额风险组合等. 但是我们知道不同资产的风险特性不同，等投资权重并不等同于等风险贡献. 如果我们希望风险贡献在不同的组合之间相似，则可以用如下优化问题寻找“风险平价”组合:

$$\min_w \sum_i \sum_j (\mathrm{RC}_i - \mathrm{RC}_j)^2 \quad \text{s.t.} \quad \sum_i w_i = 1, \quad 0 \leqslant w_i \leqslant 1$$

例题 5.1 我们选取中国外汇交易中心联合中国银行发布“CFETS-BOC 交易型债券指数”中的高信用等级债券总收益指数和高信用等级同业存单总收益指数在 2019 年 12 月 ~ 2023 年 4 月的日度数据为例，计算指数的收益率和相关系数矩阵如表 5.3 所示.

表 5.3 指数收益率和相关性信息

	均值 (%)	标准差 (%)	相关系数矩阵	
高信用等级同业存单指数收益率	0.0110	0.0214	1	0.5078
高信用等级债券指数收益率	0.0136	0.0490	0.5078	1

由于同业存单的收益率标准差明显小于高信用等级债券指数收益率的标准差，我们构造的等权重组合的风险实际上主要由高等级债券贡献. 如果我们想做到两类资产的风险贡献相当，则需要调低高等级债券的权重，调高同业存单的权重，从而使得两者的风险贡献平衡，如表 5.4 所示.

表 5.4 等权重组合和风险平价组合比较

	等权重组合		风险平价组合	
	投资权重	风险贡献	投资权重	风险贡献
高信用等级同业存单指数收益率	0.5	0.252	0.696	0.5
高信用等级债券指数收益率	0.5	0.748	0.304	0.5

2. 因子 i 的风险贡献

和上面讨论权重变化带来的风险变化不同, 这部分我们关心的是因子暴露变化带来的风险贡献. 特别地, 我们考虑某个因子的暴露增加一点, 整个组合的波动率上升多少. 由于组合的风险敞口为 $w^{\mathrm{T}}B$, 我们关心的变量为

$$\begin{aligned}\mathrm{MCR}_j &= \frac{\partial \sigma_p}{\partial (w^{\mathrm{T}}B)_i} = \frac{1}{2}\frac{1}{\sigma_p}\left(\frac{\partial w^{\mathrm{T}}B\Omega_f B^{\mathrm{T}}w}{\partial (w^{\mathrm{T}}B)_i} + \frac{\partial w^{\mathrm{T}}Dw}{\partial (w^{\mathrm{T}}B)_i}\right) \\ &\approx \frac{1}{2}\frac{1}{\sigma_p}\left(\frac{\partial w^{\mathrm{T}}B\Omega_f B^{\mathrm{T}}w}{\partial (w^{\mathrm{T}}B)_i}\right) = \frac{(\Omega_f B^{\mathrm{T}}w)_i}{\sigma_p}\end{aligned}$$

约等号意味着我们忽略了异质性风险对因子暴露的反映. 这个假设基本上是说得通的, 因为因子本身和残差就是不相关的. 进而我们有

$$\mathrm{RC}_i = (w^{\mathrm{T}}B)_i \frac{(\Omega_f B^{\mathrm{T}}w)_i}{\sigma_p}$$

考虑因子风险贡献, 是因为即便我们做到了资产层面的"风险平价", 我们也不能保证风险得到了足够的分散. 如果一个组合中相当多的资产都受到同一个因子的影响, "风险平价"策略之下我们可能还是对这个因子暴露过大. 为此我们可以转到因子层面的"风险平价", 即用因子的 RC 替代资产的 RC 代入前面的最优化.

5.1.3 因子模型下的风险的管理

本节介绍股票市场风险的管理. 首先我们集中于使用因子模型, 通过构造投资组合进行风险管理. 这部分的目标是通过调整组合的因子敏感性①, 使得组合对特定的市场风险保持希望的敞口, 从而达到管理风险的目的. 最后简要对使用诸如期货或者期权的方式进行市场风险的管理, 这部分内容本质上和管理衍生品风险的内容是一致的, 区别在于这里将股票当作管理对象, 把衍生品当作管理工具.

1. 组合的因子敏感性调整

假设我们现在有 N 个资产, 并且构建了一个包含 K 个因子的因子模型:

$$R_t = \alpha + Bf_t + \epsilon_t$$

① "因子敏感性"在相关文献中也被称为"因子敏感度".

其中

$$B=\begin{pmatrix}\beta_{11} & \cdots & \beta_{1K}\\ \vdots & \ddots & \vdots\\ \beta_{N1} & \cdots & \beta_{NK}\end{pmatrix}$$

假设一个投资组合 p, 权重向量 $w=(w_1,\cdots,w_N)^{\mathrm{T}}$, 其中 w_i 表示第 i 个资产在投资组合中的占比. 我们有该组合收益率为

$$r_{pt}=\sum_{i=1}^{N}w_i\left(\alpha_i+\sum_{j=1}^{K}\beta_{ij}f_{jt}\right)=\sum_{i=1}^{N}w_i\alpha_i+\sum_{j=1}^{K}\left(\sum_{i=1}^{N}w_i\beta_{ij}\right)f_{jt}$$

易见对于因子 f_{jt} 的敏感性为

$$\beta_{pj}=\sum_{i=1}^{N}w_i\beta_{ij}$$

下标 p 表示组合, 因子敏感性向量可以写成 $\beta_p=w^{\mathrm{T}}B$.

可以看到, 如果我们对现在的敏感性向量不满意, 我们可以维持组合价值不变, 调整权重 w 到 $\tilde{w}$, 从而改变组合的风险特征到 $\tilde{\beta}_p=\tilde{w}^{\mathrm{T}}B$. 常见的目标敏感性是各种因子中性, 这表现为 $\tilde{\beta}_p$ 的某些分量为 0. 例如我们想做组合的时候做到对房地产行业中性, 那就需要计算每只股票相对于房地产行业 (一般以行业指数表示) 的 $\beta_i^{房}$, 通过调整权重, 使得组合的 $\beta_p^{房}=0$.

这里还有一点需要说明的, 由于卖空股票一般有着相当的成本, 我们假设这里的权重都是非负数. 由于组合的 β 是个股 β 的加权平均, 改变后的敏感性向量的分量 β_{pj} 的取值范围在 $[\min(\beta_{ij}),\max(\beta_{ij})]$ 之间. 一个组合要能做到行业中性, 必须要求其中至少有一些股票的行业 β 是负数. 同理, 由于绝大部分股票的市场 β 都是正数, 市场因子中性往往难以在不卖空的情况下纯使用股票组合做到. 对于超出范围的敏感性要求, 我们一般通过流动性更好的衍生品交易来完成.

新权重满足的 $\tilde{\beta}_p=\tilde{w}^{\mathrm{T}}B$ 本质上是解一个线性方程组, 由于因子数量小于资产的数量, 所以上面的方程组会有不止一组解. 我们可以进一步要求这个组合满足其他的性质, 比如在满足风险敏感性要求之下, 组合的方差最小等.

例题 5.2 我们随机选取了 5 只 A 股股票, 它们各自的三因子敏感性如表 5.5.

表 5.5 5 只 A 股股票各自的三因子敏感性

序号	MKT	SMB	VMG
S1	1.162	0.646	0.772
S2	0.938	1.594	0.290
S3	1.186	1.049	−0.313
S4	0.652	1.037	−0.303
S5	1.082	0.610	−0.821

且具有如下协方差矩阵[①]:

$$
\Omega=\begin{pmatrix}
0.0053 & 0.0018 & 0.0021 & 0.0016 & 0.0032\\
0.0018 & 0.0049 & 0.0020 & 0.0019 & 0.0019\\
0.0021 & 0.0020 & 0.0027 & 0.0014 & 0.0018\\
0.0016 & 0.0019 & 0.0014 & 0.0037 & 0.0018\\
0.0032 & 0.0019 & 0.0018 & 0.0018 & 0.0044
\end{pmatrix}
$$

若采取等权重组合, 则组合的敏感性如表 5.6 所示.

表 5.6 组合的敏感性

	MKT	SMB	VMG	波动率
等权重组合	1.004	0.987	−0.075	4.9%

预计到未来市场整体走势不确定性加大, 但是小股票似乎有走强的趋势, 价值股和成长股之间的强弱关系看不清楚. 在这个判断下, 风控部门允许将 SMB 的敏感性调高到 1.25, 但是 MKT 敏感性要求降低到 0.9, 同时做到 VMG 中性. 在此基础上常规地要求组合达到最小方差. 这意味着权重 $w=(w_1,\cdots,w_5)$ 要满足

$$
\begin{aligned}
&\min_{w} \quad w\Omega w^{\mathrm{T}}\\
&\text{s.t.} \quad wB=[0.9,1.25,0], \quad \sum_i w_i=1, \quad w_i\geqslant 0
\end{aligned}
$$

其中 B 是敏感性表中数字按照原位组成的矩阵. 求解上述优化问题, 我们可以得到最优的组合权重为

$$
w=(0.054,\ 0.416,\ 0.190,\ 0.340,\ 0.000)
$$

对应的组合波动率为 5.11%. 注意到这里并没有让组合整体的波动率下降. 这是因为风控部门允许 SMB 敏感性调到 1.25, 而 SMB 本身的波动比较大, 导致了虽然调低了 MKT 和 VMG 的风险敞口, 整个组合的波动率还是上升了. 这似乎意味着我们并没有管理好风险, 但这正是我们想表达的核心问题: 虽然大部分语境里不做区分, 但本质上管理风险并不等同于降低风险, 更合理的说法是"管理风险等于让风险处于可接受的水平". 如果风控部门的可接受水平就是 SMB 敏感性到 1.25, 那么目前的状态就是可接受的. 如果风控部门关心的是组合整体的波动率, 那么优化问题应该被表述为[②]

① 这里使用的是原始的协方差矩阵, 是因为这里的三个因子不是统计因子, 之间并不正交.

② 这里我们使用的记号 $B(i,j)$ 是表示 B 矩阵的第 i 行、第 j 列. 如果使用冒号, 则意味着所有行或者所有列, 比如 $B(:,[1,3])$ 意味着 B 矩阵的第 1 和第 3 列.

$$\max_{w} \ wB(:,2)$$

$$\text{s.t.} \ \ wB(:,[1,3]) = [0.9,0], \quad \sqrt{w^{\mathrm{T}}\Omega w} \leqslant 4.9\%, \quad \sum_i w_i = 1, \quad w_i \geqslant 0$$

也就是说在满足其他两个因子敏感性要求且总方差不增加的情况下, 尽可能提高 SMB 敏感性. 求上述优化问题, 我们得到

$$w = (0.140,\ 0.261,\ 0.191,\ 0.408,\ 0.000)$$

对应的组合波动率为 4.9%, SMB 敏感性最高调到了 1.13.

2. 衍生品的使用

构造因子中性组合的方法虽然简洁, 但是并不方便. 这种不便至少体现在三个方面: ①构造中性组合往往需要交易一系列的股票, 交易难度比较大; ②构建中性组合要求的组合 β 往往落在可行区间外面导致这种操作并不总可以做; ③股票现货的流动性远没有期货流动性好, 存在比较高的流动性成本. 所以在有指数期货的情况下, 构建市场中性策略通常是通过交易指数期货来完成的. 假设我们持有一个资产 S, 同时签订 N_F 份股指期货合约 (价格为 F). 由于期货合约签订时对于双方的价值均为 0, 整个组合的收益率为①

$$r_{SF} = \frac{\Delta S + N_F \Delta F}{S}$$

假设资产服从市场模型:

$$r_S = \alpha + \beta(r_M - r) + \epsilon, \quad r_F = \frac{\Delta F}{F} = \beta_F(r_M - r) + \epsilon$$

其中 r_M 为市场指数收益率, r 为无风险收益率. 则组合的预期收益为

$$\begin{aligned} E(r_{SF}) &= \frac{E(\Delta S)}{S} + N_F \frac{E(\Delta F)}{S} = E(r_S) + \frac{N_F}{S} E(\Delta F) \\ &= \alpha + \beta(E(r_m) - r) + \frac{F N_F}{S} \beta_F (E(r_m) - r) \\ &= \alpha + \left[\beta + \frac{F N_F}{S} \beta_F\right] (E(r_m) - r) \end{aligned}$$

① 这里我们定义 $\Delta X = X_t - X_{t-1}$, 为简洁起见, 我们在正文中省略了时间下标. 由于期货合约签订的时候并不需要支付期货的价格 F, 因此投资额就是 S. 但期货的每日结算制度使得我们的损益同时包含了现货的损益 ΔS 和期货的损益 $N_F \Delta F$ 两部分.

其中 β_F 是指数期货关于市场指数的敏感性. 也就是说, 通过持有 N_F 份指数期货, 组合的市场敏感性变为

$$\beta+\frac{FN_F}{S}\beta_F$$

如果我们希望将组合敏感性调节至 β_T, 需要的期货数量为

$$N_F^*=\left(\frac{\beta_T-\beta}{\beta_F}\right)\left(\frac{S}{F}\right)$$

特别地, 如果要求 β_T 为零, 组合就呈现了市场中性. 有些时候, 我们假设 $\beta_F=1$, 因为股指期货追踪指数运动. 在实际应用中, 如果基差发生变化 (期货和现货价格的差距), 这个假设就会失效, 构造的组合就不再是市场中性了. 以下我们引用一个例子说明一下使用期货调整组合敏感性的方法.

例题 5.3 某资产组合有 2000 万元股票, 股票的 beta 为 1.15. 基金经理看空股市, 希望降低 500 万元的持仓, 同时将剩余股票的 beta 降低到 1.05. 目前的股票指数期货价格为 22.5 万元, 假设 beta 为 1. 为了做到这一点, 基金经理可以选择在现货市场卖出 500 万元的股票, 在卖出的时候选择高 beta 的股票卖出从而同时调整敏感性 (beta). 优点是好理解, 缺点前面已经罗列. 如果采用期货操作, 我们首先建立一个概念, 从敏感性的角度, 股票和现金的区别是什么？这个问题不难回答, 当股票对着大盘震荡毫无波澜的时候 (beta 为 0), 它就是现金了. 由此基金经理的当下的操作可以分为以下两步.

1) 等价卖出 500 万元股票

所谓的等价卖出, 就是将 2000 万元持仓中的 500 万元股票的 beta 使用股指期货调降到 0. 这一步需要的期货数量为

$$N_1=(0-1.15)\left(\frac{5000000}{225000}\right)=-25.56$$

也就是说持有约 26 份股指期货的空头. 这一步操作之后, 实际组合是 2000 万元股票 (beta=1.15), 26 份股指期货空头; 等效组合是 1500 万元股票 (beta=1.15), 500 万元现金.

2) 调整股票的 beta

第二步我们从等效组合出发, 也就是调整 1500 万元股票仓位的 beta 从 1.15 到 1.05, 这一步需要的期货为

$$N_2=(1.05-1.15)\left(\frac{15000000}{225000}\right)=-6.67$$

也就是再持有 7 份股指期货的空头. 至此, 实际组合是 2000 万元股票 (beta=1.15), 约 33 份股指期货空头; 等效组合是 1500 万元股票 (beta=1.05), 500 万元现金.

和期货不同, 期权买方需要支付权利金换取在未来一段时间可以 “按照约定的价格买入或者卖出的非义务的权利”. 这种结构使得期权也可以应用于对资产价值波动的控制.

期权可以用于锁定未来要购入资产的价格. 例如, 当前某股票价格为 S_0, 计划在 T 时刻以价位 K 将其纳入投资组合中. 这时需要担心的风险是: ①在 T 时刻股票价格 S_T 超过 K 太多导致买入不划算了; ②在 T 时刻股票价格 S_T 低于 K 比较多没必要买入了. 由于期货是权利义务对等的, 这里无法同时应对两种相反的风险. 相较之下, 期权更适合应对这种情况. 在当前购入行权价为 K、到期时间为 T 的看涨期权, 支付权利金 C. 如果到期的时候资产价格真的涨上去了也不用担心, 因为这相当于用 $K+C$ 的价格购入股票. 如果股票价格没有涨到预期, 可以选择直接购买股票, 总成本 S_T+C. 如果股票价格大幅下跌, 也可以放弃购买股票, 此时损失一个权利金 C. 由于期权天然高杠杆的特征, 这个权利金一般远小于 $K-S_T$. 无论哪种情况, 投资者的风险都是有限的, 成本封顶 $K+C$, 交易失败损失封顶 C.

同样地, 期权也可以用于保护手中既有的资产. 例如, 我们需要持有某资产一段时间 T, 但是担心价格下跌. 我们可以在当前购入行权价为心理价位 K 的看跌期权, 支付权利金 P. 如果到期时价格 S_T 高于心理价位, 那么就可以直接卖出资产, 净获利 S_T-P; 如果不想卖, 就损失一个权利金 P. 如果到期时价格下跌到心理价位之下, 我们就可以行权, 相当于用 $K-P$ 的价格卖出了手里的资产. 这个例子里, 投资者的收益保底是 $K-P$, 决定继续持有最多支付 P.

5.2 固定收益类产品的市场风险刻画与管理

固定收益产品, 从名字上看是收益水平相对固定的产品. 虽然随着市场的发展, 固定收益类产品的收益已经越来越不固定了, 但是名字还是继承下来了. 典型的固定收益类产品就是债券, 基础的债券具有定期给付利息, 到期返还本金的现金流结构. 按照发行人的不同可以分成国债、金融债、公司债等. 按照期限不同可以分成超短期融资券、短期融资券、中期票据、长期债券和永续债券等. 贷款和资产支持证券等从风险分析上也归属固定收益类范畴. 除了标准债券结构以外, 债券还可以附加一些 “权属性”, 比如发行人可以提前偿还债券, 债券的利息按照一定规则有界限地浮动, 投资者可以转换债券为发行人的股票等. 虽然固定收益债券到期能够回收本金和票息, 但这并不意味着固定收益产品并非完全没有风险, 其风险主要来源于: ①发行机构由于经营不善带来的违约风险或广义的评级变动风险; ②利率变动时带来的价格风险; ③固定收益产品附加的权属性带来的额外风险[①]. 本节只介绍最简单固定收益产品的利率风险刻画和管理问题, 信用风险的问题我们会放在本书第 6 章介绍, 更复杂的固定收益类产品的风险管理建议读者参考专门的固定收益教科书.

在简单的框架下, 我们假设固定收益类产品每期需要发放的利息和发放的时间是已知的, 只允许利率变动. 在这个结构下, 未来现金流的现值, 或者说债券的价值, 就是利率的函数. 对于如下 N 年期的固定债券, 票息每年支付一次, 在时刻 $t_1, t_2, \cdots, t_N$ 的现金流分别为 $C_1, C_2, \cdots, C_N$. 连续复利的利率期限结构为 $r = (r_1, r_2, \cdots, r_{t_N})$ 下, 该债券的价格为

$$P(r) = \sum_{i=1}^{N} C_i e^{-r_i \cdot t_i}$$

在这个框架里, 该债券的市场风险就是因为利率波动而带来的价格下跌. 如果用的是简单复利, 则债券价格为

$$P(r) = \sum_{i=1}^{N} \frac{C_i}{(1+r_i)^{t_i}}$$

实务中, 我们也经常反过来使用上面的公式, 给定债券的价格 P, 反推一个 r 使得上述公式成立 (这个 r 对于每个 t_i 都是同一个值), 这个 r 被称为 "到期收益率". 要实现这个收益率, 投资者必须: ①将债券持有到期; ②债券的利息也要按照 r 进行再投资.

5.2.1 利率期限结构和变动

既然固定收益证券的市场风险来自利率的变动, 了解利率的基本情况就是有效管理的基础. 利率作为未来一段时间的资金回报, 天然和期限相关. 将利率沿着对应的期限画出来, 就是所谓的利率曲线, 它体现的是利率的期限结构 (term structure). 图 5.1 是我国标准期限国债收益率曲线在给定的四个年份的第一个交易日的状况.

正常情况下, 利率期限结构都是向右上倾斜的, 但具体形态会随着时间的变化而变化. 图 5.2 展示了三种主要的利率曲线变动方式, 左边的模式是期限结构基本上是直线, 但是在不同时期期限结构的斜率不同; 中间的模式是曲线维持原有的形状, 但是在不同时期高度不同; 右边的模式是曲线的弯曲程度在

① 例如, 提前偿还一般发生于市场利率比较低的时候, 发行人提前偿还会导致投资者被迫在低利率环境下寻找投资机会, 对投资者是不利的.

不同的时期不一样. 不同模式的运动, 对于固定收益证券的影响不同, 比如第一种运动模式下, 即使两个组合的价值相近, 期限长的组合受到的影响要比期限短的大得多.

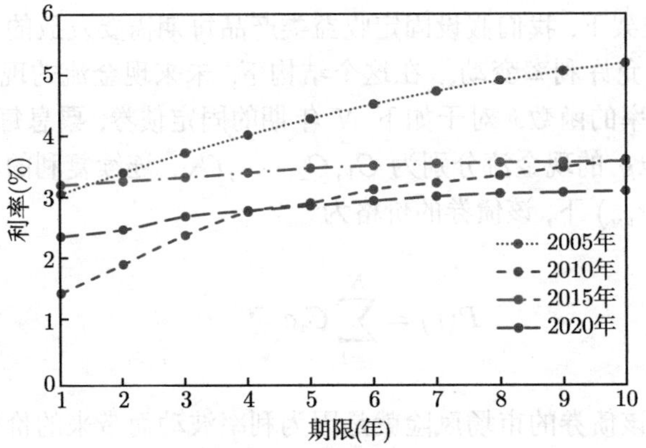

图 5.1 标准期限国债收益率期限结构 (1~10 年)

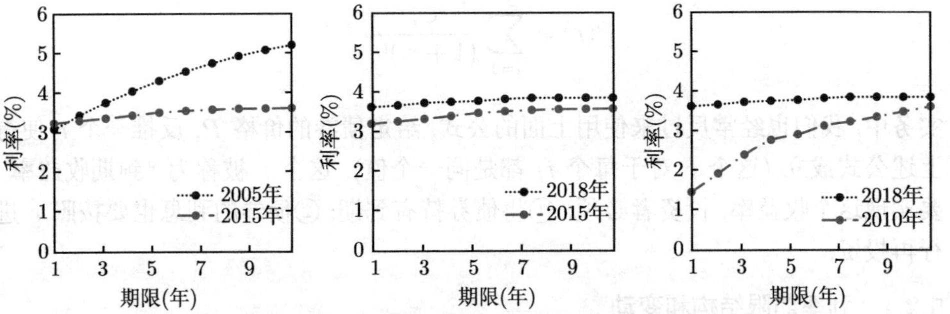

图 5.2 收益率期限结构主要变动模式

5.2.2 利率敏感性缺口与再定价

商业银行的基本职能是吸收存款和发放贷款, 而这两种业务都对利率非常敏感, 如果我们只关心净利息收入, 那么把两边收益率变动影响的资产和负债数出来, 做个比较, 就可以看出利率变动对银行资产的净影响了.

在这个框架里面, 所有银行获得利息且下段时间利率会有可能变动的 (比如短期贷款、浮动利率债券、住房抵押贷款[①] 等), 我们称之为利率敏感性资产

① 个人住房抵押贷款在我国的实践中长期都是固定利率的, 其利率水平只和签订贷款合同时的利率有关, 但从 2020 年 1 月 1 日开始, 新增住房抵押贷款只能使用以 5 年 LPR 为基础签订浮动利率合同. 也就是说, 2020 年前签订且没有选择转换为浮动利率的住房抵押贷款存量合同是不纳入 IRSA 统计的, 因为它们的利息收入并不会改变. 注意这里只是考虑了影响住房抵押贷款现金流的一个因素, 实践中住房抵押贷款还有一个提前还款的条款, 借款人提前还款也会导致银行的利息损失. 这种影响并不在 IRSG 框架内被考虑.

(interest rate sensitive asset, IRSA); 所有银行付出利息且下段时间利率会有可能变动的 (比如短期存款、浮动利率存款等), 我们称之为利率敏感性负债 (interest rate sensitive liabilities, IRSL), 两者之差就是所谓的利率敏感性缺口 (interest rate sensitive gap, IRSG):

$$\mathrm{IRSG} = \mathrm{IRSA} - \mathrm{IRSL}$$

由于不同到期时间利率不同, 且不同期限的利率变动也不相同, 对全部 IRSA 和 IRSL 直接用上面的公式, 肯定是没有道理的. 因此在敏感性缺口分析的过程中, 需要划分期限[①], 同一个期限段内方可计算有意义的 IRSG. 表 5.7 是一个敏感性缺口示例, 注意这里 IRSA 合计并不一定等于 IRSL 合计, 因为这并不是完整的资产负债表, 不存在敏感性资产等于敏感性负债这个说法.

表 5.7 利率敏感性缺口示例 (百万元)

期限	IRSA	IRSL	IRSG	累计 IRSG
O/N	50	40	+10	+10
7 天	120	150	−30	−20
30 天	90	80	+10	−10
90 天	180	160	+20	+10
120 天	260	220	+40	+50
合计	700	650	+50	

从这个表格中可以看出, 如果利率曲线整体向上移动, 因为总体上 IRSG 是正数, 该银行的净利息收入会上升. 但是从结构上看, 1~7 天这个资产子类的净利息收入会下降. 假设 IRSA 和 IRSL 分别表示某期限内的利率敏感性资产和负债; R_A, R_L 分别表示资产和负债的初始利率; K_A, K_L 则表示重新定价后的新利率; t_A, t_L 表示该期限内初始利率 R 起作用的时间所占的比例; $1-t_A, 1-t_L$ 则表示该期限内新利率 K_A, K_L 发挥作用的时间所占的比例[②], 则有净利息收入 (net interest income, NII) 为

$$\begin{aligned}\mathrm{NII} = &\ \mathrm{IRSA}\left((1+R_A)^{t_A}(1+K_A)^{1-t_A} - (1+R_A)\right)\\ &- \mathrm{IRSL}\left((1+R_L)^{t_L}(1+K_L)^{1-t_L} - (1+R_L)\right)\end{aligned}$$

再定价模型有如下缺陷: ①忽略了利率变化的市场价值效应, 利率变化不只是影响到了银行资产负债的利息, 还会影响到资产的市场价值, 作为本质上是账面价值记账的 IRSG 分析, 并不能很好体现市场价值的变化. ②即便是进

① “O/N” 是 Overnight 的缩写, 即期限为 “隔夜”.

② 这时我们要求利率的时间单位是重定价的期限. 比如我们重定价的频率是月, 则期限方面 1 就代表一个月, 利率方面就是月利率. 如果频率是年, 则期限方面 1 就代表一年, 利率方面就是年利率.

行了时间段归类, 同一个期限内的不同资产负债还是有到期时间的差异, 期限切割得越粗, 误差越大. 例如在表 5.7 中, 如果我们将 30 天及以下期限合并为一个组, 那么其 IRSG 是 -10, 这掩盖了隔夜和 30 天两个期限实际上是正的 IRSG 这个事实. ③上述计算的 IRSG 是一个静态的分析结果, 未来利率如何变动在 IRSG 中并没有体现. 在再定价框架中, 预测利率 K_A 和 K_L 也并不是一件容易的事情. ④剩余期限和原始期限不匹配, 比如住房抵押贷款期限 30 年, 但并不意味着银行的所有存量都是 30 年, 实际上住房抵押贷款组合里各种剩余期限的贷款都有, 精细的分类处理需要按照剩余年限去匹配. ⑤因为 IRSA 和 IRSL 的计算都是以资产负债表为基础的, 未进入资产负债表的内容无法覆盖. 比如银行可以通过持有利率衍生品改变资产负债的利率敏感性, 使得银行面临的风险偏离 IRSG 描绘的状态. 换句话说, 随着银行表外业务的扩张, 重定价模型和实际情况的偏离也在加大.

5.2.3 久期和凸性

为了克服上述再定价缺口面临的缺点, 我们希望能够将固定收益证券的更多特征维度纳入利率风险敏感性的评价框架中, 这些因素通常包括: 偿还期、票面利率、市场利率水平等. 一般情况下, 假定其他因素不变时, 各因素与债券价格的利率敏感性之间有着如下的规律: 债券的到期时间越长, 票面利率越低, 市场利率水平越低, 债券的利率敏感性就越高.

上述三个条件有个前提, 就是给定其他因素不变, 如果我们要比较期限和票面利率不同的债券组合时, 上述表述就不准确了. 如一种期限较长的债券, 但却有较高的票面利率, 那么票面利率对债券的价格影响将部分地被期限因素所抵消. 因此, 这就需要找出一个综合前述几个因素的概括性指标, 来衡量债券价格的利率敏感性. 这套指标体系最常用的两个指标就是 “久期” 和 “凸性”.

1. 久期 (duration)

我们将久期定义为收益率曲线在当前水平上变动一个微小的 $\mathrm{d}r$, 债券价格变动的比例[①], 即

$$D = -\frac{1}{P}\left.\frac{\mathrm{d}P}{\mathrm{d}r}\right|_{r=r_0}$$

这里要提醒注意的是, 在这种久期定义中, 我们强调的是收益率曲线的 “平行移动”, 如果曲线移动的模式是图 5.2 左右两种的话, 上述导数就无法对应一个统一的 $\mathrm{d}r$, 而是需要对应一串 $\mathrm{d}r_i$ 了.

① 这个定义方式在有些固定收益教材中被称为 “比率持续期” 或者 “麦考利久期”. 如果不折合成比例, 则被称为 “金额久期” 或者 “DV01”(即收益率下降 1 个基点, 价格上升的幅度).

对一只 N 期债券, 在时刻 $t_1, t_2, \cdots, t_N$ 的现金流分别为 $C_1, C_2, \cdots, C_N$. 依照债券价格计算使用连续复利和简单复利的区分, 其久期公式可以写成①:

- 连续复利定义下

$$D = \sum_{i=1}^{N} t_i \cdot \frac{C_i \cdot \mathrm{e}^{-r \cdot t_i}}{P}, \quad P = \sum_{i=1}^{N} C_i \cdot \mathrm{e}^{-r \cdot t_i}$$

- 简单复利定义下

$$D = \sum_{i=1}^{N} t_i \cdot \frac{C_i \cdot (1+r_i)^{-t_i}}{P}, \quad P = \sum_{i=1}^{N} C_i (1+r_i)^{-t_i}$$

不论哪一种定义方式, 代入价格 P 的表达式, 久期 D 都可以写成如下模式:

$$D = \sum_{i=1}^{N} \left(\frac{t_i \text{ 时刻现金流现值}}{\text{全部时刻现金流现值}} \right) \times t_i$$

也就是说, 久期 D 实际上对应着一个加权的时间, 这也是为什么有时候久期被称为"有效期限". 相比"剩余期限","有效期限"对分析利率敏感性更有用. 举个极端的例子, 我们有只剩余期限 100 年的债券, 其现金流结构为第 1 年 1000 元, 中间 99 年没有现金流, 最后一年 1 元, 收益率期限结构水平, 并始终保持在 2%. 在现值的视角下, 100 年后的 1 元钱当前的现值几乎可以忽略不计了, 也就是说, 这个债券从利率敏感性角度上看和一个一年期债券无异. 套用久期公式也可以发现, 这个债券的有效期限基本上就是一年.

例题 5.4 我们考虑某一票息率为 5%, 面值 $P = 100$ 元, 一年付息的两年期债券. 假设该债券对应贴现率为 10% 的年复利. 可见, 该债券发生在一年末和两年末现金流分别为

$$\mathrm{PV}_1 = \frac{C_1}{1+10\%} = \frac{5}{1.1} = 4.545, \quad \mathrm{PV}_2 = \frac{C_2}{(1+10\%)^2} = \frac{105}{1.1^2} = 86.777$$

① 这种定义和严格的导数之间还有一些小差距. 以简单复利为例, 直接求导的导数为

$$\sum_{i=1}^{N} \frac{1}{(1+r_i)} \frac{t_i C_i (1+r_i)^{-t_i}}{P}$$

如果我们想把第一个分数提出来, 可以考虑近似使用到期收益率 r 替换各个 r_i, 即

$$\sum_{i=1}^{N} \frac{1}{(1+r_i)} \frac{t_i C_i (1+r_i)^{-t_i}}{P} \approx \frac{1}{(1+r)} \sum_{i=1}^{N} \frac{t_i C_i (1+r_i)^{-t_i}}{P} = \frac{1}{(1+r)} D$$

等号后面的表达式也被称为"修正久期"(modified duration).

由此可以得到在一年末和两年末现金流占总现金流的权重分别为

$$\frac{PV_1}{PV_1+PV_2}=\frac{4.545}{4.545+86.777}=0.05, \quad \frac{PV_2}{PV_1+PV_2}=0.95$$

如果考虑现金流的时间加权, 该债券的平均回收时间为

$$1\times 0.05+2\times 0.95=1.95$$

虽然债券到期期限为两年, 但在一年末的时候已经回收了部分的现金, 如果考虑现金流的时间价值, 债券的平均回收时间将小于到期期限. 通过上面例子可以看到, 考虑了现金流现值加权的平均回收时间 (亦即债券的久期) 更能反映债券的回收周期.

例题 5.5 考虑一只债券, 到期期限为五年, 面值为 100 元, 票息率为 4%, 每年末支付一次. 假设债券的年连续收益率为 8%, 则该债券的价格为①

$$P=4\mathrm{e}^{-8\%}+4\mathrm{e}^{-2\times 8\%}+4\mathrm{e}^{-3\times 8\%}+4\mathrm{e}^{-4\times 8\%}+104\mathrm{e}^{-5\times 8\%}=82.865$$

由此可以得到该债券的久期 $D=4.587$, 如表 5.8 所示.

表 5.8 久期计算示例

时间 (年)	现金流	现值	权重	加权时间
1	4	3.692	0.0446	0.045
2	4	3.409	0.0411	0.082
3	4	3.147	0.0380	0.114
4	4	2.905	0.0351	0.140
5	104	69.713	0.8412	4.206
合计		82.865	1.0000	4.587

可以看出对于具有票息的债券, 久期 D 都严格地小于债券的到期期限, 因为债券在持有期内已经回收了部分的现金. 对于中途不回收利息的零息债而言, 其久期 D 刚好等于剩余期限.

通过前面久期的定义, 可以看到久期反映了债券的平均回收周期, 并且能够测度债券价格相对于收益率 r 变化的敏感性. 收益率的波动通常用基点 (basis point) 来描述. 一个基点 (1bp) 等于 0.01%. 回顾我们第 3 章讲述二次模型时的分析, 当利率小幅变动时, 通过一阶泰勒展开, 可以把债券价格变动近似为

$$\Delta P\simeq -P\times D\times \Delta r \tag{5.2}$$

例题 5.6 接例题 5.5, 以久期估算, 该债券的价格变化为

① 直接使用表格数据计算的价格为 82.866, 这是因为表格计算每期现值的时候采用了保留三位小数操作, 产生了一点累积误差.

- 当利率上升 100bp 价格变动为

$$\Delta P \simeq -P \times D \times \Delta r = -82.865 \times 4.587 \times 1\% = -3.801$$

- 当利率下降 100bp 价格变动为

$$\Delta P \simeq -P \times D \times \Delta r = -82.865 \times 4.587 \times (-1\%) = 3.801$$

同时也可以通过现金流直接折现的方式计算得到债券在收益率变动 100bp (1%) 时的价格变动:

- 当利率上升 100 个基点后, 新的利率为 $8\% + 100/10000 = 9\%$, 价格变动为

$$\Delta P = 4\mathrm{e}^{-9\%} + 4\mathrm{e}^{-2\times 9\%} + 4\mathrm{e}^{-3\times 9\%} + 4\mathrm{e}^{-4\times 9\%} + 104\mathrm{e}^{-5\times 9\%} - 82.865 = -3.710$$

- 当利率下降 100 个基点后, 新的利率为 $8\% - 100/10000 = 7\%$, 价格变动为

$$\Delta P = 4\mathrm{e}^{-7\%} + 4\mathrm{e}^{-2\times 7\%} + 4\mathrm{e}^{-3\times 7\%} + 4\mathrm{e}^{-4\times 7\%} + 104\mathrm{e}^{-5\times 7\%} - 82.865 = 3.895$$

进一步, 我们可以计算不同利率变动幅度下债券价格的变动和久期估算变动的误差. 可见, 当收益率变动较小时, 通过久期可以较好地估计出债券价格的变动, 但是只有在收益率变动较小时估计效果较好, 当收益波动较大时偏差显著增加.

2. 凸性 (convexity)

表 5.9 中的误差源于债券价格对利率的非线性, 在非线性存在的情况下, 一阶近似总会产生误差, 而且这种误差的减缓可以通过继续加入高阶展开项来解决. 对固定收益证券而言, 债券价格关于利率的二阶导数被称为凸性:

$$C = \frac{1}{P}\frac{\mathrm{d}^2 P}{\mathrm{d}r^2}\bigg|_{r=r_0}$$

表 5.9 久期估算价格变动偏差示例 (一阶)

利率变动 (bp)	变动后价格	实际价格变动	久期估算变动	误差
+500	65.976	−16.890	−19.018	−2.128
+300	72.248	−10.617	−11.411	−0.793
+200	75.618	−7.247	−7.607	−0.360
+100	79.154	−3.711	−3.804	−0.092
+50	80.988	−1.878	−1.902	−0.024
+5	82.676	−0.190	−0.190	0.000
0	82.865	0.000	0.000	0.000
−5	83.056	0.190	0.190	0.000
−50	84.789	1.924	1.902	−0.022
−100	86.760	3.895	3.804	−0.091
−200	90.847	7.982	7.607	−0.375
−300	95.137	12.272	11.411	−0.861
−500	104.366	21.500	19.018	−2.483

和久期的定义一样, 这里的凸性定义也强调的是收益率曲线的 “平行移动”. 对一个 N 期债券, 在时刻 $t_1, t_2, \cdots, t_N$ 的现金流分别为 $C_1, C_2, \cdots, C_N$. 依照债券价格计算使用连续复利和简单复利的区分, 其久期公式可以写成①:

- 连续复利定义下

$$C = \sum_{i=1}^{N} t_i^2 \frac{C_i \cdot \mathrm{e}^{-r \cdot t_i}}{P}, \quad P = \sum_{i=1}^{N} C_i \cdot \mathrm{e}^{-r \cdot t_i}$$

- 简单复利定义下

$$C = \sum_{i=1}^{N} t_i(t_i+1) \frac{C_i(1+r_i)^{-t_i}}{P}, \quad P = \sum_{i=1}^{N} C_i(1+r_i)^{-t_i}$$

在同时有久期和凸性的前提下, 继续使用第 3 章的二次模型, 债券价格变动的二阶近似可以写成

$$\Delta P \approx \frac{\mathrm{d}P}{\mathrm{d}r} \times \Delta r + \frac{1}{2} \frac{\mathrm{d}^2 P}{\mathrm{d}r^2} \times (\Delta r)^2 = \left(-D \times \Delta r + \frac{C}{2} \times (\Delta r)^2 \right) \times P$$

例题 5.7 考虑例题 5.5 中的债券, 该债券的凸性为 (连续复利计算)

$$C = 0.0446 \times 1 + 0.0411 \times 2^2 + 0.0380 \times 3^2 + 0.0351 \times 4^2 + 0.8413 \times 5^2 = 22.1451$$

再结合久期结果 $D = 4.587$, 我们可以把表 5.4 扩展到考虑凸性的版本. 在表 5.10 中可以看到二阶近似显著改善了估算的精度, 在利率波动幅度比较大时, 二阶近似的误差比只使用久期的一阶近似要小很多.

从凸性的公式上看凸性的计算还是现值占比加权, 区别只在于凸性加权涉及的是时间的平方项. 这意味着对于普通债券而言, 凸性永远是个正数. 对于可回购债券、国债期货等相对复杂的固定收益类产品或衍生品, 凸性并不总是正数. 这并不是说我们的推导错了, 而是复杂产品本身就不适用于本节开始的时候给出的定价公式. 这个时候计算产品的久期和凸性就需要用近似算法了.

① 和久期类似, 这种定义和严格的导数之间也有一些小差距. 以简单复利为例, 直接求导的导数为

$$\sum_{i=1}^{N} \frac{1}{(1+r_i)^2} \frac{t_i(t_i+1)C_i(1+r_i)^{-t_i}}{P}$$

近似使用到期收益率 r 替换各个 r_i, 即

$$\sum_{i=1}^{N} \frac{1}{(1+r_i)^2} \frac{t_i(t_i+1)C_i(1+r_i)^{-t_i}}{P} \approx \frac{1}{(1+r)^2} \sum_{i=1}^{N} \frac{t_i(t_i+1)C_i(1+r_i)^{-t_i}}{P} = \frac{1}{(1+r)^2} C$$

等号后面的表达式也被称为 “修正凸性”(modified convexity).

表 5.10 久期估算价格变动偏差示例 (二阶)

利率变动 (bp)	新价格	实际价格变动	纯久期估算		久期凸性联合估算	
			近似	误差	近似	误差
+500	65.976	−16.890	−19.018	−2.128	−16.724	0.166
+300	72.248	−10.617	−11.411	−0.793	−10.585	0.033
+200	75.618	−7.247	−7.607	−0.360	−7.240	0.007
+100	79.154	−3.711	−3.804	−0.092	−3.712	−0.001
+50	80.988	−1.878	−1.902	−0.024	−1.879	−0.001
+5	82.676	−0.190	−0.190	0.000	−0.190	0.000
0	82.865	0.000	0.000	0.000	0.000	0.000
−5	83.056	0.190	0.190	0.000	0.190	0.000
−50	84.789	1.924	1.902	−0.022	1.925	0.001
−100	86.760	3.895	3.804	−0.091	3.895	0.001
−200	90.847	7.982	7.607	−0.375	7.974	−0.008
−300	95.137	12.272	11.411	−0.861	12.236	−0.036
−500	104.366	21.500	19.018	−2.483	21.311	−0.189

3. 非标准现金流的久期和凸性

当现金流并不像前面的几个例子一样标准的时候, 本节开始提出的定价公式就不再适用了. 我们这里只要求在给定的利率向量 r 下, 能够算出 (或者模拟出) 现金流的现值 $P(r)$. 使用差分替代微分, 我们可以定义如下 "有效久期"(D_a) 和 "有效凸性"(C_a).

$$D_a \approx -\frac{P(r+\Delta r)-P(r-\Delta r)}{2P(r)\Delta r}$$

$$C_a \approx \frac{P(r+\Delta r)-2P(r)+P(r-\Delta r)}{P(r)(\Delta r)^2}$$

使用有效久期和有效凸性估算债券价格变动的公式和前面保持一致[①], 即

$$\Delta P \approx \left(-D_a \times \Delta r + \frac{C_a}{2} \times (\Delta r)^2\right) \times P$$

例题 5.8 假设有一只按年付息的可赎回债券, 剩余期限为 3 年, 面值为 100 元, 其息票率为 5%. 假设该债券在第 2 年年底可以赎回, 赎回价格为 100 元. 当前 1 年期的年利率为 4.40%, 年利率每年以 0.5 概率上涨或下跌 0.3%. 计算该债券的久期和凸性.

① 也有定义有效凸性为 $C_a/2$ 的方式, 这种方式下, 近似公式为

$$\Delta P \approx \left(-D_a \times \Delta r + C_a \times (\Delta r)^2\right) \times P$$

该债券为含权债券, 其现金流受到利率的影响, 因此不能直接使用定价公式来计算久期, 而是需要使用诸如二叉树等方法进行定价, 并借助有效久期和有效凸性公式近似其久期和凸性. 这里我们使用二叉树方法, 首先生成相应的利率二叉树.

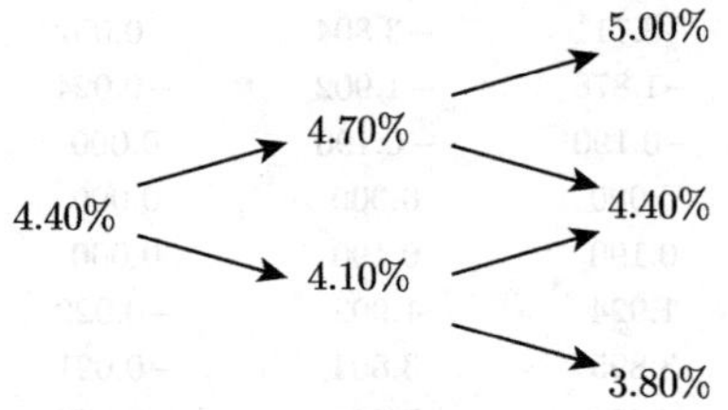

在这个利率二叉树之下, 我们可以推算不含权债券的价格二叉树[①]为 (节点价格不包含息票, 最后一列全部为 105 的第四层节点省略了)

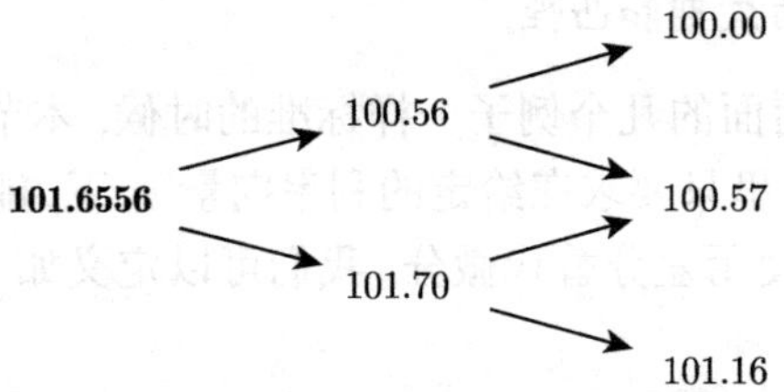

由于发行人可以在 2 年末以 100 元回购, 当利率为 4.40% 及以下时, 债券的剩余价值为 100.57 元和 101.16 元, 均超过了回购价格, 故会触发回购, 从而使得债券在相关情况下的价值变为 100 元. 基于此可以重新推算可回购债券的价格为

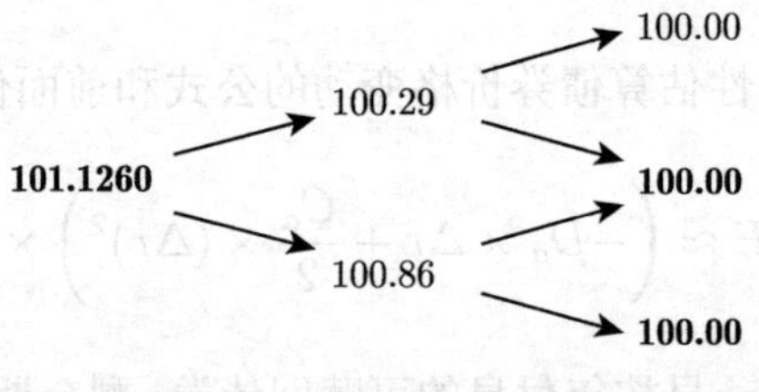

同理, 我们可以计算利率整体上升 10bp 和下降 10bp 时[②]债券的价格分别为 100.9154 和 101.3154. 使用有效久期和有效凸性的计算公式我们有

$$D = -\frac{P(r+\Delta r) - P(r-\Delta r)}{2P(r)\Delta r} = \frac{101.3154 - 100.9154}{2 \times 0.0010 \times 101.1260} = 1.98$$

① 关于二叉树下债券价格的计算细节读者可以参考固定收益相关教材, 这里为节约空间就不再赘述了, 只给出结果.

② 利率整体上升或下降 10bp 等价于在利率二叉树的每个节点上利率增加或降低 10bp.

$$\begin{aligned} C &= \frac{P(r+\Delta r)-2P(r)+P(r-\Delta r)}{P(r)(\Delta r)^2} \\ &= \frac{101.3154+100.9154-2\times 101.1260}{0.0010^2\times 101.1260} = -209.639 \end{aligned}$$

注意这里和传统债券的凸性为正不同, 可赎回债券的凸性可以是负数, 这是因为赎回价格会像天花板一样抑制债券价格在低利率的时候上升的幅度, 从而使得债券的"价格–收益率"曲线在一定范围内呈现出凹函数的特性.

4. 资产组合的久期和凸性

前面介绍了单一资产的久期, 该思想容易推广到一系列利率敏感的资产组合. 考虑如下 N 项资产的组合, 资产 i 的当前价值为 P_i, 在整个投资组合中所占权重为 ω_i, 其久期和凸性分别为 D_i 和 C_i. 如果用 P 表示某一资产组合的价值, r 表示资产组合的收益率. 则该组合的久期和凸性分别为

$$\begin{aligned} D &= -\frac{1}{P}\frac{\mathrm{d}P}{\mathrm{d}r} = -\frac{1}{P}\sum_{i=1}^{N}\frac{\mathrm{d}P_i}{\mathrm{d}r} = \sum_{i=1}^{n}\frac{D_i\times P_i}{P} = \sum_{i=1}^{n} D_i\omega_i \\ C &= \frac{1}{P}\frac{\mathrm{d}^2P}{\mathrm{d}r^2} = \frac{1}{P}\sum_{i=1}^{N}\frac{\mathrm{d}^2P_i}{\mathrm{d}r^2} = \sum_{i=1}^{N}\frac{C_i\times P_i}{P} = \sum_{i=1}^{N} C_i\omega_i \end{aligned}$$

也就是说, 如果我们能够对所有的产品计算其久期和凸性, 我们就有办法从久期和凸性的角度定义整个银行的利率风险情况了.

5. 利率曲线非平行移动的处理

图 5.2 指出利率曲线平行移动并不是期限结构变化的唯一模式, 各个期限上利率变动量不相等才是常态. 在这种情况下, 我们需要分析的是一个债券对各个期限利率的反映. 也就是说, 我们面对的久期和凸性不再是一个数字, 而是一个向量.

我们假设当前收益率曲线为 $r_0=(r_1,r_2,\cdots,r_m)$, 收益率变动向量为 $\Delta r=(q_1,q_2,\cdots,q_m)$, 则债券的价格变动应该是各个期限上价格变动的和, 即

$$-\frac{1}{P(r)}\sum_{i=1}^{m} q_i \left.\frac{\partial P}{\partial r_i}\right|_{r_0} + \frac{1}{2}\frac{1}{P(r)}\sum_{i=1}^{m}\sum_{j=1}^{m} q_iq_j \left.\frac{\partial^2 P}{\partial r_i\partial r_j}\right|_{r_0}$$

从而我们可以定义"关键利率久期向量"和"关键利率凸性矩阵":

$$D_{\text{key}} = -\left(\frac{\partial P}{\partial r_1},\frac{\partial P}{\partial r_2},\cdots,\frac{\partial P}{\partial r_m}\right)\bigg/ P(r)$$

$$C_{\text{key}} = \begin{pmatrix} \dfrac{\partial^2 P}{\partial r_1 \partial r_1} & \cdots & \dfrac{\partial^2 P}{\partial r_1 \partial r_m} \\ \vdots & & \vdots \\ \dfrac{\partial^2 P}{\partial r_m \partial r_1} & \cdots & \dfrac{\partial^2 P}{\partial r_m \partial r_m} \end{pmatrix} \Big/ P(r)$$

这里称的关键利率, 一般指的是标准期限利率, 例如国债标准期限收益率曲线上的期限. 一般而言, 这些标准期限的历史数据最全, 做统计分析的数据基础最好. 由于"关键利率凸性矩阵"比较复杂, 一般我们在分析曲线变动的时候优先使用一阶近似.

例题 5.9 接例题 5.5, 选取整年作为关键利率. 我们可以将债券看成 5 个零息债, 前 4 个为 4 元面值的债券, 最后 5 年期的为 104 元面值. 由于债券的现金流正好压在各个关键利率期限上, 第 1 年利率变动且其他利率不变的情况下只会影响到 1 年期零息债的价格. 使用组合久期计算公式, 结合零息债久期等于剩余期限的结论, 我们有

$$-\frac{\partial P}{\partial r_1} = 0.0446 \times 1 + 0 \times 2 + \cdots + 0 \times 5 = 0.045$$

同理, 我们可以顺次计算余下的分量, 从而得到整体向量

$$D_{\text{key}} = (0.045, 0.082, 0.114, 0.140, 4.206)$$

如果曲线整体向上移动 20bp, 则价格下降比例为

$$\begin{aligned} \frac{\Delta P}{P} &\approx -(0.045, 0.082, 0.114, 0.140, 4.206) \times (0.002, 0.002, 0.002, 0.002, 0.002)^{\mathrm{T}} \\ &= -0.92\% \end{aligned}$$

和我们常规久期定义下结论一致. 如果曲线斜率变动, 即 $\Delta r = (-20\text{bp}, -10\text{bp}, 0\text{bp}, +10\text{bp}, +20\text{bp})$, 则价格变动的比例为

$$\begin{aligned} \frac{\Delta P}{P} &\approx -(0.045, 0.082, 0.114, 0.140, 4.206) \times (-0.002, -0.001, 0, 0.001, 0.002)^{\mathrm{T}} \\ &= -0.84\% \end{aligned}$$

虽然各个变动分量的平均值为零, 但因为主要的现金流都在远端 (5 年期占比 84%), 所以整体价格还是下降了.

使用关键利率的方式分析曲线非平行移动, 还有两个问题需要解决: ①如何处理现金流不在关键利率上的情况; ②如何给出变动向量 Δr.

1) 现金流映射 (cashflow mapping)

现金流正好出现在关键利率上是罕见情况, 大部分时间我们面对的现金流都不在关键利率之上. 这时候我们需要基于一定的准则将非标准的现金流映射到关键利率上, 构造一个风险特征相近的等价现金流. 这种等价基于两点要求: ①原始现金流和等价现金流的现值要相等; ②原始现金流和等价现金流现值的波动要相等. 我们以一个例子[①]说明这种映射的基本做法.

例题 5.10 某债券还有 0.8 年到期, 其息票为 10% 年付两次, 本金 100 万元. 关键利率为 3 个月、6 个月和 1 年. 债券市场统计数据如表 5.11 所示.

表 5.11 关键利率相关统计信息

	3 个月	6 个月	1 年
零息债收益率 (%)	5.50	6.00	7.00
债券价格波动率 (%)	0.06	0.10	0.20
债券日收益率相关系数			
	3 个月	6 个月	1 年
3 个月	1.0	0.9	0.6
6 个月	0.9	1.0	0.7
1 年	0.6	0.7	1.0

我们首先拆解发生在 0.8 年的 105 万元到最近的两个关键期限 0.5 年和 1 年上.

(1) 计算现值.

首先通过差值方式经由零息债收益率推算 0.8 年的收益率:

$$6\% + \frac{0.8-0.5}{1-0.5} \times (7\% - 6\%) = 6.6\%$$

由此, 0.8 年的 105 万元折合当前的现值为

$$105 \times \frac{1}{(1+6.6\%)^{0.8}} = 99.7662$$

(2) 匹配波动率.

首先通过差值方式计算 0.8 年的波动率:

$$0.1\% + \frac{0.8-0.5}{1-0.5} \times (0.2\% - 0.1\%) = 0.16\%$$

我们假设分配给 6 个月的金额占比为 a, 则等价现金流的方差应该和原始现金流的方差相等, 即

$$0.001^2a^2 + 0.002^2(1-a)^2 + 2 \times 0.7 \times 0.001 \times 0.002a(1-a) = (0.16\%)^2$$

① 这个例子来自 John Hull 的 *Risk Management and Financial Institutions* (2 版), 第 13 章.

求解得到 $a = 32.03\%$, 由此等效的 6 个月期现金流 (现值) 为

$$99.7662 \times 32.03\% = 31.9551$$

等效的 1 年期现金流 (现值) 为

$$99.7662 \times (100 - 32.03)\% = 67.8111$$

重复同样的步骤, 可以计算出 0.3 年现金流在 3 个月和 6 个月两个关键期限上的等效现金流 (现值) 分别为 3.7397 万元和 1.1793 万元. 由此, 我们将两个等效现金流合并, 就将一个非标准的现金流转化为了标准现金流并在表 5.12 中以现值方式给出. 由此我们可以计算出关键利率久期向量为

$$D_{\text{key}} = (0.0357, 0.3165, 0.6478)$$

同时我们也可以计算该债券的波动率:

$$\sqrt{\alpha V \Omega V \alpha^{\mathrm{T}}} = 0.1649$$

其中 $\alpha = (3.7397, 33.1344, 67.8111)$,

$$V = \begin{pmatrix} 0.0006 & & \\ & 0.001 & \\ & & 0.002 \end{pmatrix}, \quad \Omega = \begin{pmatrix} 1 & 0.9 & 0.6 \\ 0.9 & 1 & 0.7 \\ 0.6 & 0.7 & 1 \end{pmatrix}$$

表 5.12 原始现金流和等效现金流

	0.25 年	0.3 年	0.5 年	0.8 年	1 年
原始现金流		4.9189		99.7662	
等效现金流	3.7397		33.1344		67.8111

2) 主成分分析

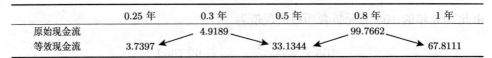

在描述随机向量的波动时, 我们常常希望将随机向量的波动分解为 "互相正交""贡献递减" 的一系列线性组合 ("主成分"). 这样随机向量的任意线性组合的方差就可以用主成分的方差和相应的载荷进行计算. 在经过了现金流映射处理后, 任意债券的价格变动都可以看成是 "关键利率" 这个随机向量使用债券 "关键利率久期" 作为系数的线性组合. 因此如果对 "关键利率" 提取主成分, 我们就可以把上一节计算的债券波动率归因于不同的主成分.

对于一组 N 的资产, 其第 j 个主成分 f_{jt} 可以看成是资产回报率 $R_t = (R_{1t}, \cdots, R_{Nt})^{\mathrm{T}}$ 按照系数 $w_j = (w_{j1}, \cdots, w_{jN})^{\mathrm{T}}$ 进行的线性组合 $w_j^{\mathrm{T}} R_t$, 即

$$\begin{pmatrix} f_{1t} \\ f_{2t} \\ \vdots \\ f_{Nt} \end{pmatrix} = \begin{pmatrix} w_{11} & \cdots & w_{1N} \\ w_{21} & \cdots & w_{2N} \\ \vdots & & \vdots \\ w_{N1} & \cdots & w_{NN} \end{pmatrix} \begin{pmatrix} R_{1t} \\ R_{2t} \\ \vdots \\ R_{Nt} \end{pmatrix}$$

$$\mathrm{Var}(f_{kt}) = w_k^{\mathrm{T}} \Omega w_k, \quad \mathrm{Cov}(f_{jt}, f_{kt}) = w_j^{\mathrm{T}} \Omega w_k$$

显然 N 个资产可以有 N 个主成分: 令 $f_{it} = R_{it}$ 就是一种满足主成分定义的选择. 但是这种主成分并没有将问题简化, 做了和没做一样. 主成分分析希望达到的目的是使用尽量少的主成分覆盖协方差矩阵中大部分信息. 在统计中, 方差代表了随机变量包含的信息, 因此做到信息量最大化, 实际上就是要求权重的选择能够使得主成分的方差最大化. 因此, 对于第一个主成分而言, 我们要求权重满足

$$\max_{w_1} \ w_1^{\mathrm{T}} \Omega w_1 \quad \text{s.t.} \quad w_1^{\mathrm{T}} w_1 = 1$$

约束条件出现的原因在于, 如果我们不对权重加以约束, 任意放大倍数就可以获得任意大的方差, 而这个并没有意义. 对于第二个主成分而言, 我们要求更多一些, 除了尽量获得大的因子方差和单位化以外, 我们要求第二主成分和第一主成分之间正交, 这等价于要求权重向量之间正交, 即

$$\max_{w_2} \ w_2^{\mathrm{T}} \Omega w_2 \quad \text{s.t.} \quad w_2^{\mathrm{T}} w_2 = 1, \ \ w_1^{\mathrm{T}} w_2 = 0$$

序贯执行这个步骤, 并要求后面的主成分和前面所有的主成分都正交, 就可以获得另一组 N 个主成分. 这些主成分互相之间正交, 且方差大小按照顺序递减.

以第一个主成分的求解为例, 设 λ 为拉格朗日乘子, 关于 ω_1 的一阶条件为

$$\frac{\partial L}{\partial \omega_1^{\mathrm{T}}}(\omega_1^{\mathrm{T}} \Omega \omega_1 - \lambda(\omega_1^{\mathrm{T}} \omega_1 - 1)) = 2(\Omega - \lambda I)\omega_1 = 0$$

如果 λ 是矩阵 Ω 的特征根, 则 ω_1 是隶属于特征根 λ 的特征向量. 也就是说, 上面的优化实际上等价于求解 Ω 矩阵的特征值和特征向量. 而且这个一阶条件还意味着

$$\omega_1^{\mathrm{T}} \Omega \omega_1 = \omega_1^{\mathrm{T}} (\lambda I) \omega_1 = \lambda$$

这意味着与第 s 主成分的方差 $\mathrm{Var}(f_{st})$ 和矩阵 Ω 的第 s 大特征根是相等的.

由于实对称阵 Ω 可以分解为特征根矩阵 $W = (\omega_1, \cdots, \omega_N)$ 和特征向量对角阵 $D = \mathrm{diag}(\lambda_1, \cdots, \lambda_N)$. 回报率方差的和满足

$$\sum_{i=1}^{N}\mathrm{Var}(R_{it})=\sum_{i=1}^{N}\sum_{k=1}^{N}\lambda_k\omega_{ki}^2=\sum_{k=1}^{N}\lambda_k\sum_{i=1}^{N}\omega_{ki}^2=\sum_{k=1}^{N}\lambda_k\omega_k^{\mathrm{T}}\omega_k=\sum_{k=1}^{N}\lambda_k$$

由此, 我们可以定义第 i 个主成分的方差占比和前 K 个主成分的累计方差占比:

$$\frac{\lambda_i}{\sum_{i=1}^{N}\lambda_i},\qquad \frac{\sum_{i=1}^{K}\lambda_i}{\sum_{i=1}^{N}\lambda_i}$$

累计方差占比是主成分分析中一个很重要的指标. 一般而言, 方差占比在前几个主成分上比较高, 随后会突然下降, 这种现象使得我们可以基于其确定合适的主成分个数 (文献中称其为“碎石法”). 基于估计出的权重 w_k, 主成分实现值可以用 $\hat{f}_{kt}=w_k^{\mathrm{T}}R_t$ 直接计算. 在此基础上, 确定资产的因子载荷仅需要把各个 $\hat{f}_{kt}$ 当作解释变量进行回归分析即可.

表 5.13 给出了我国银行间标准期限国债收益率的主成分分析结果, 原始利率一共有 1~10 年共计 10 个不同期限, 单位为基点 (0.01%). 表 5.13 左边 PCs 部分给出了前三个主成分在各个期限上的系数, 最后一行的“合计”给出各个主成分贡献的标准差①. 第五列的“主成分波动率”给出的是前三个主成分可以解释的各个期限利率的波动率, 第六列“总波动率”是对应期限的利率波动率. “主成分波动率占比”给出了各个主成分能解释的波动率占比. 可以看出虽然只用了三个主成分, 但是各个期限的利率波动率都被解释了 99.7% 以上, 即便是只使用前两个主成分, 也能解释 99% 左右.

表 5.13 银行间市场标准期限收益率前三主成分结果

期限	主成分 (bp)			主成分波动率 (bp)	总波动率 (bp)	主成分波动率占比 (%)			主成分波动率占总波动率比例 (%)
	水平因子	斜率因子	曲率因子			水平因子	斜率因子	曲率因子	
1	63.87	29.66	6.93	70.76	70.83	81.47	17.57	0.96	99.90
2	64.20	21.58	1.93	67.75	67.86	89.78	10.14	0.08	99.84
3	60.95	11.61	−3.79	62.16	62.26	96.14	3.49	0.37	99.84
4	58.97	3.57	−5.42	59.33	59.38	98.80	0.36	0.84	99.92
5	56.28	−2.76	−4.33	56.51	56.60	99.18	0.24	0.59	99.84
6	55.53	−6.89	−4.03	56.10	56.20	97.97	1.51	0.52	99.84
7	53.15	−11.27	−1.86	54.37	54.44	95.59	4.30	0.12	99.86
8	52.00	−16.05	1.00	54.43	54.47	91.27	8.70	0.03	99.93
9	50.74	−20.33	3.82	54.80	54.81	85.75	13.76	0.49	99.98
10	49.16	−24.31	6.19	55.19	55.24	79.34	19.40	1.26	99.90
合计	179.34	54.19	13.71	187.85	188.07	—	—	—	99.88

① 数值上也等于对应主成分的系数的平方开根号.

注意到不同的主成分标准差差距较大, 我们可以考虑用每个主成分的总方差对系数进行标准化, 并汇报标准化主成分系数 (参见表 5.14).

表 5.14 标准化前三大主成分

	1	2	3	4	5	6	7	8	9	10
水平因子	0.36	0.36	0.34	0.33	0.31	0.31	0.30	0.29	0.28	0.27
斜率因子	0.55	0.40	0.21	0.07	−0.05	−0.13	−0.21	−0.30	−0.38	−0.45
曲率因子	0.51	0.14	−0.28	−0.40	−0.32	−0.29	−0.14	0.07	0.28	0.45

这里每个系数的意义是对应主成分 1bp 的变动, 每个期限的利率变动多少基点. 比如当第一主成分上升 1bp 时, 1 年期利率上升 0.36bp, 5 年期上升 0.31bp, 10 年期上升 0.27bp. 我们进一步将这个标准化系数画在图 5.3 上, 按照标准差贡献递减排序, 三个主成分分别为 "水平因子"、"斜率因子" 和 "曲率因子". 从图中可以很好地看出它们的名字的由来: "水平因子" 主成分上升的时候, 曲线基本上是整体平移的, "斜率因子" 主成分上升时会抬升短期利率压低长期利率. 而 "曲率因子" 主成分上升时, 会抬升曲线两端压低曲线中段.

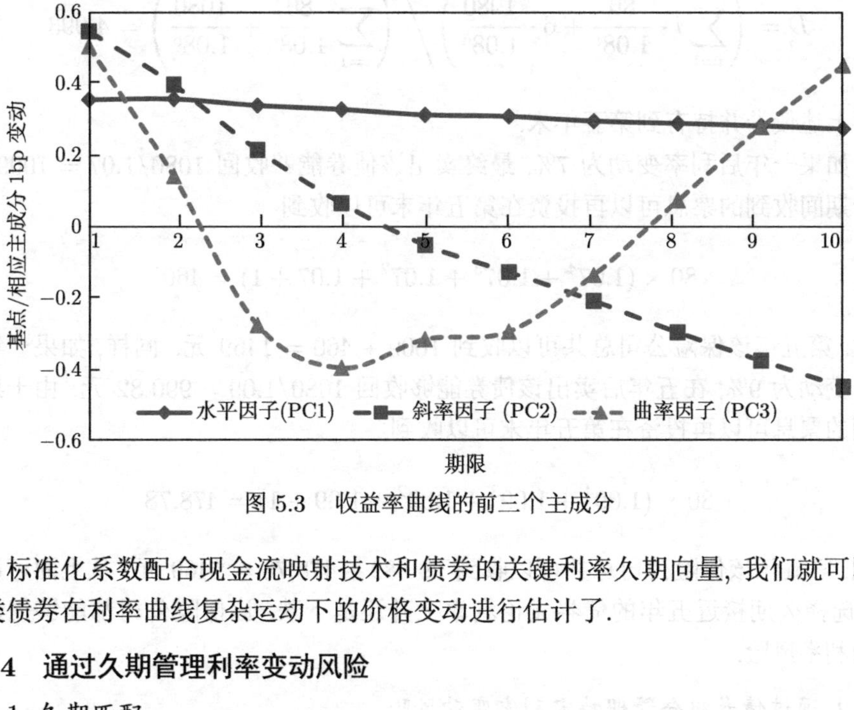

图 5.3 收益率曲线的前三个主成分

标准化系数配合现金流映射技术和债券的关键利率久期向量, 我们就可以对各类债券在利率曲线复杂运动下的价格变动进行估计了.

5.2.4 通过久期管理利率变动风险

1. 久期匹配

对金融机构来说, 资产和负债对于利率的敏感性可能是不一样的. 例如对于银行存款可能是短期的, 但住房贷款却是长期的, 有严重的期限错配. 想通过直接匹配期限来管理利率风险是不现实的. 所以当银行想采用久期来管理时, 匹配的是资产和负债的久期. 通过使二者的缺口接近零来“免疫”利率变动的风险. 下面通过一个例子来说明.

例题 5.11 养老保险和人寿基金常常面对这样一个问题: 如何调整资产投资结构, 使其能够在将来一定时期支付一定量的现金给投保人. 一个典型的例子是: 投保人到了退休年龄时, 需要一次支付一笔固定款项的保单. 假设某保险公司承诺要在 5 年后支付给投保人一笔款项为 1469 元, 则相当于 1000 元按照 8% 的复利投资 5 年的收益. 为了防范利率风险, 保险公司需要确定的是: 即使利率变化时, 5 年后的投资所产生的现金流能够支付给投保人. 该保险公司采取如下两种方案都可以规避未来的利率风险. ①投资到期期限为 5 年的零息债券. 这种方法在实际操作中可能并不一定能够找到 5 年期的零息债券. ②购买久期差不多是 5 年的带票息的债券, 比如下面这个 6 年期的债券. 假如市场上面有如下的按年付息的债券, 票息率为 8%, 面值为 1000 元, 目前到期收益率为 8% 的 6 年债券. 该债券的久期为

$$D=\left(\sum_{i=1}^{5} i\cdot\frac{80}{1.08^i}+6\cdot\frac{1080}{1.08^6}\right)\Bigg/\left(\sum_{i=1}^{5}\frac{80}{1.08^i}+\frac{1080}{1.08^6}\right)=4.993$$

购买上述债券并持有到第五年末.

如果一年后利率变动为 7%, 最终卖出该债券能够收回 $1080/1.07=1009$ 元. 由于期间收到的票息可以再投资在第五年末可以收到

$$80\times(1.07^4+1.07^3+1.07^2+1.07+1)=460$$

因此, 第五年该保险公司总共可以收到 $1009+460=1469$ 元. 同样, 如果一年后利率变动为 9%, 在五年后卖出该债券能够收回 $1080/1.09=990.82$ 元. 由于期间收到的票息可以再投资在第五年末可以收到

$$80\times(1.09^4+1.09^3+1.09^2+1.09+1)=478.78$$

因此, 第五年该保险公司总共可以收到 $990.82+478.78=1469$ 元. 从上面可以看到, 选择久期接近五年的债券无论利率上升还是下跌, 该保险公司都能够规避相应的利率风险.

2. 通过债券组合管理特定利率变动风险

我们在介绍久期的时候提到过, 传统久期只能应付利率曲线的平行移动, 所以上述“免疫”策略在曲线更复杂运动模式下表现不佳. 本小节以债券交易中的

"蝶式交易"(butterly trade) 来演示如何借助上一节的主成分分析结果构造资产组合[①], 来屏蔽特定利率曲线运动带来的价格变动风险.

例题 5.12 假设某交易员发现 5 年期利率相对于 2 年期和 10 年期利率而言过高了, 希望对中间的差价进行套利. 但是担心其他风险 (比如曲线整体向上或者向下), 希望通过组合交易的方式进行管理. 利率和各个债券的金额久期[②]如表 5.15.

表 5.15 利率期限结构和债券利率敏感性

期限	利率 (%)	金额久期
2	1.235	0.0197
5	2.427	0.0468
10	3.388	0.0842

接下来我们分析一下目前的状况, 交易员发现的问题是 5 年期利率偏高, 恢复正常的过程中 (5 年期利率相对 2 年期和 10 年期下降, 对应交易方向是买入 5 年期债券, 卖出 2 年期和 10 年期债券) 对应的是曲线的曲度发生变化的情况. 因此我们需要屏蔽的是水平因子和斜率因子两个主成分对组合价值变动的影响, 保留曲率因子敞口等待曲线恢复相对正常的位置. 每购入 1 元价值的 5 年期债券, 需要卖出的 2 年期债券 (F^2) 和 10 年期债券 (F^{10}) 需要满足[③]

水平因子中性: $F^2 \times 0.0197 \times 0.36 + F^{10} \times 0.0842 \times 0.27 = 1 \times 0.0468 \times 0.31.$

斜率因子中性: $F^2 \times 0.0197 \times 0.40 + F^{10} \times 0.0842 \times (-0.45) = 1 \times 0.0468 \times (-0.05).$

求解可以得到

$$F^2 = 1.1086, \quad F^{10} = 0.2923$$

也就是每购入 1 元 5 年期债券, 需要卖出 2 年期债券 1.1086 元, 同时卖出 10 年期债券 0.2923 元.

5.2.5 利率衍生品的应用

管理利率风险除了通过买卖债券以外, 还可以通过远期利率协议、国债期货等衍生品来进行, 我们在此做简单的介绍.

1. 远期利率协议

远期利率协议有提前锁定利率的功能, 对于有资金借入借出需求的企业而言可以提前锁定成本收益, 屏蔽不确定性. 远期利率协议的交割额是由协议利率、参

① 这个例子的情景来源于 *Fixed Income Securities: Tools for Today's Markets* (3 版) 的第 6 章.

② 金额久期 = 久期 × 价格, 也就是利率变动一单位, 债券的价格变动多少钱.

③ 这里的主成分使用的是表 5.13 导出的标准化系数表中的数据. 例如 Level 中性使用的 0.36, 0.27 和 0.31 分别对应着表 5.13 中水平因子的 2 年期、10 年期和 5 年期取值.

考利率、协议期限和协议金额决定的. 由于协议的交割日是在名义贷款期初, 而不是名义贷款期末, 因此交割额与一般利息的计算稍有不同, 交割额的计算需要进行贴现. 具体来说, 交割额的计算分为两步: 取基准日的参考利率与协议利率之差, 乘以协议金额, 再乘以协议期限, 得到名义贷款的利息差. 以参考利率作为贴现率, 对上一步计算得到的利息差进行贴现, 计算出利息差在交割日的现值, 即交割额. 我们可以用下述公式来计算交割额 (买方盈亏):

$$\text{交割额} = \frac{(R_M - R_K)\cdot L\cdot \text{DAYS/BASIS}}{1 + R_M\cdot \text{DAYS/BASIS}} = \frac{(R_M - R_K)\cdot L}{R_M + \text{BASIS/DAYS}} \tag{5.3}$$

其中 BASIS 表示转换天数①, DAYS 表示协议期的实际天数, L 表示协议金额, R_M 表示参考利率, R_K 表示协议利率. 一般远期利率协议会以 $A\times B$ 的方式进行标记, A 表示该协议的名义借款时间为 A 个月后, B 表示合约 B 个月后结束, 所以实际的名义借款时间为 $(B-A)$ 个月, 合约交割的时间为 A 个月后, 也就是名义借款开始时间.

例题 5.13 某公司将在 3 个月后收入一笔 1000 万元的资金, 并打算将这笔资金进行为期 3 个月的投资, 公司预计市场利率可能下跌, 为避免利率风险, 决定做一笔卖出远期利率协议的交易②. 该远期利率协议的具体内容和市场信息如表 5.16 所示.

表 5.16 远期利率协议示例

买方	银行	交易日	3 月 3 日
卖方	公司	交割日	6 月 5 日
交易品种	3×6	到期日	9 月 5 日
协议利率	5%	协议期限	92 天
参考利率	4.5%	协议金额	1000 万元

因此, 到 6 月 5 日的交割额为

$$-\frac{(4.5\% - 5\%)\times 1000}{4.5\% + 360/92} = 1.26(\text{万元})$$

如果此时 (6 月 5 日) 的三个月投资收益率为参考利率 4.5%, 则三个月后的投资本利之和为

$$(1000 + 1.26)\times\left(1 + \frac{4.5\%\times 92}{360}\right) = 1012.77(\text{万元})$$

① 随计息习惯不同而不同, 比如 30/360 习惯下, 一年的 BASIS 就是 360 天, 一个月就是 30 天, 而不管真实情况有多少天.

② 远期利率协议市场是一个非常活跃的市场, 一般不存在想买买不到、想卖卖不出的情况.

则, 实际的收益率为

$$\left(\frac{1012.77}{1000}-1\right)\times\frac{360}{92}=5.0\%$$

因而, 通过该远期利率协议, 该公司锁定了未来三个月的投资收益率 5.0%.

2. 国债期货

远期利率协议一般都是在场外市场上交易的, 流动性和标准化相对差一些, 如果追求使用流动性更高更加标准化的场内产品, 可以考虑使用国债期货进行风险管理. 这里我们继续例题 5.3 的情境举一个债券期货调节利率敏感性的例子.

例题 5.14 基金经理在完成了股票减仓之后, 希望将调出来的 500 万元仓位投到债券上, 且希望债券组合的久期为 7 年. 可用的债券期货价格为 9.2 万元, 对应久期为 5.9. 为了解决这个问题, 我们首先需要债券版的敏感性调节公式

$$N_F^*=\left(\frac{D_T-D}{D_F}\right)\left(\frac{B}{F}\right)$$

其推导逻辑和股指期货调节的公式一致, 其中 D_T 是目标久期, D_F 是债券期货久期, B 是债券组合的价值, F 是债券期货一份的价值, N_F^* 是完成调解需要的期货数量. 例题 5.3 操作完成后, 组合里面有等价 500 万元的现金, 其久期 $D=0$, 代入公式可以算得需要买入的债券期货数量为

$$N_3=\left(\frac{7-0}{5.9}\right)\left(\frac{500}{9.2}\right)=64.48$$

也就是说, 在债券期货市场上持有约 64 份债券期货多头, 可以基本达到目的. 结合例题 5.3 的结果, 我们的实际组合是 2000 万元股票 (beta=1.15), 约 33 份股指期货空头, 约 64 份债券期货的多头; 等效组合是 1500 万元股票 (beta=1.05), 500 万元债券 ($D=7$).

3. 利率期权

使用远期利率协议管理利率风险有一个小缺陷, 就是不管利率水平如何变动, 组合面临的利率是恒定的. 但是对于例题 5.13 而言, 如果未来的利率没有下降反而上升了, 那么 3 个月后收入的那 1000 万元资产原本获得的超过 5% 的收益都会被远期利率协议上的亏损抹掉. 假设公司又想不承担利率下降的风险, 又想保有利率上升的收益, 则可以考虑使用利率期权来进行管理. 常见的利率期权有: 利率上限、利率下限和利率双限期权等①. 例题 5.13 里面的公司可以使用利率下限

① 我们在第 2 章简单介绍过这几类产品的特点.

期权来管理风险, 并保有利率上行时的收益. 当然这并不是无成本的, 利率期权的买方需要支付权利金. 通常而言, 利率下限越低, 期权费率越高; 期限越长, 期权费率也越高. 最后还要强调一点, 利率期权的一个特点是可以多次行权. 比如下面这个例子.

例题 5.15 某公司现有 100 万元, 期限为 2 年, 以 SHIBOR 计息的浮动债务. 由于公司经济预测部门预测未来的 SHIBOR 利率将会上升, 因此该公司既希望在市场利率降低时能享有低利率的好处, 又想避免市场利率上涨时带来利息支出的增加. 因此, 该公司支付一定的期权费, 向银行买入上限为 5%, 期限为 2 年, 执行时间为 1 年底、2 年底的利率上限.

1 年后, 如果 SHIBOR 上升为 5.5%, 公司选择行使该期权, 则银行需向公司支付市场利率和协议利率的差价 $((5.5\%-5\%)\times 100\text{万元}=0.5\text{万元})$. 虽然已经行权, 由于该利率上限期权为 2 年, 合约依然有效, 如果 2 年后 SHIBOR 利率上升到 7%, 则银行需向公司支付市场利率和协议利率的差价 $((7\%-5\%)\times 100\text{万元}=2\text{万元})$. 利率在走高, 但是因为公司握有上限期权, 其实际支付的利率是 5% 水平上的一条水平线.

5.3 期权类产品的市场风险刻画与管理

本节将介绍期权类产品的价值影响因素和风险来源, 并通过普通的欧式看涨期权的希腊字母说明动态对冲原理. 对于结构较复杂的期权, 如障碍期权、回望期权、亚式期权、动态复制在实际中效果并不好, 我们将通过例子说明静态期权复制的思想和步骤.

5.3.1 期权类产品的风险刻画

通常, 期权的价值受到标的资产的价格、波动率、无风险利率、到期期限的影响, 而且这些影响因素有可能相互之间还有影响. 所以, 期权的价格变化的分析和对冲是复杂的. 以普通的欧式看涨期权为例, 当其他因素不变时, 标的资产价格上升, 波动性或无风险利率增加都会引起期权价值增加, 当到期期限增长时, 期权的价值并不一定会增加. 但是对于美式看涨期权, 到期期限增加, 期权的价值也增加. 如果卖出了期权, 而没有采用对冲, 则卖出方会面临较大的风险敞口. 例如, 如果卖出了一份执行价格为 100, 到期时间为一个月的欧式看涨期权. 当前股票价格为 100, 如果在期权到期时股票价格上涨到了 150, 则卖出方将亏损 50.

期权常见的价值影响因素包括标的的价格、剩余期限、波动率、无风险利率、执行价格等. 相应地, 期权的希腊字母定义为期权的价格相对于资产价格 S (一阶和二阶导数)、剩余期限 $T-t$、隐含波动率 σ、无风险利率 r、执行价格 K 的一阶导数①. 对于普通欧式看涨期权, 在几何布朗运动假设下, 资产价格 S 在风险中性概率下满足如下的随机微分方程.

$$\mathrm{d}S_t = rS_t\mathrm{d}t + \sigma S_t\mathrm{d}W_t$$

其中, r 为无风险利率, σ 为隐含波动率, W 为标准布朗运动. 对于剩余期限为 $T-t$、执行价格为 K 的普通欧式看涨期权在 $t \leqslant T$ 时刻的价值为

$$C_t = S_tN(d_1) - K\mathrm{e}^{-r(T-t)}N(d_2)$$

其中, $d_1 = \dfrac{\ln(S_t/K) + (r+\sigma^2/2)(T-t)}{\sigma\sqrt{T-t}}$ 和 $d_2 = d_1 - \sigma\sqrt{T-t}$, N 为标准正态分布的累积分布函数. 在上述几何布朗运动模型下, 欧式看涨期权的希腊字母可以计算得到

$$\text{(Delta)} \quad \Delta = \frac{\partial C}{\partial S} = N(d_1)$$

$$\text{(Gamma)} \quad \Gamma = \frac{\partial^2 C}{\partial S^2} = \frac{N'(d_1)}{S_t\sigma\sqrt{T-t}}$$

$$\text{(Theta)} \quad \Theta = \frac{\partial C}{\partial t} = -\frac{S_t\sigma N'(d_1)}{2\sqrt{T-t}} - rK\mathrm{e}^{-r(T-t)}N(d_2)$$

$$\text{(Vega)} \quad \nu = \frac{\partial C}{\partial \sigma} = S_t\sqrt{T-t}N'(d_1)$$

$$\text{(Rho)} \quad \rho = \frac{\partial C}{\partial r} = K(T-t)\mathrm{e}^{-r(T-t)}N(d_2)$$

从上面式子可以看到, 期权的希腊字母刻画了期权价格对各个因素变动的反映. 由于求导是线性运算, 所以期权组合 $\mathrm{OP} = \sum_{i=1}^n N_iO_i$ 的希腊字母与其中各个期权的希腊字母之间的关系可以写成②

$$\mathrm{Greek}_{\mathrm{OP}} = \sum_{i=1}^n N_i\mathrm{Greek}_{O_i}$$

① 在希腊字母的定义中, 针对剩余期限的导数一般用 $\partial C/\partial t$ 计算, 如果是以剩余期限为自变量, 其导数和正文中的刚好成相反数.

② 这里 OP 是期权组合的意思, O_i 是组合里的期权的价格, N_i 是对应期权的数量. Greek 可以是上述任何一种希腊字母. 比如对应 Delta 的式子为

$$\Delta_{\mathrm{OP}} = \sum_{i=1}^n N_i\Delta_{O_i}$$

同时对于一些特殊的金融产品的 Delta 具有较简单的形式, 如标的资产的 Delta 为 1, 远期合约的 Delta 为 1, 现金的 Delta 为 0 等.

例题 5.16 考虑如下的一个资产组合, 其中包含 10000 股股票, 100 份 $\Delta_C = -0.214$ 看涨期权空头, 50 份 $\Delta_P = -0.108$ 看跌期权多头 (1 份期权对应 100 股股票). 则该组合的 Delta 为

$$\Delta_V = 10000 \times 1 + 100 \times 100 \times (-0.214) + 50 \times 100 \times (-0.108) = 7320$$

对于一些复杂的金融衍生品 (如亚式期权、回望期权等), 其期权的价格通常不能写成显示解的形式. 因此, 要计算它们的 Delta, Gamma 等对冲策略不能通过前面求导的方式简单得到. 其核心思想是通过重复抽样和模拟资产价格变化的轨道得到期权价格的近似值. 在风险中性的世界里面, 衍生品的价格等于在无风险利率下衍生品收益的数学期望的折现, 即

$$\text{价格} = \mathrm{e}^{-rT} E^Q(\text{衍生品的收益})$$

例如我们想计算一个随机变量 ξ 的数学期望 $E[\xi]$, 但是 ξ 的分布函数很难计算或者其形式太复杂不容易计算. 这时我们可以重复抽取独立同分布的 $\xi_1, \xi_2, \cdots, \xi_N$, 通过计算其均值得到 $E[\xi]$ 的一个估计, 根据大数定律, 这个估计是无偏的, 即

$$E[\xi] \simeq \frac{\sum_{i=1}^{N} \xi_i}{N} \tag{5.4}$$

该方法的好处在于可以处理很复杂的分布, 而且计算速度对于高维问题不敏感, 缺点就是收敛速度为 $1/\sqrt{N}$. 关于蒙特卡罗方法加速的方法, 读者可以参考 Glasserman (2004), 这里我们不再详述.

5.3.2 期权市场风险的动态管理

所谓的动态管理方法, 指的是根据标的资产价格变化时刻调整资产组合以对冲标的价格变动带来的衍生品价格波动. 这里我们介绍两类方法: 相对简单的 "止损策略" 和相对复杂的 "Delta 中性策略".

1. 止损策略

该策略顾名思义就是在可能出现损失的时候马上采取措施进行补救, 是一种简单买入、持有等待的策略. 假设卖出了一份执行价格为 K、到期时间为 T 的欧式看涨期权. 当股票价格大于 K 时, 作为卖权的卖方, 开始承担潜在损失 $(S-K)$, 此时为了止损可以立即买入标的股票. 当股票价格下降到 K 时, 潜在损失消失, 则立刻卖出标的股票, 如此往复直到期权到期, 如图 5.4 所示.

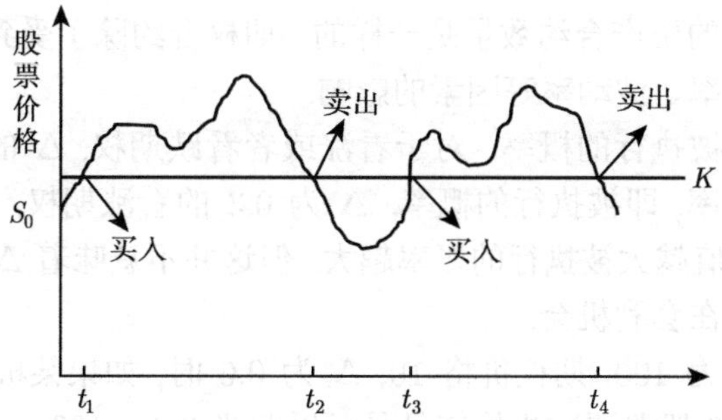

图 5.4 止损策略示意

当股票价格在 t_1 时刻首次超过 K 时，买入标的股票，持有到 t_2 时刻时，股票下降到 K，立刻卖出标的股票，t_3 时刻再买入，t_4 时刻再卖出持有的标的股票. 通过该策略，可以简单计算得到其对冲成本为 $\max(S_0 - K, 0)$. 但是，当我们仔细分析这个策略时，会发现在实际操作中，这种策略不太可能做到完美的对冲. 首先，股票的买卖价格不是同一个，同一个时点上，买入股票的花费要略高于卖出股票的所得. 所以在买入的时候股票的价格通常是高于 K 的，卖出股票价格的时候股票价格通常低于 K，所以对冲成本往往是高于 $\max(S_0 - K, 0)$；其次股票价格波动可能在 K 上下频繁波动，因此该策略可能会需要频繁地买卖股票引致大额的交易费用，这也会使得对冲成本要远高于 $\max(S_0 - K, 0)$. 因此，为了更好地对冲持有的期权头寸，一般都是通过管理期权的各种希腊字母 (风险敏感性) 来对期权进行风险控制的.

2. Delta 中性策略

该策略目的是把投资组合调成 Δ 为零的组合，使得投资组合不随标的资产价格的变动而变动. 对期权的 Δ 通常有如下三种常见的理解.

• 套保比率：以看涨期权为例，通过 Δ 的值，可以确定当卖出期权需要购买标的合约来对冲风险的比率. 对于标的资产其 Δ 值恒为 1. 如果某一看涨期权的 Δ 值为 0.5 时，每当卖出两份期权合约，需要购买一份标的资产以达到 Δ 中性对冲. 如果卖出的是看跌期权，由于其 Δ 为负，则需要卖出标的合约来达到 Δ 中性对冲. 对于一个资产组合而言，不一定是期权和标的资产的组合来达到 Δ 中性，事实上我们可以适当组合期权合约，同样可以达到 Δ 中性的目的. 例如，购买 6 份 Δ 为 0.5 的看涨期权和 10 份 Δ 为 -0.3 的看跌期权，同样能达到 Δ 中性.

• 等效标的合约：Δ 的值同时也反映了持有的期权等效的标的合约数量. 例如交易者购买了 10 份 Δ 为 0.5 的看涨期权，等效于持有了 5 份标的资产的多头头寸. 需要注意的是这里所说的等效只是理论上面的解释，期权并不是标的合约的替代物，不然也就不需要期权合约了. 这里的等效的含义是期权合约变动方向和大小与相应的标的资产合约数量是一样的. 期权合约除了受到标的资产价格变动的影响还受到利率、波动率等因素的影响.

- 到期时期权被执行的概率: 对于看涨或者看跌期权, Δ 的绝对值等于期权到期时为实值的概率, 即被执行的概率. Δ 为 0.3 的看涨期权, 到期时为 30% 的概率会被执行. Δ 值越大被执行的概率越大. 但这并不意味着 Δ 值大的期权更具有投资价值或者存在套利机会.

例如股票价格为 100, 期权价格 10, Δ 为 0.6 时, 如果某机构卖出了 1 份看涨期权 (1 份 = 100 股股票), 机构交易员可以购买 $0.6 \times 100 = 60$ 只股票来对冲. 如果股票价格上升 1, 期权价格上升 $0.6 \times 1 = 0.6$, 则期权亏损 $0.6 \times 100 = 60$, 股票收益为 $60 \times 1 = 60$, 刚好互相抵消. 一般地, 如果卖出了 N_C 份期权 (假设一份期权对应一份标的资产), 则需要买入 $\Delta_C N_C$ 份标的资产才能使得该组合的 Delta 为零①.

例题 5.17 假定在 7 月份, 某投资者持有 10000 股 A 股股票, 投资者决定在 9 月份以前将 10000 股 A 股股票的市场风险降低一半, 也就是需要把头寸 Delta 值降为 5000. 假定已知信息如下: 当前股票价格 $S_0 = 33$, 执行价格为 33 的欧式看涨期权价格为 1.06, Delta 为 0.377; 执行价格为 30 的欧式看跌期权的价格为 0.5, 其 Delta 为 -0.196. 投资者不考虑直接通过卖出 5000 股 A 股股票的方式降低 Delta 值, 而仅考虑用上述看涨和看跌期权的组合使得其新的投资组合的 Delta 值降低到 5000. 计算如何持有 (或者卖出) 看涨和看跌期权的头寸, 并使得该投资者在期权买卖上面没有前期的费用投入.

假设投资者出售 N_C 份看涨期权并买入 N_P 份看跌期权. 为了使得新的组合 Delta 为 5000, 则需要满足

$$5000 = 10000 + 0.377 \times N_C + (-0.196) \times N_P$$

同时要使得投资者在前期没有任何的期权费用投入, 则需要满足

$$1.06 \times N_C + 0.5 \times N_P = 0$$

联立上述两个方程可以得到 $N_C = -6305.17, N_P = 13366.94$. 由于一份期权对应 100 股股票, 所以只需要卖出 $N_C = 63$ 份看涨期权合约, 同时买入 $N_P = 134$ 份看跌期权合约.

---

① 原因如下: 假设买入的股票数量为 N_S, 则期权和股票组合的价值为 $V = N_S S + N_C C$. 我们计算 V 对于资产价格的导数可以得到

$$\frac{\mathrm{d}V}{\mathrm{d}S} = N_S + N_C \Delta_C$$

因此, 为使得上式为零, 只需要 $N_S + N_C \Delta_C = 0$. 进而得到 $N_S = -N_C \Delta_C$. 前面的负号表示当卖出期权时, 为了达到 Delta 中性, 应该买入标的资产; 如果是买入期权, 则是卖出标的资产.

从上述例子和公式可以看到, Delta 的值随着时间、标的资产价格、波动性、无风险利率的变动而变动. 因此, 要做到完美的 Delta 对冲, 需要不断地调整所持有的标的资产的头寸.

3. Gamma 中性策略

Delta 中性策略使得投资组合在短期内不会收到标的资产小幅度变化的影响. 由于 Delta 策略的动态特性, 为维持中性, 需要动态地调整持有的标的资产数目, 在实际操作中更希望调仓的频率的幅度不宜过大, 以减少市场摩擦和交易成本. Delta 相对于标的资产价格变动的速率称为 Gamma(Γ), 也称为期权的曲度 (curvature). 考虑 Delta 值为 0.5, Gamma 为 0.2 的看涨期权. 当标的资产价格变化 0.1 元时, Delta 的值也相应变动 $0.2 \times 0.1 = 0.02$, 达到新的 Delta 为 $0.5 + 0.02 = 0.52$. 如果在 Delta 为 0.5 时候卖出了 100 份期权并买入 50 份标的资产达到 Delta 中性后, 当标的资产价格变动 0.1 元后, 需要额外买入 $(0.52 - 0.5) \times 100 = 2$ 份标的资产以达到新价格下的 Delta 中性. 由于标的资产的 Gamma 为 0, 想要构造 Gamma 中性组合需要使用 Gamma 非零的资产, 比如另外的一个期权.

例题 5.18 假设我们有如下两个期权, 其 Delta 和 Gamma 如表 5.17 所示.

表 5.17 期权的风险特征示例

	Δ	Γ
O_1	0.5	0.2
O_2	0.7	0.1

如果我们现在持有的是 O_1, 希望能通过匹配一定数量的 O_2 来实现 Gamma 中性, 每一份 O_1 需要匹配的 O_2 的数量 N 应该满足

$$N = \frac{\Gamma_1}{\Gamma_2} \times 1 = 2$$

这个时候, 组合的 Delta 为

$$\Delta_1 \times 1 + \Delta_2 \times 2 = 0.5 \times 1 + 0.7 \times 2 = 1.9$$

此时需要同时卖出 1.9 份现货, 才能实现整个组合的 Delta-Gamma 中性.

5.3.3 期权市场风险的静态管理

在前面我们介绍了通过持续调整头寸的敏感性进行动态管理的基本框架, 但这种方式也有固有的局限: ①为了完全达到期权相同的收益, 在对冲过程中需要连续调整所持有的标的资产和无风险资产, 这在现实中是不可能的, 任何的交易都是在

离散时间上面完成的. ②在调整持有头寸时, 由于存在市场摩擦 (交易成本、流动性风险等), 完全复制一个期权是不可能的. ③传统的 Delta 对冲面对障碍期权、回望期权和一些结构复杂的衍生品时表现不佳. 以障碍期权为例, 其 Delta 并非连续函数, 当资产价格突破障碍水平时 Delta 会发生突变, 导致对冲头寸剧烈调整. 在实务中可能会导致很大的流动性成本. ④有定价公式可以求解显示的敏感性表达式的期权非常有限, 蒙特卡罗模拟方法同时面临着精度问题和耗时问题.

为了克服这些困难, 我们可以采用静态期权复制 (static option replication) 的方式对冲标的价格的变动. 静态复制的逻辑可以总结为: 当两个期权在边界上面有相同价值时, 它们在边界的里面也应该有相同的价值. 之所以被称为“静态复制”, 是因为构建的复制组合在持有过程中不需要去改变头寸, 从而避免提到的各种问题. 静态复制对冲策略通常不唯一, 在实际运用中可以根据需要在可行的方案中进行选择, 例如选择所有方案中波动率最小的等. 理论上, 一个期权的边界上有无穷多的点, 采用静态复制策略需要无穷多个期权产品的组合才能完美地复制一个复杂的期权, 这个在实际市场上并不现实. 但好消息是, 使用较少数量的简单期权已经可以在足够精确下展开复制了.

例题 5.19 考虑一个执行价格 $K = 100$, 当前股价 $S_0 = 100$, 障碍水平 $B = 120$, 到期期限 $T = 1$ 年, 波动率 $\sigma = 25\%$, 无风险年连续复利 $r = 10\%$, 连续年分红利率 $d = 5\%$ 的向上敲出看涨期权. 在几何布朗运动假设下[①], 通过蒙特卡罗模拟可以得到该障碍期权的价格为 $C_B = 0.656$, 而对于普通的欧式看涨期权的价格为 $C = 11.734$. 在障碍期权到期前, 如果股票价格没有触及障碍水平 120, 则该期权将获得普通看涨期权的收益; 如果在期权到期前资产价格穿过了障碍水平 120, 则该期权立即失效, 价值为零.

用静态复制的观念看, 障碍期权有一个 $S_t = 120$ 的边界, 在这个边界上障碍期权的价值为零. 我们现在需要用一系列普通期权做组合, 使得该组合在 $S_t = 120$ 时也是零价值的. 这样普通期权组合的当前价值就应该接近 $C_B = 0.656$ 了.

最简单情况下, 股价在期权到期前不会超过 120, 这时其收益和一个一年到期, 执行价格为 100 的欧式看涨期权一样. 记该欧式看涨期权为组合 A, 见表 5.18.

表 5.18 组合 A: 到期前 1 年

数量	类型	执行价格	到期期限	期权价值 ($S_0 = 100$)	期权价值 ($S_0 = 120$)
1	欧式看涨	100	1 年	11.7343	26.070

如果到期前 1 年时股票价格 (S_0) 刚好为 120, 则障碍期权的价值为 0, 但是组合 A 有价值 26.070. 为了完全匹配在这一个点上面的收益, 我们可以卖出另外

① 这使得我们可以使用 Black-Scholes 公式计算欧式期权的价值.

一个到期前 1 年的期权. 比如, 考虑卖出一个执行价格为 120、到期期限为 1 年的欧式看涨期权. 这个期权当前的价值为 14.081, 为平衡组合 A 的价值 26.070, 需要卖出 26.070/14.081 = 1.851 份. 我们记这个新组合为 B, 见表 5.19.

表 5.19 组合 B: 到期前 1 年

数量	类型	执行价格	到期期限	期权价值 ($S_0 = 100$)	期权价值 ($S_0 = 120$)
1	欧式看涨	100	1 年	11.7343	26.070
−1.851	欧式看涨	120	1 年	−8.850	−26.070
净值	—	—	—	2.8843	0

我们假设标的价格一直维持在 120, 时间逐步向到期时间靠近, 绘制出的组合 B 的价值曲线如图 5.5.

显然, 组合 B 只能匹配障碍期权在 0 点的边界, 对于到期前的其他时间, 即便标的价格仍然是 120, 组合 B 的价值也不会归零. 这也是组合 B 在当前价格 100 下的价值 2.88 远高于障碍期权模拟价值的原因.

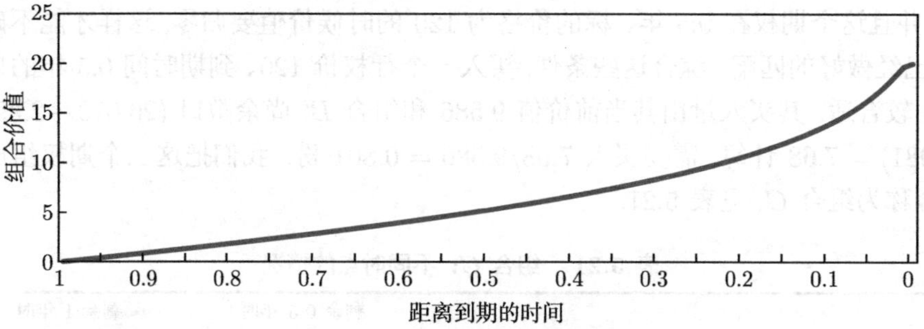

图 5.5 组合 B 的价值曲线

接下来我们的主要精力将用于设法将这条曲线拉到 X 轴上. 首先我们考虑改一下组合 B 里的期权, 将归零计算放在 0.5 年的位置上. 也就是说, 我们推算一个执行价格为 120、到期期限为 1 年的欧式看涨期权的卖出量时, 使用的是该期权还有 0.5 年到期时的价值 9.586 和组合 A 还有 0.5 年到期时的价值 22.976 计算, 需要卖出 22.976/9.586 = 2.397 份. 此时我们获得的组合 B', 见表 5.20.

表 5.20 组合 B': 到期前 0.5 年

数量	类型	执行价格	到期期限	期权价值 ($S_{0.5} = 100$)	期权价值 ($S_{0.5} = 120$)
1	欧式看涨	100	1 年	7.989	22.976
−2.397	欧式看涨	120	1 年	−4.453	−22.976
净值	—	—	—	3.536	0

我们假设标的价格一直维持在 120, 逐步向到期时间靠近, 绘制出的组合 B' 的价值曲线如图 5.6.

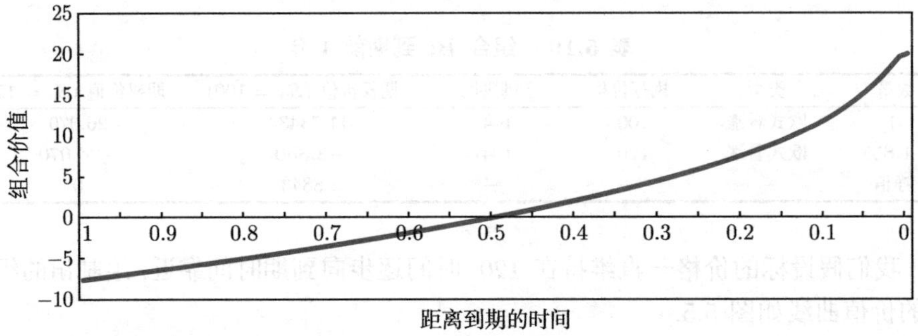

图 5.6 组合 B' 的价值曲线

接下来我们考虑把 X 轴以下的曲线拉回到 X 轴上. 注意到组合 B' 还有 1 年到期的时候, 其价值为负. 为了把曲线拉回来, 我们需要买入一个价值为正的期权, 并且这个期权在 0.5 年、标的价格为 120 的时候价值要归零, 这样才能不破坏 B' 已经做好的匹配. 综合这些条件, 买入一个行权价 120、到期时间 0.5 年的期权就比较合适. 其买入量由其当前价值 9.586 和组合 B' 尚余敞口 $(26.070 - 2.397 \times 14.081) = 7.68$ 计算, 需要买入 $7.68/9.586 = 0.801$ 份. 我们把这三个期权组成的组合称为组合 C, 见表 5.21.

表 5.21 组合 C: 不同时点的情况

数量	类型	执行价格	到期期限	剩余 0.5 年时	剩余 1 年时
				期权价值 ($S_{0.5} = 120$)	期权价值 ($S_0 = 120$)
1	欧式看涨	100	1 年	22.976	26.070
−2.397	欧式看涨	120	1 年	−22.976	−33.750
0.801	欧式看涨	120	0.5 年	0	7.680
净值	—	—	—	0	0

至此, 我们完成了在组合价值为 0.5、1 年边界为 120 处的归零. 我们假设标的价格一直维持在 120、时间逐步向到期时间靠近, 绘制出的组合 C 的价值曲线如图 5.7.

由于期权价值曲线是连续的, 所以当我们将 1 年边界归零之后, 这个曲线的前半段和 0 都比较接近了. 再进一步, 我们可以考虑在还有 2 个月到期的时点上归零 B' 组合, 然后依次加入存续期 10, 8, 6, 2 个月的期权, 用以依次归零组合在还有 4, 6, 8, 10, 12 个月的价值. 我们在此直接给出标的价格一直维持在 120、时间逐步向到期时间靠近的组合价值图 (图 5.8).

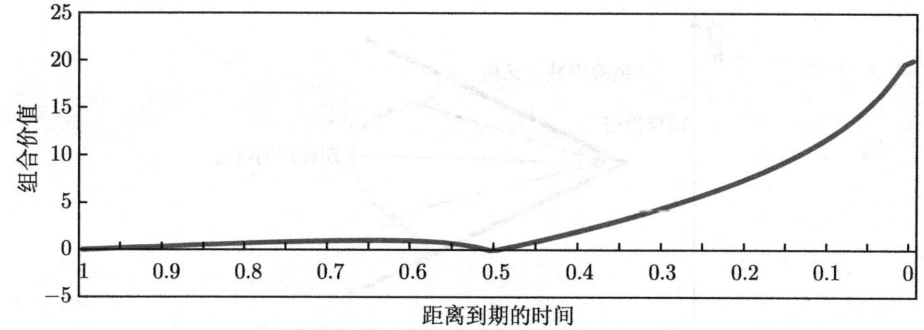

图 5.7 组合 C 的价值曲线

在这个组合中，我们一共使用了 7 个简单的欧式期权去复制原始的障碍期权，而且这个组合在存续期中并不需要时时调整. 在静态复制之下，管理障碍期权的风险敏感性就转化为了管理简单的欧式期权组合的风险敏感性.

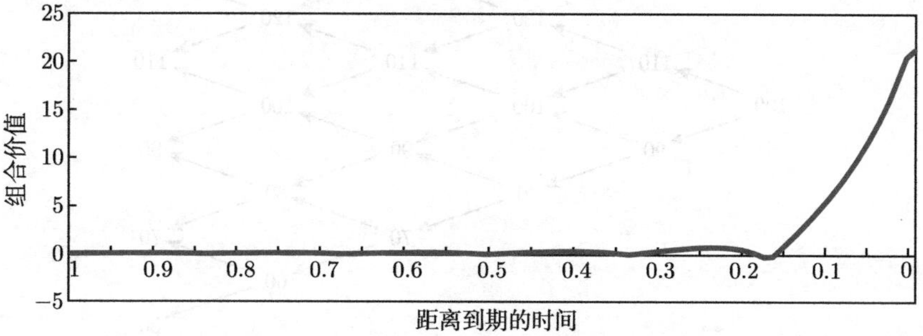

图 5.8 组合价值曲线

下面介绍二叉树模型下的静态期权复制.

上面的例子中，我们实际上是将连续时间的问题转化为离散点上的问题. 在金融工程的工具箱里，离散化连续过程的一个常用工具就是二叉树. 下面我们通过一个二叉树模型 (图 5.9) 详细说明上述静态复制思想在二叉树上的体现. 其思想是如果某两个期权组合在二叉树的所有边界，并且内部的现金分红是一样的，那么这两个期权组合在二叉树的边界和内部一定有相同的价格.

为了简便，我们假设如图 5.10 所示的 5 步二叉树，每步为一年. 在每个节点股票以等概率上升 10，或者下降 10. 当前股票价格为 100，无风险利率和分红都为 0. 考虑一个向上敲出欧式看涨期权 (up-and-out)：执行价格为 70，障碍水平为 120，到期期限为 5 年.

容易通过上述二叉树得到该障碍期权在每个节点的价值如图 5.11 所示.

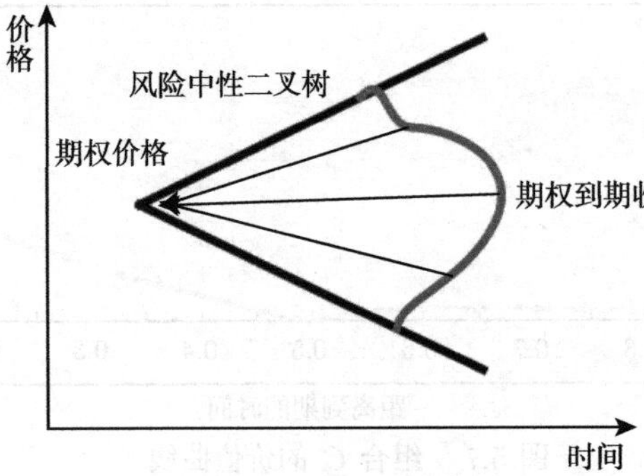

图 5.9 二叉树模型

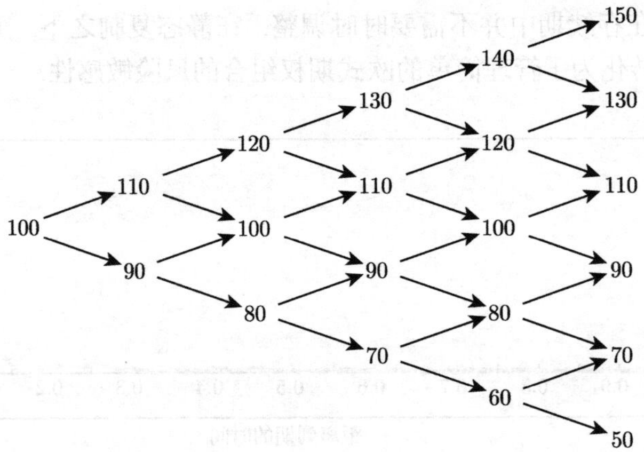

图 5.10 5 步二叉树

图 5.11 中, 细点线 (0-0-40) 是期权的敲出边界, 粗点线 (40-20-0-0) 是期权的到期边界.

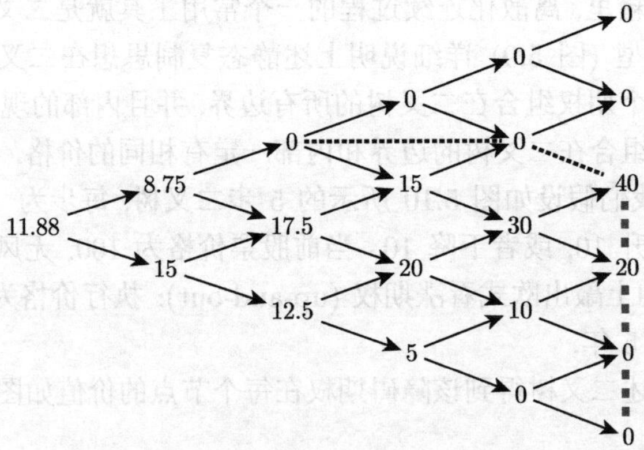

图 5.11 障碍期权在每个节点的价值

为了完美复制该障碍期权的收益，我们需要匹配边界上面的所有节点的收益. 首先我们买入一份五年期到期、执行价格为 70 的普通欧式看涨期权 (表 5.22). 该期权完美匹配了到期边界上面所有的节点 (图 5.12 最右边一列), 但是在节点 A 和节点 B 取值都为 50, 而障碍期权价值都为 0.

表 5.22 作为基础的普通欧式看涨期权

期权编号	到期时间	行权价	期权类型	交易方向	数量
1	5 年	70	欧式看涨期权	买入	1

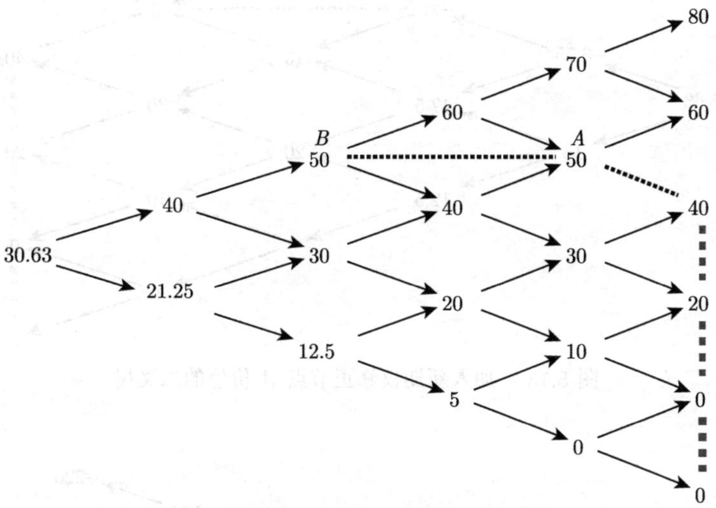

图 5.12 使用基础期权复制后的二叉树

为此，我们在表 5.18 的基础上，再加入一个 10 份 5 年期、执行价格为 120 的普通欧式看涨期权空头. 组合变成表 5.23 所示.

表 5.23 加入新期权修正节点 A 价值的组合

期权编号	到期时间	行权价	期权类型	交易方向	数量
1	5 年	70	欧式看涨期权	买入	1
2	5 年	120	欧式看涨期权	卖出	10

新加入的期权不会影响期权在到期边界上面的价值，但是把节点 A 的价值变成了 0, 节点 B 的价值从 50 变成了 -25 (图 5.13). 为此，我们进一步加入 5 份到期期限为 3 年、执行价格为 120 的普通欧式看涨期权多头 (表 5.24).

表 5.24　进一步加入新期权修正节点 B 价值的组合

期权编号	到期时间	行权价	期权类型	交易方向	数量
1	5 年	70	欧式看涨期权	买入	1
2	5 年	120	欧式看涨期权	卖出	10
3	3 年	120	欧式看涨期权	买入	5

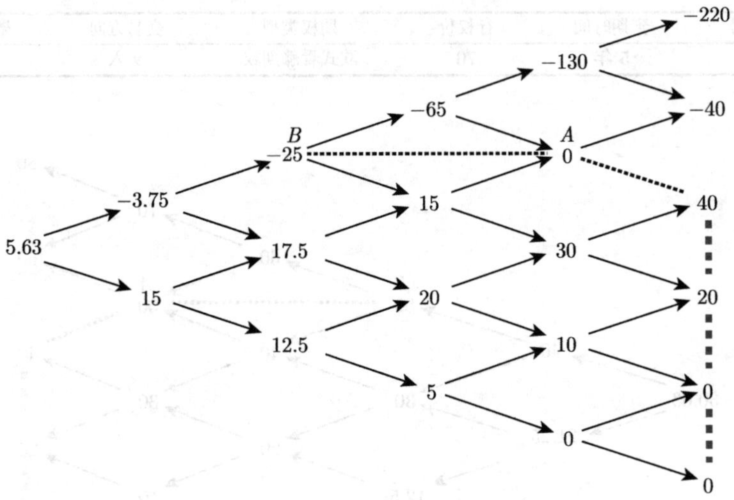

图 5.13　加入新期权修正节点 A 价值的二叉树

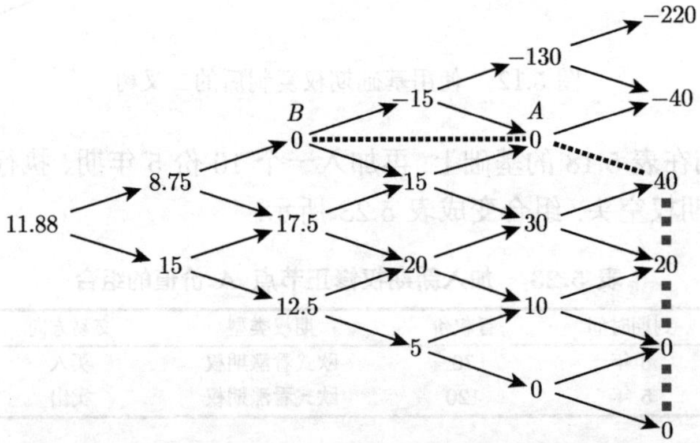

图 5.14　进一步加入新期权修正节点 B 价值的二叉树

至此, 新加入的期权使得节点 B 的价值从 -25 变成了 0, 从而上述三个期权组合完美地复制了该障碍期权 (图 5.14).

总结上面的复制过程, 我们首先计算障碍期权的到期边界和敲出边界. 再选择一份期权完全匹配到期边界, 然后选取 10 份期权匹配敲出边界的一个点, 最后选取 5 份期权匹配第二个敲出边界, 最终匹配障碍期权的所有边界. 因此, 该期权组合完美复制了该障碍期权.

思 考 题

1. 使用例题 5.2 的数据, 计算 MKT 敏感性增大到 1.15, SMB 敏感性调整为 0.8, 且 VMG 敏感性调至 -0.1 的最小方差组合权重.

2. 某基金经理握有如下股票组合, 希望做到市场风险中性.

股票	价格	数量	beta
S1	44.50	25000	1.1
S2	73.50	16000	0.8
S3	50.87	700	0.5
S4	54.25	10800	0.7
S5	18.87	18000	1.4

目前股指期货合约价格为 1305, 合约乘数为 25, 即每份合约价格为 32625. 请计算需要的期货合约个数和持仓方向.

3. 某电商平台购买一部 3499 元的手机, 分期付款方案为 12 期 (12 个月), 每期 324.82 元. 标注月均利率 0.95%. 请使用到期收益率方法计算该平台是否如实标定了分期的成本.

4. 自 2020 年 3 月 1 日起, 我国银行新发放的房屋抵押贷款全部是以 5 年期 LPR 为基础的浮动利率模式, 存量房屋抵押贷款可以选择维持固定利率或转为 LPR 浮动模式. 请分析这两种贷款模式中, 哪一种使银行面临的利率风险更大.

5. 假设我们有如下利率二叉树 (%), 每步长度为 1 年, 升降概率相等.

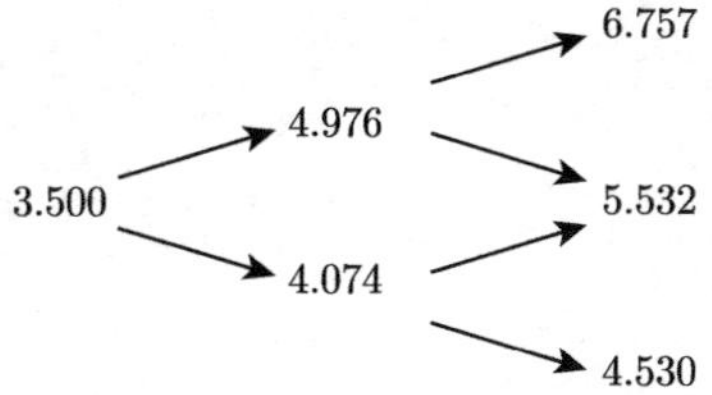

请计算如下问题:

(1) 1, 2, 3 年期零息债券的价格, 并据此给出该二叉树隐含的即期曲线, 并验证当整棵二叉树的全部节点增大 Δ 时, 即期曲线平行上移 Δ.

(2) 有一个债券的欧式期权, 债券票面利率为 5.25% (按年支付), 期限 3 年, 面值为 100 元. 该债券为可回购债券, 回购日为第二年末, 回购价格为 99.50 元 (不含息票). 计算该债券的价格.

(3) 计算上述债券的有效持续期.

6. 仿照例题 5.10, 对如下债券做现金流映射: 债券还有 0.75 年到期, 息票率 10%, 年付利息 1 次, 本金 100 万元.

7. 计算例题 5.12 中的组合对曲率因子主成分的风险敞口.

8. 联邦基金利率期货是一种短期利率期货, 其报价方式为 (1 − 到期月利率年化值)×100. 联邦基金期货报价 95, 意味着到期月的利率为年化 5%. 假设 8 月初的一个月利率为 5.5%, 两个月为 6%, 9 月到期的联邦基金期货报价 93.75. 请问:

(1) 该期货定价是否合理?

(2) 某银行希望放贷一个月, 如何利用当前的联邦基金期货获得一个更高的收益?

9. 某银行持有的期权组合的 Delta 和 Gamma 分别为 30000 和 −80000, 假设标的资产目前的价格是 0.9.

(1) 为了达到 Delta 中性, 需要买入还是卖出资产?

(2) 假设在短时间内价格上升到 0.95, 新的 Delta 大约是多少?

(3) 为了继续保持 Delta 中性, 应该买入还是卖出资产?

(4) 假设银行始终做到 Delta 中性, (2) 的价格变化带来的期权组合的价格变化是多少?

10. 使用静态复制的方式复制如下向下敲出看跌期权: 执行价格 $K = 100$, 当前股价 $S_0 = 100$, 障碍水平 $B = 80$, 到期期限 $T = 1$ 年, 波动率 $\sigma = 25\%$, 无风险年连续复利 $r = 10\%$, 连续年分红利率 $d = 5\%$.

第 6 章　信用风险度量及其管理

现代金融是一个复杂的信用体系, 人们基于对对方的信任而进行交易. 交易的一方一旦不能如期履约, 就有可能给对方造成损失. 以上一章提到的债券类产品为例, 随着市场收益率上下波动而诱发的价格波动被归为市场风险, 但是因为债券发行人偿债能力发生问题而引发的债券价格波动则被归为信用风险[①]. 本章将简要介绍如何度量信用风险以及如何在存在信用风险的环境中管理信用风险.

6.1　信用风险的概念

6.1.1　信用风险的定义和特征

信用风险是指交易对手不能或者不愿意履行合同约定的条款而导致损失的可能性. 典型的信用交易有赊销、贷款、融资、分期付款等等. 在这些交易中, (提供信用的) 授信方向 (接受信用的) 受信方提供了一段时间内一定资金的使用权 (信用). 在受信方归还资金之前的时间段内, 由于政府政策、经济周期、竞争、受信方的财务结构和财务实力等都在发生变化, 受信方偿债能力和偿债意愿可能发生变化, 从而引发推迟支付或无法支付的风险. 从概念上讲, 信用风险既包括 "借款人逃避债务责任" 的主观信用风险, 也包括 "借款人有心无力" 的客观信用风险. 同时, 信用风险强调的两点是 "按时" 和 "足额", 任何一种不满足都发生了信用问题.

信用风险除了与借款人自身的财务状况、经营情况密切相关, 还与宏观经济因素有密切的关系, 这些宏观经济因素一般指一国的财政政策、货币政策、恶性通货膨胀和严重的自然灾害等. 系统性风险造成的后果一般具有普遍性. 实际上, 信用风险极易受宏观经济因素驱动而表现出减小或者增大的趋势, 具有明显的系统性特征. 同时, 金融机构中的信用风险相对于商业信用的信用风险而言具有更明显的传染性. 一般商业信用的一方违约会给交易的对手方带来经济损失, 但一般波及范围限于对应的上下游商业链条内. 而金融机构的信用风险则可能从一家银行传递到多家银行甚至是保险公司等非银行类金融机构, 随着金融工具的不断创新, 各金融机构之间的关联性日益增强, 这种传染性呈不断上升态势, 成为系统 (systemic) 风险的重要组成部分.

---

① 广义上讲, 信用评级变化 (信用降级) 造成的损失也可以被归为信用风险, 这一点在 CreditMetrics 的信用风险 (credit risk) VaR 里面有具体的体现.

除了关注还款能力，也应关注借款人的还款意愿. 传统的信用风险分析大都建立在“借款人本身是具有还款意愿的，违约只是因为丧失还款能力”这一假设之上. 但是市场上偶发的“逃废债”行为也使得只关注还款能力的分析会间歇性地产生比较大的偏差[①]. 这类事件的频率较低，且是非法行为，不是特别常见的信用风险事件. 一旦出现相关事件，市场往往会对有类似 (行业、地区、券种等) 特征的债券集体调低估值.

此外，信用风险的非对称性比较突出. 对于无抵押贷款，其风险特征是: 在 (相对大的概率上) 贷款安全收回时，获取正常的利息收益; 在 (相对小的概率上) 发生违约时，损失最大可以达到本金和未来利息的和. 这种收益与损失不对称的风险特征使信用风险的概率分布向左倾斜，在左侧呈现显著的厚尾特征.

6.1.2 违约的定义

违约，顾名思义就是“违反了事先的约定”. 但是在操作层面上，违约其实并没有统一的定义. 国际方面常用的定义来自巴塞尔协议、三大评级机构[②]、国际掉期与衍生品协会 (ISDA) 等. 国内方面我国的金融监管总局、银行间市场交易商协会以及国内主要评级公司[③] 也有自己具体的操作定义.

按照巴塞尔协议的规定，违约等价于如下两种情况中的至少一种出现: ①银行认定如果不采取变现抵押品等追索措施，借款人可能无法全额偿还对银行集团的债务; ②债务人对银行集团实质性信贷债务逾期 90 天以上[④]. 三大评级机构虽然在具体定义上略有差别，但以下几种情况是违约的共识: ①未能按照合约规定支付或延期支付利息或本金[⑤]; ②发行人申请破产保护、被行政或者司法接管、被监管部门没收，导致其在未来的债务偿还中不能或延期履行支付义务[⑥]; ③发生以下不利于债权人的债务交换，ⓐ债券发行人提供给债权人新的或重组的债务，或新的证券组合、现金或资产，用于交换原有的具有较多金融义务的债券; ⓑ债务交换具有明显帮助债券发行人避免破产或违约的意图. 在衍生品交易领域，国际掉

---

① 建议读者去检索一下“20 永煤 SCP003”“17 华汽 05”等市场关注度比较高的债券违约事件. 早期的逃废债情况总结可以参见中国人民银行《关于企业逃废金融债务有关情况的报告》(2001 年 3 月)，相关信息可以在国务院公报中查到: http://www.gov.cn/gongbao/content/2001/content_60827.htm.

② 所谓的国际三大评级机构，指的是标准普尔 (简称标普)、穆迪和惠誉三家评级机构.

③ 国内的全国性评级机构主要有大公、国衡信、中诚信、联合资信等. 其他的地方性评级机构还有上海的东方金城、远东资信、上海新世纪、深圳的鹏元征信、辽宁的人民信用、福州的中诚信等.

④ 相应地，我国银行不良贷款五级分类法里也有逾期 90 天这个参考值.

⑤ 这里不包括宽限期内的延期支付，比如我国银行信用卡一般都有 1 到 3 天不等的宽限期，宽限期内还完账单不算逾期，不影响征信.

⑥ 比如短期融资券“06 福禧 CP01”的发行人因涉及违规拆借社保基金，被法院冻结主要资产，引发市场对其偿债能力的质疑. 虽然最后完成了兑付，但偿债资金来源未知. “06 福禧 CP01”也是我国债券市场上首例重大信用风险实践. 最终的兑付也成就了第一创业证券一笔年化 134.4% 的垃圾债投资.

期与衍生品协会把信用事件分为六类[①]: 破产、债务到期未能支付、拒绝清偿或延期付款、债务加速到期、债务人不履行债务、重组.

我国金融监管总局的规定基本上沿袭了巴塞尔协议的规定, 同时对"可能无法全额偿还对银行的债务"做了具体说明: ①贷款停止计息或应计利息纳入表外核算; ②核销或已计提一定比例的贷款损失准备金; ③商业银行将贷款出售并承担一定比例的账面损失; ④消极重组; ⑤列为破产企业或类似状况; ⑥债务人申请破产, 或者已经破产, 或者处于类似的保护状态; ⑦其他银行认定的情况.

作为国内评级机构的代表, 联合资信评级有限公司对违约的判定和国际三大评级机构类似. 其定义为当下述一个或多个事件发生时: ①债务人未能按照合同约定及时支付本金和/或利息; ②债务人被法院受理破产申请, 或进入破产清算程序、被接管、被停业、关闭; ③债务人进行债务重组且其中债权人做出让步或债务重组明显有帮助债务人避免债务违约的意图[②]. 同时也对一些情况做了排除: ①如果债券具有担保, 在债务人发生上述第二种情况时, 担保人履行担保协议对债券进行如期偿还, 可视为未违约; ②单纯技术性原因或管理失误导致债务未能及时兑付的情况, 只要不影响债务人的还款能力和意愿, 并在 1 至 2 个工作日能得以解决, 可视为未违约.

6.1.3 外部信用评级

对于一般的应用而言, 投资者对信用风险大小的判断往往是依赖信用评级做出的. 所谓的外部信用评级, 指的是独立的机构对影响信用的诸多因素做分析后就其偿还债务的能力和意愿做出的综合评价, 一般用简单的符号体系进行汇报. 其要点主要有: ①综合评估还款能力和意愿, ②力求用最简单的符号体系表示评价结果, ③面向未来具有前瞻性, ④评级的结果是相对好坏, 不是绝对的违约概率, ⑤只评价信用, 不能单独作为投资依据.

三大评级机构的评级符号大同小异, 长期评级基本上都是以 A, B, C 的字母组合来表示信用状况的大分类, A 好于 B, B 好于 C; 同一级别内字母越多信用等级越高[③], 比如 AAA 就高于 AA, 而 AA 又高于 A. 在每个级别上, 还可以通过附加"+""−"符号[④]来表示略高于或者略低于当前的等级但还不足以归并到更高或者更低的等级中的情况. 穆迪评级的 Baa3 及以上、标普和惠誉的 BBB− 及以上被称为投资级债券, 以下为投机级债券 (也有称为垃圾债券的). 穆迪的 C、标普

① ISDA 同时给出了几个常听到的违约定义, 包括: ①技术性违约, 除了本金和利息外, 未能履行债券发行契约所载条款; ②选择性违约, 指债务人有选择性地对一个或多个债权人进行违约; ③交叉违约, 只债券或贷款协议中规定, 如果合同下的债务人在其他贷款合同中出现违约则也视为本合同的违约.

② 债权人做出让步的情形包括债权人减免部分债务本息、降低债务利率、延长债务期限、债转股 (根据转换协议将可转换债券转为资本的情况除外) 等情况.

③ 这里穆迪的标记法和标普、惠誉的略有差异, 对应 XXX, XX, X, 穆迪的标记法是 Xaa, Xa, X.

④ 这里穆迪的标记法和标普、惠誉的也略有差异, 对应 X+, X, X−, 穆迪的标记法是 X1, X2, X3.

和惠誉的 SD/D, RD/D 则对应着违约. 表 6.1 以标普为例给出了长期评级对应的含义.

表 6.1 标普长期评级的含义

级别	含义
AAA	最高评级, 偿还债务能力极强
AA	偿还债务能力很强, 与最高评级差别很小
A	偿还债务能力较强, 但相对于较高评级的债务/发债人, 其偿债能力较易受外在环境及经济状况变动的不利因素的影响
BBB	目前有足够偿债能力, 但若在恶劣的经济条件或外在环境下其偿债能力可能较脆弱
BB	相对于其他投机级评级, 违约的可能性最低, 但持续的重大不稳定情况或恶劣的商业、金融、经济条件可能令发债人没有足够能力偿还债务
B	违约可能性较 BB 级高, 发债人目前仍有能力偿还债务, 但恶劣的商业、金融或经济情况可能削弱发债人偿还债务的能力和意愿
CCC	目前有可能违约, 发债人依赖良好的商业、金融或经济条件才有能力偿还债务. 如果商业、金融、经济条件恶化, 发债人可能会违约
CC	目前违约的可能性较高. 由于其财务状况, 目前正在受监察. 在受监察期内, 监管机构有权审定某一债务较其他债务有优先偿付权
SD/D	当债务到期而发债人未能按期偿还债务时, 纵使宽限期未满, 标准普尔亦会给予 D 评级, 除非标准普尔相信债款可于宽限期内清还. 此外, 如正在申请破产或已做出类似行动以致债务的偿付受阻时, 标准普尔亦会给予 D 评级. 当债务人有选择地对某些或某类债务违约时, 标准普尔会给予 SD 评级 (选择性违约)
NP	发债人未获得评级

注: 其中 AA 到 CCC 可以用 "+""−" 微调表示略高或略低于本信用级别.

信用评级的对象一般分为主体和债项两个类别. 所谓主体评级, 就是受信主体如期偿还所有债务的能力和意愿的综合评价, 受评的主体包括国际机构、国家、地方政府、金融和非金融机构等. 债项评级是受信主体发行的具体的债务融资工具或者金融产品的评级, 其评价仅限于具体的产品, 比如各类债券、各种票据等等. 从逻辑上讲, 债项评级不会低于主体评级, 如果具体产品发行时做了信用增进处理, 往往还会略高于主体评级.

6.1.4 违约概率与违约损失率

在信用分析中有两个重要的问题, 即 "发生违约的概率有多大" 和 "一旦发生违约需要承担的损失有多大". 这两个问题的答案就是信用分析中最核心的两个变量, 违约概率 (probability of default, PD) 和违约损失率 (loss given default, LGD). 给定我们已经知道 PD 和 LGD 的情况下, 一笔借款的预期违约损失就是

$$\text{预期损失} = \text{PD} \times \text{LGD} \times \text{EAD}$$

由于 LGD 是违约损失率, 转换到损失量的时候还需要和违约风险敞口 (exposure at default, EAD) 乘起来. 关于 EAD 的讨论我们放到 6.3.2节中进行讨论, 这里先集中说明前两个变量.

1. 违约概率 (PD)

违约概率是指交易对手方在未来一段时间内不能按照合同要求偿还本息或履行相关义务的可能性. 违约概率和违约率 (default rate) 有一些细微的差异, 违约概率是面向未来的概念, 一般是基于当前和历史信息推测的未来一年的违约可能性. 而违约率是基于历史数据的统计. 穆迪在评级过程中会使用一个理想违约率表来描述违约概率, 用历史统计的违约表来描述违约率, 在 A 评级中, 违约率略高于违约概率, 在其他评级中两者差不多吻合[①].

表 6.2 给出的是穆迪 1983~2016 年平均累计违约概率的情况, 可以看到随着期限的增加, 累计违约概率是逐渐增加的. 同期限内随着评级的下降, 累计违约概率也是增加的. 1 年时间内 Baa 评级的债券每 1000 只平均违约 1.89 只, 但是对于 C 评级的债券而言, 这个数字是 105.4 只. 如果期限扩大到 5 年内, 则 C 评级的债券期望违约数量会增加到 354.9 只. 还有一个有趣的现象, 如果我们计算每个级别内随着时间增长累计违约概率的增量, 会发现高评级债券的增量在上升而低评级债券的增量在下降. 同样的现象在标普统计的平均累计违约率表中也存在.

表 6.2 1983~2016 年穆迪平均累计违约率 (%)

级别	1 年期	2 年期	3 年期	5 年期
Aaa	0	0.013	0.013	0.067
Aa	0.023	0.065	0.12	0.313
A	0.059	0.179	0.379	0.836
Baa	0.189	0.485	0.821	1.632
Ba	0.943	2.656	4.708	8.735
B	3.561	8.467	13.444	22.011
Caa~C	10.541	18.555	25.344	35.487

2. 违约损失率 (LGD)

违约损失率指的是在违约状态之下债权人损失的本金比例. 虽然在违约的时候未来的利息也同时损失了, 但是计算违约损失率的时候分母依然是以本金 (加上应计利息[②]), 而不是全部待偿价值. 只要损失率不是 100%, 本金就多少可以回收一些, 因此 LGD 还有一种等价的表达方式: 回收率 (recovery rate, RR) = 1− LGD. 影响回收率的因素一般包括债务偿付的优先级, 抵押品的类别、行业特征、经济周期, 等等.

债务偿付的优先级是说用于还款的现金流在不同类型的债券之间分配的顺序. 优先级高的债券率先获得本息偿付, 优先级低的债券只能等优先级高的债券完成当

① 可以参考《债市排雷: 债券市场违约问题研究》一书的第一章内容.

② 应计利息是固定收益证券的概念, 应计利息不是全部未来的利息, 其上限是一期的息票. 由于一般债券的一期息票相比本金并不高, 对于低票息债券这里回收率可以约等于以本金为基础.

期的偿付后[①] 才能开始偿付. 显然, 如果现金流紧张, 低优先级债券会先出现损失, 表现为回收率更低. 表 6.3 给出了回收率和优先级之间的一个典型关系.

表 6.3 穆迪企业债券平均回收率 (1983~2017 年)

优先级[②]	规模加权平均回收率 (%)
第一留置权债	53.8
第二留置权债	43.63
高级无抵押	33.48
高级次级债	26.34
次级债	27.55
低级次级债	13.79

在违约的情况下, 回收的资金一般有两个来源, “通过抵押品出售回收资金” 和 “担保机构代为偿还本金” 两类. 前者比较有代表性的是次贷危机中银行为了回收违约的贷款残值而拍卖抵押的房产, 后者比较有代表性的是债券违约时信用增进公司代为偿还. 不管是哪一种方式, 抵押品质量和担保的质量会直接影响到回收率. 对于抵押品而言, 核心是变现能力的分析, 抵押品越容易变现, 公允价值越清晰, 回收率就越高. 举个极端的例子, 某公司的抵押品中有一批字画艺术品, 由于艺术品价格的特殊性[③], 从稳妥的角度出发, 在信用分析中应该直接剔除. 对于担保, 表 6.4 给出了一个粗略的抵押担保层次, 级别越高, 认可度越高, 回收率相应也越高.

表 6.4 担保增信认可度

担保级别	典型方式
一级担保	银行, 专项基金, 中债信用增进
二级担保	土地使用权抵押, 第三方担保机构
三级担保	应收账款, 集团公司担保

行业特征影响回收率的逻辑和抵押担保的逻辑类似, 都属于资产对债务保障能力的范畴. 一般而言, 重资产行业的回收率相对高一些, 毕竟违约的时候可以申请扣押机器设备、厂房用于拍卖还债. 出于同样的原因, 服务导向的轻资产行业回收率则相对比较低. 按照穆迪的统计, 公共事业 (public utility) 的回收率最高, 这可能和美国公共事业部门提供的多为生活必需的服务, 且具有相对的地区垄断专营特征.

前面我们说过, 债券的信用风险和经济周期有很大关系. 作为信用风险的核心指标之一, LGD 也有比较明显的顺周期特征. 经济扩张的时候, 回收率更倾向

① 未到期的话只有利息等, 到期的时候还有本金等.

② 所谓留置权决定了违约时对抵押物的索取权, 第一留置权相比第二留置权在求偿顺序上更靠前.

③ 缺乏一个公允的价格, 而且波动巨大.

于高一些, 而在经济衰退的时候回收率更低一些. 这背后的原因除了经济扩张期债务人的资信的顺周期外, 贷款质量的逆周期性也有贡献. 所谓贷款质量的逆周期性, 指的是这样的一种说法 "好的贷款多是坏年景放出去的, 坏的贷款则多是好年景放出去的". 道理很简单, 在整体经济很差的情况下还能获得贷款的企业, 一定是本身资质特别好的企业, 因为那些一般的企业可能根本无法再获得贷款了.

上面是理论上的回收率特征, 具体到我国的债券实操, 违约处置方式依照债券有无担保分为不同的模式, 其流程如图 6.1 所示.

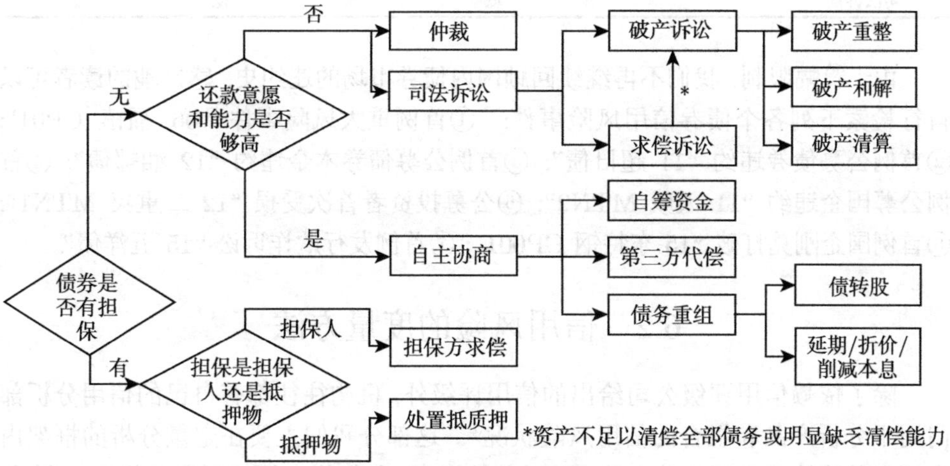

图 6.1 债券违约处置方式

对于无担保债券, 如果发行人偿债意愿和能力都比较高, 债务人和债权人能在一定限度下达成一致, 则一般使用自主协商方式进行. 如果发行人已经基本丧失偿还能力, 债权人需要强制性方式进行回收时, 一般采用仲裁或司法诉讼. 其中司法诉讼中如果认定发行人资产不足以清偿全部债务或者明显缺乏清偿能力的, 可以发起破产诉讼, 否则发起求偿诉讼. 破产诉讼中, 破产和解和破产重整适用于企业经营潜力比较高的情况, 回收情况相对较高. 破产清算则适用于无法重整和和解的企业, 回收情况相对较低. 各个途径的时间、自由度和费用对比见表 6.5. 有担保债券则按照担保是担保人还是抵押物分别处理. 但这边需要注意的是, 虽然抵押物出售可以提升债券理论上回收率, 但实际变卖的时间会比较长, 手续也较为复杂.

我国债券违约的影响因素除了上述通用因素外, 还有一些特色因素, 比如企业性质是国有企业还是民营企业、发行主体是上市公司还是非上市公司、发债主体的地区分布、宏观和行业特征等. 按照联合资信评估公司的总结[①], 民营企业所

① 可以参考《债市排雷: 债券市场违约问题研究》一书的第四章内容.

发行的债券违约后的回收率和国有企业差别并不大, 上市企业所发债券的回收率比非上市企业高, 截至 2017 年末回收率呈现东南沿海高, 辽宁、河北低的情况①等特征.

表 6.5 不同处置路径的特征比较

方式	债务人	自由度	耗时	费用	回收率
有担保	—	—	短	—	高
自主协商	能力意愿高	高	短	低	较高
仲裁	能力意愿不足	较高	短	高	低
司法诉讼		低	长	低	低

由于篇幅限制, 我们不再继续回顾国内债券市场的违约史, 感兴趣的读者可以自行检索下列各个债券信用风险事件: ①首例重大风险事件 "06 福禧 CP01"; ②首例公募债券违约 "11 超日债"; ③首例公募债券本金违约 "12 湘鄂债"; ④首例公募国企违约 "11 天威 MTN2"; ⑤公募投资者首次受损 "12 二重集 MTN1"; ⑥首例国企刚兑打破 "15 东特钢 CP001"; ⑦首例发行欺诈诉讼 "15 五洋债".

6.2 信用风险的度量方法

除了依赖信用评级公司给出的信用评级外, 机构往往都有自己的信用分析部门用于分析产品和组合的信用风险状况②. 这部分我们主要在定量分析的框架内介绍几种违约概率评估的方法: 对于单笔资产, 我们将介绍使用财务指标、利差、股票价格、衍生品价格分析违约概率的模型; 对于组合资产, 我们会介绍使用迁移矩阵分析的模型③, 并简单介绍一下如何在迁移矩阵中考虑经济周期的问题.

6.2.1 基于财务指标的模型

财务报表, 是公司基本面情况的集中反映, 如果某个企业的资产负债率特别高、经营净现金流特别低、利息保障倍数很低, 那么这个企业的还款能力肯定是有问题的. 传统的分析往往是依靠分析员人工判读这些指标, 然后凭借专家经验给出判断④. 这种评价方式虽然面面俱到, 但是一致性和客观性并不总能保证. 既然是从大量财务指标中寻找违约的线索, 使用一定的统计手段是再自然不过的事情了. 本节就介绍两类使用财务指标推断违约可能性大小的统计模型: Altman's Z-score (Z 值) 和 Logit/Probit 模型.

① 这也可能和样本量大小有关.

② 这一方面是因为评级公司的评级往往更新比较慢, 等到评级公司更改评级, 信用事件的潜在损失大多已经开始出现了. 另一方面是评级的发行方付费模式引致的评级偏高现象.

③ 基于 Copula 的组合违约概率分析, 可以参考第 3 章相关性部分, 这里就不再复述一遍了.

④ 比如常用的 5C 系统. 其设计的五个方面分别为: 企业特征 (character)、资本 (capital)、还款能力 (capacity)、抵押品价值 (collateral)、经济周期 (cycle).

1. Altman's Z-score

Altman (1968) 提出了一种基于判别分析的多指标打分模型，该模型基于美国制造业企业 1946 年至 1965 年间的 66 家企业 (33 家违约、33 家对照) 的数据, 使用判别分析方法从 5 类 22 个可能的指标中选取了 5 个指标构建了一个线性判别函数[①]:

$$Z = 1.2X_1 + 1.4X_2 + 3.3X_3 + 0.6X_4 + 0.99X_5$$

其中 X_1 是营运资本/总资产 (%), X_2 是留存收益/总资产 (%), X_3 是息税前利润/总资产 (%), X_4 是权益市值/总债务账面值 (%), X_5 是销售收入/总资产 (%).

Z 值越低, 企业越可能发生破产, 面临的风险越大: 如果 Z 值大于 2.99 表明公司违约的可能性不大; 如果 Z 值小于 1.81, 则表明企业正处于破产的边缘; 如果 Z 值在 1.81 和 2.99 之间, 则表明企业的财务及经营极不稳定, 被称为 "灰色区域".

Z-score 模型作为一个基于数据挖掘的模型, 其适用范围比较严格: 使用哪种类型的公司进行的建模, 一般结果就只适用于哪类公司. 因此建议在当前应用 Z-score 模型时, 应该针对手头样本重新进行变量选择、参数估计和截断点选择, 避免模型 "外推错误"[②]. 最后说一句, Z-score 模型有的时候还用来在更广义的范围内称呼使用一个线性关系组合财务指标和三段判别区域输出预测结果的模型. 比如[③]:

- Z-score 公共制造业模型

$$Z_{pc} = 0.717X_1 + 0.847X_2 + 3.107X_3 + 0.420X_4 + 0.998X_5$$

- Z-score 非制造业模型

$$Z_{nm} = 6.56X_1 + 3.26X_2 + 6.72X_3 + 1.05X_4$$

- Z-score 新兴市场模型

---

① 关于最终指标的挑选原则, 这里不加翻译直接引用 Altman 论文的原文, 现在的论文很少有把 data mining 写得这么明白的了: "The variable profile finally established did not contain the most significant variables, amongst the twenty-two original ones, measured independently. This would not necessarily improve upon the univariate, traditional analysis described earlier. The contribution of the entire profile is evaluated, and since this process is essentially iterative, there is no claim regarding the optimality of the resulting discriminant function. The function, however, does the best job among the alternatives which include numerous computer runs analyzing different ratio-profiles."

② 所谓外推错误就是, "建模使用样本的总体" 和 "模型应用样本的总体" 是不同的两个总体.

③ http://people.stern.nyu.edu/ealtman/IRMC2014ZMODELpaper1.pdf.

$$Z_{em} = 3.25 + Z_{nm}$$

其中 X_1 为净资产占总资产比率, X_4 是权益账面价值比总负债. 同样是 Z 值越小, 破产风险越大. 对于非上市公司模型当 Z 值小于 1.23 时破产风险高, 大于 2.99 时破产风险低, 在 1.23 和 2.99 之间是 "灰色区域". 对于后两个模型, 当 Z 值小于 1.1 时破产风险高, 大于 2.6 时破产风险低, 在 1.1 和 2.6 之间是 "灰色区域".

2. Logit/Probit 模型

如果我们把合约的状态看成是一个二值变量 Y_i (一般 $Y_i = 1$ 对应违约), 并且手头还有一批可能影响违约的解释变量 $X_i = [x_{i1}, \cdots, x_{ik}]$, 分析违约可能性的问题刚好可以套入计量经济学里面的二值变量回归里. 因此 Logit/Probit 模型就成了信用分析工具箱里面的常客. 由于两种模型本质上区别不大, 这里只以 Logit 模型为例介绍. 在 Logit 模型中, 条件在 X_i 上的 "违约概率" $P(Y_i = 1|X_i)$ 可以写成 X_i 各个分量线性组合的 Logistic 函数:

$$P(Y_i = 1|X_i) = \frac{\exp(\beta_0 + \beta_1 x_{i1} + \cdots + \beta_k x_{ik})}{1 + \exp(\beta_0 + \beta_1 x_{i1} + \cdots + \beta_k x_{ik})}$$

使用最大似然估计可以很方便地得到每个系数的值以及系数对应的标准误, 从而可以通过统计显著性筛选来选择对拟合违约概率有统计意义的指标. 模型应用时, 通过代入拟评估公司的各个指标, 可以计算出一个 "违约概率", 这个数值越高, 说明违约的可能性越大, 通常习惯将概率大于 0.5 的判定为发生违约.

这里我们引用联合资信发表的一个研究结果[①], 用我国市场的 2012~2017 年的数据给出一个示例, 违约样本 40 家, 匹配 (行业和资产规模) 的非违约样本 120 家. 选取了分属盈利能力、发展能力、偿债能力、营运能力和债务结构的 5 类 14 个指标. 这些指标也是传统分析中常用的指标, 我们将它们罗列于表 6.6 中供读者参考.

经过变量筛选, 保留下来统计上显著的解释变量为 X_1 (总资本收益率)、X_3 (营业利润率)、X_6 (流动比率)、X_7 (速动比率)、X_9 (存货周转次数)、X_{14} (全部债务资本化比率) 等 6 个. 回归结果如表 6.7 所示[②].

使用该组系数, 可以对估计样本中的 160 只债券进行违约判别, 并计算样本内分类正确率, 该结果汇报于表 6.7 的右半部分. 基于 13 个样本外违约企业的判定结果中, 模型预警了其中 11 个[③], 正确率约 85%.

① 参看《债市排雷: 债券市场违约问题研究》一书的第五章第二节.

② 需要强调一点, 由于 Logit 模型是非线性模型, 系数并不能被理解为 X 变动一单位, 违约概率上升多少. 如果一定要问概率上升多少, 需要计算变量的边际效应 (marginal effect).

③ 这里原书比较遗憾地没能给出完整的样本外结果. 理论上讲, 13 个违约企业中抓出 11 个, 不一定意味着模型一定有判别能力. 一种极端情况下, 模型对任何企业都判定违约, 那么可以 100% 抓出违约企业, 代价是所有正常企业也被误伤. 严格的做法是提供一个表 6.7 的样本外版本.

表 6.6 Logit 模型指标池

指标类型	指标名称	定义	变量
盈利能力	总资本收益率	(净利润 + 利息支出)/(所有者权益 + 全部债务)	X_1
	净资产收益率	净利润/所有者权益	X_2
	营业利润率	(营业收入 − 营业成本 − 营业税及附加)/营业收入	X_3
发展能力	资产总额年增长率	(本期 − 上期)/上期	X_4
	利润总额年增长率		X_5
偿债能力	流动比率	流动资产/流动负债	X_6
	速动比率	(流动资产 − 存货)/流动负债	X_7
	经营现金流动负债比	经营活动净现金流/流动负债	X_8
营运能力	存货周转次数	营业成本/平均存货净额	X_9
	总资产周转次数	营业收入/平均存货净额	X_{10}
	现金收入比	销售商品、提供劳务收到的现金/营业收入	X_{11}
债务结构	资产负债率	负债总额/资产总额	X_{12}
	长期债务资本化比率	长期债务/(长期债务 + 所有者权益)	X_{13}
	全部债务资本化比率	全部债务/(全部债务 + 所有者权益)	X_{14}

表 6.7 Logit 回归系数

变量	X_1	X_3	X_6	X_7	X_9	X_{14}	常数项	实际值	正确率 (%)
系数	−0.071	−0.071	−0.036	0.043	−0.428	0.062	−1.404	0	88.33
标准误	0.032	0.030	0.018	0.020	0.115	0.019	1.558	1	87.50
p 值	0.027	0.017	0.046	0.030	0.000	0.001	0.368	合计	88.13

6.2.2 基于利差估算违约强度

债券的一个基本逻辑, 就是价格越低, 收益率越高. 一个信用状况差的债券相比一个信用状况好的债券, 同等情况下价格应该更低①, 收益率更高. 如果我们以无风险利率作为基准, 低信用等级债券的利差应该更大. 这使得我们可以从利差来推断债券的信用情况. 表 6.8 是联合资信统计的 2015~2017 年各类债券发行利差的情况节选.

可以明显看到, 同类型债券, 评级越高, 利差越小. 从利差推算违约强度需要回收率信息, 因为同样的违约概率之下, 回收率不同给投资者造成的损失是不一样的. 假设有一个债券在 t 时刻的瞬时违约的概率为 $\lambda\Delta t$, 则每单位面值因为违约导致的期望损失为

$$\lambda\Delta t \times (1-R) + (1-\lambda\Delta t) \times 0$$

而承担这个风险的回报为 $s\Delta t$, 这里的 s 是利差. 在理想状态下, 应该有期望损失等于超额回报, 故

① 市场语言叫 “信用风险被定价”(price in).

表 6.8 2015~2017 年各券种分级别发行利差情况

债券类型	期限 (年)	评级	发行利差 (bp)		
			2015 年	2016 年	2017 年
公司债	3	AAA	108.05	72.92	145.65
		AA+	187.02	189.04	230.38
		AA	275.60	307.26	318.22
中期票据	5	AAA	142.18	103.58	163.88
		AA+	183.65	128.12	208.14
		AA	239.28	169.20	256.21
企业债	7	AAA	132.00	103.58	163.88
		AA+	243.41	128.12	208.14
		AA	285.25	169.20	256.21

$$\lambda = \frac{s}{1-R}$$

以表 6.8 的公司债 AA+ 评级为例, 假设违约回收率在不同种类债券间保持一致, 均为 35.8%①, 则可以估算 2015 年的违约强度:

$$\lambda = \frac{0.018702}{1-0.358} = 0.0291$$

违约强度就像寿险精算中的"死亡力"一样, 违约强度越高, 单位时间内债券违约 (死亡) 的可能性就越大. 令 $Q(t)$ 为债券截至 t 时刻已经违约, 那么问题的反面 t 时刻尚未违约的概率就是 $V(t) = 1 - Q(t)$. 进一步在 t 时刻瞬时违约的条件概率就是

$$\mathrm{d}\ln(V(t)) = \frac{V(t) - V(t+\Delta t)}{V(t)} = \lambda(t)\mathrm{d}t$$

求解这个微分方程, 我们可以把违约概率和 t 时刻内的平均违约强度 λ 联系起来:

$$Q(t) = 1 - \mathrm{e}^{-\lambda t}$$

由此我们可以进一步把刚才计算的 2015 年 AA+ 公司债的违约强度转换为违约概率:

$$Q(3, \mathrm{AA+}) = 1 - \exp(-3 \times 0.0291) = 0.0837$$

同样地, 我们可以经过上面两步把所有的利差数据转换为违约概率, 相关结果罗列在表 6.9 中.

① 这里的 35.8% 为数据区间内公募债券市场国有企业违约回收率. 由于没有查到其他类型的回收率, 这里假设回收率都一样.

表 6.9 利差隐含的违约概率

债券类型	期限/年	评级	违约概率		
			2015 年	2016 年	2017 年
公司债	3	AAA	4.92%	3.35%	6.58%
		AA+	8.37%	8.45%	10.21%
		AA	12.08%	13.37%	13.82%
中期票据	5	AAA	10.48%	7.75%	11.98%
		AA+	13.33%	9.50%	14.96%
		AA	17.00%	12.35%	18.09%
企业债	7	AAA	13.40%	10.68%	16.36%
		AA+	23.31%	13.04%	20.30%
		AA	26.73%	16.85%	24.37%

这个表格里的违约概率, 看起来是很吓人的. 比如按照表格的说法, 2015 年 AA 级的公司债 3 年内违约概率高达 12.08%. 按照联合资信的统计 2015~2017 年公募债券发行人主体违约的频数, AA 级发行人的违约概率分别为 0.16%, 0.36%, 0.1%, 均远低于利差隐含的违约概率. 这里的原因至少有如下几个:

(1) 用债券利差推算的是投资者心里的违约概率. 由于投资者是风险厌恶的, 其主观之下的违约强度应该高于实际数据统计的违约强度①. 这个问题的反面就是, 从历史违约概率出发, 经过违约强度反推的利差要比市场开出来的利差低得多.

(2) 转换隐含违约概率时使用的回收率过高了, 因为同样的利差, 回收率越高, 违约强度就越大. 这里的过高有两层含义, 第一层是有可能大部分的债券回收率是不到国企债券的回收率的. 另一层是货币是有时间成本的, 即便最后回收了 100%, 如果拖上好多年, 从投资者的角度看, 跟没回收区别不大.

(3) 表 6.8 里面的利差并不完全是信用问题造成的, 全部归因于信用问题会高估问题的严重性. 特别是对高风险的债券, 流动性的溢价可能比信用风险溢价还高.

(4) 公募债券主体违约频数和债券债项违约不同, 且期限也没有考虑, 产生偏差也正常.

6.2.3 基于股票价格推测违约可能性

如果我们假设公司只通过债券和股票融资, 那么公司的价值 (V) 就是权益价值 (E) 和债务价值 (D) 的和. 在违约的时候, 公司的资产首先用于偿还各种债务, 最后才是 (如果还有剩余的话) 给股东进行分配. 这使得公司的股票价值变成了公司价值的期权, 只有当公司价值高于其债务价值时, 公司的股票才有价值. 即 t 时

① 就像面对同一个面包圈, 乐观的人看到的是外面的圈, 悲观的人看到的是中间的洞. 风险厌恶的投资者, 总会把风险收益看得比期望收益低, 把风险感知得比统计数据高.

刻的权益价值应为

$$\mathrm{e}^{-rT}E_t[\max(V_T-D,0)]$$

由于长短期债务对企业的财务压力不同, 债务价值 (D) 不是简单的长短期债务的和, 而是

$$D=\mathrm{STD}+a\times\mathrm{LTD}$$

其中短期债务价值 (STD) 按照 100% 计入, 长期债务价值 (LTD) 按照 $a=0.5$ 打对折计入. 打折理由是长期债务大部分时间只体现为利息的支付, 而短期债务则需要经常性地支付本金. 如果我们乐意假设公司的价值 V_t 服从几何布朗运动, 即

$$\mathrm{d}V_t=rV_t\mathrm{d}t+\sigma_V V_t\mathrm{d}W_t$$

则可以使用标准的 Black-Scholes 定价公式来确定公司股权的价值, 即

$$E_0=V_0N(d_1)-D\mathrm{e}^{-rT}N(d_2)$$

$$d_1=\frac{\ln(V_0/D)+(r+\sigma_V^2/2)T}{\sigma_V\sqrt{T}}$$

$$d_2=d_1-\sigma_V\sqrt{T}$$

这个模型在信用评价中叫 Merton 模型, 仔细观察 d_2 的表达式, 会发现和传统期权不同, 这里的 V_0 和 σ_V 都是看不到的, 而且由于 $V=D+E$, 在不知道 E 的情况下是不知道 V 的. 这个看起来死循环的问题需要寻找另外一个关于 V_0 和 σ_V 的等式, 凑成二元方程组来解决. 在 Merton 模型中, 权益可以看成 $E_t=f(V_t,T-t)$, 故可以对其使用伊藤引理, 求得关于 E_t 的几何布朗运动:

$$\mathrm{d}E(t,V_t)=\left(\frac{\mathrm{d}E}{\mathrm{d}t}+rV_t\frac{\mathrm{d}E}{\mathrm{d}V}+\frac{1}{2}\sigma_V^2V_t^2\frac{\mathrm{d}^2E}{\mathrm{d}V^2}\right)\mathrm{d}t+\sigma_V V_t\frac{\mathrm{d}E}{\mathrm{d}V}dW_t$$

如果公司的股价本身也是服从几何布朗运动的话, 其扩散项应该为 $\sigma_E E_0$. 把两种表达式下的扩散项在 0 时刻等同起来, 我们就有了第二个表达式:

$$\sigma_E E_0=\sigma_V V_0\frac{\mathrm{d}E}{\mathrm{d}V}=\sigma_V V_0N(d_1)$$

最后一个式子是 Black-Scholes 公式下的 Delta 表达式的自然结果, 其中 σ_E 是股价的波动率. 只要有股价和股价的波动率数据, 我们都可以通过求解非线性方程组:

$$\begin{cases}E_0=V_0N(d_1)-D\mathrm{e}^{-rT}N(d_2)\\ \sigma_E E_0=\sigma_V V_0\dfrac{\mathrm{d}E}{\mathrm{d}V}=\sigma_V V_0N(d_1)\end{cases}$$

来获得企业价值 V_0 和企业价值波动率 σ_V. 基于这两个值, 我们可以定义一个企业的违约距离 (distance to default, DD) 为距离债务价值 (D) 还差几个标准误[①]:

$$\mathrm{DD} = \frac{V_0 - D}{\sigma_V}$$

可以看出, DD 越大, 企业价值波动到 σ 之下的难度也就越大, 也就越不容易违约. 具体到我国数据 (表 6.10), 联合资信曾经使用 491 家有主体信用评级的上市公司数据估算了不同评级之下的 DD, 结果显示 DD 确实和评级之间有比较明确的相关性: DD 越高, 评级相应也越高. 更进一步, 他们用这 491 家上市公司经由 Merton 模型估计的企业价值 (对数) 和价值波动率分别向总资产规模 (对数)、EBITDA (税息折旧及推销前利润) 比总资产规模、速动比率 (对数)、资产负债率、营业收入 (对数)、总资产周转率做回归, 用以建立财务指标和 Merton 模型输入之间的关系. 随后将两个回归方程套入非上市公司数据, 来计算非上市公司的 DD. 有趣的是, 即便是对于非上市公司, DD 依然在不同评级之间有明显的不同.

表 6.10 违约距离 DD 和评级之间的关系

	评级				
	AAA	AA+	AA	AA−	A+
上市公司	3.60	3.15	2.53	2.19	1.94
非上市公司	3.22	2.94	2.69	2.49	—
全部公司	3.33	3.02	2.66	2.35	1.94

将 DD 转化为违约概率, 还需要进一步假设. 如果 Merton 模型的假设都得到满足, 则借用 Black-Scholes 公式的结论 (期权最终实值的概率为 $N(d_2)$), 模型给出的违约概率为

$$\mathrm{PD} = 1 - N(d_2)$$

如果假设并不完全满足, 则违约概率会偏离上述理论值. 穆迪 KMV 解决该问题的方法是, 借助该公司庞大的数据库, 从统计数据出发计算 K 年经验预期违约频数 (empirical expected default frequency, Empirical EDF):

$$\mathrm{EDF}(K, d) = \frac{(T-K)\text{ 年初违约距离为 } d \text{ 的公司中在 } K \text{ 年内违约的公司个数}}{(T-K)\text{ 年初违约距离为 } d \text{ 的公司个数}}$$

例题 6.1 我们计算的 A 公司 2022 年 1 月 27 日的 DD 为 2, 想知道 A 公司 1 年期 EDF 的话, 就需要去统计 2021 年 1 月 27 日那天 DD=2 的债券中有

① 关于 V 的处理, 也有资料使用 $E(V) = V_0(1+g)$ 替代 V_0, 其中 g 是资产增长率. 在传统 Merton 模型中 $g = 0$, 资产和负债按照同等速度增长的情况下, DD 的值和 g 亦无关系.

多少在 2021 年违约了. 假设 2021 年 1 月 27 日那天 DD=2 的债券有 500 只, 其中有 2 只 2021 年违约了, 那么 A 公司的 EDF 就是 2/500 = 0.4%. 如果我们反用 6.2.2 节的估算步骤, 假设回收率为 35.8%, 这个 EDF 对应的利差应该为

$$s = (1-R)\lambda = (1-R) \times \left(-\frac{1}{t}\ln(1-Q(t))\right) = 24\text{bp}$$

由于上一节我们讲到风险厌恶导致利差升水的情况 (价格反推的利差高于历史违约对应的利差), 这个 24bp 的利差如果直接用于定价, 会导致债券价格的高估.

不管使用的是哪一种方式, Merton 模型这套方法理论上对上市公司可以做到违约距离跟股价同频率更新. 相比评级公司给出的评级变动而言, 可以更精细地刻画信用状况的变化, 也可以更早地给出违约预警. 图 6.2 是穆迪 KMV 给出的一个实例, 标的公司 USC 集团最终发生了违约, 数据是违约前约 4 年半该公司的 EDF 和评级状况, 可以明显看到 EDF 的变动领先于评级, 并且很早就警示该公司的偿债能力问题.

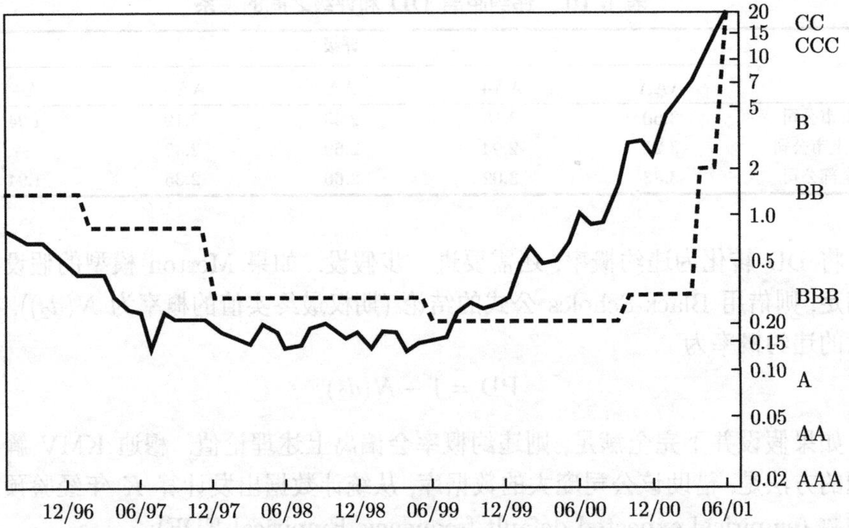

图 6.2　EDF 度量 (实线) 和评级公司评级 (虚线) 之间的比较

横轴坐标值表示 "月/年"

6.2.4　基于衍生品价格估算违约概率

在后面的 6.3.2 节中, 我们会提到一种叫做信用违约互换 (CDS) 的产品, 对这类产品没有概念的读者可以先行跳转阅读, 然后再回顾本节内容. 简单说, 可以把信用违约互换理解为 "给风险债券买保险", 购买者通过定期缴纳 "保费" 换取违约时的本金保全. 显然, 给定了回收率, 债券越容易违约保费就应该越高, 因此

CDS 的定期“保费”蕴含着违约概率的信息. 本节就以一个例子介绍如何从 CDS 的报价中反推违约概率.

例题 6.2 假设我们有一个带信用风险的债券, 面值 100, 息票率 5%, 年末给付, 存续期 5 年. 违约发生时刻为每年的 6 月底 (错过等一年), 违约状态下回收率为 40%, 无风险利率 (连续复利计) 假设为 2%, 随该债券发行的 CDS 报价为 100bp, 请推算债券每年年中的违约概率.

我们假设条件违约概率 (即前一期不违约的条件下当期违约的概率) 为 Q. 则第 i 年中的无条件违约概率为 $Q(1-Q)^{i-1}$, 无条件生存概率为 $(1-Q)^i$. 在这个假设下, 我们可以计算风险债券的预期损失. 以第 1.5 年为例, 当期债券的价值为

$$5\mathrm{e}^{-2\%\times 0.5}+5\mathrm{e}^{-2\%\times 1.5}+5\mathrm{e}^{-2\%\times 2.5}+105\mathrm{e}^{-2\%\times 3.5}=112.46$$

这个时候一旦发生违约, 给投资者造成的损失为 $112.46-40=72.46$. 这个价值为 1.5 年时的价值, 其现值需要用 $\mathrm{e}^{-2\%\times 1.5}=0.9704$ 进行贴现, 贴现后再结合 1.5 年的无条件违约概率 $Q(1-Q)$, 期望损失为 $72.46\times 0.9704\times Q(1-Q)$. 遍历全部 5 年的 10 个时间点, 就可以得到加总的预期损失作为 Q 的函数, 我们将 $Q=1\%$ 的结果列于表 6.11 中, 这里黑体的位置就是 Q.

表 6.11 债券预期损失

时间	PD(无条件)	残值	现金流	贴现因子	无风险价值	损失	预期损失
0.5	**1.00%**	40		0.9900	115.18	75.18	0.7444
1			5	0.9802	116.34		
1.5	0.99%	40		0.9704	112.46	72.46	0.6962
2			5	0.9608	113.59		
2.5	0.98%	40		0.9512	109.68	69.68	0.6496
3			5	0.9418	110.78		
3.5	0.97%	40		0.9324	106.85	66.85	0.6048
4			5	0.9231	107.92		
4.5	0.96%	40		0.9139	103.96	63.96	0.5615
5			105	0.9048	105.00		
						合计	3.2565

转到 CDS 的一边, 在同一个 Q 下, CDS 提供的保障现值就是表 6.11 中损失的期望. 而 CDS 收取的现金流则稍微有些复杂. 我们这里为了方便计算, 假设年初和年中各收取一次, 每次 50bp, 收取的是刚结束的这半年的费用①, 对于 $Q=1\%$, 我们把 CDS 的预期收入列于表 6.12, 表格中 $1, 2, \cdots, 5$ 时点上的生存概率 (SP) 错位半个格, 是为了提醒读者在本例的假设中, 如果年中不违约, 年底肯定不违约. 也就是说我们关于违约时点的假设下, 半年和整年的生存概率是一样的.

① 也就是说, 如果在一季度末违约了, 需要在结清 CDS 赔付之前补收半期的应计费用.

表 6.12 CDS 预期收入

时间	SP(无条件)	现金流	贴现因子	预期收入
0.5	99.00%	0.5	0.9900	0.4901
1	99.00%	0.5	0.9802	0.4852
1.5	98.01%	0.5	0.9704	0.4756
2	98.01%	0.5	0.9608	0.4708
2.5	97.03%	0.5	0.9512	0.4615
3	97.03%	0.5	0.9418	0.4569
3.5	96.06%	0.5	0.9324	0.4478
4	96.06%	0.5	0.9231	0.4434
4.5	95.10%	0.5	0.9139	0.4346
5	95.10%	0.5	0.9048	0.4302
			合计	4.5961

对比上述两个表格 (表 6.11、表 6.12), 可以发现 CDS 预期收入高于债券预期损失, 这说明债券的违约率给低了. 通过调整 Q, 使得 CDS 预期收入等于债券预期损失, 我们就可以推算出年度无条件违约概率了. 使用如 “Excel 规划求解” 等优化程序可以求得 $Q = 1.41\%$.

6.2.5 基于迁移矩阵的信用风险估计

前几个小节讨论的模型中, 信用风险只表现为违约概率的高低, 因此这类模型也被称为 “违约模型”(default model, DM). 当信用数据比较丰富的情况下, 我们在违约频数表以外, 还可以统计一个数据颗粒度更细的评级迁移表. 给定期初评级, 虽然债券在期末大概率还是维持原评级, 但是总有一定的概率使该债券评级上调或者下调, 这种调整就是评级迁移. 如果我们可以计算一个债券在不同评级下的价格, 并且对迁移到各个评级的概率有统计, 我们就可以计算期末债券的价格分布, 从而可以计算其平均价格、价格分位数等. 这种模型因为试图去描述市场价格的变动, 因此被称为 “盯市模型”(mark to market model, MTM 模型). 本节要介绍的 CreditMetrics 就是一个典型的 MTM 模型.

CreditMetrics 需要的输入有两个, 一个是各个评级的一年远期利率曲线, 另一个是评级迁移矩阵. 前者用于计算不同评级下同一组现金流的价格, 后者用于给出不同评级出现的概率. 由于这两个输入并不只是可交易资产才有, CreditMetrics 也可以用来计算贷款等非交易资产的信用 VaR, 这是上面提到的 Merton 模型无法做到的. 以下我们分别以两个例子介绍一下如何使用 CreditMetrics 的框架对单一债务和债务组合计算信用 VaR, 在这两个例子中, 我们使用表 6.13 给出的远期利率和表 6.14 给出的迁移矩阵①. 其中迁移矩阵的每一行对应一个期初评级, 每一列对应一个期末评级.

① 远期利率曲线取材于摩根大通技术手册 (1997 年 4 月 2 日). 迁移矩阵取材于标普 1 年期迁移矩阵 (1981～2017 年), 原始矩阵还有一列为撤销评级, 我们将其概率等比例摊到各个期末评级上.

表 6.13 附带利差的 1 年远期利率曲面 (%)

评级	1 年	2 年	3 年	4 年
AAA	3.60	4.17	4.73	5.12
AA	3.65	4.22	4.78	5.17
A	3.72	4.32	4.93	5.32
BBB	4.10	4.67	5.25	5.63
BB	5.55	6.02	6.78	7.27
B	6.05	7.02	8.03	8.52
CCC	15.05	15.02	14.03	13.52

表 6.14 一年期平均信用迁移矩阵 (%)

评级	AAA	AA	A	BBB	BB	B	CCC/C	D
AAA	89.82	9.42	0.55	0.05	0.08	0.03	0.05	0.00
AA	0.53	90.54	8.24	0.52	0.05	0.07	0.02	0.02
A	0.03	1.80	92.18	5.47	0.31	0.13	0.02	0.06
BBB	0.01	0.11	3.68	91.41	3.97	0.52	0.12	0.18
BB	0.01	0.03	0.13	5.41	85.50	7.52	0.64	0.75
B	0.00	0.02	0.09	0.21	5.76	84.77	5.06	4.09
CCC/C	0.00	0.00	0.14	0.25	0.70	15.62	51.51	31.78

1. 单一债务信用 VaR 计算

例题 6.3 假设我们有一个 5 年期债务, 本金 100, 利息 6% 年付一次, 期初评级为 BBB 级, 给出债务一年期末的价值分布, 并计算其均值、标准差和信用 VaR.

第一步, 先计算债务在各个评级之下的年末价值. 注意因为过了一年, 所以需要的远期利率是一年后的一年到四年远期利率, 正好是表 6.13 覆盖的范围. 我们以维持评级为例, 对于年末依然处于 BBB 级别的情形, 债务的年末价值为

$$6 + 6e^{-4.1\%\times 1} + 6e^{-4.67\%\times 2} + 6e^{-5.25\%\times 3} + 106e^{-5.63\%\times 4} = 106.98$$

同理我们可以遍历表 6.13 各个行求取全部非违约评级下的债务价格. 对于违约情况, 我们需要回收率数据来确定债务的残值. 这里我们引用穆迪基于 1987 年到 2008 年数据的经验公式①:

$$\text{平均回收率 } (\%) = 64.98\% - 2.3408 \times \text{评级对应的违约概率 } (\%)$$

比如对于 BBB 评级, 其平均回收率为 $64.98\% - 2.3408 \times 0.18\% = 64.56\%$. 也就是说, 如果期初 BBB 评级的债务当年违约了, 那么残值为 64.56. 再结合表 6.14 BBB 级对应行的转移概率, 我们可以列出该笔债务的期末价值分布于表 6.15 中.

① 摘录自穆迪公司发布的 "Corporate Default and Recovery Rates: 1920–2008".

表 6.15 债务的期末价值分布

期末评级	AAA	AA	A	BBB	BB	B	CCC	D
期末价值	108.88	108.70	108.14	**106.98**	101.14	96.96	81.27	64.56
概率 (%)	0.01	0.11	3.68	91.41	3.97	0.52	0.12	0.18

期末价值的标准差 (STD) 为 2.41718. 在正态假设下, 该债务的一年期 99% 信用 VaR 为

$$\mathrm{STD} \times N^{-1}(0.99) = 5.6232$$

如果直接从表格出发, 99% 分位点可以用 BB 和 B 两个级别价格的插值计算

$$96.96 + \frac{1\% - 0.52\% - 0.12\% - 0.17\%}{3.97\%} \times (101.14 - 96.96) = 97.1495$$

对比没发生信用事件 (评级维持 BBB 的情况), 信用 VaR 为

$$106.98 - 97.1495 = 9.8305$$

2. 债务组合信用 VaR 计算

债务组合和单一债务的本质区别在于, 债务组合内各个债务之间可能存在的相关性. 这种相关性至少可能来自两点: ①宏观经济状态的影响, 经济不好的时候所有的债务违约的可能性都会上升; ②行业内共同因子的影响, 比如永煤债务危机以后, 整个煤炭行业的评级都受到了影响. 此外, 同评级债务之间的相关性一般比跨评级债务之间的相关性强一些. 考虑相关性的信用 VaR 计算方法, 我们在第 3 章介绍过一种基于 Copula 的 WCDR 方案. 这里我们介绍基于 CreditMetrics 的模拟方法.

假设一个组合内有 N 笔债务, 各自有自己的期初评级 R_i^s. 债务的评级由隐含变量 X_i 驱动, 仿照 WCDR 的思路, 我们假设 X_i 服从标准正态分布. 信用迁移矩阵针对 R_i^s 的那一行给出了随机变量 X_i 到期末评级之间的对应, 比如针对 BBB 评级的债务, 基于表 6.14, X_i 的值域和期末评级 R_i^e 之间的对应关系如表 6.16 所示. 对于每个期初评级, 因迁移概率不同, 这个表格的具体取值不同.

表 6.16 隐含变量与期末评级的对应关系

R_i^e	AAA	AA	A	BBB
X_i 值域	$[3.70, \infty)$	$[3.04, 3.70)$	$[1.78.3.04)$	$[-1.67, 1.78)$
R_i^e	BB	B	CCC	D
X_i 值域	$[-2.40, -1.67)$	$[-2.75, -2.40)$	$[-2.91, -2.75)$	$(-\infty, -2.91)$

在这个对应基础上, CreditMetrics 进一步假设不同债务的 X_i 服从多元正态分布, 这样债务 i 和 j 之间的信用相关性就可以通过隐含变量 X_i 和 X_j 的相关性来描述. 由此我们可以用如下流程来模拟 (i,j) 组合的信用变化情况:

抽取 X_i 和 X_j $\to$ 使用对应的表把 X_i 和 X_j 翻译为 R_i^e 和 R_j^e

$\to$ 使用远期利率计算 R_i^e 和 R_j^e 下的债务价值 V_i^e 和 V_j^e

$\to$ 计算损益的实现值

这个流程重复多次, 就可以得到模拟的损益分布, 从而确定信用 VaR 的取值.

例题 6.4 假设我们有两个结构相同的 5 年期债务, 本金 100, 利息 6%, 年付一次, 期初评级为 BBB 级, 相关性为 0.8, 通过模拟给出债务组合一年期末的价值分布, 并计算其均值、标准差和信用 VaR.

融合上一小节的期末评级和期末价格的结果, 我们将模拟的组合损益列在表 6.17 中: 其中损益的计算为组合价值减去期末评级未变动时的组合价值. 经过 1000 次模拟, 期末组合价值平均数为 213.48, 标准差为 2.9437. 正态假设下的 99% 信用 VaR 为

$$\mathrm{STD} \times N^{-1}(0.99) = 6.8481$$

直接排序模拟损失后的经验 99% 信用 VaR 为 15.8424. 严重高于正态假设的结果源于开篇提到的信用风险的非对称性特征, 下面的损失直方图 (图 6.3) 清晰地展示了这一点.

表 6.17 组合损失模拟表

X_1	R_1^e	V_1^e	X_2	R_2^e	V_2^e	组合价值	损失
−1.039	BBB	106.975	0.090	BBB	106.975	213.951	0.000
1.985	A	108.141	2.120	A	108.141	216.282	2.331
1.172	BBB	106.975	0.795	BBB	106.975	213.951	0.000
−1.424	BBB	106.975	−1.205	BBB	106.975	213.951	0.000
⋮	⋮	⋮	⋮	⋮	⋮	⋮	⋮
−2.205	BB	101.144	−1.799	BB	101.144	202.287	−11.663
−0.167	BBB	106.975	0.136	BBB	106.975	213.951	0.000
−1.125	BBB	106.975	−0.584	BBB	106.975	213.951	0.000
⋮	⋮	⋮	⋮	⋮	⋮	⋮	⋮
−2.598	B	96.960	−2.844	CCC	81.270	178.230	−35.721
⋮	⋮	⋮	⋮	⋮	⋮	⋮	⋮

6.2.6 宏观经济状况的引入

CreditMetrics 计算的基本假设是迁移概率在经济周期的不同阶段是稳定的, 实际情况则是评级的迁移和经济周期是相关的, 经济周期下行的时候降级和违约

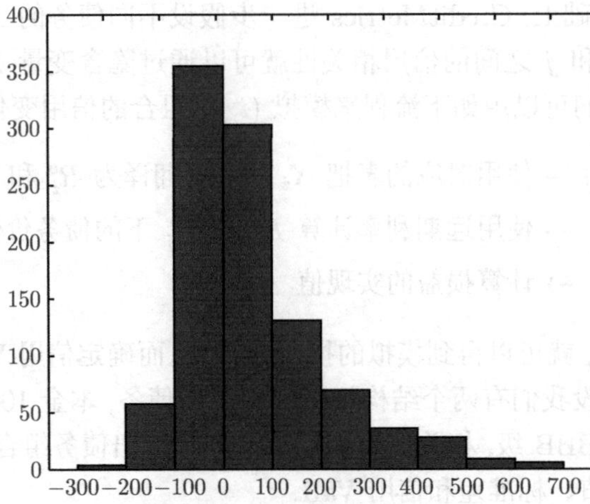

图 6.3　组合损失模拟分布

的概率是比上行的时候明显要高的. 本节介绍一个考虑这种周期性因素的 CPV (Credit Portfolio View) 模型. 由于 CPV 模型的核心是修订迁移矩阵, 所以 CPV 还是归在 MTM 模型类里.

修订迁移矩阵有两种方式, 简单一些的 CPV-Direct 模型将过去的样本分为衰退和非衰退两个子样本, 分别统计两个迁移矩阵. 在 CreditMetrics 计算信用 VaR 的时候采用两种不同的矩阵输出两个信用 VaR①. 复杂一些的 CPV-Macro 模型将违约概率和宏观经济状况连接起来, 通过模拟宏观经济状况, 刷新对应的迁移矩阵, 从而更新估值. 图 6.4 给出了一个标准的迁移矩阵, 矩阵的右下角是从最低评级 (CCC/C) 到违约 (D) 的概率. 整体概率向左上角移动, 意味着评级调升的概率在增加, 如果向右下角移动, 则意味着评级调降的概率在增加. 由于越是评级低的债券越容易受到经济周期的影响, 右下角概率 P_{CD} 对经济周期最敏感. 因此修订概率时一般先从这个概率入手:

$$P_{\mathrm{CD}} = f(y) = \frac{1}{1+\mathrm{e}^{-y}}$$

$$y = \beta_0 + \sum_{i=1}^{n} X_{it}$$

其中每个宏观变量可以用各自的 ARMA(p,q) 模型来描述. 更新概率时, 先用历史数据和估计的 ARMA 模型系数模拟各个 X_{it}, 再集结为 y, 最后得到 P_{CD}.

获得更新的 P_{CD} 以后, CPV-Marco 模型有一套算法来刷新整个迁移矩阵. 其基本逻辑是, 通过估算的 $P_{\mathrm{CD},t}$ 和无条件迁移矩阵的 P_{CD} 比较, 如果得 $P_{\mathrm{CD},t} >$

① 再结合当前经济状况决定最终使用哪一个 (或者加权两个等).

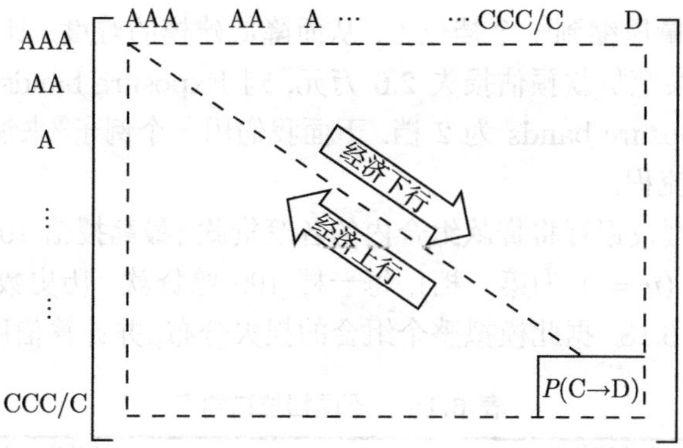

图 6.4 迁移矩阵概率移动和经济周期之间的关系

P_{CD} 则在使用 $P_{\mathrm{CD},t}$ 替换 P_{CD} 的同时, 在维持迁移概率和为 1 的前提下, 参考历史数据调低其他评级上调的概率. 因为具体实施过程比较复杂, 这里就不做展开了[①]. 最后, 因为 X_{it} 是模拟数据, 新的迁移矩阵会随着各个 ARMA 模型的误差抽样不同而不同, CPV-Marco 模型的最终结果是 N 个模拟的迁移矩阵下债务平均价格 (相当于做了 N 次 CreditMetrics 模型) 的平均值.

6.2.7 信用风险附加模型

不管是 CreditMetrics 还是升级版的 CPV, 都是基于这样的逻辑: 债务之所以出现信用问题, 是因为评级变动了, 评级变动后债务价值的损失, 被打包在定价过程的远期利率里面了. 如果我们愿意换一个角度, 分别刻画债务违约的频数和违约后损失分布, 最后再将两个分布复合起来, 同样可以得到债务组合的损失分布. 这种被称为信用风险附加 (credit risk plus, CRP) 的模型逻辑特别适用于银行管理贷款池的场景.

借助保险领域的建模逻辑, 如果我们愿意假设单笔抵押贷款或者小额商业贷款之间的违约事件是独立的[②], 一个贷款组合中发生损失的次数可以近似使用泊松分布来描述. 分布的参数可以通过历史数据进行校准. 顺便提一句, 泊松分布只是一系列可选分布中的一个, 其他的分布有可能更适合描述违约发生次数[③], 比如均值和方差分别由参数控制的负二项分布等.

损失发生次数并不是 CRP 模型的全部不确定性, 就像你抽奖的时候, 是不是中奖和中了几等奖是两个不同的问题. 因为对每笔贷款单独分析损失值比较复杂, CRP 模型中我们将损失分为不同的档次 (exposure bands), 每笔贷款的 LGD 会

① 感兴趣的读者可以去参考 *Credit Risk Measurement: New Approaches to Value at Risk and Other Paradigms* 第七章附录, 里面有一个简化的例子.

② 在正常市场条件下这个假设是有道理的, 但是极端市场条件下一般不成立, 比如次贷危机时的抵押贷款.

③ Carty 和 Lieberman (1996) 指出, 违约率均值的平方根只有标准差的一半, 而在泊松分布中两者应该相等.

被从一个连续变量压缩到一个档位上, 从而降低建模的难度. 比如我们将损失分为 2 万元一档, 某笔贷款预估损失 2.6 万元, 则 Exposure bands 为 1 档, 如果是 3.2 万元, 则 Exposure bands 为 2 档. 下面我们用一个例子①来说明一下 CRP 下信用风险的评估流程.

例题 6.5 假设银行将贷款组合内的各笔贷款 (最高授信 10 万元) 按照 2 万元一档进行分档 ($\nu = 1$ 为第一档), 每一档 100 笔贷款. 历史数据显示的不同档位的违约率见表 6.18. 据此模拟整个组合的损失分布, 并计算信用 VaR.

表 6.18 不同档位违约率

损失分档 (ν)	违约率 (%)
1~2	3
3~4	2
5	1

以 $\nu = 1$ 为例, 由于有 100 笔此类贷款, 违约率 3% 意味着平均有 3 笔违约. 在泊松模型之下, 损失次数的分布函数为

$$P(n) = \frac{\mathrm{e}^{-3}(3)^n}{n!}$$

结合以上 $\nu = 1$ 的单笔损失值 2 万元, 可以写出这一档的损失分布见表 6.19. 这 11 种情况已经覆盖了 99.97% 的第一档损失可能性.

表 6.19 第一档损失分布表

损失概率 (%)	损失次数	损失总额 (万元)
4.98	0	0
14.94	1	2
22.40	2	4
22.40	3	6
16.80	4	8
10.08	5	10
5.04	6	12
2.16	7	14
0.81	8	16
0.27	9	18
0.08	10	20

同理我们可以对其他分档进行分析. 在统计整个组合的损失时, 列出类似的表格需要计算一个五元的概率分布, 考虑到计算的复杂性, 使用模拟方法是更优

① 本例子取材于 *Credit Risk Measurement: New Approaches to Value at Risk and Other Paradigms.*

的选择. 为此, 我们按照历史违约率表抽取五个泊松分布随机数, 分别模拟五档损失的发生次数, 最后把损失全部加起来作为组合的损失. 图 6.5 是模拟的损失分布, 其对应期望损失为 56.06 万元, 99% 信用 VaR 为 106 万元. 从定价角度, 这个组合折价 56.06 万元就算是公平定价了, 但是从 99% 安全持有这个组合的角度看, 需要 106 万元的坏账准备.

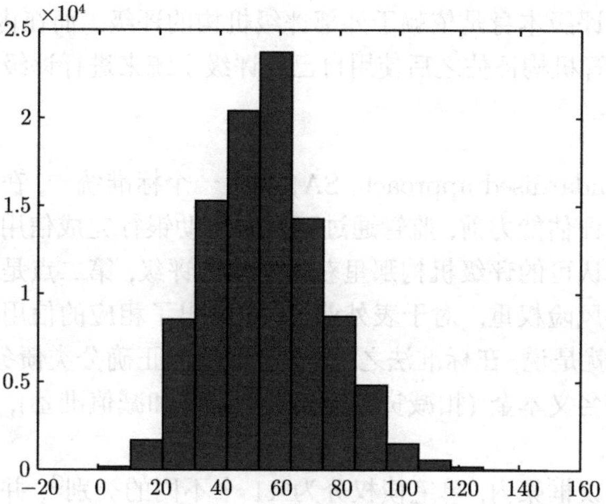

图 6.5 模拟的损失分布

6.2.8 不同模型之间的比较

以上介绍了一系列的评估信用风险的模型, 这里将模型之间的比较罗列于表 6.20 中供读者参考.

表 6.20 不同模型之间比较

	Logit	Merton/KMV	CreditMetrics/CPV	CRP
模型类型	DM	DM	MTM 模型	DM
风险驱动源	财务指标 宏观指标	资产价格	资产价格 宏观因素	历史违约率
数据要求	财务指标 违约标记	股票价格 债务, 经验 EDF	迁移矩阵 附利差远期利率 宏观信息	历史违约率
信用事件	违约	DD 变化	评级迁移	违约个数
相关性	行业因子 宏观因子	多元正态	多元正态 宏观因子	独立
求解过程	计量方法	显示解	显示解或模拟	模拟
输出	条件违约概率	违约概率/经验 EDF	损失分布/信用 VaR	损失/信用 VaR

6.3 巴塞尔协议下的信用风险计量

巴塞尔协议之下, 信用风险的计量方法主要有标准法和内部评级法两个大类[①]. 从前面的介绍可以看出, 一个银行能准确评估违约风险和损失, 依赖于强大的数据支持和模型处理能力. 从标准法到内部评级法, 随着银行能力的提升, 框架给予银行的自由度也在提升. 在标准法中, 加权信用敞口的风险权重是给定的, 并且用于计算权重的信用评级本身是依赖于外部评级机构的评级. 而在内部评级法中, 银行可以在经过监管机构评估之后使用自己的评级系统来进行评级.

6.3.1 标准法

标准法 (standardised approach, SA) 突出一个标准统一, 在银行缺乏内部评级法要求的信用评估能力前, 监管通过两点来帮助银行完成信用风险评估. 第一点是要求从监管认可的评级机构那里获得债权的评级, 第二点是给定了不同外部评级结果下获得风险权重. 对于表外业务, 也给出了相应的信用风险转换系数用于换算敞口. 也就是说, 在标准法之下, 银行只要能正确分类债务, 并且能搞清楚自己每个类别的名义本金 (扣减贷款损失专项准备和减值准备), 就能进行违约风险敞口的计算了.

在巴塞尔协议框架内, 单笔债权分为 11 个不同的类别[②], 并给予不同的风险权重标准. 表 6.21 给出了一组建议权重 [③].

表 6.21　不同外部评级下的风险权重标准 (%)

主体	AAA 至 AA−	A+ 至 A−	BBB+ 至 BBB−	BB+ 至 B−	B− 以下	未评级
主权	0	20	50	100	150	100
非政府公共部门	参照主权, 或者银行的权重, 或者监管部门自定					
多边开发银行	20	30	50	100	150	50

表外资产的转化需要用到信用风险转换系数, 在巴塞尔协议的基础上, 我国商业银行表外项目信用转换系数如表 6.22[④].

① 关于信用风险计量的巴塞尔协议文档统称为 CRE, 可以在 https://www.bis.org/basel_framework/chapter/CRE/20.html 找到. 后续的 CRExx 对应的是 CRE 的不同章节.

② 11 类按照对象分别为: 主权, 非中央政府公共部门, 多边开发银行, 银行, 担保债券, 证券公司和其他金融机构, 公司, 次级债、股权与其他资本工具, 零售, 房地产, 表外资产. 其中一般公司风险敞口又包含专门贷款、中小企业风险敞口等子类, 房地产风险敞口中包括以居住用房地产、商用房地产为抵押的风险敞口, 以及关于开发贷的风险子类.

③ 在最新的巴塞尔协议文本中, 银行风险敞口风险权重依评估方法不同而不同. 采用外部信用风险评估法 (ECRA) 时, AAA 至 AA− 为 20%, A+ 至 A− 为 30%, BBB+ 至 BBB− 为 50%, BB+ 至 B− 为 100%, B− 以下为 150%. 采用标准信用风险评估法 (SCRA) 时, A 级为 40%, B 级为 75%, C 级为 150%.

④ 参见《商业银行资本管理办法 (征求意见稿)》附件 3, 该征求意见稿于 2023 年 2 月发布, 于 2024 年 1 月正式发布. 相比 2012 年版的《商业银行资本管理办法 (试行)》有微调.

表 6.22 我国商业银行表外项目信用转换系数 (%)

科目	系数
等同于贷款的授信业务	100
贷款承诺	
可随时无条件撤销的贷款承诺	10
其他贷款承诺	40
未使用的信用卡授权	
一般为使用额度	40
符合标准的未使用额度	20
票据发行便利	50
循环认购便利	50
银行借出的证券或用作抵押物的证券	100
和贸易直接相关的短期或有项目	20
基于服务贸易的国内信用证	50
和交易直接相关的或有项目	50
信用风险在银行的资产销售与购买协议	100
远期资产购买、远期定期存款、部分交款的股票和证券	100
其他表外项目	100

基于上述两张表格 (表 6.21、表 6.22), 某银行的信用风险加权资产 (CRWA) 的计算公式为

$$\mathrm{CRWA} = \sum_{i=1}^{n} \mathrm{BA}_i \times w_i + \sum_{j=1}^{m} \mathrm{OBA}_j \times c_j \times w_j$$

其中 BA 为表内资产 (共 n 类), OBA 为表外资产 (共 m 类), w 为风险权重, c 为转换系数. 注意到转换系数是专门为表外资产设计的, 表内资产不涉及.

6.3.2 内部评级法

在内部评级法 (internal ratings-based approach, IRB) 中, 银行需要对违约概率、违约损失率 (回收率)、违约风险敞口和期限进行自主估计. 按照银行自身能力的高低, 可以选择只估计违约概率和部分风险敞口, 其他的直接引用监管建议值, 也可以在监管机构的批准之下全部由自己估计. ①

1. 违约概率 (PD)

内部评级法下, 银行可以使用自己开发的模型进行违约概率估计. 为了估计的准确性, 一般要求要有 5 年以上的历史数据. 同时除了主权资产外, 违约概率不得设定低于 0.05%. 这一方面是为了避免银行在违约概率上使用过于乐观的估计, 另一方面也是帮助银行在违约事件不足的情况下有一个能用的参考值.

① 美国最新的监管实践中, 为了约束银行自主性带来的监管资本核算宽松问题, 考虑将不再允许 IRB 用于监管资本核算.

2. 违约损失率 (LGD)

如果银行不能自行估计违约损失率, 可以直接使用巴塞尔协议建议的违约损失率: 无担保主权、银行、证券公司和其他金融机构的高级债权可使用 45% 的违约损失率; 无担保的其他企业的高级债权可使用 40% 的违约损失率; 对企业、主权国家和银行的所有次级债权可使用 75% 的违约损失率. 使用银行自行估计数据时, 要求数据至少跨越一个完整的经济周期, 并有 5 年到 7 年不等的最小数据长度要求.

3. 违约风险敞口 (EAD)

资产负债表内的违约风险敞口计量比较简单, 用债权的名义本金扣减贷款损失专项准备金和减值准备金即可. 对表外业务的风险敞口计量时, 如果银行不能自行估计, 可以使用表 6.22 提供的信用转换系数进行转换.

4. 期限 (M)

俗话说 "夜长梦多", 同样的一笔贷款, 持续的时间越长, 信用风险也就越高. 商业银行在使用内部评级法的时候, 需要给每笔债权一个期限. 这个期限如果银行不能自己估计, 监管给出的要求是回购类交易 6 个月, 其他非零售风险暴露的有效期限为 2.5 年. 如果银行能够自己估计, 债权的期限为剩余期限和 1 年之间较大的一个并且以 5 年为上限. 如果有明确的现金流结构, 则可以使用久期定义债权的期限①.

5. CRWA 计算公式

在内部评级法中, 信用风险加权资产的计算使用如下公式:

$$\mathrm{CRWA} = 12.5 \times \mathrm{EAD} \times (1-R) \times (\mathrm{WCDR} - \mathrm{PD}) \times \mathrm{MA}$$

其中 EAD 为违约风险敞口, $R \in [0,1]$ 为回收率, $\mathrm{WCDR} \in [0,1]$ 是前面第 3 章讲到的最差情况违约率, $\mathrm{PD} \in [0,1]$ 是常态下估算的违约率, 一般而言 WCDR>PD. 式子里面的 12.5 是 8% 资本充足率要求的倒数, 这样资本金要求就对应着 "风险敞口" 中 "会损失掉" 的部分经过 "极端情况下违约增量" 和 "到期期限" 调整后的值②:

$$\mathrm{WCDR} = \Phi\left[\frac{\Phi^{-1}(\mathrm{PD}) + \sqrt{\rho}\Phi^{-1}(0.999)}{\sqrt{1-\rho}}\right]$$

$$\rho = 0.12\left(\frac{1-\mathrm{e}^{-50\times\mathrm{PD}}}{1-\mathrm{e}^{-50}}\right) + 0.24\left(1 - \frac{1-\mathrm{e}^{-50\times\mathrm{PD}}}{1-\mathrm{e}^{-50}}\right)$$

① 其计算方式可以参见 CRE32.44-CRE32.56, 依照不同的资产类型, M 的取值范围有不同的约定.

② 不同债权类型的相关性调整因子 ρ 不同, 对于权益敞口 (银行在企业或金融机构的资产和收入方面直接或间接的权益) 的 CRWA 核算方式另有框架, 具体的可以查看 CRE31.

$$\mathrm{MA} = \frac{1 + (M - 2.5)b}{1 - 1.5b}$$

$$b = [0.11852 - 0.05478 \times \ln(\mathrm{PD})]^2$$

其中 $\Phi(x)$ 是标准正态分布的分布函数. 对于 CRWA 计算为负数的情况, 银行可以使用 0 作为 CRWA.

6.4 信用风险的管理

6.4.1 信用风险调整

同样的现金流, 如果该现金流暴露在信用风险中, 其价值应该比没有信用风险的现金流来得低一些, 这个差值就是信用风险调整. 这里我们沿用 Hull 在《风险管理与金融机构》一书中的框架进行介绍. 首先我们把合约分为三类: 永远价值为正的资产、永远价值为负的负债、价值可正可负的或有资产. 当合约对于你是负债的时候, 信用风险是在你的对手方, 只有当合约的价值为正的时候, 信用风险才在你这一方. 所以纯负债不需要信用风险调整, 其他两类需要.

对于纯资产而言, 其信用风险调整也比较简单, 只需要计算每个可能的违约时点上的违约概率和损失值, 将损失期望从无信用风险价格中减掉就行了. 在例题 6.2 中, 我们经由 CDS 估计的条件违约概率为 1.41%, 对应的预期损失值为 4.5411, 无信用风险债券价格为 114.0373, 考虑信用风险调整后价格为 109.4962.

对于或有资产而言, 过程会更复杂一些. 假设损失可能发生的时点为 $t_1, t_2, \cdots, t_n$, 时点 t_i 的违约概率为 q_i, 合约价值为 V_i, 回收率假设为定值 R. 则整个合约的预期违约损失现值为

$$\sum_{i=1}^{n} B(t_i)\{q_i(1-R)E[\max(V_i, 0)]\}$$

其中 $B(t_i)$ 为贴现因子, 其值为 t_i 时刻的 1 元钱在 0 时刻的价值.

例题 6.6 假设某个钢铁厂在 OTC 市场上签了 1 年期的远期合约, 合约价格为 720 元/吨, 交易对手的年化违约概率为 3%, 回收率假设为 40%, 铁矿石期货的远期价格波动率年化为 35%, 无风险利率年化为 1.95%. 假设每个月月末可能发生违约, 其他时间不会, 估算该合约的信用风险调整值.

按照上面的框架, t 时刻的远期价格为 F_t, 当合约价格高于 $K = 720$ 元/吨的时候, 对于钢铁厂来说该合约是资产状态, 其盈利在 t 时刻的值为 $(F_t - K)\mathrm{e}^{-r(T-t)}$, 风险敞口为

$$\mathrm{e}^{-r(T-t)} \max(F_t - K, 0)$$

其在 0 时刻的现值为

$$e^{-rt}e^{-r(T-t)}\max(F_t-K,0)$$

交换两个贴现因子的顺序, 上面的式子变成

$$e^{-r(T-t)}\{e^{-rt}\max(F_t-K,0)\}$$

而大括号里正好是到期时间为 t, 标的为远期, 行权价为 K 的远期期权在 0 时刻的价格. 年化违约概率为 3%, 意味着每个月的违约概率为

$$3\%/12=0.25\%$$

综合在一起, 第一个违约时点 (第一个月末) 的预期损失现值为

$$0.25\%\times(1-40\%)\times e^{-1.95\%\times 11/12}\times C(720,720,35\%,1.95\%,1/12)$$

其中 $C(F,K,\sigma,r,T)$ 是期货期权的价格, 这个价格可以用 Black 公式进行估算:

$$C=e^{-rT}[FN(d_1)-KN(d_2)]$$

$$d_1=\frac{\ln(F/K)+(\sigma^2/2)T}{\sigma\sqrt{T}}$$

$$d_2=d_1-\sigma\sqrt{T}$$

表 6.23 是每期的计算结果, 将各期的结果求和, 就可以得到最后的调整值.

表 6.23 每期信用风险的计算结果汇总

时间点	期权价格	风险敞口	预期损失
1	28.962	28.449	0.0427
2	40.875	40.2158	0.0603
3	49.959	49.2332	0.0738
4	57.569	56.8254	0.0852
5	64.232	63.5058	0.0953
6	70.219	69.5376	0.1043
7	75.690	75.0773	0.1126
8	80.750	80.227	0.1203
9	85.473	85.0575	0.1276
10	89.912	89.6205	0.1344
11	94.108	93.9549	0.1409
12	98.091	98.0911	0.1471
合计			1.2445

从结果看, 铁矿石远期合约的信用风险折价约为 1.2445 元/吨, 相比每吨 720 元的价格, 并不是一个很大的数字, 这个和铁矿石价格波动率给得不高、违约率不高且回收率不低有关系. 如果我们假设波动率翻一倍, 回收率降低到 20%, 违约概率年化为 6%, 则折价为 6.575 元/吨.

6.4.2 信用风险缓释

信用风险调整更多的是用在对有信用风险的资产进行估值的时候使用的, 通过信用风险折价的方式在购入资产的时候预先"节约"出预期损失的部分, 或者在计算金融资产价值的时候避免忽视信用问题的过度乐观. 在信用风险的管理过程中, 还有一个很重要的环节叫做"信用风险缓释". 巴塞尔协议对信用风险缓释给出的工具包括"抵押交易""担保交易""表内净扣除""信用衍生品"四种. 对于前两类缓释工具, 巴塞尔协议认可的抵押工具有现金、黄金和符合条件的短期债务工具、合规的债权和股票等, 认可的担保主体有主权、IBS、IMF、ECB、银行、评级为 A− 及以上的其他实体等. 第三种和第四种工具相对复杂一些, 我们在下面分别介绍.

1. 表内净扣除 (netting)

衍生品 OTC 交易的双方一般使用标准格式的国际掉期和衍生品协会 (ISDA) 主协议来进行, ISDA 规定当交易的一方要对某一个使用 ISDA 主协议签订的交易违约时, 必须同时对其所有使用 ISDA 主协议签订的交易进行违约. 这相当于把交易方的若干个合约通过损益相消的方式扣减成了一个合约. 鉴于 ISDA 主协议在国际衍生品 OTC 交易中的传统地位, 这极大地降低了交易双方赖掉亏损合约的动机. 假设 A 和 B 两个机构在 ISDA 的框架下签订了 N 个衍生品合约[①], 每个合约对于 B 的价值为 V_i, 每个机构都有动机对于自己价值为负的合约去违约, 如果不进行表内净扣除, 机构 B 面临的潜在损失最大为

$$\sum_{i=1}^{N}\max(V_i,0)$$

如果进行表内净扣除, 机构 B 面临的潜在损失最大为

$$\max\left(\sum_{i=1}^{N}V_i,0\right)\leqslant\sum_{i=1}^{N}\max(V_i,0)$$

等号只在全部合约 B 都盈利或者都亏损的情况下取到, 但这两种情况一般不会发生. 更常见的情况是, 各个 V_i 之间正负相消, 留下一个比较小的净值来影响信用风险. 顺便一提, 两种模式的比值, 称为净替代比率 (net replacement ratio, NRR):

$$\mathrm{NRR}=\frac{\max(\sum_{i=1}^{N}V_i,0)}{\sum_{i=1}^{N}\max(V_i,0)}$$

① 我们假设这些合约都是零和的, 也就是说, 同一个合约, A 机构显示盈利 10 元, B 机构显示的就是亏损 10 元.

巴塞尔协议用这个比率计算表外合约的等效违约风险敞口. 对于我们上面的例子而言, 机构 B 的等效违约风险敞口为

$$\max\left(\sum_{i=1}^{N} V_i, 0\right) + (0.4 + 0.6 \times \mathrm{NRR}) \sum_{i=1}^{N} a_i L_i$$

其中 L_i 是第 i 个合约的名义本金, a_i 是这个合约类型的风险系数 (add-on-factor). 容易想到, 这个系数对于低风险类型的合约 (比如贷款等) 应该较小, 对于高风险类型的合约 (比如期货合约等) 应该较大. a_i 的具体建议值可以参考巴塞尔协议关于表外项目的计算规定[①].

2. 信用衍生品

所谓信用衍生品, 就是其损益和标的资产的信用相关. 通过这种相关性, 交易信用衍生品的双方可以实现信用风险在较高流动性层面上的转移和调整. 常见的信用衍生品有信用违约互换 (CDS) 和信用连接票据 (CLN) 等.

CDS 又称为信用违约掉期, 是目前应用范围最广的信用衍生品. 在一个典型的 CDS 交易中, CDS 的卖出方收取 CDS 的买入方定期的以本金为基础计算的风险保护费, 一旦违约发生, CDS 的卖出方会支付买入方风险索赔. 一般这个索赔额会使得 CDS 的买入方即便是遭遇了信用事件, 也不至于承担本金损失[②]. CDS 的报价 (CDS premium) 一般指的就是每单位本金需要支付的风险保护费. 显然, 违约概率、回收率等都会影响到 CDS 的价格. 对于一个持有面临信用风险的债券的机构, 同时买入该债券的 CDS 构成组合后, 就把这个债券转成了一个等效的无信用风险债券. 在这个观察下, 理想状态的 CDS 的利差应该和债券的静态利差相同.

通过 CDS 剥离信用风险有一个前提假设, 就是 CDS 的卖出方不会违约. 在没有其他保障的情况下, 假设信用衍生品的交易没有信用风险是天真的. 为了管理这种风险, 市场参与者创造了信用连接票据 (CLN).

CLN 的基本运作模式是: CDS 的买卖双方签订合同时, CDS 的买方 (CLN 实际的卖方) 成立一个特殊目的实体 (SPV), 该机构向 CDS 的卖方 (CLN 的买方) 出售一个 CLN, 并将出售所得投资于某个无风险债券 (假设这个资产每期支付利息 b). 在 CDS 的标的资产存续过程中, CDS 的买方定期向 SPV 支付 CDS 费用 (s), SPV 将这笔费用和无风险债券的利息合成在一起 ($b + s$) 支付给 CDS 的卖方. 如果 CDS 的标的债券发生违约, SPV 会出售无风险债券, 并将所得用于

① https://www.bis.org/publ/bcbs18.pdf.

② 这种保障的实现方式有实物结算和现金结算两种, 实物结算是 CDS 买入方将违约债券转交卖出方, 卖出方支付面值, 现金结算是 CDS 的卖出方直接支付面值和违约债券评估价的差价给买入方.

支付 CDS 买方的信用损失 (面值–残值), 然后将残值支付给 CDS 的卖方. 至此 SPV 解散, CDS 买方不必继续支付费用, CLN 的后续利息不再支付. 和原始的 CDS 不同, CLN 在构建伊始就把 CDS 卖方的钱收到了 SPV 里并转成了无风险资产, 因此在标的资产信用风险发生时, SPV 是一定有能力支付“面值–残值”的, 不存在支付能力不足的问题. 一个基本的 CLN 运行模式如图 6.6.

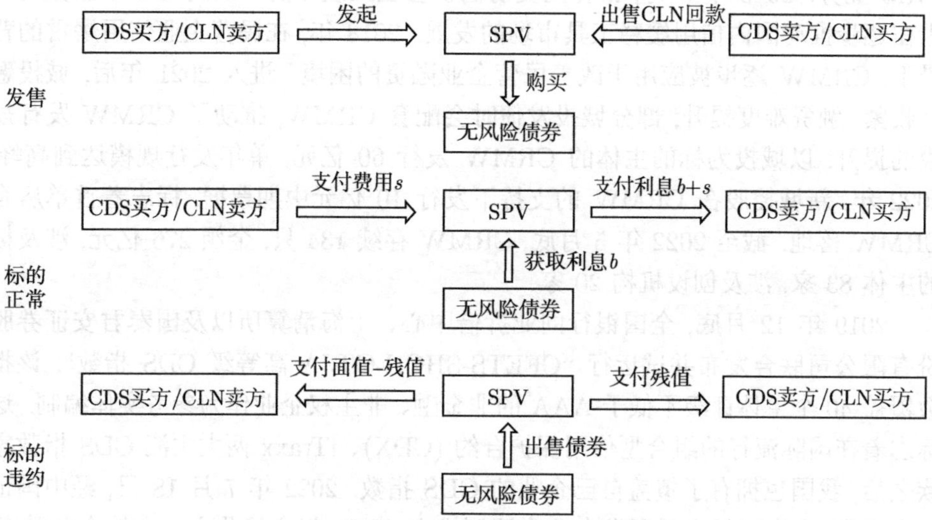

图 6.6 CLN 的基本运行模式

在国际经验的基础上, 2010 年 11 月 5 日, 中国银行间市场正式开始交易“信用风险缓释合约”(credit risk mitigation agreement, CRMA), 同月 24 日, “信用风险缓释凭证”(credit risk mitigation warrant, CRMW) 开始交易. 这两类产品的正式上线, 标志着中国信用衍生品市场的诞生. 这两个产品的推出, 被认为是“中国版 CDS” 的问世. 此后的 2016 年 9 月, 交易商协会发布修订后的《银行间市场信用风险缓释工具试点业务规则》, 在原有的两类信用风险缓释工具基础上推出了 CDS 和 CLN 两类工具.

CRMA 交易结构和形式与国际通行的 CDS 类似, 由交易双方达成, 信用保护买方按照约定的标准和方式向信用保护卖方支付信用保护费用, 由信用保护卖方就约定的标的债务向信用保护买方提供信用风险保护. CRMA 的标的债务限定于债券和贷款两种简单信贷资产, 且标的债务为具体指定的债务, 在这些方面与国际通行的 CDS 不同. 在信用风险缓释产品推出后的几年, 市场的反应都比较冷淡. 从 2010 年到 2013 年, 按照银行间交易商协会的统计数据, 其累计交易的名义本金 (包括 CRMA 交易以及 CRMW 发行和交易) 仅约 50 亿元, 不及潜在市场规模的万分之一. 甚至 2013 年全年没有达成一笔新的 CRMA 交易, 也没有创设新的 CRMW. 主要原因除了单一保护对象带来的吸引力降低以外, 债券市场刚兑风气严重, 市场交易主体单一风险态度高度同质化, 定价机制薄弱, 流动性不足, 其他配套机制建设滞后, 等等.

从 2014 年开始, 债券市场信用风险逐渐释放, 原银保监会也逐步核准部分银行可以使用信用衍生品缓释监管资本, 同时证监会也逐步批准部分证券公司参与 CRM 业务. 2016 年 9 月, 银行间交易商协会正式发布的一系列 CRM 业务规则也在逐步推动国内信用缓释工具市场的发展. 2018 年, 在民营企业信用爆雷的背景下, CRMW 逐步被应用于改善民营企业融资的困境. 进入 2021 年后, 城投融资收紧, 融资难度提升, 部分城投发债时会配套 CRMW, 推动了 CRMW 发行规模的提升, 以城投为标的主体的 CRMW 发行 60 亿元, 单年发行规模达到高峰. 2022 年, 新城控股在 CRMW 的支持下发行 10 亿元中期票据, 标志着首单房企 CRMW 落地. 截至 2022 年 5 月底, CRMW 存续 134 只, 金额 276 亿元, 涉及标的主体 83 家, 涉及创设机构 20 家.

2019 年 12 月底, 全国银行同业拆借中心、上海清算所以及国泰君安证券股份有限公司联合发布并试运行 "CFETS-SHCH-GTJA 高等级 CDS 指数", 该指数覆盖 40 个主体评级不低于 AAA 的非金融、非主权企业作为参考实体编制. 这标志着在国际流行的组合型信用保护合约 (CDX)、iTraxx 两大主流 CDS 指数家族之后, 我国也拥有了覆盖自己企业的 CDS 指数. 2022 年 7 月 18 日, 经中国证监会批准, 上海证券交易所发布公告计划推出 CDX, 以市场化方式支持企业融资. 首批试点的两个 CDX 是 "CSI-SSE 交易所民企 CDX 组合" 和 "CSI-SSE 交易所大型发行人 CDX 组合", 标的都是一揽子参考实体发行的债券.

思 考 题

1. 为什么例题 6.6 中 t 时刻的风险敞口的值为 $\mathrm{e}^{-r(T-t)}\max(F_t-K,0)$, 而不是 $\mathrm{e}^{-rt}\cdot\max(F_t-K,0)$?

2. 为什么 6.2.2 节使用的是利差 s 而不是直接使用收益率 y? 按理说债券在 Δt 时间内给予投资者的收益是 $y\Delta t$, 而不是 $s\Delta t$.

3. 基于表 6.2 计算 Baa 评级的债券在第二年的 "无条件违约概率" 和 "条件在第一年不违约的情况下第二年违约的条件违约概率". 同时计算 Baa 级别债券的 1, 2, 3, 5 年平均违约密度, 比较这些密度是否相同并给出可能的解释.

4. 假定某制造业企业的总资产为 700 万元, 流动资产为 180 万元, 息税前利润为 60 万元, 销售额为 2300 万元, 权益市值为 400 万元, 流动负债为 100 万元, 留存收益为 320 万元, 请使用 Z-score 模型评估该企业的违约风险①.

5. 假设某个企业市值为 3000 万元, 股票年化波动率为 60%, 短期债务为 1500 万元, 长期

① 营运资金 = 流动资产 − 流动负债.

债务为 3000 万元, 无风险利率年化为 3%, 期限两年. 请使用 Merton 模型估算该企业的违约概率和回收率.

6. 证明在 Merton 模型中, 期限为 T 的零息债券的信用利差为

$$-\ln\left[N(d_2)+N(-d_1)(V_0\mathrm{e}^{rT}/D)\right]/T$$

7. 使用与例题 6.2 相同的设定, 但是我们假设无条件违约概率在每个违约事件上是相同的并推算这个无条件违约概率.

8. 资产互换是这样一种产品: 在开始的时刻, A 从 B 手中以 100 元的价格购买一个标的债券 (这个债券的价格不一定是 100 元); 之后 A 定期给 B 支付债券的息票, 而 B 定期支付给 A 相同名义本金计算下 (基准利率 + 资产互换利差) 对应的利息; 到期两者交换 100 元 (实际等于什么也不做). 理想状态下, 资产互换的利差产生的额外利息应该刚好对应债券违约损失的现值. 假设我们的基准利率为 6%, 5 年期债券息票率为 5% (一年付息 2 次), 售价为 90 元, 请推算合理的资产互换的利差 (年化值).

9. 假设某个组合的违约风险敞口为 100 万元, 回收率为 30%, 常态违约概率为 0.5%, 组合的久期 (M) 为 3.5 年, 计算内部评级法下该组合的 CRWA.

10. (Hull) 假定某欧式看涨期权的标的股票价格为 52 元, 不支付股息, 行权价为 50 元, 无风险利率为 5%, 波动率为 30%, 期限为 1 年, 回收率为 0. 请回答:

(1) 假设没有违约风险, 该期权的当前价值是多少?

(2) 假设期权卖家在到期时刻有 2% 的可能性违约, 该期权的价值应该调整为多少?

(3) 假设期权的买卖双方约定在到期时刻买方支付期权的远期价格 ($C\mathrm{e}^{rT}$), 期权卖方在到期时刻有 2% 的可能性违约, 该期权的价值应该调整为多少?

(4) 假设在 (3) 的情境下, 期权的买方也有 1% 的可能性违约, 该期权的价值应该调整为多少? (提示: 买方违约在这个情境下等于到期不支付期权费. 这种情况在常规的期权交易中不存在, 因为常规交易是先付费. 当双方都有违约可能性的情况下, 期权买方看到的价值为: 双方无违约价值 − 卖方违约损失 + 买方违约获利.)

第 7 章　操作风险的度量及其管理

金融市场的参与者要么直接是人, 要么是人编写的各种程序, 无论哪一种, 只要是做动作, 都有可能会出 “岔子”. 在风险分类中, 这种因为做业务而承担的风险, 被归为操作风险. 在巴塞尔协议的框架体系里, 操作风险是金融机构承担的, 仅次于市场风险和信用风险的第三大风险. 和前两大风险不同, 操作风险发生的频率比较低, 但是一旦发生往往会造成特别严重的后果, 需要有专门的部门和程序进行管理和应对.

7.1　操作风险的概念

不像市场风险和信用风险有着明确的界定, 操作风险的定义特别 “写意”. 从狭义角度说, 操作风险是 “因为做操作而带来的风险”, 比如内控失效、人员操作失误或者失职、系统出错等等造成损失的风险. 当然也有一种更简单粗暴的定义, 叫做 “不是市场风险, 不是信用风险, 就都是操作风险”, 虽然有点 “不重不漏” 的爽快感, 但是似乎又有些过于宽泛, 让管理无从下手.

为了解决这个问题, 巴塞尔协议给了一个折中的定义方法, 即操作风险是 “由于不完善或有问题的内部程序, 人员及系统或外部事件所造成直接或间接损失的风险, 包括法律风险, 但是不包括策略风险和声誉风险”. 并且进一步将金融机构的业务分为 8 大类, 每个类别又细化出 7 个损失类型, 构建出 56 个不同的维度.

在进一步讨论之前, 我们先简单说一下被巴塞尔协议除外的两类风险. ①策略风险一般指的是因为商业决策的表现不好、目标没有达到等带来的潜在损失. 比如推行了一个新产品但是市场并不认可, 盲目做多元化发展在不熟悉的领域翻车, 技术爆炸发展导致产品过时没人要, 等等. 和专注业务过程的操作风险不同, 策略风险一般是和金融机构的长期整体发展相关的 “战略级别” 风险. ②声誉风险按照欧洲银行监管委员会 (CEBS) 的定义, 指的是 “当前正在发生的或者潜在的收入和融资方面的, 由金融机构对客户、交易对手、股东、投资者和监管机构等产生负面印象而引致的风险”. 在这个定义里面, 与其说是声誉风险, 不如说是声誉冲击. 比如当年三星因为电池过热和火灾问题大规模召回 Galaxy Note 7, 对其公司声誉产生了重大的负面冲击, 并直接导致三星的一系列危机公关行动. 相比操作风险而言, 声誉风险专注于 “通过对机构形成负面看法” 而产生的经济后果.

7.2 操作风险的例子

巴塞尔委员会曾在报告中指出: “非正式调查 …… 反映人们开始逐步意识到除市场风险和信用风险之外的其他风险的重要性, 例如操作风险已成为银行近年来关注的重要核心问题. ” 事实上, 在重大金融事故的背后人们往往都能看到操作风险的影子. 下面给大家举几个操作风险的例子.

1. 胖指头综合征

胖指头综合征 (fat-finger syndrome) 是一种典型的操作风险事件, 一般指的是操盘手在输入指令时敲错键盘导致大盘失控等问题后果. 比较经典的例子有:

• 2018 年 3 月, 德意志银行向德国证券交易所下的欧洲期货交易所 (Eurex) 票据交易所转账, 这是该银行在交易所衍生品交易中的日常操作, 但是却误将 280 亿欧元 (超过 2000 亿元) 转错了账户, 这个数字甚至超过了德意志银行 240 亿欧元的市值, 相当于 Eurex 这个全球第四大票据交易所抵押品价值的一半还多. 虽然最终这笔交易被撤回, 但引起了社会对德意志银行操作规范性和安全性的质疑.

• 2013 年 8 月 16 日 11 点 05 分上证指数出现大幅拉升, 大盘一分钟内涨超 5%. 最高涨幅 5.62%, 指数最高报 2198.85 点, 盘中逼近 2200 点. 事后查明, 光大证券策略投资部的套利策略系统由于设计缺陷出现故障 (“买入个股函数” 被写错为 “买入 ETF 一揽子股票函数”), 形成了价值 234 亿元的错误买盘, 成交约 72 亿. 当日, 上证综指一度上涨 5.96%, 中国石油、中国石化、工商银行和中国银行等权重股盘中一度涨停. 虽然其后公司沽出 ETF 与股指期货, 依然对当日 A 股市场造成巨大冲击, 并为公司带来接近 2 亿元的损失. 虽最后认定没有市场操纵行为, 相关人员还是受到了罚款和市场禁入处罚, 没收了沽空操作中被认定的非法所得 8421 万元, 并追加了 5 倍罚款.

2. 高频交易与闪电崩盘

2010 年 5 月 6 日, 美国东部时间当日下午 2 时 32 分开始, 道琼斯工业平均指数由 10460 点开始急剧下跌, 在 5 分钟之内跌至 9870 点附近, 不过几分钟后又迅速回升. CFTC-SEC (美国商品期货交易委员会–美国证券交易委员会) 针对美国 “5.6 闪电崩盘” 联合发表报告, 指出闪电崩盘的诱因主要是高频交易的规模扩张、股票在不同交易所交易的分散程度和跨市场交易机制及套利行为共同加剧了股票价格的深度崩盘. 2015 年 4 月, 时年 36 岁的个体交易员萨劳 (Navinder S. Sarao) 在其父母位于英国伦敦西区豪恩斯洛的家中被捕. 美国当局指控萨劳利用欺诈性算法, 生成上千笔卖单, 然后在交易完成前的最后时刻将其取消, 并以更低的价格买入, 以期在市场恢复正常时获利. 利用对市场的操纵, 萨劳五年间非法获利达 4000 万美金.

3. 魔鬼交易员

魔鬼交易员 (rogue trader) 是指躲避银行内部监控进行违规交易的交易员. 这些从业人员无视金融机构的内控规则, 或者钻了内控不严的空子进行违规操作, 给银行带来巨额损失, 甚至导致银行破产. 历史上最著名的魔鬼交易员是巴林银行下属的巴林期货 (新加坡) 公司的尼克 (Nick Leeson). 尼克在 1993 年到 1995 年期间, 利用自己身兼交易员和清算员的身份, 通过 "88888" 号 "错误账户" 多次违规交易并最终随着日本泡沫经济的终结和阪神大地震带来的股指大跌而彻底败了. 事件最终导致 14 亿美元的亏损和具有 233 年历史的巴林银行的终结. 关于这个案例的文献非常多, 这里就不再重复表述了. 尼克在 1995 年 3 月被捕, 判刑 6 年半, 在服刑期间他写了一本自传《我如何搞垮巴林银行》, 并在 1999 年被改编为电影《魔鬼交易员》. 其他比较著名的魔鬼交易员还有爱尔兰联合银行美国分公司的外汇交易员鲁斯纳克 (John Rusnak)、不凋之花咨询公司 (Amaranth Advisors) 的交易员布莱恩 • 亨特 (Brian Hunter)、法国兴业银行的杰洛米 • 科维尔 (Jérôme Kérviél)、摩根格伦费尔资产管理公司的皮特 • 杨 (Peter Young) 等.

这些事故的代价是巨大的, 除了直接的经济损失之外, 银行往往还会因名誉扫地而造成间接的损失, 有时甚至导致破产. 从表象上看, 造成这些事故的原因是多样的, 有些属于内部欺诈, 有些属于无赖交易员的投机, 但最终都可以归结为某种"失控", 即操作风险.

在金融业中, 不同机构面临的市场风险和信用风险的大小可能会有较大的差异, 但所有的机构都不可避免地会面临操作风险. 2004 年, 巴塞尔协议 II 明确要求, 商业银行需要持有最低数量经济资本来覆盖操作风险, 而且有数据显示这类经济资本不会很少. 例如, 摩根大通银行 (中国) 有限公司 2023 年 6 月发布的《资本充足率信息披露》指出, 其操作风险的加权资产占总风险加权资产的 6.63%. 这些数字无一例外地反映了操作风险的重要性. 因此如何有效地管理操作风险已成为全面风险管理中的重要一环.

7.3 操作风险的分类

前文我们讲过, 在巴塞尔协议之下操作风险的定义. 这个定义涵盖了内部经营、外部欺诈、安全隐患、监管漏洞以及自然灾害等事件, 也包括了在法律意义上不可执行交易所带来的法律风险. 但它不包括战略和声誉风险, 这些风险很难度量. 该定义目前已经成为行业标准. 由于该定义比较宽泛、不具体, 缺乏可操作性, 巴塞尔委员会将操作风险事件进一步分成 7 种事件类型, 它们是

• 内部欺诈 (internal fraud, IF): 由机构内部人员参与的诈骗、资金盗用、违反法律的行为.

• 外部欺诈 (external fraud, EF): 第三方的诈骗、资金盗用、违反法律的行为.

• 雇佣政策和工作场所安全 (employment practices and workplace safety, EPWS): 由于不履行合同或者不符合劳动健康、安全法规所引起的赔偿要求.

• 客户、产品与业务操守引发的风险事件 (clients, products, and business practices, CPBP): 有意或无意造成的无法满足某一客户的特性需要, 或者是由于产品的性质、设计问题造成的损失.

• 有形资产破损 (damage to physical assets, DPA): 由自然事件或其他事件引起的有形资产的损坏或损失.

• 业务中断和系统故障 (business disruption and system failures, BDSF): 损失来自业务异常或者系统失误, 如软件或硬件错误, 通信问题以及设备老化等.

• 执行、交割以及流程管理中的风险事件 (execution, delivery, and process and management, EDPM): 损失来自交易处理或者流程管理的失误以及与交易对手的合作失败, 交易数据输入错误, 不完备的法律文件、未经批准访问客户账户, 以及卖方纠纷等.

相应地, 国家金融监督管理总局在《银行保险机构操作风险管理办法》中将操作风险定义为 “由于内部程序、员工、信息科技系统存在问题以及外部事件造成损失的风险. 包括法律风险, 但不包括战略风险和声誉风险”. 此外, 该 “办法” 指出法律风险包括 “业务、管理活动违反法律、法规或者监管规定, 依法可能承担刑事责任或者行政责任”, 明确了操作风险包含监管合规风险.

7.4 操作风险的定量分析框架

操作风险比其他两类风险更难以定量刻画, 甚至囿于人的行为难以刻画且各种数据不足的实际情况, 操作风险一度被认为是没法定量估计的. 直到巴塞尔协议 II 正式把操作风险列为三大风险之一, 倒逼银行去进行操作风险的定量估计, 这种状况才逐渐得到缓解. 从观念上看, 要想定量刻画操作风险, 有两个不同的方向. 一个方向是从每个机构都会统计的业务规模入手, 假设操作风险和规模有关, 通过规模和相应的系数估计操作风险的大小. 这种 “自上而下” 的逻辑衍生出了 “基本指标法” 和 “标准法” 两种. 另一个方向是比对上一节提到的 7 大操作风险类型, 对每条业务线的操作风险损失进行统计, 并逐步合并成为整个机构的操作风险度量, 这种 “自下而上” 的逻辑显然需要更丰富的数据、更强大的处理能力以及更先进的管理体系, 因此这类方法被归为 “高级法”.

7.4.1 基本指标法

不同的金融机构, 内部数据的保全机制千差万别, 但是不管这个机构内部数据统计能力有多么不堪, 每年的总收入 (GI_t) 这个数字总还是会统计的. 基本指标法 (basic indicator approach, BIA) 就从这个大家都有的数据入手进行估计监管资本. 假设 GI_t 是机构在第 t 年的收入, α 为 1 单位收入需要的操作风险监管资本 (K) 的量. 则第 t 年该机构的操作风险监管资本为

$$K_{\mathrm{BIA}} = \alpha \times \left(\sum_{i=1}^{3} \max(\mathrm{GI}_{t-i}, 0) \right) \Big/ 3$$

因子 α 一般设定为 15%. 巴塞尔协议将总收入定义为以各成员规定的净利息收入加上非利息收入. 在计算中, 剔除银行账户上出售证券实现的盈利或损失、特殊项目以及保险的收入.

基本指标法的优势是计算简单、透明, 数据易得. 它的问题也很明显, 首先, 不是所有的业务都面临着 15% 的操作风险. 比如个人银行业务 (或者说零售经纪业务) 的操作风险明显低于支付和清算业务. 采用统一的因子忽略了这种差异的存在, 换句话来说, 某个擅长个人银行业务的金融机构被要求了过高的风险资本金, 而对于一个专营支付清算业务的机构而言, 这个风险金的要求又显得不够. 其次, 这样的操作风险管理结构对金融机构而言没有任何改进风控体系的激励, 给定总收入水平, 监管对资本金的要求和企业在风控上做的努力无关, 这对于提高整个体系的风险承担能力而言是有害的.

7.4.2 标准法

标准法的出现主要是应对不同业务线之间操作风险上的差异, 为此, 我们需要对金融机构的业务进行梳理, 然后给出差异化的因子. 在巴塞尔协议下, 银行的业务被分成 8 条业务线, 即公司金融 (CF)、交易和销售 (TS)、零售银行业务 (RBA)、商业银行业务 (CB)、支付和清算 (PS)、代理业务 (AC)、资产管理 (AM)、零售经纪 (RBR). 每种业务又具体细分了二级和三级科目. 以我们经常接触的 "零售银行业务" 为例, 其下设零售银行业务、私人银行业务、银行卡业务三个二级科目. 涉及存款、贷款、银行服务、信托和不动产业务、投资咨询业务、商户/商业/公司卡等三级科目.

1. 基本标准法

在确认了 8 条业务线以后, 基本标准法 (standardised approach, TSA) 基于过去三年的总收入进行计算, 其模式为

$$K_{\text{TSA}} = \sum_{j=1}^{3} \max\left(\sum_{k=1}^{8} \text{GI}_{k,t-j} \times \beta_k, 0\right) \Big/ 3$$

其中总收入的计算不再是以整个机构的总收入为统计维度, 而是分开 8 条业务线统计. 同时, 每条业务线的总收入和操作风险资本金之间的关系也不是统一的 α, 而是使用表 7.1 进行差异化处理: 在标准法计算中, 允许使用其他业务线的正的数值冲销一年内其他业务线的负的总收入值, 但是最多冲抵到 0.

表 7.1 不同业务部门的 beta 因子

业务部门	因子 (%)	业务部门	因子 (%)
公司金融	18	支付结算	18
交易销售	18	机构业务	15
零售银行	12	资产管理	12
商业银行	15	零售经纪	12

2. 替代标准法

在监管机构许可的情况下, 银行可以使用替代标准法 (alternative standardised approaches, ASA) 对操作风险资本金进行核算. 在 ASA 之下, 操作风险资本金的计算逻辑和普通的标准法基本一致, 区别在于对 "零售银行业务" 和 "商业银行业务" 这两条业务线的处理上. 对于这两条业务线, 贷款和预付款等乘上一个固定的常数 m 替代总收入作为计算基础, 相应的 beta 因子仍然使用表 7.1 给出的 beta. 以 "零售银行业务" 为例:

$$K_{\text{RB}} = \left(\sum_{j=1}^{3} \beta_{\text{RB}} \times m \times \text{LA}_{\text{RB},t-j}\right) \Big/ 3$$

其中 LA_{RB} 是总的零售贷款和预付款, 常数 m 为 0.035, β_{RB} 是零售银行业务对应的 12%. 和前面一样的逻辑, 结果进行三年平均. 如果愿意, 银行可以将零售银行业务和商业银行业务线合并, 使用 15% 的 beta 系数. 同样地, 当某个银行无法清晰划分其他的 6 条业务线的总收入时, 也可以将其他 6 条线的总收入加总, 并使用 18% 的 beta 系数. 从这个要求可以看出, 为了规避道德风险 (银行通过合并业务线压低资本金要求), 合并后的业务线都是以各个成分中最高的 beta 系数来核算风险资本金的. 在计算了各条业务线自己的操作风险资本金后, 整个机构的资本金要求等于各条业务线资本金要求的简单加和.

需要注意的是, 银行在两种标准法之间进行切换, 必须得到监管部门的允许, 以保证银行切换相关准则的目的不是为了降低对操作风险的储备.

3. 标准法使用的前提条件

由于标准法在部分业务线上给予金融机构更低的 beta 系数, 金融机构有动机从基本法转换到标准法, 这里就涉及到一个方法准入的问题. 为了使用标准法计算资本金, 银行必须说服监管机构自己至少做到了如下几点:

(1) 有来自银行高层的专人积极适当地负责监管操作风险的管理框架;

(2) 有一个概念上扎实并能诚实有效运行的操作风险管理系统;

(3) 有足够的资源支持标准法在主要业务线、控制和审计等方面的实施.

如果银行业务涉及国际业务, 标准法的应用还有六条附加条件, 涉及银行的操作风险管理体系流程的完整性、定期的风险报告机制、数据保全机制、文档完整性、风控体系定期接受外部验证和审查等.

相比基本指标法, 标准法通过给予不同业务线各自的 beta 系数实现了差异化计算, 但是本质上还是给予总收入进行的比例推算. 这种计算方式依然忽视了不同机构之间风险管理能力的差异带来的风险资本金的不同, 还是没有形成资本金要求和风险管理能力提升之间的正向反馈机制.

7.4.3 高级计量法

无论是哪一种标准法, 都忽视了金融机构自身的风险管理能力对压缩操作风险资本金的贡献. 就像达到了一定标准就可以启用标准法一样, 当金融机构的风险管理能力达到更高的标准时, 巴塞尔协议不再要求一定要使用标准法, 而是允许 (在监管机构授权下) 银行使用自行开发的操作风险计量体系, 并通过置信水平 99.9%、展望期一年的风险价值来厘定自身的操作风险准备金. 高级计量法 (advanced measurement approaches, AMA) 的实施至少需要以下三个组成部分: ①明确划分的风险计量单元, ②对每个单元的损失分布有相应的估计或者合理的数据借鉴方法, ③不同业务线风险的加总.

1. 损失计量单元的划分

我们在 7.3 节中提到了巴塞尔协议下操作风险被细分为 7 个不同的类型, 即: 内部欺诈 (IF), 外部欺诈 (EF), 雇佣政策和工作场所安全 (EPWS), 客户、产品与业务操作 (CPBP), 有形资产破损 (DPA), 业务中断和系统故障 (BDSF), 执行、交割以及流程管理 (EDPM). 每个类型都有相应的二级目录和业务举例. 以“内部欺诈”为例, 其二级子目录涉及两类: 一类是未经授权的活动, 包括故意不报告交易、交易未经授权的品种并产生损失、估计错误计价头寸; 另一类是盗窃和欺诈, 包括信贷欺诈、挪用公款、伪造、贿赂或收取回扣、内部交易、假冒开户人盗取资金等①.

① 具体的分类表格可以参考巴塞尔协议中关于操作风险的计量文本 (OPE 25): https://www.bis.org/basel_framework/chapter/OPE/25.htm.

结合标准法对银行业务的 8 个分类, 理论上我们有 56 个不同的风险计量单元, 每个单元对应一条特定业务线的一种特定操作风险. 比如表 7.2 矩阵中第 11 号单元格对应的就是零售银行业务 (RBA) 面临的外部欺诈 (EF) 风险.

表 7.2 风险矩阵

	CF	TS	RBA	CB	PS	AC	AM	RBR
IF	1	2	3	4	5	6	7	8
EF	9	10	11	12	13	14	15	16
EPWS	17	18	19	20	21	22	23	24
CPBP	25	26	27	28	29	30	31	32
DPA	33	34	35	36	37	38	39	40
BDSF	41	42	43	44	45	46	47	48
EDPM	49	50	51	52	53	54	55	56

在实际操作中, 不同的银行可以根据自己的具体情况合并某些风险单元以降低运算强度和对数据颗粒度的要求, 比如德意志银行[①]的例子里, 事件类型/业务线矩阵就只有 23 个独立单元, 它们合并了两类欺诈风险, 并将有形资产破损和业务中断系统故障合并成基础设施风险, 同时针对基础设施和雇佣政策工作场所安全做了合并业务线的处理 (表 7.3).

表 7.3 事件类型/业务线矩阵

风险类型		业务线						
巴塞尔协议	德意志银行	BL1	BL2	BL3	BL4	BL5	BL6	Group
IF EF	FRD	1	2	3	4	5	6	7
DPA BDSF	INF				8			
CPBP	CPBP	9	10	11	12	13	14	15
EDPM	EDPM	16	17	18	19	20	21	22
EPWS	EPWS				23			

这里和标准法不同, 由于银行在 AMA 模式下有相当的自主权, 合并业务线并不会导致更高的监管要求, 这里并没有合并之后需要以最高比例计算资本金的概念.

① 详细过程参见: Aue F, Kalkbrener M. LDA at Work. London: Deutsche Bank, 2007. 在这个例子里面, 部分巴塞尔协议细分的项目进行了合并, 比如内部欺诈和外部欺诈合并 "欺诈"(FRD), 有形资产破损和业务中断与系统故障合并为 "基础设施"(INF); BL1~BL6(业务线 1~业务线 6), 在文档中并没有明确说明每条业务线对应什么, 最后的 Group 对应的是涉及多条业务线无法清晰分割的部分.

2. 单元内损失的度量

商业银行使用自身内部数据或外部数据估计操作风险损失的过程一般分成两个步骤: 第一步估计在某个时间段内 (通常为一年) 观察到的损失出现的次数, 即损失频率分布 (loss frequency distribution); 第二步估计损失事件出现后损失量的大小, 即损失强度分布 (loss severity distribution). 本节我们以损失分布法 (loss distribution approach, LDA) 为例对估计过程进行简单的说明.

需要说明的是, 随着时间的变化, 损失额不仅受操作风险本身的影响, 还会受到通货膨胀以及业务规模的影响, 因此在利用 LDA 时, 需要对损失额进行调整以便剔除非操作风险因素. 假定 t 时刻的损失额为 $L(t)$, t 时刻的消费者价格指数为 $P(t)$, t 时刻的业务规模为 $V(t)$①. 我们可以采用如下公式对损失额进行调整:

$$L(t) = L(0) \times \frac{P(t)}{P(0)} \times \frac{V(t)}{V(0)}$$

严格按照巴塞尔协议的框架, 每家银行都要有 56 个子类的操作风险数据, 这对于大部分银行来说是不太容易实现的. 常用的方式是借用外部数据来弥补缺失的子类. 这种模式又分为从其他机构借鉴数据和从数据库引用数据两种. 两类都涉及到一个适应调整 (scaling) 的问题.

数据借鉴方面主要是针对银行的业务规模大小进行调整, 比如 A 银行的某个子类需要引用 B 银行的数据, 则

$$\text{预估 A 银行损失} = \text{B 银行实现损失} \times \left(\frac{\text{A 银行业务收入}}{\text{B 银行业务收入}}\right)^{\alpha}$$

按照 Shih 等 (2000) 的建议 $\alpha = 0.23$.

从数据库引用数据时, 一般是引用相对值, 而不是绝对数. 这是因为进入数据库的数据有偏向大损失的倾向, 小的操作风险损失一般不会进入数据库. 因此, 直接引用会导致估计值过大. 下面的例子展示了如何做相对引用.

例题 7.1 假设 X 银行有交易与销售子类的合同文件缺陷损失数据, 其均值为 1000 万元, 标准差为 300 万元. 数据库方面, 交易与销售子类下, 合同文件缺陷损失均值是 3500 万元, 标准差是 1200 万元, 而外包商不履责的损失均值是 2300 万元, 标准差是 780 万元. 请用以上数据合理估算 X 银行交易与销售子类下, 外包商不履责损失的均值和标准差.

为方便书写, 我们把合同文件缺陷称为 A 风险, 外包商不履责称为 B 风险. 则

① 这里的业务规模指的是非货币计算的业务规模, 比如多了多少分支机构一类的. 如果是货币计价的业务规模, 则直接对应 $P(t)V(t)$, 就不需要再做通胀调整了.

$$\text{X 银行 B 风险损失均值} = \text{X 银行 A 风险损失均值} \times \frac{\text{数据库 B 风险损失均值}}{\text{数据库 A 风险损失均值}}$$

$$= 1000 \times \frac{2300}{3500} = 657.14$$

$$\text{X 银行 B 风险损失标准差} = \text{X 银行 A 风险损失标准差}$$

$$\times \frac{\text{数据库 B 风险损失标准差}}{\text{数据库 A 风险损失标准差}}$$

$$= 300 \times \frac{780}{1200} = 195$$

即经过调整后, X 银行估算的交易与销售子类下, 外包商不履责损失的均值为 657.14 万元, 标准差为 195 万元.

和 CRP 逻辑一致, 这里的 LDA 也是分别对损失次数和损失强度建模. 其中损失次数常用泊松分布, 参数直接对应平均损失次数. 损失强度可以考虑使用对数正态分布, 这样只要有损失的均值和方差即可确定分布形态. 最后的操作风险分布可以采用与 CRP 一样的模拟方法生成, 这里就不再赘述了.

3. 风险资本金的厘定

每个单元操作风险损失分布一旦确定, 我们就可以计算相应的预期损失和非预期损失. 令每一个单元的预期损失为 $\mathrm{EL}_{i,j}$, 非预期损失为 $\mathrm{UL}_{i,j}$, 如果进一步假定不同风险计量单元的操作风险完全不相关, 则加总所有风险计量单元的预期损失和非预期损失便可以得到整个商业银行操作风险的预期总损失和非预期总损失, 即

$$\mathrm{EL} = \sum_i \sum_j \mathrm{EL}_{i,j}, \quad \mathrm{UL} = \sum_i \sum_j \mathrm{UL}_{i,j}$$

巴塞尔委员会将操作风险的监管资本 K_{LDA} 定义为整个商业银行操作风险的非预期总损失, 即

$$K_{\mathrm{LDA}} = \mathrm{UL}$$

计算非预期损失使用的置信度为 99.9%. 目前, 为审慎起见, 银行业普遍将操作风险的监管资本 K_{LDA} 视为操作风险的预期总损失和非预期总损失之和, 即

$$K_{\mathrm{LDA}} = \mathrm{UL} + \mathrm{EL}$$

4. 高级计量法使用的前提条件

高级计量法是由商业银行采用定量和定性标准, 自己对操作风险的预期总损失和非预期总损失进行计量, 并根据非预期总损失确定监管资本. 这是巴塞尔委

员会提出的更为复杂的方法. 该方法适用于达到巴塞尔委员会规定的一般标准、定性标准和定量标准. 其中定性要求和定量标准分别如下:

- 定性要求.

(1) 商业银行的操作风险计量应成为操作风险管理流程的重要组成部分, 相关计量系统应能促进商业银行改进全行和各业务条线的运营风险管理, 支持向各业务条线配置相应的资本.

(2) 商业银行的操作风险计量系统应通过验证, 验证的标准和程序应符合监管机构的有关规定.

- 定量标准.

(1) 操作风险计量系统应具有较高的精确度, 考虑到了非常严重损失事件发生的频率和损失的金额.

(2) 商业银行应具备操作风险计量系统的模型开发和模型独立验证的严格程序.

(3) 商业银行如不能向监管机构证明已准确计算出了预期损失并充分反映在当期损益中, 就应在计量操作风险监管资本时综合考虑预期总损失和非预期总损失之和.

(4) 商业银行在加总不同类型的操作风险监管资本时, 可以自行确定相关系数, 但要书面证明所估计的各项操作风险损失之间相关系数的合理性.

(5) 商业银行操作风险计量系统的建立应基于本行内部损失数据、外部损失数据、情景分析、业务环境和内部控制四个基本要素.

(6) 商业银行应对内部损失数据、外部损失数据、情景分析、业务环境和内部控制四个基本要素在操作风险计量系统中的作用和权重作出书面合理界定.

7.4.4 标准计量法

“标准计量法”(standardized measurement approach, SMA) 不是之前说的“标准法”(TSA/ASA), 而是巴塞尔委员会在 2016 年的咨询文档中提到的一个替代 AMA 的计量方法. 顾名思义, 这个方法的提出目的是“标准化”地评估不同银行的风险, 把 AMA 里面给银行的自由度收回来. 在 SMA 中, 操作风险资本金的计算重新回归到找一个银行的运行变量. 只不过在 SMA 中, 这个变量不是总收入 (GI), 而是商业活动指标 (business indicator, BI). GI 计算的时候可以允许负收入降低 GI, 从而降低风险资本金. 但是这是个反直觉的做法, 因为亏钱并不意味着操作风险也同时消失了, 实际情况可能恰好相反. 在计算 BI 的过程中, 负收入、运行成本等都不能像计算 GI 的时候一样进行抵扣, 加之 BI 里面还加入了 GI 忽视的一些和操作风险相关的项目, 导致了 BI 比 GI 更严苛一些. 如果银行的 BI 超过 10 亿欧元, SMA 要求计算一个损失因子 (loss component, Lc):

$$
\begin{aligned}
\mathrm{Lc} = {} & 7 \times \text{全部操作风险损失年均} \\
& + 7 \times \text{超过 1000 万欧元的损失年均} \\
& + 5 \times \text{超过 1 亿欧元的操作风险损失年均}
\end{aligned}
$$

这里的年度值需要使用至少 5 年的实际数据平均得到, 建议使用 10 年的数据. 同时通过下面的映射将 BI 转化为 BI 因子 (BI componet, BIc, 单位: 亿欧元):

$$
\mathrm{BIc} = \begin{cases} 0.11\mathrm{BI}, & \mathrm{BI} \in [0, 10] \\ 1.1 + 0.15(\mathrm{BI} - 10), & \mathrm{BI} \in [10, 30] \\ 4.1 + 0.19(\mathrm{BI} - 30), & \mathrm{BI} \in [30, 100] \\ 17.4 + 0.23(\mathrm{BI} - 100), & \mathrm{BI} \in [100, 300] \\ 63.4 + 0.29(\mathrm{BI} - 300), & \mathrm{BI} \in [300, \infty) \end{cases}
$$

经过转换, SMA 下的操作风险资本金 (单位: 亿欧元) 核算公式为

$$
K_{\mathrm{SMA}} = 1.1 + (\mathrm{BIc} - 1.1) \times \ln\left(\mathrm{e} - 1 + \frac{\mathrm{Lc}}{\mathrm{BIc}}\right)
$$

对于 BI 小于 10 亿欧元的银行, 其 $K_{\mathrm{SMA}} = \mathrm{BIc}$. 其他计算细节, 读者可以自行查阅巴塞尔委员会发布的文件[①].

例题 7.2 假设两个 BI 超过 10 亿欧元的银行拥有同样的 BIc (3 亿欧元), A 银行过去 10 年里发生了 10 笔 2000 万欧元的操作风险损失, B 银行只发生了一笔 2 亿欧元的操作风险损失. 虽然从平均损失意义上两者都是年均 2000 万欧元, 但是它们的 Lc 是不同的:

$$
\mathrm{Lc}_A = 7 \times 0.2 + 7 \times 0.2 = 2.8 \text{ 亿欧元}
$$

$$
\mathrm{Lc}_B = 7 \times 0.2 + 7 \times 0.2 + 5 \times 0.2 = 3.8 \text{ 亿欧元}
$$

对应的风险资本金为

$$
K_A = 1.1 + (3 - 1.1) \times \ln\left(\mathrm{e} - 1 + \frac{2.8}{3}\right) = 2.95 \text{ 亿欧元}
$$

$$
K_B = 1.1 + (3 - 1.1) \times \ln\left(\mathrm{e} - 1 + \frac{3.8}{3}\right) = 3.18 \text{ 亿欧元}
$$

① Standardised Measurement Approach for operational risk. Basel Committee on Banking Supervision, 2016 年 3 月. 读者可以在这里找到文件的全文: https://www.bis.org/bcbs/publ/d355.pdf.

虽然两家银行的 BI 是一样的, 平均损失也是一样的, 由于 B 银行出现的损失更极端, SMA 对 B 银行要求一个更高的风险资本金.

在 SMA 之前, 很多大银行通过了 AMA 的使用资格认定, 并投入了大量的资源开发自己的 AMA 实施框架. 转向到 SMA 一方面意味着之前的投资全部打了水漂, 另一方面 SMA 的高度标准化意味着银行 "操控" 操作风险资本金核算的难度大幅上升 (这也是 SMA 提出的初衷之一). 根据 2008 年巴塞尔委员会对 121 家银行的调查显示, 42 家使用 AMA 银行的操作风险资本是总收入的 10.8%, 而其他非 AMA 银行的比例是 12.8%. 这两点足以使得银行们抵触 SMA 模型取代原有的三种核算办法. 2023 年 3 月, 巴塞尔委员会更新了操作风险资本金的计算文档 (OPE25), 文档中取消了 TSA, ASA, AMA 相关内容, 将本节所述 SMA 更名为 Standardised approach, 开启了收紧操作风险计算的进程.

7.5　操作风险的管理

7.5.1　操作风险管理的根本制度

内部控制制度是商业银行进行操作风险管理的根本制度. 内部控制制度的核心是约束人, 约束人的行为和活动. 在操作风险损失事件中, 人的行为和活动是最主要、最基本的风险源. 因此, 借助内部控制制度来约束人的行为和活动, 就可以不给人的主观故意或疏忽失误以 "机会", 达到有效管控操作风险之目的.

在制度具体实施操作层面, 内部控制制度约束人的行为和活动主要是通过其核心要素——控制活动来实现的. 控制活动围绕对人的控制, 在控制人、财、物三个方面展开诸多具体活动. 第一是对人的控制. 其方案集中在对人的权力控制和人力资源管理控制两个方面, 借助 "职责分工控制"、"授权审批控制" 和 "职员控制" 三种控制活动来实现. 第二是对财的控制. 其核心要义是 "保真""保全". 保真是确保真实, 保全是确保全面和安全. 对财的控制主要是通过 "会计控制" 来实现的. 第三是对物的控制. 对物的控制的核心要义是 "保安", 即确保安全. 对物的控制主要是通过 "实物控制" 和 "信息系统控制" 两种控制活动实现的.

7.5.2　操作风险控制的三大工具

针对操作风险的控制, 巴塞尔委员会提出了风险与控制自我评估 (risk and control self-assessment, RCSA)、关键风险指标 (key risk indicators, KRIs) 和损失数据收集 (loss data collection, LDC) 三大工具. 这三个工具也在我国金融监管总局 2023 年出台的《银行保险机构操作风险管理办法》中得到继承.

1. 风险与控制自我评估

风险与控制自我评估的主要目的是防患于未然, 对操作风险管理和内部控制的适当程度及有效性进行检查和评估, 把可能出现操作风险的风险点预先清理掉. 风险与控制自我评估包括三方面内容: 一是识别影响银行目标实现的操作风险的损失事件, 定期评估各业务条线的操作风险敞口、损失发生的概率及对应的严重程度, 并对重要的操作风险确定对应的控制目标, 根据控制目标确定相应的控制活动; 二是对各条业务线的操作风险关键控制点进行自我评估; 三是对内部控制的执行力进行自我评估, 测试各部门执行内部控制的有效性, 对内部控制关键点自我评估的真实性、相关控制活动的有效性进行验证.

2. 关键风险指标

作为风险与控制自我评估的评估基础, 银行需要可供监测的操作风险 "征兆", 这些征兆被称为关键风险指标或业务环境与内控因子 (business enviroment and internal control factors, BEICFs). 这些指标的基本要求包括和操作风险的变化高度相关, 且能够支持定期监测. 例如, 每亿元资产损失率、超过一定期限尚未确认的交易数量、交易失败的次数、失败交易占总交易数量的比例、员工流动率、客户投诉次数、错误和遗漏的频率以及严重程度, 关键部门职位中临时雇员比例, 业务中是否涉及客户机密信息等. 每个指标会被转化为一定的分数, 每个部门的分数反映了该部门的操作风险大小, 并为操作风险资本金的分配提供指引.

3. 损失数据收集

在 AMA 的介绍中, 我们提到了巴塞尔协议对操作风险的 8×7 划分方式和分别评估 PD 和 LGD 并构建混合分布的估计方法. 这部分对数据量和质的需求都很高. 比如巴塞尔协议在使用高级法计算监管资本的时候, 要求至少 5 年的内部损失数据为基础, 即便是初次使用, 也需要至少 3 年的数据.

金融机构操作风险损失数据收集需要有统一的标准, 并且对 8×7 划分做好定位, 尽可能详细记录发生的时间、原因、造成的损失和后续处理等. 这里提到的损失并不限于财务损失, 也涉及非财务损失. 财务损失可以通过财务数据等加以识别, 非财务损失则来源于内外部审计、监管、投诉、举报、媒体披露等. 外部数据主要指的是各种数据库的使用. 由于实际情况是大部分的银行都不可能在所有 56 个子类中保有足够的内部数据, 外部数据的引入几乎是必然状况. 外部数据引入需要考虑到本机构和数据库收录机构之间的差异, 这也是我们在介绍高级法的时候花篇幅介绍数据借鉴的原因. 损失数据的收集是一个长期过程, 需要常态化的管理体系和工作流程. 换句话说, 一个机构能否高质量且持续地保全损失数据, 从侧面体现了这个机构的管理水平. 这也是巴塞尔协议在不同方法的适用范围划定时强调数据收集和处理能力的一个重要原因.

7.5.3　操作风险控制的三大防线

巴塞尔委员会在 2003 年 2 月发布了《操作风险管理和监管的稳健做法》的文件, 该文件基于对商业银行稳健的操作风险管理做法的观察总结, 指出商业银行应建立业务线、风险管理部门以及内部审计部门三个管理主体, 三道防线相互独立并在整体框架下协调配合完成操作风险的管控.

1. 业务线

作为最了解业务流程和细节、直接承担操作风险的一线部门, 业务线管理自然而然成为操作风险控制的第一道防线. 业务线层面的管理一般分为三个层次: 第一层是各个部门、各个岗位和具体人员需要严格执行风控政策并在授权的风险限额下开展业务、有效识别风险、定期进行风险评估和报告. 第二层是风险管理部门对业务线的指导和监督, 包括制定规则、定期检查以及人员培训. 第三层是激励机制需要对更好的操作风险防范予以正向激励.

2. 风险管理部门

独立设置的风险管理部门在操作风险管理体系中处于核心地位, 对上直通首席风险官 (CRO), 对下连接各个业务线, 是操作风险控制的第二道防线. 其负责的内容除了上一小节提到的监督、管理、培训等, 还肩负着推动操作风险管理技术的迭代和设计并实施操作风险报告系统的责任. 操作风险报告一般的要件有: ①自我评估结果以及需要采取的措施; ②操作风险事件情况; ③归因分析, 为不同业务线预警高风险症候; ④关键风险指标即其分析; ⑤操作风险资本金计量等. 在汇总业务线报告的基础上, 风险管理部门还需要形成全机构风险报告供决策参考.

3. 内部审计部门

由内部审计部门主持, 引入外部审计机构参与, 对操作风险管理进行独立的评估与审查, 是操作风险控制的第三道防线. 通过设置这道防线, 可以产生“旁观者清”之效, 及时发现操作风险管理中的问题和隐患, 以便督促业务条线和风险管理部门采取有效的预防、控制和挽救措施.

7.5.4　操作风险的风险转移

就像银行通过风险资产出表[①]或者购买 CDS 的方式转移信用风险类似, 银行可以利用外包和保险等机制和手段, 将自己所承担的操作风险转移给第三方.

① 例如抵押贷款留在银行的资产负债表上, 银行就必须对其信用风险做资本金准备. 这个时候银行就有动机将不同贷款通过抵押贷款证券化 (MBS) 的方式销售出去, 这个从银行的角度看, 信用风险就被转移到了买 MBS 的人手里. 即便是后续出了问题, 也是买 MBS 的人和借款人之间的问题, 银行可以独善其身. 这种操作业内一般称为“出表”.

1. 外包

外包就像资产出表, 通过将非核心业务或业务的辅助环节转包给外部专业性机构, 从而达到降低经营成本、提高资源利用效率、转移操作风险的目的. 外包的形式主要有技术外包 (比如美国公司把客服中心放在印度)、业务外包 (比如汽车销售把贷款业务外包给金融公司)、程序外包 (比如手机 App 把身份认证外包给专门的认证客户端)、专业服务外包 (比如聘请会计公司或者律师事务所处理账务和法务问题, 而不是自己设立会计部门和法务部)、后勤实物外包 (比如办公场所的保洁和保安工作外包给专业公司等) 等.

需要强调的是, 虽然操作被转移到了承包商一侧, 外包并不等于完全消除了操作风险. 这是因为金融机构和承包商之间的契约关系会带来新的操作风险, 如果承包商能力不足, 或者拒绝履约, 有可能会造成比不外包更严重的后果. 因此谨慎地选择承包商、严谨订立合同、强化过程管理等对于通过外包转移操作风险至关重要.

2. 保险

商业银行可以为发生频率较低而损失影响较大的操作风险购买保险, 将其作为缓释操作风险的一种方法, 将操作风险的可能损失转移给保险公司. 这里面包括应对工作场所安全的非金融财产保险, 也包括用于转移人员机构风险的董责险①、职业责任保险等. 商业银行购买相关保险之后, 其行为可能会转变为对操作风险疏于管理, 这种行为在经济学上被称为 “道德风险”. 为了防备道德风险, 保险都设有免责条款, 例如 “平安产险董责险” 约定, 如果存在 “不诚实行为、欺诈行为或重大过失”, 就可以免除理赔责任. 同时, 监管当局对商业银行购买保险的程序和政策也有相关的规定.

思 考 题

1. 什么是操作风险? 操作风险类型有哪些?

2. 什么是基本指标法和标准法? 两种方法的主要差异体现在什么地方? 哪一种方法对操作风险更敏感?

3. 在高级计量法中, 单元内操作风险损失为什么要用价格指数和业务规模进行相应的调整?

4. 使用 LDA 估计损失分布, 其中损失频率和损失强度分别服从如下:

---

① 全称董 (监) 事及高级职员责任保险, 主要保障公司董事及高级管理人员在行使职权与监督职权时, 因不当行为引发法律责任所造成的损失. 其意义在于降低管理者的责任风险, 以此达到吸引优秀管理者、缓解司法压力、保障公司持续运营等目的. 一个直观的例子是, 2021 年 11 月康美案一审判决 5 名独立董事承担巨额连带赔偿责任后, 一个月内超过 50 名独立董事提出辞职. 这在极端情况下会导致公司董事会独立董事所占比例低于法定最低要求等问题出现.

损失频率分布		一次损失的损失强度分布	
发生次数	概率	损失强度 (万元)	概率
0	0.5	10	0.7
1	0.3	20	0.2
2	0.2	50	0.1

5. 假设某银行 BI 为 50 亿欧元, 过去 10 年的数据显示出现过 10 笔操作风险损失: 100 万欧元 4 次, 300 万欧元 2 次, 1200 万欧元 2 次, 1500 万欧元 1 次, 1.2 亿欧元 1 次. 计算该银行在 SMA 下适用的操作风险资本金.

6. 经过统计, 某个资产组合的损失 x 的尾部概率如下:

v	$P(x > v)$	v	$P(x > v)$
10	4.97%	15	1.49%
11	3.71%	16	1.18%
12	3.12%	17	0.99%
13	2.26%	18	0.83%
14	2.00%	19	0.71%

请基于幂律法估计损失超过 30 的概率是多少？(幂律系数可以通过对数回归得到.)

7. 操作风险控制的三大工具分别是什么？

8. 常用的操作风险转移方法有哪些？

第 8 章　流动性风险

现代金融体系的运行需要资金能顺利地在系统中流动, 这种资金流动一旦停止, 金融机构的资金中介功能就会丧失, 因此流动性是金融市场赖以生存的根基. 当经营环境或金融市场出现极端不利情况时, 日常的流动性管理措施可能会失效, 流动性问题导致损失的可能性就会加大. 为了应对这种潜在的损失, 流动性风险管理自然而然成了金融机构风险管理的一个重要的组成部分. 流动性一般涉及中央银行的流动性供给、交易的顺利进行和金融机构融资三方面的能力. 第一种概念偏向宏观层面, 后两种则偏向微观层面. 这三种流动性之间相互影响、相互传染, 构成了一个广义的流动性概念. 站在风险管理角度, 我们更关心的是后两类微观角度的流动性问题.

有过交易经验的读者应该知道, 如果某个股票的流动性比较好, 即便是短时间内大量买入或者卖出, 价格也不会有剧烈的变动. 相反地, 当一个资产的流动性变差时, 买卖价差会增大, 且挂单会稀疏. 短时间内变现大量头寸的交易往往会蒙受相当的损失. 市场流动性的高低同时会影响到交易策略的执行, 甚至产品是否可以平稳运行, 比如期权类产品, 发行方一般会采取 Delta 对冲的方式规避标的资产价格变动的风险. Delta 对冲涉及持续的标的买卖, 这要求标的资产要有相当高的流动性, 否则发行方很容易会堆积过多的风险, 轻则导致提供产品的意愿下降, 重则影响产品兑付.

虽然诸如证券本息支付等资金支出有一定的可预测性, 但并不是所有的资金支出都能预先规划, 比如银行业务中常见的提取存款, 其可预测性就会弱很多. 复杂的产品中的信用触发等条款也让金融机构越来越难以准确预知未来的资金需求. 金融机构筹措资金的来源多种多样, 除了变卖资产和有价证券外, 金融机构还可以通过拆借、资产证券化等方式融到资金. 作为最后手段, 金融机构还可以向央行借入资金. 当然这个最后手段一般不会轻易使用, 因为会传递非常负面的信号. 从这些手段中可以看出, 能否将所拥有的金融资产以合理的价格变现和能否顺利进行拆借, 是日常融资流动性管理的关键. 也正是因此, 流动性风险的最终结果可能远大于最初的流动性不足的冲击. 交易流动性风险会逆向传导到融资流动性风险 (比如公司资产变现困难, 导致资产的市场流动性折价加大, 而资产价格的下降又会使得抵押品价值下降, 从而进一步制约企业的融资能力), 形成交易流动性与融资流动性之间的循环, 导致流动性螺旋式下降, 加深市场流动性的不足.

与一般的风险管理注重存量指标不同①, 流动性关心的是机构当前的资金状况, 有很强的即时性, 强调的是在给定时点上现金需求和筹措能力的匹配问题. 资本或偿付能力充足的金融机构, 有时候也会因为流动性问题而破产. 比如, 一家银行的资产大部分是由流动性不好的按揭贷款构成的, 而这些贷款资金 90% 来自存款, 股权占比仅为 10%. 虽然看上去账面价值是匹配的, 但如果出现超过 10% 的存款突然被集中提取, 银行很可能因为无法变现按揭贷款而出现兑付危机, 并最终造成这个银行的破产.

金融机构的流动性风险管理除了日常管理外, 还需要专门的危机管理安排. 这是源于流动性需求有着不确定性, 需要我们对流动性极差的这种极端情况进行评估, 并且确保在这种极端情况下, 金融机构仍然有能力将资产转化为现金, 或者通过一些外部拆借的形式来取得资金, 以确保机构的这种存续发展. 有一种观点认为, 无论是市场风险、信用风险还是操作风险, 危机之下都会表现为流动性风险, 也就是所谓的流动性危机. 比如 2008 年的全球金融危机时期, 大部分投资人都丧失了对金融机构的信心, 机构之间的非流动资产交易几乎停滞. 这导致金融机构的融资渠道, 除日常储蓄等基本渠道外萎缩殆尽 (考虑到美国长久以来的低储蓄率, 这个渠道基本上杯水车薪). 流动性好的资产的需求猛增, 流动性不好的资产被疯狂抛售. 这种市场需求一致、交易活跃度下降, 发展到极致状态就是流动性枯竭. 流动性枯竭后的金融体系最终将影响实体经济的资金供给, 导致整个经济陷入停滞甚至衰退.

8.1 金融机构的流动性风险

本章讨论的金融机构主要指商业银行、保险公司和从事资产管理类业务的金融机构这三类, 其中的第三类机构包括证券公司、资产管理公司、银行理财子公司、基金管理公司等②. 为了展现实际业务中对金融机构流动性风险的理解, 我们从商业银行和证券公司的年报中分别摘取了相关段落.

> **商业银行版本** 流动性风险是指本行无法以合理成本及时获得充足资金, 用于偿付到期债务、履行其他支付义务和满足正常业务开展的其他资金需求的风险. 引起流动性风险的事件或因素包括: 存款客户支取存款、贷款客户提款、债务人延期支付、资产负债结构不匹配、资产变现困难、经营损失、衍生品交易风险和附属机构相关风险等.

① 金融风险管理主要的计量基础是资产、负债, 资本监管的主要工具是资本充足性. 偿付能力要求也是与资产、负债和净资产类似的指标, 核心是考虑机构在未来出现资不抵债的风险.

② 按照流动性风险水平从大到小排序依次为: 商业银行、财产保险公司、证券公司、人寿保险公司和基金管理公司.

> **证券公司版本** 流动性风险是指公司无法以合理成本及时获得充足资金, 以偿付到期债务、履行其他支付义务和满足正常业务开展的资金需求的风险. 公司一贯坚持资金的整体运作, 并由库务部统一管理公司的资金调配. 在境内交易所和银行间市场, 公司具有较好的资信水平, 维持着比较稳定的拆借、回购等短期融资通道; 同时也通过公募或私募的方式发行公司债、次级债、收益凭证等补充公司长期运营资金, 从而使公司的整体流动性状态保持在较为安全的水平.

无论是银行还是证券公司, 对金融机构的流动性风险的表述基本上是一样的, 即 "金融机构的流动性风险是指金融机构无法以合理成本及时获得充足资金, 用于偿付到期债务、履行其他支付义务和满足正常业务开展的资金需求所造成损失的风险". 虽然两个叙述形式上完全相同, 但其侧重点和含义是有本质差异的, 两类机构不同的业务模式是产生这种差异的主要原因. 商业银行主要的负债 (融资渠道) 是存款和银行间拆借, 因此其流动性风险主要是融资风险, 而且存款来源为金融系统之外的公众, 与金融体系没有直接的关联关系; 证券公司的负债和支付业务都和资本市场相关, 与金融体系有着密切的关联关系, 还需要考虑交易过程中的流动性问题.

金融机构的流动性风险的触发, 一般源于金融机构出现超出财务日常流动现金需求的资金需求. 债务到期、其他支付义务和正常业务开展的资金需求等风险因素一旦出现异常, 就可能会触发流动性风险事件. 例如商业银行异常的提前提取存款, 在资本市场极速下跌时证券公司的资产管理业务的异常现金挤兑, 证券公司的杠杆业务因出现不利方向变动而催缴保证金等. 在出现这类流动性需求的时候, 金融机构是否可以用合理的成本及时获得所需的融资, 是金融机构在危机情况下的生存底线. 这种流动性需求和供给不匹配的风险, 一般被称为融资流动性风险 (liquidity funding risk).

证券公司和基金公司等从事资本市场交易业务的金融机构, 其流动性风险还包括来自资本市场交易业务的交易流动性风险, 比如资产配置的大额交易产生的损失、市场异常时期成交成本上升的损失. 这种风险的存在使得市场参与者不能在仅支付合理费用的情况下及时按照交易意愿成交的风险①, 一般被称为交易流动性风险 (liquidity trading risk). 对交易流动性的研究指出, 流动性风险是存在一定周期的. 大多数情况下流动性风险都是比较低, 而且稳定的, 高流动性风险是一种偶发的现象, 它主要来源于一些突发事件导致的流动性急剧收紧. 这种特征

① 举个例子, 比如某个 ST 股票的历史平均卖价比买卖中点价格低 1%, 也就是说, 合理的情况下打个 99 折就能顺利卖出. 但如果这只股票正在被疯狂抛售, 某个希望卖出这只股票的交易者就不能指望可以以中间价的 99% 卖出. 他可能需要直接以跌停价挂单才有可能迅速成交. 这多出来的 4% 就是为了及时交易而支付的额外成本, 而需要支付额外成本的可能性就构成了一种风险.

源于一种天然的约束机制: 进入市场的交易双方合作的好处明显大于不合作导致的流动性紧缩和风险大幅升高的坏处, 如果人们在交易中进行合作, 则成交会增加、流动性风险降低; 如果交易双方不合作, 导致的金融危机发生的可能性较大的时候, 才会出现市场的流动性风险.

8.2 融资流动性风险

和设立资本监管要求是为了保证金融机构在未来的一段时间内具有清偿债务的能力和健康发展类似, 流动性风险管理是要保证金融机构在当下时刻或者较短的时间内[①]有能力进行正常支付. 金融机构的融资流动性出现异常的主要情景有:

• 外部环境不利变化后的连带影响. 例如经济下行或者经济危机时期, 资金往来会紧缩, 所有资金都开始偏好安全和流动性好的避险资产. 这会影响到金融机构正常的融资渠道和资产品质, 进而造成资本市场的剧烈变化, 带来金融机构资产交易的流动性风险.

• 资产负债错配异常. 金融机构的负债资产比一般在 90% 左右. 除了总体情况, 结构也是非常重要的维度. 相同的负债资产比可能会对应完全不同的资产负债现金流的形态. 有时公司在某个单一业务的快速发展可能会使得公司出现短期内极端的资产负债不匹配. 这种情况下, 银行一般会转向外部市场, 比如转向同业市场. 但同业拆借市场的合约是非标准化的, 这种非标准化会导致交易困难, 也就是合约的流动性不佳.

• 公司自身的信用出现问题. 例如机构的财务表现不佳, 导致信用下降, 或者一些声誉事件影响了公司的公众形象, 最直接的结果是融资成本上升. 有时候, 这种影响并不来自企业自身的问题, 同行业的其他企业出现信用问题也会诱发行业范围的融资困难. 比如永煤债券违约后, 整个煤炭行业的融资都受到了影响, 多家大型煤炭企业取消了多只债券发行. 河南省的信用债券市场同样受到了严重的影响, 整个省的融资压力骤然加大.

8.2.1 商业银行

商业银行的资产负债表中, 短期负债主要包含: 活期存款、同业借款和其他交易账户的短期负债. 通过这些负债所融到的资金, 其投资期限却往往较长. 在这个框架中, 负债持有者 (储户、同业) 有权在任何时刻将其金融债权凭证立即按面值兑换现金. 如果说以前这种取款还存在着诸如要去网点办理等技术障碍, 科技进步正使得这种取款越来越容易, 网上银行或者移动 App 可以使储户迅速在不同的

① 例如, 商业银行最短是在一周内, 而证券公司和基金公司可能是当日内.

金融机构之间进行资金转移, 获取更高的收益. 这进一步形成了对银行流动性的压力.

在通常情况下, 商业银行可以根据经验数据掌握每日活期存款被提现的情况. 在正常的市场环境中, 从日度频率看, 大多数储户的活期存款只有一小部分是需要提现和进行消费的, 其余均可看作非短期的稳定的存款, 这些稳定的活期存款和定期存款为金融机构提供了相对稳定和长期的资金来源. 此外, 部分存款提取可以通过新的存款来支付, 商业银行因此只需对最终的净存款提取额 (短期净现金流支出) 或者称净存款流出进行有效的计量、监控和管理. 随着业务和经验的积累, 商业银行一般能够相对合理地对银行在正常营业日的净存款流出量建立概率分布①. 如果这个净存款流出概率密度函数的最大值 (众数) 点在零点的左边, 说明最有可能发生的情况是存款的净流出, 这时就需要提高警惕了.

1. 融资流动性风险计量

融资流动性风险的计量逻辑可以分为静态和动态两类. 静态度量一般依赖于各类财务比例, 通过对历史数据的分析描述当前的流动性状况. 动态分析则依赖于基于现金流、融资额等的缺口分析, 由于缺口的两端都有一定的可预测性, 这类分析可以更好地做前瞻性的评判.

1) 财务比率分析

从银行的资产负债表出发, 我们可以简单地将比率分析分为资产流动性比率、负债流动性比率和两者的综合比率.

银行的资产中, 流动性最好的就是"现金资产", 这部分资产包括库存现金、在央行的存款和存放同业存款. 其次高流动性的资产还包括一个月内的同业来款和应收款项、合格的到期贷款、债券等一个月内可随时变现的资产. 以上两种都是缓解流动性风险的资产, 其派生的两种财务指标和流动性风险成反比关系:

$$\text{现金比率} = \frac{\text{现金资产}}{\text{总资产}} \times 100\%, \quad \text{流动资产比率} = \frac{\text{流动资产}}{\text{总资产}} \times 100\%$$

贷款虽然也是银行的资产, 而且是商业银行的主要盈利来源, 但因没有相应的二级市场提供转让交易, 其流动性并不高. 因此贷款派生的财务比率一般和流动性风险成正比关系:

$$\text{贷款比率} = \frac{\text{贷款总额}}{\text{总资产}} \times 100\%$$

其中, 贷款总额包括了活期贷款、各类定期贷款和透支等.

① 不同的业务发展时期和业务结构的商业银行的分布是不同的, 对于处于业务扩张期的商业银行, 平均意义下新的存款资金流入大于存款提现额.

银行的负债中, 和流动性风险关系最密切的是活期存款. 这是因为活期存款是各类存款中稳定性最差的一种, 活期存款占比越高, 银行负债面临的流动性风险越高.

$$\text{存款结构比率} = \frac{\text{活期存款}}{\text{定期存款}} \times 100\%$$

前文的分析曾指出, 不是所有的负债都不稳定, 即使是活期存款, 其中也有相当的比例会躺在账上不动. 这就衍生出一个叫做 "核心负债" 的概念, 其包括了到期时间 3 个月及以上的定期存款、发行的债券、活期存款的 50%. 这些负债是稳定性最好的负债, 可供银行长期占用, 核心负债占比越高, 负债面临的流动性风险就越低.

$$\text{核心负债比率} = \frac{\text{核心负债}}{\text{总负债}} \times 100\%$$

其中总负债包括了所有的借款和所有者权益. 我国商业银行监管要求核心负债比率不得低于 60%.

既然流动负债的不稳定性可以诱发流动性风险, 能及时变现的流动资产可以缓解流动性风险, 那么流动比率越高的银行, 其流动性风险就应该越低. 因为每单位流动负债 ("麻烦") 对应着更多的流动资产 ("解药").

$$\text{流动比率} = \frac{\text{流动资产}}{\text{流动负债}} \times 100\%$$

其中银行的流动负债包括活期存款、一个月内到期的定期存款、同业往来净负债、一个月内到期的债券和各种应付费用、央行借款等一个月内要偿还的债务. 我国商业银行监管要求流动比率不得低于 25%.

2) 现金流量分析

融资流动性的核心在于现金流的平衡, 商业银行在现金流上一旦入不敷出, 就会出现流动性的问题. 因此结合历史经验和当前的业务状态分析测算现金流的流入和流出, 并最终计算两者的缺口得到流动性净头寸的方法, 可以给我们关于银行流动性情况的一个动态的判断, 这种分析被称为 "现金流量分析". 为了进行现金流量分析, 首先要明确现金流入和流出都有哪些渠道, 表 8.1 给出了一个简单的现金流量划分, 包括了有确定期限和无确定期限两种类型.

对流动性净头寸表中的流动性来源和使用进行每日跟踪并不是很困难, 所有的金融机构在其年度和季度报告中都要提供流动性来源和使用的历史数据. 当金融机构处理流动性风险时, 它过去的流动性来源和使用报表, 将有助于其确定未来的流动性风险最可能的出处. 表 8.2 给出了一个分期限的流动性净头寸分析, 可以看出总体的流动性净头寸是流入大于流出, 但是在中长期限上, 存在一定的结构性缺口.

表 8.1 现金流量表

类型	现金流入	现金流出
确定到期时间的流量	到期贷款 定期存款存入 利息收入 其他营业收入	固定贷款发放 到期定期存款, 到期债券 利息支付 其他营业性支出
不确定到期时间的现金流	活期存款存入 可变现的未到期债券 其他表外业务	活期存款提取 不固定的贷款承诺 其他表外业务

表 8.2 流动性净头寸分析

时段	现金流入	现金流出	缺口	累计缺口
当日余额	1000	800	200	200
次日	100	60	40	40
2~7 天	140	120	20	60
8~30 天	160	100	60	120
31~90 天	80	280	−200	−80
91 天 ~1 年	300	500	−200	−280
1 年以上	600	360	240	−40
未定期限	100	0	100	60

为了应对现金流出, 商业银行可以通过三种方式获得流动性资金. 首先, 可以以很低的价格风险和交易成本立即出售短期国债这样的流动性资产; 其次, 可以在货币市场进行融资, 这取决于资金市场可能会给该机构设立多大的信用限额; 最后, 可以动用超出监管当局准备金要求的那部分现金.

3) 融资缺口分析

商业银行流动性风险计量的另一个重要指标是融资缺口和融资需求. 如前所述, 尽管活期存款的储户可以随时提取现金, 但通常情况下不会真的发生. 总体上看, 大多数活期存款会在银行存放相当长的一段时间, 有时长达两年或两年以上. 因此, 银行会计算包含部分活期存款的平均存款基数作为核心的资金来源 (参考上面提到的“核心负债”的概念), 这部分资金可以满足银行在一定时期的平均贷款需求. 因此, 银行的融资缺口定义为银行的平均贷款与平均核心存款之差:

$$\text{融资缺口} = \text{平均贷款} - \text{平均核心存款}$$

如果融资缺口为正, 那么银行就必须通过出售流动资产, 以及在货币市场借入资金来进行弥补:

$$\text{融资缺口} = -\text{流动资产} + \text{融资需求}$$

换句话来说就是

$$融资需求 = 融资缺口 + 流动资产$$

从上面定义的融资需求和融资缺口可以看出, 存款和贷款的规模以及流动性资产的数量决定了银行对新增流动性的需求. 具体而言, 银行的融资缺口越大, 或持有的流动资产越多, 需要在货币市场借入的资金就越多. 由于借入资金依赖于货币市场, 这也就意味着银行面临的流动性风险越大. 融资缺口的增大可能源于存款提现的增加或贷款承诺导致的贷款的增加, 银行为了应对, 要么需要变现流动性资产, 要么从货币市场借入更多的资金. 随着这类借款的增加, 货币市场一些有经验的债权人就会对该行的信用状况表示关注, 会对借款要求更高的风险溢价, 或者是对银行借款的展期设立更加严格的信用限额. 如果该银行的融资需求超过这个限额, 就可能破产. 这方面的典型例子是 1984 年美国的大陆伊利诺斯银行由于融资要求过大而倒闭, 以及国内在 2013 年出现的钱荒, 虽然没有出现银行倒闭, 但是表现出类似的风险. 这些破产的经验教训提醒银行的管理者必须积极进行流动性风险管理的财务安排以避免发生类似的危机.

2. 融资流动性风险的日常管理

商业银行可以通过增加流动性来源和对存量流动性进行优化来管理融资流动性. 历史上, 商业银行主要将存量管理作为流动性管理的主要方法. 随着时代的发展, 许多商业银行, 尤其是可以进入货币市场和其他非存款市场获取资金的大型商业银行, 也会依赖增加新的流动性管理的方法来应对现金短缺的风险.

商业银行等存款机构的存量流动性管理方式也是一种重要的管理手段, 也就是说, 商业银行可以调整其 (不) 流动资产的配置来提高流动性水平, 利用储存的流动性来进行流动性管理. 长期以来, 为了满足流动性需求, 商业银行在中央银行和自己的金库中都存有一定的现金 (称为“现金准备”), 中央银行对商业银行必须持有的现金准备也规定了最低要求. 即使这样, 为了满足流动性需求, 商业银行一般还应持有超额的现金准备. 但是当不寻求外部流动性时, 商业银行用现金调整流动性会使得其资产规模收缩, 这也是储存流动性的代价. 除了资产规模的下降之外, 这种行为还会在资产负债表中增加超额的非生息资产. 因此, 使用现金来满足流动性需求的代价是放弃了这部分资金投资于贷款和其他较高收益资产的收益. 商业银行当然可以持有短期国债这样一些流动性很高的生息资产, 但是它们的流动性终究还是低于现金, 立即出售的时候会导致一定的价格损失.

新增的流动性来源包括直接购买中央银行资产或签订回购协议等, 货币资金市场也是银行间同业拆借的一个短期贷款市场. 此外, 存款机构的经理还可以通过发行额外的大额定期存单, 或者出售一些票据和债券增加流动性. 与吸收存款相比，这些方法往往要付出一定的代价，这是因为货币市场或者银行间市场给出的市场利率往往高于存款的利率. 给定资产收益率不变，资金成本越高，新增流动性这种管理方法的吸引力就越低. 此外，由于这种资金中的大多数都不属于存款保险的范围，当商业银行面临清偿困难时，这类资产用于清偿时往往会贬值，加之信用恶化，最终会导致银行在同业市场上再也借不到钱了.

另外，需要指出的是，增加新的流动性来源往往不会改变商业银行的资产规模和构成，针对存款外流所进行的管理完全发生在负债方. 换句话说，这种方法可以阻隔资产负债表中负债变动给资产方造成的影响. 这也是近些年金融机构在新增流动性来源方面的发展非常迅速的主要原因之一. 中央银行回购协议和大额定期存单等资金市场迅速增长也主要源于这种新增流动性的需求.

新增流动性的管理方式也不是完美的. 实际上，监管者在 21 世纪初就对存款类金融机构大量使用这些融资渠道的行为表示了担忧. 这种担忧源于储户行为的变化. 在 20 世纪的最后十年中，随着银行储户越来越多地将资金转为投资，商业银行存款的增长速度逐渐落后于贷款的增长速度，这使得通过批发市场 (wholesale market)①增加流动性成了日常工作. 一旦这个渠道因为经济放缓等原因萎缩，银行就很容易因为无法获得流动性而发生流动性危机.

3. 挤兑

在一般情况下，由于存在适当的流动性财务安排，无论是净存款流出还是贷款承诺都不会给银行带来严重的流动性问题. 比如，虽然每年的 12 月和暑期是资金流出的高峰，银行也完全可以通过事先持有更多的超额现金准备或从同业市场拆借更多的资金来防范此类可预见的季节性影响. 真正引发严重流动性问题的是那些异常的大规模的非预期存款流出.

这种异常的存款流出的几种主要原因如下: ①某银行的清偿能力不如其他银行，而引起人们的担心; ②某银行的倒闭增加了储户对其他银行清偿能力的担心，产生了传染效应; ③银行的储户突然转向投资非银行类金融资产，比如短期理财产品或基金，银行存款可能出现大量的转移和存款未到期挤兑. 在这几种情况下，突然发生的非预期大规模净存款流出，有可能引发银行的挤兑，从而最终迫使银行破产.

关于存款流出和银行挤兑引发的流动性风险，其主要的核心因素在于活期存款合约的基本特征. 具体而言，活期存款合约具有先到先得的特点，储户排队等候的位置决定了它能够从银行取款的数量. 因此，银行提现的拥挤和不顺畅都会鼓励其他储户立即加入进来，即使他们今天的日常消费并不需要现金. 特别是，当看

① 资金的批发市场主要指的是银行间等大额交易资金的市场，相对应的零售市场指的是一般的企业和个人的借贷市场. 银行需要拆借流动性时，其资金量是零售市场完全不能承载的.

到提现业务人数突然增加时, 即使存款的核心储户也会出于理性而试图立即取出资金.

在银行挤兑发生之后, 银行一般的应对措施有两条: 一条是尽全力满足取款的需求, 另一条就是想尽办法稳定储户的预期, 避免更多的人加入挤兑的行列. 这两条必须迅速果断地执行, 并且缺一不可. 短期内银行会通过降低现金准备而出售流动性或容易出售的资产 (国债等高流动性债券), 以满足取款的需求. 但是这两部分资产终究是有限的, 如果任由更多储户加入存款取款的行列, 银行会发现很难以任何价格在货币市场借款, 同时, 它们已经出售了所有的流动性资产、现金、债券以及所有能够出售的贷款, 那么存款机构的资产负债表可能只剩下缺乏流动性的贷款来满足储户的取款要求. 这些贷款只能够按照大大低于面值的价格折扣出售, 当存款机构需要低价甩卖长期资产以弥补持续的存款外流时, 其资产出售的收入很可能无法满足储户的现金需求. 这样, 存款机构的流动性问题就会转化为清偿能力问题并最终走到关门的地步.

8.2.2 其他金融机构

除了银行以外, 其他金融机构也面临流动性的问题. 公募基金的投资者买入基金份额, 基金则将所获资金用于在资本市场上购买债券、股票等金融产品. 这些基金中的绝大多数都是开放式基金, 投资者买入和赎回基金份额的行为不受限制, 基金管理人必须被动接受投资者的赎回请求, 随时准备从投资者手中购回已发行的份额.

开放式基金的申购赎回价格 (净值①) 一般在每天收盘后计算出来, 当天的所有申购赎回都按照这个价格进行结算, 开放式基金并不能通过降低份额价值的方式抑制投资者的赎回行为. 当基金赎回的份额上升到出乎意料的高水平时, 开放式基金也会和商业银行一样面临流动性问题. 事实上, 当投资者对基金经理的投资能力和净资产表现不信任时, 基金就会受到巨大的流动性挤兑压力. 由于共同基金合约的估值方法与银行存款的估值方法有很大的区别, 投资者对基金的挤兑没有储户对银行存款的挤兑那样积极. 具体而言, 如果基金被清盘, 资产将按照份额比例分配给投资人, 而不像存款和保险那样有先后的次序. 无论是先来还是后来, 基金投资者在某一天赎回时所得到的资产价值是相同的. 所有的共同基金投资人都明确知道基金赎回时不存在先后次序的差异.

当然这并不意味着公募基金面对集中赎回时没有流动性问题, 当大规模挤兑时, 基金经理可能不得不按甩卖价出售部分流动性较差的资产来解决流动性问题, 这使其面临后面要讨论的交易流动性风险问题. 在有涨跌停限制的市场上, 由于跌停时无法继续出售资产, 应对抛售的行为会略有不同, 但仍然会导致

① 净值等于基金总净资产 (基金资产的当期市场价值减去所有负债) 除以总份额.

流动性消失. 以 2015 年我国股市大跌为例, 市场下跌导致使用配资的杠杆投资者面临平仓的风险. 因为大批股票跌停无法交易, 抛售的压力逐渐转移到还没有跌停的股票上, 而这种转移进一步诱导了更多的跌停, 并最终导致整个市场流动性的消失.

8.2.3 监管要求

由于流动性对于金融机构的生存至关重要, 与金融机构流动性相关的法律法规自然是必不可少. 本节介绍三个相关的制度安排: 存款准备金制度、银行业监管机构对商业银行的流动性监管要求和存款保险制度. 其中, 第一条是对商业银行日常流动性的基本外部要求, 第二条则是对商业银行流动性风险的监管要求, 第三条在大多数国家是一种强制性制度.

1. 存款准备金

为了保证商业银行及其他金融机构能够应对客户提取存款的需要, 防止商业银行及其他金融机构盲目扩大信用损害储户的利益, 各成员的中央银行法都授权中央银行通过存款准备金政策对资金市场进行调控.

存款准备金是指商业银行及其他吸收存款的金融机构吸收存款后, 必须按照央行规定的比率向央行缴存一部分资金. 央行规定的上述比率被称为存款准备金率. 存款准备金可分为两种, 一种是法定存款准备金, 另一种是超额或自由准备金. 法定存款准备金率, 是指按照法律设立、通过法律授权的机构确定和调整的存款准备金率[①]. 不同种类的存款可以有不同的存款准备金率, 不同时期的存款准备金率也有差异. 一般来说, 存款的流动性越高, 存款准备金率就高, 反之存款准备金率就低. 央行计提法定存款准备金的范围一般包括所有国内存款机构所吸收的活期存款、定期存款、储蓄存款、企业往来存款以及类似的存款. 各国最初开始实行存款准备金制度时, 一般只要求商业银行缴存存款准备金. 后来, 随着金融活动的发展, 非银行金融机构也以各种方式开展存款业务, 这样使得超脱于存款准备金制度管理之外的存款数额大量增加. 于是存款准备金制度的实施对象从原来的商业银行扩展为所有吸收存款的金融机构.

调整法定存款准备金率是中央银行的重要货币政策手段. 在经济高涨时, 提高法定存款准备金率, 意味着金融机构在吸收的存款中必须保留更高的准备金, 这样能够作为贷款放出的货币量减少, 银行所能派生出的货币也就随之下降. 其结果是市场上的货币供应量减少. 货币的供求关系发生变化, 利息率上升. 利息率的上升和货币供应量的减少, 势必会抑制投资需求, 社会总需求的扩张势头就会得到抑制. 在经济衰退时期, 中央银行降低法定存款准备金率, 其结果与上述经济上

① 中国人民银行为实现货币政策目标, 制定和调整存款准备金比率.

涨时期的情况正好相反.

商业银行在中央银行的存款账户余额有时会超过法定存款准备的要求. 这一方面是为了补充清算票据交换或同业资金往来的差额头寸的不足, 以保持较充分的流动性. 另一方面也是为了充分有效地运用暂时闲置的资金和为必要时取得中央银行的资金支持提前准备. 这部分中央银行的存款一般称为超额存款准备金(或称为备付金), 它与法定存款准备金一起构成总准备. 超额准备金是相对于法定准备金而言的, 性质上都是商业银行在中央银行的存款, 但两者在运用自由度和计息上有差异. 法定存款准备金不能由存款机构自由运用, 而超额存款准备金属于自由准备, 存款机构有权动用. 对于法定存款准备金部分中央银行一般不支付利息, 而对于超额存款准备金中央银行会支付一定的利息.

有些国家的中央银行法还规定, 当经济形势发生特殊变化或遇到紧急情况时, 中央银行有权实施紧急准备金制度. 紧急存款准备金在金额和存款类别上可不受限制. 如美国联邦储备委员会 (美联储) 可以对任何存款类别征收任何比率的紧急存款准备金. 但由于紧急存款准备金是一种临时的应急措施, 所以美联储实行紧急准备金的最长期限为 180 天. 如果美联储认为有必要延长期限, 经投票通过后, 可展期 180 天. 一旦决定实行紧急准备制度, 美联储必须立即向国会提交报告进行解释.

2. *巴塞尔协议的要求*

在 2008 年金融危机之前, 巴塞尔协议一直将监管重点放在银行是否有足够多的资本金来应对风险. 但金融危机表明, 危机中很多金融机构的问题并非源自资本金的充足与否, 而是源自银行是否可以承受流动性风险. 流动性风险的根源之一是银行不断增加 “期限错配” 的经营模式: 采用短期低息资金 (如票据等) 为期限更长的资产 (贷款) 提供资金支持. 这种模式的核心是在短期资金到期的时候可以续作. 比如一家银行采用发行 90 天的商业票据所得的资金来融资支持其他业务, 当该票据 90 天期满时, 银行要继续发行新的 90 天票据进行再融资. 当银行出现运作困难时, 或市场认为其运作困难时, 续作的 90 天票据很可能没人买了, 这时该模式就难以为继了. 这里所说的现象就是造成英国北岩银行和美国雷曼兄弟倒台的原因之一.

巴塞尔协议 III 为确保银行能够承受流动性压力, 引入了两个流动性比率指标:

- 流动性覆盖率 (liquidity coverage ratio, LCR)

$$\mathrm{LCR} = \frac{\text{合格优质流动性资产}}{\text{30 日内现金净流出}}$$

LCR 侧重于描述银行在流动性受困的 30 日内的生存能力. 其中分母的受困情景

包括: 信用评级下调 3 个等级、部分存款流失、全部的批发融资渠道失效、抵押品折价率上升和信用额度全部使用. 合格优质流动资产包括现金以及各类债券 (按照流动性分类打折扣). 在 30 天受困期内银行资金受到剧烈冲击的情形下, 银行的 LCR 至少为 100%, 才可以保证银行有足够多的流动性优良的资产来应对流动性困境[①].

- 净稳定资金比率 (net stable funding ratio, NSFR)

$$\text{NSFR} = \frac{\text{可用的稳定资金}}{\text{所需的稳定资金}}$$

净稳定资金比率则侧重于一年内的流动性. 可用的稳定资金的来源主要包括资本金、对公和个人业务存款等. 为了反映不同类型资金的 "可用性" 上的差异, 还需要乘以相应的比例系数. 比如资本金可以 100% 计入, 但是非金融企业客户提供的剩余期限小于 1 年的有担保和无担保融资只能按照 50% 计入, 由购买金融工具、外汇和大宗商品产生的 "交易日" 应付款则完全不能计入. 分母的计算方法与分子相同, 所需的稳定资金来源主要包括个人住房按揭贷款、个人和小企业期限小于 1 年的贷款等, 同样也要经过对应的比例系数调整以反映该科目对短期资金的需求, 因子取值越大表明需求越高. 为了维持银行正常运转, 净稳定资金比率应该高于 100%[②].

除了上述指标性要求外, 巴塞尔委员会近些年还在不断加强对银行流动性监管的要求[③]:

(1) 银行必须承担稳健管理流动性风险的责任, 制定流动性风险管理框架来维持足够的流动性. 其中包括持有不受限的高流动性资产来建立流动性风险缓冲以应对极端情况 (如部分或全部丧失担保和非担保融资渠道). 银行监管部门应该对银行的流动性风险管理框架和流动性资产持有水平进行评估, 确保其满足要求. 在银行不能满足其中任何一项要求时, 监管部门要迅速采取行动, 以保护存款人, 并避免对整个金融系统产生冲击.

(2) 银行必须明确地阐明自身的流动性风险容忍度, 并确保其容忍度和银行的业务、战略及在金融系统中所扮演的角色相符.

(3) 银行的高管必须制定与风险容忍度相符的流动性风险管理战略、政策和实施措施, 并保证银行持有足够的流动性. 高管应时刻注意银行流动性水平的变

---

① 合格优质流动性资产和现金流入流出的构成与折算系数可以参见巴塞尔协议 III 和原银保监会《商业银行流动性风险管理办法》.

② 可用的稳定资金和所需的稳定资金的构成与折算系数可以参见巴塞尔协议 III 和原银保监会《商业银行流动性风险管理办法》.

③ 参考: Basel III: International framework for liquidity risk measurement, standards and monitoring, https://www.bis.org/publ/bcbs188.htm.

化, 并定期向公司董事会报告. 银行董事会应至少每年审查和批复以上战略、政策和措施, 并保证高管对流动性风险的管理是有效的.

(4) 在所有重要的 (表内和表外) 业务活动中, 银行都应将与流动性相关的成本、收益和风险引入内部定价、绩效评估和新产品开发审核过程中. 由此可以使得各个业务部门的风险激励以及业务活动在整个银行层面带来的流动性风险保持一致.

(5) 银行应该具备识别、度量和监控流动性风险的完善过程, 这一过程应包括一个鲁棒 (robust) 的框架, 以预测银行的资产、负债以及资产负债表外项目在一个合理的时间跨度内不同情景下所产生的现金流.

(6) 银行应主动地监控其所有的法律实体及分公司业务部门和货币种类内部以及彼此之间的流动性、风险敞口和融资需求, 并考虑到与流动性转移有关的法律、监管规则和操作等方面的限制.

(7) 银行应建立适当的融资战略, 以保证资金来源以及期限多元化, 在其选定的融资市场上应保持业务的连续性. 与资金提供者建立密切的联系, 以提升资金来源的多样性. 银行应经常地调整自己从不同的渠道快速获取资金的能力, 识别会影响这种快速融资能力的关键因素, 并对这些因素进行密切监控, 从而保证预估的融资能力是真实有效的.

(8) 银行应主动地管理其日内的流动性头寸及风险, 并保证在日常及受压市场条件下都能够及时满足付款及交割业务的资金需求, 并以此为金融体系中支付和交割活动的平滑运作发挥作用.

(9) 银行应该积极地管理其担保品的头寸, 对有担保负担的资产和无担保的抵押资产区别对待, 银行应对持有担保品的法律实体和其所在地理位置 (用以评估是否容易遭受自然灾害等不可抗力影响) 进行监控, 以备不时之需.

(10) 银行要定期进行压力测试. 压力测试应涵盖短期和长期不同的时间跨度, 以及与金融机构自身有关的特定情景和整个市场均处于受压状况情景, 通过单独的情景或综合的情景识别造成流动性枯竭的原因, 并保证当前的风险敞口处于银行确立的流动性风险容忍度之内. 压力测试结果应被用于调整银行的流动性风险管理策略、产品头寸及开发有效的预案.

(11) 银行应制定正式的融资计划预案, 需明确建立紧急情况下应对短期流动性的策略. 预案应明确提出针对不同受压环境的政策, 建立清晰的问责制度, 还应包括请求协助及汇报的流程. 对预案应进行定期的测试, 以保证其具备良好的可操作性.

(12) 为了能够应对不同的流动性受压情景, 银行应该持有一定数量的具有高流动性并无担保责任的资产作为缓冲. 在使用这些资产来取得资金时, 不应该有任何关于法律、监管及操作方面的障碍.

(13) 银行要定期公开披露自己的信息, 使得市场参与者能够对其流动性风险管理框架和流动性资产持仓水平的可靠性做出有依据的判断.

3. 存款保险和贴现窗口

为了缓解银行的流动性问题并阻止银行挤兑和恐慌的发生, 存款保险和贴现窗口是两个常用的方法. 银行的传染性挤兑会给整个经济造成严重的影响, 如果监管机构可以向储户做出承诺, 确保即便是银行陷入困境, 一定额度内的债权 (存款) 依然是完全有保障的, 那么即使银行陷入困境, 人们也没有动机进行挤兑 (因为取款结果和排队位置无关了). 这种承诺最常见的形式就是存款保险制度.

存款保险制度是指由符合条件的各类存款性金融机构集中起来建立一个保险机构, 各存款机构作为投保人按一定存款比例向其缴纳保险费建立存款保险准备金, 当成员机构发生经营危机或面临破产倒闭时, 存款保险机构向其提供财务救助或直接向存款人支付部分或全部存款的制度. 通过这样的制度安排达到保护存款人利益、维护银行信用和稳定金融秩序的目的. 我国的《存款保险条例》自 2015 年 5 月 1 日起施行, 其第五条规定 "存款保险实行限额偿付, 最高偿付限额为人民币 50 万元. 中国人民银行会同国务院有关部门可以根据经济发展、存款结构变化、金融风险状况等因素调整最高偿付限额, 报国务院批准后公布执行".

除了存款保险之外, 中央银行也会提供贴现窗口服务, 以满足银行暂时的流动性需求. 贴现窗口一般提供三种贷款: ①初级贷款, 面向总体稳健的存款机构提供. 一般期限非常短, 通常只有一天. 为了避免可能的道德风险, 其利率也高于公开市场的目标利率. ②二级贷款, 面向无法申请初级贷款的存款机构提供. 期限同样非常短, 利率会高于初级贷款. ③央行的季节性贷款项目, 面向小型的存款机构提供. 目的在于帮助小型机构对严重的季节性存款波动进行管理. 获取季节性贷款的金融机构要能够证明它每一年内的资金需求具有明显的波动①.

8.3 交易流动性风险

金融资产的交易是金融机构日常业务的一个重要的组成部分, 无论是商业银行、保险公司还是资产管理类公司, 都会或多或少地交易股票、债券等金融资产. 大型金融机构还会进一步涉及期货、期权、互换等复杂衍生品. 金融资产的交易市场又可以分为两大类: 一类是专门设置的资产交易场所 (即我们常说的交易所), 在交易所发生的交易被称为场内交易; 另一类是所谓通过柜台进行的交易 (OTC 市场), 这类交易市场并不依托于某个交易所, 因此这类交易被称为场外交易.

交易的流动性也称为交易成本, 是交易者完成交易时付出的价格 (成交价) 与决定交易时看到的价格 (观测价格) 的偏差. 这种偏差被称为流动性溢价, 对于活

① 比如农村的金融机构一般伴随农业规律显示出非常强的季节性, 旅游景点在节假日也有明显的季节性等.

跃交易的资产, 流动性溢价一般较低, 但对于流动性较差资产而言, 流动性溢价会长期存在. 交易流动性在不同的市场之间也是不一样的, 比如股票市场是流动性最好的金融市场, 债券市场的流动性次之, 期货、期权和其他衍生品是流动性更弱的市场. 这和投资者类型、信息透明度以及信息不对称程度有关.

1. 交易流动性影响因素

交易最主要的两个维度就是价格和数量. 一个时点上, 资产的价格一般包括了买 (卖) 价和成交价. 有订单簿的市场, 无论买价还是卖价可能都会有几个价格. 同时, 上述的每个价格都会有对应的量, 订单簿的价格对应的量是尚未成交的挂单量, 成交价对应的量是成交量. 进入市场的交易者, 其主要目的是在尽可能短的时间内以自己满意的价格成交希望买卖的资产数量.

为了向金融市场提供基本的流动性, 特别是对流动性较弱的资产, 市场中一般会存在一类专门提供流动性的交易者. 常见的流动性提供者有做市商、投资银行的交易部门和对冲基金等. 他们通过不断进行的交易为市场提供流动性. 在一个有做市商的市场中, 金融资产的买价和卖价由做市商提供, 但是做市商给出的价格只适用于一定的交易量, 超过了这个数量, 做市商会提高买入卖出的价差. 这是因为交易量增大后, 做市商承担的压力 (如库存的风险等) 也在上升. 这也意味着, 即使是做市商的市场, 市场的流动性也是变化的. 即使没有做市商制度 (例如我国的股票交易市场), 市场上仍然会随时出现隐性的买入卖出价, 也就是订单簿上看到的各种价格的订单报价和订单量. 此时的交易价格就取决于买卖的价差, 买卖价差一般是资产价格在 0.5% 到 5% 之间, 有时候也会高达 10%. 不管是哪一类市场, 一般的规律都是大单交易会拉大买入与卖出价的偏差.

如果某个机构希望在尽可能短的时间内出售数量巨大的资产, 可能面临掠夺性的交易流动性损失[①]. 比如, 机构 X 持有数量巨大的资产 A, 其他市场参与者猜测机构 X 将被迫在短期内将这些资产平仓. 此时这些市场参与者可以利用上述信息从交易中牟利: 如果预期机构 X 必须出售大量的资产 A, 其他的参与者可以提前做空资产 A, 并在 X 出售资产导致的价格下跌中获利. 当市场中这种力量积聚起来时, 机构 X 就难以用有竞争力的股价将持仓清空, 如果一定要清空, 就必须承担一个难以忍受的低价. 金融机构行为的一致性也会导致流动性的问题. 当某家金融机构出于某种原因希望平仓时, 其他金融机构有可能也有类似的需求. 一旦足够比例的机构一致行动, 正常的市场流动性就可能会瞬间蒸发, 产生所谓的流动性黑洞.

资产本身和市场的透明度也会影响交易流动性. 2007 年, 美国的信用危机得

① 2012 年发生的伦敦鲸事件中就有这种掠夺性交易的影子. 而在长期资本管理基金的案例中, 其所持头寸在美联储的监督下持续缓慢地进行平仓, 从而避免了成为掠夺性交易的猎物.

到的重要教训之一是透明度对流动性有重大的意义. 资产证券化是银行盘活低流动性资产的一种有效手段, 其常用领域是将住房抵押贷款 (RMBS) 打包切片出售. 这种商业模式一直良好运转, 直到美联储大幅度降低利率, 导致大量资金在市场展开对高收益产品的追逐. 海量的需求使得初级贷款已经被消耗殆尽, 证券化的资产池中不再只有传统的按揭贷款, 非按揭贷款甚至是其他 ABS 的某个档位的资产都被拿来充当资产池. 经过再证券化和多次证券化等复杂操作, 产品的风险特征和评级逐渐变得难以准确理解. 当市场的参与者终于意识到自己既不知道交易的产品到底风险如何, 又不知道如何获取相关信息的时候, 整个次级贷款证券化资产的流动性就消失了, 金融机构也就无法对其几个月前还争先买入的资产进行盯市计价. 高度复杂且缺乏有效估值工具的信用衍生品在次贷危机后退出了市场. 但同是信用衍生品的信用违约互换 (CDS) 却因为机制完善、结构相对的简单透明等原因, 依然保有相当的活力. 市场在短期可能会被一些不透明的产品所迷惑, 但是一旦醒悟过来, 这些产品的流动性会马上消失.

2. 交易流动性风险计量

相比融资流动性, 交易流动性的计量工具相对丰富不少. 总结现有的研究, 交易流动性的度量主要从下面四个维度考虑: ①基于交易成本的流动性指标; ②基于委托量的流动性指标; ③基于与均衡价格偏离的流动性指标; ④基于市场冲击的流动性指标. 前两个维度是从交易本身度量流动性, 后两个指标则是从资产的价格变化的角度考虑市场的流动性.

1) 基于交易成本的流动性指标

交易成本包括金融资产交易的直接成本 (如佣金、印花税等) 和间接成本及其他市场摩擦引起的成本. 市场摩擦会直接导致流动性下降, 做市商或订单簿的买卖价差 (市场宽度) 直接衡量了这种交易成本. 买卖价差里面包含的信息除了执行指令的成本以外, 还有不对称信息的成本. 对于做市商而言, 还有存货成本和提供做市服务的成本[①]. 交易成本上升会导致市场参与度下降, 会影响市场宽度和价格弹性. 同时更高的交易成本会延迟交易, 从而阻止指令的流入, 并导致显著的价格不连续.

买卖价差一般有三种度量方法, 而每一种方法又分为绝对价差和相对价差两种计算方法: ①报价价差, 即市场上当前的最优买价与最优卖价之间的绝对差额和相对差额. ②有效价差, 即实际成交价与最优报价的绝对差额和相对差额, 它衡量了指令的实际执行成本. 有效价差的一个优势在于可以反映报价以外的成交, 当成交价格比买卖报价更好时, 则称为价格改善, 反之称为价格恶化. 相比报价价

① 因为做市商的义务是为市场提供流动性, 相当于被动地和投资者进行交易. 如果不通过买卖价差给予其合理的收入, 这种流动性供给是不可持续的.

差, 有效价差可以反映实际成交相对于订单簿的变化. ③已实现价差, 即一段时间内加权平均的成交价格与最优报价之间的绝对偏差和相对偏差, 它反映交易执行后的市场影响.

2) 基于委托量的流动性指标

委托量指标也称为市场深度, 即在一个给定的报价下可以交易的股票数量, 不同交易制度下的市场深度有不同的含义. 在报价驱动的市场中, 市场深度一般是指做市商在买入或卖出报价下提供的股票数量. 在指令驱动的市场中, 市场深度是指订单簿上各个价位上的委托数量, 委托数量越大, 市场深度就越大. 足够大的委托数量将使得市场有能力在相应价位上支持成交而不至于产生价格冲击, 因而委托量又被称为市场深度.

委托量指标包括成交量、成交额、换手率、报价深度和成交深度等. 成交量和成交额可以用来反映交易活跃度和市场参与度. 换手率 (成交量占总流通量的比例) 则可以更好地用于横向比较. 报价深度指标是订单簿中各个报价上的委托交易数量, 尤其是最优报价的委托量. 成交深度衡量在最优买卖报价处的成交量, 可以更真实地反映订单簿的交易者真实的交易意愿. 由于正常市场中成交量一般都低于挂单量, 也可能会低估市场深度, 成交深度一般低于报价深度.

3) 基于与均衡价格偏离的流动性指标

价格变化指标捕捉的是 (大额) 交易引起的均衡价格偏离和随后市场回到均衡状态的速度. 与前两个指标不同, 该指标是用价格本身的变化来度量市场流动性. 这方面的代表性指标有市场有效性指标 (market efficiency coefficient, MEC)、Kyle's λ、流动性比率等.

Hasbrouck 和 Schwartz (1988) 基于方差比统计量构造了一个市场有效性指标, 其定义为

$$\mathrm{MEC}_h = \frac{\mathrm{Var}(r(h))}{h\mathrm{Var}(r(1))}, \quad h > 1$$

其中, $r(1)$ 表示最小时间单位 (秒、分、时、日等) 计算的收益率, $r(h)$ 表示最小时间单位的 h 倍计算的收益率, $\mathrm{Var}(\cdot)$ 表示方差计算. $\mathrm{MEC}_h > 1$ 可能意味着收益率在 h 时间段内整体是正相关的. 该指标的目的是度量新信息是否真正影响了价格的变化模式. 在一个流动性高的市场上, 新信息引起价格的短期变化相比价格的永久性变化而言是较小的, 此时 MEC_h 接近 1. 反之如果市场流动性不足, 资产价格在短期内因信息的到来而发生的波动就会比较大, MEC_h 会明显小于 1. 如果存在做市商的干预, 则价格对信息是逐步调整到位的, 导致短期收益率呈现出正相关性, 此时 MEC_h 会大于 1.

Kyle (1985) 基于市场深度模型定义价格冲击. 其基本思路是短期均衡价格 P 由资产的真实价值 μ 和成交量 ν 两部分线性决定:

$$P = \mu + \lambda \nu$$

成交量的系数 λ 被称为 Kyle's λ, 其取值越小表示成交量对价格的冲击越小、市场深度 $(1/\lambda)$ 越大、市场流动性越好[①]. 若将 Kyle 模型中的交易量用工具变量分为买方或卖方发起的交易, 该模型就可以分析两个方向的交易对价格的影响, 还可以对某个大宗交易和系列交易进行分析, 为衡量市场流动性提供了一个相对完整的框架.

4) 基于市场冲击的流动性指标

流动性比率的基本原理和价格冲击模型类似, 都是考虑交易量和价格变动之间的关系. 如果某个资产很小的交易量就可以带来明显的价格变化, 那么这类资产的流动性就比较差. 反之, 如果交易量很大但是价格变动依旧不明显, 那么这类资产的流动性就比较好. 这类指标中常见的指标有 Amivest 指标、Martin 指标和 Marsh-Rock 指标等.

Amivest 指标的计算逻辑是收益率变化 1 个百分点需要多少交易额:

$$\frac{\sum_{t=1}^{n} P_{it} V_{it}}{\sum_{t=1}^{n} |\Delta P_{it}|}$$

资产 i 的价格为 P_{it}, 交易量为 V_it. 该指标越高, 资产的流动性就越好. Martin 指标和 Amivest 正好相反, 其定义为

$$\sum_{t=1}^{n} \frac{P_{it} - P_{i,t-1}}{V_{it}}$$

Martin 指标越高, 则资产的流动性越差. 和前两个指标使用具体的交易量不同, Marsh-Rock 指标使用一段时间内平均每笔交易引发的价格变动幅度来度量流动性[②]:

$$\frac{1}{N} \sum_{s=1}^{N} |\Delta P_{is}|$$

其中 N 是一段时间内资产 i 的交易总笔数, ΔP_{is} 是资产 i 的第 s 笔交易. 指标的值越大, 意味着每笔交易引发的价格变动越大, 流动性越差.

5) 交易流动性调整 VaR

在前面的章节里, 我们介绍了 VaR 度量风险的概念. 但是在计算 VaR 的过程中, 我们并没有考虑流动性的问题, 直接假设可以在当前价格下交易任意数量的资产. 这个假设显然是不合理的, 在金融机构面临尾部风险时 (有些文献称这种状态为承压 (stressed) 状态), 变现资产应对危机不可避免地会面临流动性折价的

① Kyle's λ 可以通过将价格向成交量回归的方式估计出来.

② 这种做法背后的逻辑是: 除了大额交易外, 价格变动在很大程度上是独立于交易规模的.

问题. 本节我们以买卖价差为切入点, 简单介绍一下如何将流动性的问题整合到 VaR 的框架内.

我们在计算 VaR 的时候, 假定的价格一般是以买卖中点价格 (mid quote) 来计算的, 但是当机构变现资产的时候, 只能使用更低的买入价来变现. 这等于说为了变现资产支付的流动性成本平均上看是买卖价差的一半, 把这个成本考虑进去, 流动性调整的 VaR (liquidity-adjusted VaR, VaR_{LA}) 可以写成传统 VaR 和平仓成本的和:

$$\mathrm{VaR}_{LA} = \mathrm{VaR} + W\left(\frac{S}{2}\right)$$

其中 W 是需要平仓的资产价值, S 是买卖价差除以中点价格. 如果有多个资产需要平仓, 第二项可以对每个资产分开计算后求和得到. 这里还有一个隐藏的问题, 就是在承压状态下, 没有理由认为资产的买卖价差不会拉大①. 为了把买卖价差的风险一并考虑进去, 可以使用如下公式计算:

$$\mathrm{VaR}_{LA} = \mathrm{VaR} + W\left(\frac{\mu_s + \alpha\sigma_s}{2}\right)$$

其中 μ_s 和 σ_s 分别是历史数据统计的 S 的均值和标准差, α 系数控制了买卖价差的极端程度. 如果假设买卖价差服从正态分布, 那么 $\alpha = 2$ 意味着当前的价差超越了历史 97.7% 以上的价差了. 熟悉正态假设下 VaR 的读者应该已经看出来了, 这里边就是用买卖价差的 VaR 替换 S 后代入来分析流动性处于极端状态的情形.

3. 交易流动性风险的缓解

根据流动性调整 VaR 的计算方法, 传统的资产分散化方法并不能有效降低流动性调整项. 降低流动性成本的核心是降低买卖价差, 考虑到大单交易对价差的冲击, "小量多次" 的交易是降低价差的好办法. 但另一方面, "小量多次" 意味着机构需要在一定时间内继续持有部分风险头寸, 这样会继续承担市场价值的波动. 所以这里存在着 "小量多次" 与 "夜长梦多" 的平衡, 这个平衡衍生出来的管理手段就是"最优平仓策略".

这里介绍一种简化版本, 交易的目的是在给定总交易时间 (n) 和总交易量 (V) 的条件下, 最优化价格波动风险 (以资产价值方差 σ^2 计) 与平仓成本的综合指标, 通过选择第 i 期的交易量 v_i ($i = 1, 2, \cdots, n$) 来最小化如下的风险与平仓成本的综合指标:

$$\min_{\{v_i, i=1,2,\cdots,n\}} \left\{ \lambda \sqrt{\sum_{i=1}^{n} \sigma^2 x_i^2} + \sum_{i=1}^{n} \left(\frac{1}{2} v_i s(v_i) \right) \right\}$$

① 回想前面提到的那种 "趁你病要你命" 的 "掠夺性的交易流动性损失".

其中, x_i 是第 i 期期末剩余资产量, 易见 $x_0 = V$ 且 $x_n = 0$. 优化变量 v_i 和 x_i 之间满足 $v_i = x_{i-1} - x_i$. σ 是资产买卖中间价的波动率. λ 表示价格风险给定置信水平的标准正态分布的分位点, 例如置信水平为 99% 之下 $\lambda = 2.326$. $s(v)$ 表示交易量为 v 时的买卖价差, 其函数形式一般是通过理论或实证研究外生给定.

例题 8.1 已知某交易员将在 5 个交易日内售出持有的 100 个单位的某资产, 假设 $s(v)$ 函数为指数形式:

$$s(v) = 0.1 + 0.05\mathrm{e}^{0.03v} \qquad (v > 0)$$

价格变化的标准差为 0.1, 且在 5 日内保持不变.

可以利用软件求解此时的最优化问题:

$$\min_{\{v_i, i=1,2,\cdots,5\}} \left\{ \lambda\sqrt{\sigma^2 \sum_{i=1}^{5} x_i^2} + \sum_{i=1}^{5} \left(\frac{1}{2} v_i (0.1 + 0.05\mathrm{e}^{0.03v_i}) \right) \right\}$$

$$\text{s.t.} \quad x_0 = 100, \quad x_i = x_{i-1} - v_i, \quad i = 1, \cdots, 4, \quad x_5 = 0$$

具体结果见表 8.3. 从中可以发现, 置信水平越高越倾向于尽早执行交易. 随着对风险的置信水平的下降, 交易策略越来越趋于 5 日内平均交易.

表 8.3 最优平仓策略

置信水平	第 1 天	第 2 天	第 3 天	第 4 天	第 5 天
95	48.9	30	14.1	5.1	1.9
90	45	29.1	15.6	7	3.3
75	36.1	26.2	17.7	17.6	8.4
50	20	20	20	20	20

8.4 极端流动性缺失 (流动性黑洞)

前面的分析都是正常市场状态下的流动性讨论, 这些讨论中无论市场状态多极端, 流动性总还是存在的. 但现实中, 金融市场有时会经历非常极端的动荡, 这时订单极端不平衡、价格变化迅速, 导致流动性迅速消失, 交易也无法进行. 1987 年, 美国股市的崩盘是最典型的例子, 类似的例子还有 1998 年美元兑日元的崩盘、同年夏季长期资本管理公司危机期间固定收益市场、2020 年比特币市场遭遇的"黑色星期二"等极端情景. 从业人员将此类事件称为"流动性漏洞", 或者更为耸人听闻的"流动性黑洞"(liquidity black hole).

当价格接近短期损失极限时, 交易者都会本能地出售资产, 而这种行为进而增加其他交易者出售的动机. 这种抛售对价格产生进一步下行的压力, 从而引发新一轮抛售, 以致产生类似于银行挤兑的现象. 此外被集中抛售的资产迅速失去流动性, 来不及出逃的交易员依然面临着止损或者补缴保证金的问题, 双重压力下, 抛售会转移到其他尚可以抛售的资产, 引发整个市场的流动性消失. 由于短线交易者卖出是因为其他人卖出, 在流动性黑洞结束后价格会有明显的修复过程, 导致前后价格表现为很尖的 V 字形.

有时候监管机构看似保护市场的一些要求也可能会产生意想不到的结果. 随着 20 世纪 90 年代的利率下降, 监管要求出售利率保底年金的公司对年金中的利率保底条款进行对冲, 进而引发债券市场的单方向买入①. 这种一致性行为进一步导致了利率急速下降, 进而加大了保险公司利率保底条款的风险敞口. 这一轮暴击使得成立于 1762 年的老牌保险公司英国公平人寿 (Equitable Life) 因为其在含最低保证利率的年金产品上的损失而倒闭. 需要指出的是, 公平人寿不是利率保底年金市场上的菜鸟, 实际上该公司从 20 世纪 50 年代开始就在出售含最低保证利率的年金产品了.

诱发和助推流动性黑洞的原因很多, 这边总结几种常见的机制: 正反馈交易、金融机构的杠杆化、监管规则和风险控制措施、市场参与者的多元化.

1) 正反馈交易

金融市场的流动性变化很大程度上取决于交易员的行为. 简单来说, 我们可以把交易员分成两类: 负反馈交易员在价格下跌时买入资产、价格上涨时卖出资产; 正反馈交易员在价格下跌的时候卖出资产、价格上涨的时候买入资产. 在一个流动性好的市场里, 负反馈交易员占交易的主导地位, 当资产的价格低于合理价格时, 交易员会买入资产, 从而产生市场需求使得资产价格回升到一个较为合理的价位; 当资产价格上升太大时交易员会出售资产, 产生资金的供应使资产价格回落到一个更为合理的价位. 以上过程促使资产价格在买方和卖方之间实现平衡, 从而使市场具有良好的流动性.

当正反馈交易员主导市场时, 资产价格下跌会导致交易员变卖资产, 从而造成价格进一步下跌和更多的资产被出售. 资产价格上涨会促使交易员买入资产, 使得资产价格进一步上涨, 这又会造成更多的资产被买入. 这样的机制下, 资产的价格会趋向于不稳定, 并诱发单边市场和流动性恶化. 市场上存在正反馈交易的原因主要有以下几点:

- **止损**　交易员通常受制于止损的相关规定, 当某资产价格下跌到一定水平时自动卖出资产控制损失, 这也是正反馈的来源之一.
- **动态对冲**　衍生品出售方通常会采用动态对冲来保持资产组合的中性. 若要对期权的空头进行对冲, 就需要在价格上涨的时候买入标的资产, 在价格下跌

① 出售利率保底期权的公司要在利率下行时补足利息, 公司一般会采用买入债券的方式对冲利率下行的风险 (利率下行, 债券价值上升).

的时候卖出标的资产, 这种对冲机制天然有正反馈效应, 有可能会降低市场的流动性.

• **强制平仓** 当市场出现大幅度变化时, 特别是交易头寸具有很高杠杆时, 可能会造成催交保证金的情况. 这时交易员可能没有足够多的资金而不得不进行平仓, 这就会进一步导致市场朝着某个方向变动, 波动率也会增加, 使得情况进一步恶化.

• **掠夺性交易** 如果交易员事先知道某上市公司遇到了麻烦将被大量抛售, 可以通过预先卖空该公司或持有该资产的卖空期权, 这将加剧价格的下滑且下滑幅度会更大.

2) 金融机构的杠杆循环

金融机构的加杠杆和去杠杆也会对市场流动性产生影响. 当银行具有充足的流动性时[①]会比较容易给企业和消费者提供更多的贷款, 这时候的信用溢价会降低. 而当信用的获取变得更加容易时, 市场对金融及非金融资产的需求也会随之增大, 从而使得资产价格上涨. 由于金融资产往往被用作贷款的抵押品, 资产价格上涨带来的抵押品升值使得贷款额度可以进一步增加, 这就造成更多的资产买入, 由此循环会造成贷款被不断创造出来. 这个过程被称为加杠杆循环 (leverage cycle).

去杠杆的过程与加杠杆过程正好相反. 紧缩的情况下, 银行的流动性变得不足 (比如市场对证券化的需求开始下降). 银行也不愿意再提供贷款, 即便提供, 其信用溢价也会增大. 市场对金融资产和非金融资产的需求下降, 进而资产价格下跌, 贷款的担保品价值也会下跌. 银行会因而减少信用额度, 这会进一步造成资产的抛售, 也会加剧资产价格的下跌[②].

3) 监管规则和风险控制措施

前面英国公平人寿的例子显示, 监管的一致性也会导致机构的市场行为的一致性. 一旦共同的外部事件发生[③], 金融机构在监管的要求下对这些冲击的应对可能是一致的交易行为, 进而会造成市场的流动性下降甚至流动性危机. 绩效考核机制或者内部风险控制同样会影响到流动性. 为了避免交易员通过过度放大风险对赌收益, 日内止损限额和其他自主权的控制措施一般是金融机构的内控标配. 但和监管的问题类似, 这样的机制安排也可能会导致交易员做决策的短视行为, 并诱发交易员行为的一致性.

---

① 比如, 银行能够进行资产证券化, 或存款水平比一般情况更高的时候.

② 比特币期货作为典型的加密货币衍生品, 其最大的线上交易所提供的合约杠杆最高可以到 100 倍. 在 2020 年比特币市场遭遇 "黑色星期二" 大跌时, 由于降杠杆循环, 市场订单簿被迅速击穿 (买入订单几近归零). 具体的讨论可以参见: https://blog.kaiko.com/how-black-thursday-decimated-cryptocurrency-order-books-58167bf9157d.

③ 例如局部冲突、自然灾害、宏观经济信息和产业信息等.

在市场风险方面, 如果市场的波动率或者资产的相关性都变大, 所有金融机构市场风险 VaR 都会增大, 同时机构的市场风险资本金要求也会加大. 交易员为了尽量减小市场风险的敞口, 就会做出类似的交易举动. 如果此时各家机构的资产配置还比较接近的话, 降低风险敞口的行为就会在资本市场诱发流动性黑洞. 在信用风险方面, 当经济周期处于低点时一般违约概率会相对较高, 此时金融机构出于监管诱导和自身风控程序, 会趋向于持有信用等级高的资产. 这种被称为安全投资转移 (flight to quality) 的行为会造成债券市场的流动性变差①. 监管部门应对这种问题的方法是要求大家进行参数估计的时候, 要考虑对经济周期的逆周期调整.

理想状态下, 不同的金融机构由于资产持有周期和绩效要求的不同, 应该采用不同的监管标准. 人寿保险公司、养老基金公司和主权财富基金的资本市场投资策略主要是大类配置、可接受的交易时间跨度一般比较长. 考虑到大部分资产在正常状态下都有均值回复的特性, 承压状态一般都是短时期的特例, 相比共同基金等投资期限较短的金融机构, 人寿保险等机构不应该因为市场出现短期流动性较恶化就被监管要求提高资本.

4) 市场参与者的多元化

金融市场参与者的多元化对市场流动性的影响也是非常重要的. 经济学模型通常假设市场参与者的行为都是相互独立的, 但事实上并非如此. 跟风交易、羊群效应在个人投资者中非常常见, 不同机构的交易员往往也会在同样的时间做同样的交易, 这些都是流动性黑洞的潜在诱因. 为了解决流动性黑洞问题, 我们需要让金融市场的交易多元化. 从监管的角度说, 建立多元化的金融市场需要监管者意识到不同种类的金融机构承受的风险是不同的, 因此对它们的监管规则也应该是不同的.

不同机构的投资目标不同, 在市场交易的这个策略方面有一些差异, 特别是在市场极端的时候. 市场参与者中, 私募对冲基金受监管制约较小, 可以采用喜欢的交易策略进行交易. 从某种意义上讲, 对冲基金增强了市场的多元化和流动性. 但事情也有另外一面, 对冲基金往往具有很高的杠杆, 当流动性变差的时候, 所有的对冲基金可能会同时进行平仓, 这就会加剧市场流动性的恶化.

从流动性的讨论可以得出的一个结论是, 市场存在逆向投资策略对市场是有一定好处的. 当市场因为公共信息对某个方向的投资反应过激时, 逆向投资策略可以在流动性恶劣、其他人大量抛售 (买入) 资产的时候买入 (出售) 并从此获利. 这种交易模式下, 传统的日 VaR 风控标准可能并不适用, 因此公募基金等机构类投资者很难作为逆向投资者出现在市场上.

① 简单说就是低评级债券没人买, 高评级债券买不到.

思 考 题

1. 金融机构持有过多的流动性资产的利弊是什么？

2. 商业银行的流动性监管与货币政策的相互作用是什么？

3. 试分析国债对于商业银行、保险公司和资产管理类公司的流动性差异.

4. 试分析私募对冲基金对于交易所市场流动性的影响.

5. 试计算例题 8.1 中的波动率和价差函数的三个系数对交易策略结果的影响.

6. 从国内上市商业银行的年报中摘录资产负债表的下述信息: ①资产构成比例位列前四的科目和金额, 以及各个科目组成的说明. ②负债构成比例位列前三的科目和金额, 以及各个科目组成的说明. ③归属股东的权益. 预计未来一个月利率下降将引起一定比例 (例如 10%, 30%, 50%) 的核心存款下降. 试回答以下问题:

(1) 当前存款的平均成本为 3%, 平均贷款利率为 6%, 若该银行通过减少贷款的资产占比来应对上述存款下降, 分析可选的资产配置, 对银行利润、资本充足率的影响.

(2) 如果银行通过发行短期债务工具来应对上述存款下降, 发行利率为 5%, 试分析对银行利润、资本充足率的影响.

(3) 可否通过对存款业务的流动性动态管理来应对利率下降带来的存款下降？

7. 从国内的上市商业银行中选择以下三家银行: 国有商业银行、股份制商业银行、农村商业银行; 比较: ①三者的流动性水平和流动性风险水平, ②三者的资本充足率, ③三者的主要盈利来源和利润水平.

8. 学习和总结原银保监会 2018 年发布的《商业银行流动性风险管理办法》的 “流动性覆盖率计算标准”(附件 2), 并比较其与巴塞尔委员会规定的异同.

9. 你认为股票市场和期货市场的流动性指标有什么异同？

10. 试分析银行理财子公司发行的理财产品与公募基金的异同. 分析这两条业务线对这两类机构的流动性风险的影响. 分析这两类产品对债券和股票市场流动性的影响.

第 9 章 模型风险

现代的风险管理依赖于各种模型, 模型的构建和使用中一旦出现瑕疵, 会对风险判断和管理带来严重的影响, 这就是对所谓 "模型风险" 最直观的认知. 传统上, 模型风险是归在操作风险类型下的. 但随着市场的发展、产品极大的丰富, 对模型的依赖也越来越强. 模型的应用范围也逐渐扩展到了分析商业策略、给出商业决策、识别并衡量风险、评估敞口或头寸、引导压力测试、评估资本充足率、管理资产、衡量内部约束的履行程度、维护银行正式控制框架或者满足金融监管报告的要求等. 特别是程序化交易等模式的出现, 在削弱人为干预的同时对模型的可靠性提出了新的要求. 这也使得模型风险管理 (model risk management, MRM) 已逐渐发展成为一个独立的业务部门.

在 2011 年, 美国货币监管局 (OCC) 和美联储共同发布了《模型风险管理监管指南》(SR 11-7) 明确了模型风险管理框架, 包括模型风险管理定义、模型实施、模型验证以及模型风险管理的政策制度等内容. 这也被认为是在全球范围内发起和塑造 MRM 实践的关键事件. 随后包括欧洲央行、英格兰银行审慎监管局等机构也都出台专门的文件规范模型风险的管理框架①. 我国原银保监会在 2020 年出台的《商业银行互联网贷款管理暂行办法》第三章 "风险数据和风险模型管理" 中明确对数据、模型构建开发、模型评估监测等提出要求. 办法明确指出商业银行不得将上述风险模型的管理职责外包. 这也意味着模型风险的管理是每个商业银行都必须掌握的技术之一.

9.1 什么是模型风险

要定义模型风险, 首先需要给模型一个范畴. 显然模型的公式等等是模型的一部分, 同样显然的是模型不只是公式, 还包括数据的选取、参数估计、结果汇报等各个步骤, 甚至还包括辅助文档和说明书等附件. 按照《模型风险管理监管指南》的定义, 模型是指运用统计、经济、金融或者数学理论、技术及假设来处理输入数据得到量化估计的一种量化的方法、系统或途径. 一个模型包含三个组成部分: 信息输入部分负责将假设和数据投递到模型, 处理部分负责将输入转换成

① 英格兰银行审慎监管局 (PRA) 于 2018 年发布的《压力测试模型风险管理原则》、欧洲中央银行 (ECB) 于 2018 年发布的《欧洲中央银行内部模型指南》、加拿大联邦金融机构监督办公室于 2017 年发布的《存款机构模型风险管理》等都针对模型风险有专门的说明.

估计值, 报告部分负责将估计值翻译成有用的商业信息. 特别需要说明的是, 模型虽然强调数据处理, 但这并不意味着输入部分必须都是定量的, 全部定性输入或者基于专家判断的量化途径只要输出在本质上是定量的, 这类分析也是模型的范畴①.

例题 9.1 某个交易员给出了一个均值反转价格信号 (比如过去 15 分钟的价格收益值除以波动率), 并利用这个信号的大小和自己的主观市场判断调整仓位. 虽然这个过程利用了统计方法计算波动率, 但该方法既没有对真实世界的假设, 也没有对未来的价格走向或者其他不确定事件做预测, 因此不是模型. 另一方面如果量化研究人员利用这个交易信号做了一个简单回归, 用来预测未来 15 分钟的价格变化并用于交易, 就属于模型范畴了. 因为这个量化研究员的工作满足: ①用了线性回归和波动率的相关理论; ②假设了未来价格与历史信号的线性关系; ③对未来不确定的价格变化做预测.

现实中的各个因素对于不同的问题重要性不同, 而一个模型的处理能力是有限的. 因此对于任何模型而言, 简化是必不可少的, 只有通过对实际情况进行适度的简化, 才能使有限的建模力量集中到对解决问题而言最重要的方面上去. 同样地, 评价模型表现的方面也不是唯一的, 模型的准确度、区分度、鲁棒性、稳定性以及可靠性等都是评价模型表现的维度. 至于具体问题使用哪一种或者哪几种评价指标, 需要看模型使用的目的. 这种多指标评价的模式隐含着一个重要的观念, 即同一个模型针对某个问题设计, 并不一定适用于其他问题, 哪怕问题之间很相似. 以收益率模型为例, 时间序列方向的资产定价模型一般关注的是预测收益的精度而横截面模型一般关注的是给出正确的排序上的区分度②. 一个精于截面排序预测的模型可能在时序预测上的表现极其糟糕.

由于模型存在着必然的简化, 其使用的过程一定会引入模型风险, 而错误地使用模型结果和报告来决策会导致金融机构的经济损失、声誉受损等. 粗略地讲, 金融市场上模型主要分成两类, 即定价模型和风险管理模型. 在定价模型中, 模型风险更多的是 “不能准确评估市场价格”; 在风险管理模型中, 模型风险更多是 “不能准确估计未来损失分布” 或/和 “不能准确估计关键的风险变量”(比如用于对冲的希腊字母等).

模型风险的产生途径有: ①模型本质上就是错误的. 这种错误可能产生于本身设计上的缺陷导致的不正确输出, 任何模型流程都涉及支撑的理论、样本选择、数值方法的选择、估计值的选取以及相关的执行流程. 任何一个部分出现问题, 都

① 判断一个方法是否为定量模型有时并不显而易见, 在某银行内部政策中一般考虑三个问题: (1) 是否应用了统计、经济、数学、金融等相关理论; (2) 是否依赖某些假设; (3) 是否使用输入数据对未来不确定性的事件进行估计. 若这三个问题都得到肯定的答案, 则这才是一个 “模型”.

② 在截面资产组合构建中, 即使具体的收益率出现系统性偏差, 只要各只股票的排序不变, 就不会影响到组合构建, 从而不影响模型的使用.

会对模型本身的正确性带来冲击. 而且在进行简化的过程中, 可能也会影响到最终结果的可靠性和适用性. 最后就是输入数据的质量达不到模型需求的高度 (比如数据颗粒度太粗或者数据测量误差太大等), 其结果的可信度也会打折扣. ②缺乏对模型使用目的、使用过程等清晰的认识导致本质上没问题的模型被错误地应用. 比如使用 Black-Scholes 模型, 这个在期权定价中可用的模型去定价可赎回债券, 就属于正确模型的错误应用①. 总的来说, 模型越复杂、数据越不完整、假设越不确定、建模过程中的噪声处理不当、模型的使用范围越大, 模型风险就越高. 这似乎是一个令人绝望的状况, 当我们越需要模型的时候, 往往也是模型最不可靠的时候.

9.2 模型风险的几个例子

上面的介绍相对比较抽象, 本节选取几个具体的例子进一步说明模型风险, 给读者一些直观感觉.

9.2.1 利率相关产品

本节给出的两个例子都是利率产品中比较简单的类型, 一个是基德公司关于本息分离债券 (separate trading of registered interest and principal securities, STRIPS) 产品定价的系统错误问题, 另一个是互换中看似不大的条款改变带来模型重大变化的例子.

1. *基德公司 (Kidder Peabody) 的系统错误*

基德公司是美国历史最悠久的老牌投资银行之一, 1994 年曝出债券交易虚增利润的事件, 最后被 SEC 处以 2530 万美元罚款. 公司最终被母公司通用电气出售, 百年老店就此消失. 基德公司出问题的交易是 STRIPS 交易. 这种交易可以将国债的本金现金流、利息现金流进行拆分, 形成对应期限的一系列零息债券. 简单地说, 你可以理解为这个交易系统就是一个找零凑整的柜台, 你可以用附息债 (整钱) 去兑换一组零息债 (零钱), 也可以把一组零息债撮合成一个对应的附息债. 整个流程除了几乎可以忽略的手续费以外, 理论上应该是不涉及损益的. 按理说这个简单得不能再简单的交易模式, 本不应该有什么问题, 但是问题就出在了基德公司提供"附加服务"的定价模型上.

传统上, 美联储的 STRIPS 交易只支持现货的交易, 基德公司为了方便客户下单, 也为了方便交易员收集需要的债券, 开通了远期交易. 在基德公司的系统里,

① 试想一下, 如果资产价格 100 元, 看涨期权的行权价 110 元, 波动率 20%, 无风险利率 5%, 到期时间 1 年, 假设这个资产是股票, 用 Black-Scholes 公式可以计算看涨期权的价格为 6.04 元. 如果这个资产是零息债券, 正利率下, 我们不可能用 110 元去购买一个面值 100 元且不生成利息的产品, 其看涨期权的价值为 0 元, 严重偏离了 Black-Scholes 公式的结果.

对于附息债券使用了正确的远期价格, 而对于零息债则错误地使用了现价. 由于时间价值的存在, 未来价格一般要比现在的价格高一些, 这就导致了系统会对重构交易给出一个错误的虚拟利润. 这个漏洞被交易员杰特 (Joseph Jett) 利用, 他大量构建重构交易并获取巨额佣金. 从 1991 年底发现漏洞到事发, 累计利用系统结算漏洞虚增了 3.5 亿美元的利润, 而实际情况是不仅一分钱没赚, 还赔了 7500 万美元. 当然, 随着交割期限的临近, 远期价格向现货价格回归, 会导致利润减少. 为了解决这个问题, 杰特采用了简单粗暴的展期方法, 通过新的更大规模或者更长期限的重构交易弥补亏空.

百年老店能发生这样的事情, 说明了该公司在估值模型运用执行过程中没有必要的控制机制, 对估值模型的有效性缺乏定期的检测; 同时也说明了作为公司管理层对一个本不应该有巨额利润的交易出现利润异动没有足够的警惕性, 任由问题发生长达两年, 忽视了模型问题的预警信号 (突增利润和突增亏损, 一般都是模型出现大问题的早期信号). 基德公司的固定收益部主管因为没有认真履行监督行为, 被美国全国证券交易商协会予以取消交易资格 1 年的处罚.

2. LIBOR *后置互换* (LIBOR-in-arrears swap)

利率互换是一种典型的固定收益类衍生品, 最简单的利率互换模式是持固定利率和持浮动利率的双方在约定的一系列时间互相交换以名义本金和互换周期计算的利息. 这种模式之下, 浮动利率需要一个基准利率, 假设为 LIBOR[①]. 由于浮动利率是随时间变动的, 需要确认以哪个时间点 (观测时间) 的 LIBOR 作为浮动端利率. 随着观测时间和互换时间的相对位置不同, 互换可以分为前置 (in advance) 互换和后置 (in arrears) 互换两种. 假设互换时间为 $t_0, t_1, \cdots, t_n$, 对应的时间间隔为 $\tau_i = t_{i+1} - t_i$, R_i 是在时间 t_i 到 t_{i+1} 之间的 LIBOR 利率, F_i 是 R_i 对应的远期利率, 远期利率的波动率为 σ_i. 在时刻 t_i, LIBOR 后置互换的浮动端为 R_i, 而不是传统前置互换的 R_{i-1}. 和前置互换中直接使用 F_i 估计未来给付不同, 后置互换使用经凸性调整[②]的

$$F_i + \frac{F_i^2 \sigma_i^2 \tau_i t_i}{1 + F_i \tau_i}$$

来估计未来的浮动端的金额. 可以看到调整项在波动率高、期限长的时候更大. 这个上浮其实并不难理解. 对于传统互换, 确定浮动端支付的利率同时也是这笔支

① 这个利率曾经使用 LIBOR, 即伦敦同业拆借利率, 但由于 LIBOR 报价容易受到操控, 从 2020 年底开始, 市场分步将 LIBOR 基准替换成有担保隔夜融资利率 (secured overnight financing rate, SOFR) 等. 尽管如此, 我们这里还是沿用 LIBOR 作为浮动端基准利率的记号.

② 凸性调整的具体细节可以参考 Hull 的经典教材 *Options, Futures, and Other Derivatives* (10 版) 的第 34 章.

付的贴现利率. 对于后置互换, 这两个利率是分离的, 从而引入了额外的风险. 这种风险随着波动率的上升而上升. 举个具体的例子, 假设 5 年期的后置互换, F_i 全部等于 5%, 波动率为 22%, 固定端利率为 5%. 如果是前置互换, 由于固定端利率总等于 F_i, 支付浮动利率的投资者的预期净损益为 0. 如果是后置互换, 按照凸性调整后的 5 期预期利率分别为

$$5.0115\%,\quad 5.0230\%,\quad 5.0345\%,\quad 5.0460\%,\quad 5.0575\%$$

假设本金为 100, 一个支付浮动利率的交易者如果忽略了凸性调整, 其预期的现金流为 $-0.0115, \cdots, -0.0575$, 处于持续 "失血" 状态. 后置互换是随着 20 世纪 90 年代初的陡峭的利率曲线而火爆起来的, 早期有些机构没有注意到两种互换模式在定价逻辑上的差别, 从而被别的机构 "薅了羊毛".

这个例子说明, 对于模型应用而言, 任何设定变化都需要进行仔细的评估. 同时如果发现自己在某种类型交易上出现系统性的亏损, 在进行归因的时候, 应该把模型错误这一点作为一个重要的归因方向.

9.2.2 期权定价的模型风险

期权是最常见的一种非线性衍生品, 其定价的标准模型是 Black-Scholes 定价模型 (公式), 对于欧式看涨期权而言, 其价格 C 为

$$C = S_0 N(d_1) - K\mathrm{e}^{-rT} N(d_2)$$

$$d_1 = \frac{\ln(S_0/K) + (r + \sigma^2/2)T}{\sigma\sqrt{T}}$$

$$d_2 = d_1 - \sigma\sqrt{T}$$

其中 σ 是标的资产的波动率, S_0 是标的资产的现价, K 是行权价, T 是剩余期限, r 是无风险利率, $N(\cdot)$ 是标准正态分布的分布函数. 这个模型有几个明显和市场不同的特点, 第一个是常数无风险利率, 这个对于期限不是太长的期权影响不大; 第二个是常数波动率, 这一点在模型提出的一段时间内也基本得到了数据的支持; 第三个是价格的对数正态假设, 或者说对数收益率服从正态分布的假设, 这一点和实际数据对不上. 尽管如此, Black-Scholes 定价模型还是目前衍生品市场上广泛使用的标准模型.

1. 波动率曲面: 为什么不能使用常数波动率?

常数波动率假设意味着不论行权价高低还是到期时间长短, 波动率都是同一个值, 换句话来说, 在以 K/S 和 T 为坐标的波动率形成的曲面是一个平面. 为了验证这个假设, 人们将期权的市场价格代入公式, 反推对应的波动率水平 (隐含波动率). 基本上每个介绍 Black-Scholes 定价公式的材料都会说这个假设实际上并不成

立, 从而有所谓的"波动率微笑"等衍生概念. 所谓的"波动率微笑"指的是波动率沿着到 K/S 的方向画出来的曲线. 由于这个曲线一般在平值的时候处于低位, 在虚值的时候处于高位, 形如微笑而得名. "波动率微笑"并不是一成不变的, 在 1987 年美国股灾之前, 美国股指期权的波动率微笑是对称的. 但是随着 1987 年美国股灾的发生, 波动率微笑不再对称, 整个曲线的左端显著比右端高, 类似撇嘴笑的样子, 被称为波动率假笑 (volatility smirk)①. 倾斜的波动率同样发生在不同的到期时间上, 即对于不同的到期时间, 隐含波动率的高低不同. 波动率曲面不是美国市场的特例, 图 9.1 是上证 50 ETF 期权在 2015 年 11 月 5 日的隐含波动率曲面, 可以明显看到隐含波动率沿着在值程度和剩余期限都不是常数.

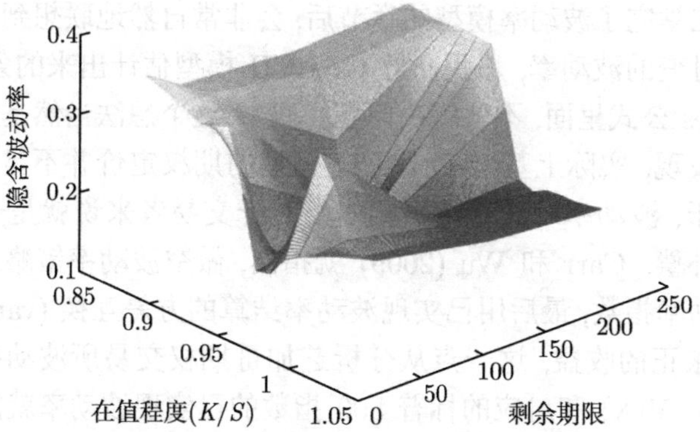

图 9.1 上证 50 ETF 期权隐含波动率曲面 (2015 年 11 月 5 日)

这些问题产生的原因和市场状态变化有关, 在 1987 年美国股灾之后, 市场的避险情绪明显增加, 导致深度虚值期权的需求量上升, 从而价格提升, 带来了隐含波动率的上升. 当然另一个是 Black-Scholes 定价模型背后的假设太过理想化, 模型设定的错误通过扭曲的参数反映了出来.

解决这个问题有两条道路: 一条是更金融数学的"模型复杂化"路径, 想办法将波动率设定为随机的, 这就是各种随机波动率模型的初心; 另一条是更金融工程的"模型间嫁接"路径, 通过在 σ 和 $m = K/S, T$ 之间建立简单的函数关系, 构建所谓的 Ad hoc BS 模型:

$$\sigma(m_i, T_i) = a_0 + a_1 m_i + a_2 m_i^2 + a_3 T_i + a_4 T_i^2 + a_5 m_i T_i$$

不同的 Ad hoc BS 模型包含的项可能不同, 专注于波动率微笑的模型可能只包含前三项, 同时关心到期时间则可以再增加两项, 如果还想增加交互作用则可以再加最后一项. 具体要哪些也可以通过回归的方法从历史数据中去检验. 具体参数可以

① 相关的研究可以看 (Rubinstein, 1994; Aït-Sahalia and Lo, 1998; Foresi and Wu, 2005).

使用非线性最小二乘方法用期权价格去校准. 需要强调的是, 这种方法无视模型在数学上的严谨性, 因为 Black-Scholes 定价公式背后的几何布朗运动是常数波动率, 和 Ad hoc 公式不兼容. 但是这并不妨碍 Ad hoc BS 模型作为一个有用的修正方法出现. 这里也体现了模型构建的一个黄金逻辑 "需求拉动 + 工艺水平决定了最后的产品": 波动率不是常数是使用方的要求, 这个决定了必须让波动率动起来. 至于怎么动需要一种简洁快速的处理方法, "不求理论上完美, 但求实现容易结果靠谱" 是大部分业界模型对工艺水平的期望. 从这两点上看, 就不难理解 Ad hoc BS 模型, 甚至是原始的 Black-Scholes 定价模型为什么依然有生命力了.

2. *波动率溢价: 为什么不能使用历史波动率?*

很多同学在学完了波动率模型的章节后, 会非常自然地联想到 "既然 GARCH 模型可以产生时变的波动率, 那我们把 GARCH 模型估计出来的条件波动率代入到 Black-Scholes 公式里面, 不就解决问题了吗"? 这个想法当然是好的, 但是经过文献检索就会发现, 实际上基于 GARCH 模型的期权定价并不是这样做的①. 这里的差别就在于, 波动率时变这个事实本身对于交易者来说就是一种风险, 这种风险需要得到补偿. Carr 和 Wu (2009) 就指出, 做空波动率策略, 即卖出期权或者直接做空波动率指数, 最后用已实现波动率结算的方差互换 (variance swap) 往往会给机构带来正的收益, 这一点从分析芝加哥期权交易所波动率指数 (CBOE Volatility Index, VIX) 和对应的标普 500 指数的已实现波动率就能发现. 同样的现象存在于包括我国市场在内的绝大多数市场上.

使用 GARCH 模型估计出来的条件方差和已实现波动率同为历史波动率的概念, 中间不涉及投资者的预期, 而期权价格对应的是预期的未来一段时间的波动率, 这两者之间存在着差异, 是不能直接画等号的. 但这是不是意味着我们就没有办法了呢? 当然不是, 这里还是两条路, 在金融数学方向上是去寻找更复杂的模型和更一般性的风险中性化办法; 金融工程这边的解决方案是直接放弃模型参数对标的资产的已实现波动率动态的描述精度, 专心提高期权定价的精度, 通过扭曲模型参数而不是改变模型结构来达到提升模型表现的目的. 这也说明, 模型估计方法本身也是模型构建的重要组成部分.

3. *分布假设: 厚尾分布和跳跃成分*

前面提到过 Black-Scholes 公式的前提假设是回报率服从正态分布. 实际数据中, 回报率基本上都不是正态分布的, 以我们之前提到的波动率微笑的分水岭——1987 年美国股灾为例. 如果收益率服从正态分布, 这个事件发生的概率大约是 1.4×10^{-107}! 也就是说如果正态假设成立, 大概要 1.96×10^{96} 年才会出现

① 关于 GARCH 期权定价的早期论文可以参考 (Duan, 1995), 后续的方法可以参考 Christofferson, Jacobs. 2004. Which GARCH model for option valuation? Managment Science, 50(9): 1204-1221.

一次. 作为参考, 宇宙目前推测的年龄才区区 138 亿年. 修正这个问题一般都是从收益分布下手, 一种途径是直接使用厚尾分布, 比如 Variance Gamma 模型等; 另一种途径是考虑将各种跳跃过程结合进来, 描述收益率的大幅波动, 这类模型以 Merton 的跳扩散过程模型为代表.

9.2.3 利率模型的模型风险

Vasicek 模型是 1975 年提出的一种描述短期利率的单因素随机模型, 和几何布朗运动不同, 该模型能够容纳利率的均值恢复特性. 令 r_t 代表短期利率:

$$\mathrm{d}r_t = k(r_t - \theta)\mathrm{d}t + \sigma \mathrm{d}W_t$$

Vasicek 模型的一个问题在于常数波动率 σ 不会随着利率水平变化, 当利率比较低的时候, 下一期的利率为负数的概率是存在的. 假设 $k = 0.025$, $\sigma = 200\text{bp}$, $\theta = 6\%$, $r_0 = 5\%$, 步长为 1 个月 (1/12). 其对应的二叉树[①]如图 9.2 所示.

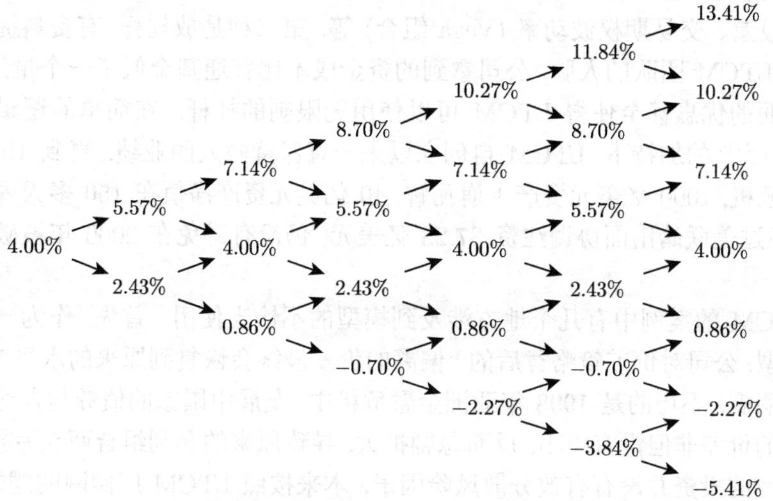

图 9.2 Vasicek 模型二叉树示例

可以看见, 当利率不算很低的时候, 只要时间拉长一些仍然有可能出现负利率. 负利率对于定价回购债券来说是一个比较大的问题, 因为回购权的激发一般是利率比较低的时候, 而 Vasicek 模型能产生负利率意味着模型给予回购过高的估计, 从而导致定价出现较大的偏差. 这种偏差在利率水平比较低, 回购时刻比较远的时候更大.

① 理论上 Vasicek 的原始二叉树是非合成的 (non-combining), 即从一个节点出发先向上后向下与先向下后向上到达的节点不同. 这里使用 Gibbons 调整方法构造等效合成树.

9.2.4 模型风险与著名风险事件

历次金融市场发生的重大风险事件中, 模型风险都是挥之不去的阴影. 在金融风险管理的资料中多次出现的 "美国长期资本管理公司破产案例""摩根大通伦敦鲸事件""次贷危机" 等事件的背后都有模型风险的影子.

1. 美国长期资本管理公司 (LTCM) 破产案例

LTCM 成立于 1994 年, 是一家主要从事采用高杠杆的绝对收益交易策略 (例如固定收益套利、统计套利和配对交易等) 的对冲基金, 因为团队汇集了职业巨星、前政府高官、学术巨星等精英[①], 被称为 "每平方英寸智商密度高于地球上任何其他地方" 的 "梦幻组合".

LTCM 的交易策略很简单, 使用计算机分析历史数据, 发现不正常的价差, 通过买低卖高的方式等待价差回归. 一般而言, 单笔价差交易的利润比较薄. 为了放大利润, LTCM 采用了两种策略: 第一种是广撒网, 通过寻找各种可能的资产对来过滤交易机会, 包括但不限于不同国家的国债、不同流动性的债券、不同交易所的配对股票、交易期权波动率 (Vega 组合) 等. 第二种是放杠杆, 有资料提到或许是因为 LTCM 团队的人脉, 公司拿到的资金成本比普通基金低了一个量级, 在保证金方面的优惠甚至使得 LTCM 可以使用无限制的杠杆. 在简单的逻辑加恐怖的 "钞能力" 的加持下, LTCM 自创立以来一直保持骄人的业绩. 直到 1998 年亚洲金融危机, 1000 亿美元资产土崩瓦解, 40 亿美元资产净值在 150 多天内打了一折, 虽经过美联储出面协调注资 37.25 亿美元, 仍没有避免在 2000 年被破产清算的命运.

LTCM 的案例中有几个地方涉及到模型的不恰当使用. 首先, 作为一种统计套利模型, 公司对价差策略背后的 "偏离的价差最终会恢复到原来的水平" 这一信念存在瑕疵. 不巧的是 1998 年亚洲金融危机中, 发展中国家的债券与发达国家债券之间的价差非但没有缩小, 反而急剧扩大, 导致原来的套利组合两头亏损. 看似足够分散的投资并没有有效分散风险因子. 本来按照 LTCM 广撒网的逻辑, 各个组合之间应该足够分散, 这样单个组合应该不足以产生毁灭性影响. 这在正常市场中是这样的, 但是在金融危机中, 投资者信心和流动性这两个共同因子会对所有产品起作用, 当市场变差, 投资者信心不足, 资产流动性分层加剧时, 大家都会去抢高流动性安全资产. 这种同质化的交易倾向会导致原本分散得好好的组合瞬间风险积聚. 风险计量模型严重低估组合的风险状况. 最后就是 LTCM 虽然有很多的子组合, 但是他们在计算 VaR 和压力测试的时候只考虑了最大交易量的部分

① LTCM 汇集了华尔街债务套利之父 John Meriwether、提出 Black-Scholes 定价公式的两位诺贝尔经济学奖得主 Robert Merton 和 Myron Scholes、前财政部副部长及美联储副主席 David Mullis、前所罗门兄弟债券交易部主管 Eric Rosenfeld 等.

组合. 如果各个组合是同质的, 这本不是大问题, 最终可以比例放大得到全部资产的 VaR. 但问题是这种筛选会过滤掉流动性不足的小组合, 而这些组合的风险远比高流动性资产组合要高.

2. 摩根大通伦敦鲸事件

摩根大通是美国最大的金融服务机构之一, 在次贷危机中及时调低了次贷相关产品的仓位从而躲过一劫, 其风险管理水平可见一斑. 2012 年 5 月 13 日, 摩根大通 CEO 戴蒙 (Jamie Dimon) 宣布, 由于伦敦首席投资办公室 (CIO) 的巨大敞口和交易策略失误, 导致该行在近一个月中亏损约 20 亿美元, 未来亏损面还可能进一步扩大, 并公开就 "伦敦鲸" 事件对整个金融市场的恶劣影响向社会公众道歉. 交易亏损导致了市值暴跌、人事震动和评级下调, 同时亏损事件还触发了监管机构对银行高风险自营交易实施更加严格的监管.

摩根大通的 CIO 主要负责对冲信贷组合的汇率和利率风险, 其中的合成信贷资产组合 (SCP) 专注于对冲 CIO 的投资以及整个摩根大通作为贷款人的风险. 理论上讲这个部门是一个风控部门, 但是市场观点是 CIO 的主要目的就是在市场上交易赚钱, 甚至摩根大通内部审计也将当时的 CIO 的投资视为自营投资.

由于监管的要求, 摩根大通决定降低 SCP 的风险资产占用, 这导致了 CIO 采用了一种卖出长期 CDS 指数 (CDX) 买入短期 CDS 指数的交易策略. 一般而言, 长期债券的违约风险高于短期债券, 因此这个 CDS 的期限结构是向上倾斜的, CIO 的策略相当于押宝曲线变平. 由于摩根大通的对冲头寸巨大, 大量卖出 CDX 导致市场上 CDX 被低估得非常厉害, 严重低于构成 CDX 的各个公司 CDS 的平均价格. 这种低估甚至在对冲基金大量买入 10 年期的 CDX 的情况下依然持续. 这使得对冲基金们开始猜测 CIO 的交易员在幕后操纵着市场, 因为只有 CIO 有实力这么干, 这就等于在对赌的情况下让对手知道了底牌. 再加上市场本来流动性就一般, 最后想反向交易关闭 SCP 的仓位都不可能, 只能割肉清仓.

"伦敦鲸" 事件暴露的问题很多, 这里只简述和模型风险相关的问题. CIO 的检测模型主要是 VaR, 在 2012 年初, 摩根大通针对 SCP 启用了新 VaR 模型的验证, 经过模型验证部门的分析, 认为新模型尚存在巨大缺陷, 只是有条件通过了该模型. 后期有邮件记录证明, CIO 向模型验证人员施加了压力, 加快了验证速度. 模型验证时处于一个敏感的时间, 当时公司 VaR 限额被 CIO 的 VaR 上涨所突破. 公司 CEO 戴蒙批准临时上调 VaR 限额, 但只给了半个月的时间. 模型验证组受到各方面的压力, 最终草草了事. 此外, 即使模型本身正确, CIO 的交易限额也没有分到具体部门, 这导致了具体的组合, 特别是 SCP 的赌局没有得到针对性的监控. 这从一个侧面说明了前面学到 VaR 分解的重要性.

3. 次贷危机和 Copula 模型

站在现在回望, 次贷危机的苗头在 2007 年就出现了. 当年 2 月美国房地产泡沫逐渐破裂, 7 月末, 华尔街顶级投行贝尔斯登旗下的信用担保债务凭证对冲基金"高级结构信用策略基金" 遭遇清算, 当时的市场对贝尔斯登 CFO 宣称的 "这是 1933 年大萧条以来最悲惨的信用市场环境" 一头雾水. 但 2008 年 3 月, 贝尔斯登因无法满足投资者的流动性需求, 向美联储递交破产申请保护. 就在市场还没从这个事儿缓过来的当口, 次贷危机的又一个标志性事件于同年 9 月 15 日上演, 那一天, 雷曼兄弟宣布破产了.

信用担保债务凭证 (CDO) 是一种债务池通过 "打包切片" 的方式做成的衍生品. 债务池中的还款现金流会先被打包起来, 然后按照切片的顺序以 "优先级–中间级–股权级"(senior-mezzanine-equity) 的次序依次支付. 如果出现违约, 投资低层级的投资者会率先遭受损失. 为了匹配这种风险, 收益率沿着上述次序逐渐提升. 可以看到, CDO 定价的核心问题是如何建模债务池中各个债务违约的相关性. 华尔街解决这个问题的方式是采用高斯联结相依函数 (高斯 Copula) 来建模相关性, 连线杂志 (*Wired Magazine*) 曾 "事后诸葛亮" 地撰文称这个模型是次贷危机的元凶.

高斯 Copula 的好处是模型比较简单, 也没有很强的 "维数诅咒"①, 是一个不错的工作模型. 但该模型存在一个尾部风险下的致命问题, 即理论上不能容纳组合内各个债券同时违约的情况. 用 Copula 的语言讲, 就是天生没有尾部相关性. 这种缺陷在正常市场中不是大问题, 毕竟贷款池那么大, 很难想象大家一起违约. 特别是次贷危机前美国房地产市场火热, 即便是个别违约, 只要将房屋回收出售, 损失也不会太大. 这种逻辑下基于房屋抵押贷款 (RMBS) 的 CDO 火热销售, 并且火热到底层贷款都不足以支撑 CDO 业务扩张了. 各大机构开始向资质不佳的贷款人放贷 (次级贷款), 拉低了资产池的质量, 增加了脆弱性. 这个逻辑链条的核心就是房价永远涨, 但是这个舞蹈在 2006 年终于跳不下去了, 仅一年内房价平均下跌高达 3.5%. 下跌的房价导致债务池中的次贷首先爆雷, 银行的回收处置又加剧了房价的下跌, 形成了循环下跌的态势, 导致整个 RMBS 市场集体违约倾向的上升, 而这个超出了高斯 Copula 的处理边界.

9.3 模型风险管理

看了这么多例子, 我们的基本结论就是: 模型风险应当像其他类型的风险一样被管理. 金融机构应当识别风险的来源并评估风险的程度. 如前所述模型风险随着模型复杂度、输入和假设的不确定性、使用范围, 以及潜在的影响力的扩大

① 维数诅咒指的是多元模型随着变量的增加, 相关矩阵的参数以平方量级暴增的现象.

而扩大. 一个金融机构不只有一个模型, 因此不同模型之间的交互影响和相互关联, 对共同的假设、数据或方法论的依赖, 以及其他可以同时给多个模型带来不良影响的因素也应该被重视.

管理模型风险的指导原则是 "有效质疑"(effective challenge). 由客观中立且了解情况的、"有能力对模型的假设和局限性进行评估" 的部门, 对模型给出批判性的分析, 并提出建设性的改进意见[①]. "有效质疑" 由独立性、专业能力和执行力三方面支撑. 独立性指的是模型风险的管理部门和模型构建部门之间的独立性越强, 公司对模型风险管理部门激励越科学, 公司文化对风控越支持, 该部门提出的质疑就越有效. 前面的伦敦鲸事件中, 独立性就受到了明显的侵害, 最终诱发了巨额损失. 专业能力是有效性不言而喻的核心, 因为对模型的合理评估和批判离不开专业知识和建模能力. 执行力方面同样是有效质疑的重要支柱, 如果管理部门的意见不能在执行过程中获得有效的重视, 即便是发现了问题也依然有可能遭受损失. 明确模型管理部门的权力, 在公司中被给予足够重视, 特别是来自高层的直接支持, 是使得质疑能有效落地的重要因素.

令人遗憾的是, 即便有成熟的建模技术和稳健的模型验证措施, 模型风险也不能被消除. 为了有效管理模型风险而采用的工具包括: 为模型使用设置限制条件、监控模型的表现、随时间不断调整模型, 以及运用其他分析和信息来补充模型结论. 不论是对模型的输入、设计, 还是对输出的调整, 合理的保守主义也是一个有效管理模型风险的工具. 当然这并不是逃避改进模型的借口.

模型风险的管理也同样适用重要性原则, 即模型的使用越是和金融机构的财务状况相关, 越应该使用更严格的标准和更精细的程序去管理. 特别是那些结果会显著影响包括风险管理、资本、流动性规划等 "一旦出问题会显著恶化金融机构财务状况的" 的核心业务决策的模型, 应该受到全面和严格的管理. 比如美国某银行就将自己的模型分为 5 类管理: 其中 1 类模型事关银行的资产负债表, 2 类模型一般用于压力测试和实现监管要求的功能, 3 类和 4 类模型一般用于客户识别等, 5 类模型不涉及复杂计算且不影响公司的风险管理. 其中从第 1 类到第 4 类模型的要求逐渐降低, 第 5 类因为不影响风险管理也就不需要专门的监管了.

不管是哪种强度的要求, 模型风险管理从稳健的模型构建、模型实施和使用开始. 有效的模型验证过程也是重要的保障. 此外还包括金融机构的公司治理, 设立有效的框架来明确相关人员在沟通模型问题中的职责以及授权相关部门限制模型使用范围的权利.

---

① 这个要求并不容易做到, 实践中很多模型风险管理部门员工缺乏对前台业务了解, 不是特别容易对前台模型提出有效的问题.

9.3.1 模型的构建实施和使用

模型开发不是一个简单或常规的技术过程. 开发人员的经验和判断, 以及他们的技术知识, 极大地影响输入处理和运算方法的适当选择. 由于模型应用的现实世界情况差异, 应针对特定应用进行定制, 并根据业务用途提供信息. 此外, 在模型开发、实现、使用和验证的各个阶段都会进行大量的主观判断. 这种主观性提升了健全的、全面的模型风险管理过程的重要性.

1. 模型的开发与测试

一个有效的开发过程始于清晰明确的目标, 以确保模型开发与预期用途一致. 模型背后的设计、理论和逻辑应得到充分记录. 理想状态下, 上述设计应该得到已发表研究和大量行业实践的普遍支持①; 并且应当详细解释实现该理论的模型方法和处理模块, 包括数学规范、数值技术和近似, 并特别注意优点和局限性. 开发人员应该确保模块按照预期工作, 符合预期的业务目的, 并且在概念上、数学上和统计上都是正确的. 与其他理论和方法的比较也是建模过程的基本组成部分.

用于开发模型的数据和其他信息至关重要. 在模型开发过程中应严格评估数据的质量和相关性, 并加以适当地记录. 开发人员应能够证明此类数据和信息适用于模型, 并且这些数据和信息与使用的理论和方法一致. 如果数据和信息不能代表银行的投资组合或其他特征, 或者如果做出了调整数据和信息的假设, 则应适当追踪和分析这些因素, 以便用户意识到潜在的限制. 这对于外部数据和信息(来自供应商或外部方) 十分重要, 尤其是与新的产品、工具或活动相关的数据和信息.

模型开发的一个组成部分是测试. 在测试中应对模型的各个模块及其整体功能进行评估, 以确定模型是否按预期运作. 模型测试包括验证模型的准确性、证明模型的稳健性和稳定性、评估潜在的限制以及评估模型在一系列输入值上的表现. 它还应评估假设的影响, 并确定模型表现不佳或变得不可靠的情形. 测试应适用于各种市场条件和应用场景下的实际情况, 包括超出常规预期范围的情况, 以确定模型所有的有效边界; 还应评估模型结果对于依赖这些结果作为输入成分的其他模型产生的影响. 测试活动应包括测试计划的目的、设计和执行, 带有评论和评估的总结结果, 以及信息样本的详细分析, 并被记录在案. 需要注意的是, 模型评价很少使用单一标准, 这是因为测试和分析会根据应用环境的不同而显著不同, 测试工具本身也有一定的模糊性. 例如常用的假设检验依赖于特定的分布假

① 对于需要定性输入的模型, 专家判断数据可能并不一定总有足够的理论支持. 比如预测未来的人口总数: 短期内的人口预测有大量的研究和理论支持, 但是 20～30 年后的人口预测就比较难. 因为人口受到政策的影响比较大, 所以 20～30 年后的人口预测可能会采用定性模型并加入一些专家的判断, 而这些判断不一定总有大量的理论支持.

设, 并且暴露在一类错误和二类错误之下. 不同的测试在不同的条件下有不同的优缺点. 任何单一的测试都是不够的, 因此金融机构应该应用各种测试来开发一个合意的模型.

除了定量分析部分需要经过上述过程, 模型开发中往往不可避免地需要涉及“基于模型输出和开发者的判断进行优化”这种定性分析过程. 这种方法虽然也有适当性, 但按照结果调整过程往往暴露在“为了结果而结果”和“过度拟合数据”的风险之中, 因此金融机构应确保作为开发过程一部分所做的任何此类的调整都以适当的、系统的方式进行, 并被仔细地记录下来.

模型通常会嵌入到更大的信息系统中, 这些系统管理着从不同来源输入模型的数据流, 并处理模型结果的整合和报告. 模型计算应与信息系统的能力和要求相协调. 健全的模型风险管理取决于对支持系统的大量投资, 这确保了数据和报告的完整性. 这些与适当的模型管理和测试确保了有效的系统集成和模型的正确实施.

2. 模型的使用

模型使用提供了额外的机会来测试模型是否有效地运行, 并且能随着条件和模型应用程序的变化来评估模型的性能. 模型用户在使用中的业务上的洞见, 在开发过程中提供了非常有价值的指引. 此外, 受模型结果影响的业务经理可能会质疑模型背后的方法或假设, 特别是当业务经理受到模型结果的重大影响且不同意结果时. 如果这种质疑是有建设性的, 并且其会让模型开发人员解释和证明模型的假设和设计, 那么这种质疑是有价值的.

当然, 这种反馈并不总是有效的. 如果模型不会对其结果产生实质性影响, 或者对模型的修改被视为会对业务线产生不利影响, 抑或者变更模型的成本巨大, 那么来自模型用户的反馈可能很弱. 此外, 用户的反馈也往往不全面, 因为他们关注的是模型中对其可量化的业务绩效或对报酬有最直接影响的方面, 所以可能会忽略模型中的其他元素和应用. 最后, 这些反馈往往是不对称的, 因为用户不太可能质疑对他们有利的结果. 事实上, 用户可能错误地认为模型风险很低, 这仅仅是因为基于模型决策的结果似乎对金融机构有利[①]. 因此, 应仔细评估模型用户输入背后的性质和动机, 金融机构还应征求来自那些独立使用模型的业务线的建设性意见和批评.

用于业务决策制定的报告在模型风险管理中起着关键作用. 此类报告应清晰易懂, 并考虑到由于决策者和建模者通常来自完全不同的背景, 他们可能以不同的方式理解报告内容. 必须明确为决策参考服务的报告不是为了炫技, 而是为了

① 比如前面讲到的 Copula 的例子, 正态 Copula 用于评估 CDO 的原因除了简单以外, 忽略尾部相关性带来的风险低估会使得产品看起来更诱人.

向没有相关技术背景的人准确传递信息. 对不同变量和假设提供一系列估计值的情景分析方法是一种可能的手段. 这种报告可以为决策者提供重要的有关模型准确性、稳健性、应用限制等重要信息.

对模型的不确定性和不精确性的理解, 以及银行展示出的应对这些问题的能力, 是有效的模型开发、实施和使用的结果. 如前所述, 所有模型都有一定程度的不确定性和不精确性. 使用一系列结果输出, 而不是简单的点估计, 可以有效地展示模型的不确定性并且避免虚假的精确性. 在其他情况下, 只能对模型的不确定性和不精确性进行定性评估. 在上述的情况中, 银行可以调整参数和模型假设去发掘更严重或不利的模型结果, 用这种方式保守地应对模型的不确定性. 例如在 VaR 评价方式中的最差情况 VaR 方法, 其出发点就是在维持模型的前提下, 寻找能使得模型产生最大的 VaR 的参数组合, 哪怕这个组合本身在实际数据中并不太可能发生. 模型不确定性的应对还可以通过对模型输出结果进行保守性的调整 (例如调高违约概率等), 降低单一结果在最终决策中的占比, 对比其他模型结果等方式实现.

保守使用模型通常是谨慎的, 但这种保守主义在复杂模型中的影响可能并不直观, 我们因此必须在银行广泛应用保守主义 (或声称进行保守的调整或添加附加条件) 以解决模型风险时保持谨慎. 例如首先错误估计或错误指定了分布, 那么简单地在给定的模型分布上选取一个极值点可能并不保守. 此外, 随着时间的推移, 最初的保守假设可能会变得并不保守. 因此有必要对怎样度量模型的保守性给出指引, 使得用户可以证实模型输出结果是不是保守的. 在某些情况下, 可以使用敏感性分析或其他类型的压力测试来证明模型确实是保守的. 另一种方案是持有额外的资本缓冲, 以防范与模型风险相关的潜在损失. 当然, 凡事有个度, 过度保守会导致模型用户低估模型输出结果的意义.

正如本节所述, 稳健的模型开发、实施和使用对于模型风险管理非常重要. 但是, 仅仅让模型开发人员和用户理解和接受模型是不够的. 由于模型风险最终由银行作为一个整体承担, 银行应使用合理的模型验证流程客观地评估模型风险以及相关成本和收益.

9.3.2　模型验证

模型验证 (model validation) 是一组旨在验证模型是否按照预期执行, 是否符合其设计目标和业务用途的过程和活动. 有效的验证有助于确保模型的可靠性. 它还鉴定模型潜在的限制和假设, 并评估其可能的影响. 为了形成有效的质疑, 模型验证应由具有恰当激励 (独立性)、能力和影响力的员工执行. 所有模型组件, 包括输入、处理过程和结果报告, 都应进行验证; 这同样适用于内部开发的模型以及从服务供应商或顾问处购买或开发的模型. 验证的严格性和复杂性应与银行对模型的总体使用、模型的复杂性和重要性以及银行运营的规模和复杂性相匹配. 模型审查的结果如果显示模型有重大缺陷 (major findings) 则可能需要重新构建模型, 如果是明显缺陷 (sginificant findings) 或一般缺陷 (minor findings), 只要总体分数达标且在规定的时间内完成问题修复, 模型依然可以使用. 表 9.1 给出了一个模型评估打分表的示例. 在这个例子里, 该模型在理论基础方面有 2 个以上的明显缺陷 (扣 12 分) 和 2 个以上的一般缺陷 (扣 3 分), 在实施流程中有 1 个明显缺陷 (扣 4 分), 在模型文档方面有 1 个一般缺陷 (扣 1 分). 合计扣 20 分, 总评分数为 80 分.

表 9.1 模型评估打分表

分类	严重性	个数	分值	得分	分类	严重性	个数	分值	得分
	重大	0	30	30		重大	0	20	20
		⩾1	−15	0			⩾1	−20	0
	明显	0	0	0		明显	0	0	0
理论基础		1	−6	0	实施过程		1	−4	−4
		⩾2	−12	−12			⩾2	−8	0
	一般	0	0	0		一般	0	0	0
		1	−1.5	0			1	−1	0
		⩾2	−3	−3			⩾2	−2	0
	重大	0	30	30		重大	0	20	20
		⩾1	−15	0			⩾1	−20	0
	明显	0	0	0		明显	0	0	0
模型表现		1	−6	0	模型文档		1	−4	0
		⩾2	−12	0			⩾2	−8	0
	一般	0	0	0		一般	0	0	0
		1	−1.5	0			1	−1	−1
		⩾2	−3	0			⩾2	−2	0
总评分数									80

注: 任何一个分类中有一个重大缺陷则结果为 “模型未达标”. 总评成绩低于 60 分则 “模型不达标”, 高于 60 分低于 100 分则 “模型有条件达标”, 100 分 (满分) 则 “模型达标”.

验证在一定程度上独立于模型开发和使用. 通常情况下, 验证应由不负责开发或使用的人员进行, 并且与模型是否被确定为有效没有利益关系. 独立性本身并不是目的, 而是有助于确保激励措施与模型验证的目标相一致. 除了独立性之外, 银行还可以在验证过程中通过薪酬实践和绩效评估标准提供适当的激励措施, 这与模型验证的质量和公正程度直接相关. 此外, 如果企业文化支持客观思考, 并鼓励对决策质疑和挑战, 那么企业文化也会发挥作用.

此外, 模型验证并不是一次性的工作, 除了在首次使用模型之前进行的验证活动的范围和严格程度应与使用模型所呈现的潜在风险一致外, 模型投入使用后,验证活动应持续跟踪已知的模型限制并识别任何新的限制. 一般而言, 定期审查至少每年进行一次, 以确定模型是否按预期工作, 同时评估现有的验证活动是否充分, 对以前的验证活动进行更新, 或者要求进行额外的验证活动. 模型的重大变更也应经过验证.

1. 关键要素: 概念合理性评估

该要素涉及评估模型设计和构造的质量. 它需要审查支持模型所用方法和所选变量的文件和实证证据. 记录和测试应传达出对模型限制和假设的理解. 验证应确保在模型设计和构造中进行的判断是充分知情、仔细考虑的, 并与已发表的研究和合理的行业实践相一致. 开发证据应在模型投入使用前进行审查, 并作为持续验证过程的一部分, 尤其是当模型发生重大变化时.

健全的开发过程将产生支持所有模型选择的书面证据, 包括总体理论构建、关键假设、数据和具体数学计算. 作为模型验证的一部分, 模型的这些方面应通过相应的评估, 并在必要时进行额外的分析和测试. 内容包括: ①与其他理论和方法的比较; ②关键假设和变量选择对模型输出的影响; ③使用数据和模型要解决的问题之间的相关性等, 并特别关注任何潜在限制. 当银行使用外部数据或模型用于新产品或活动时, 这是一项特别重要的工作.

如果可能, 银行应在模型开发和验证中采用敏感性分析, 以检查输入值和参数值的微小变化对模型输出结果的影响, 确保其落在预期范围内. 由于输入的微小变化而导致输出结果出现意料之外的大变化则表明模型不稳定. 作为敏感性分析的一部分, 可以考虑同时改变多个输入值, 这在交互作用复杂而且直观上不清楚时尤为重要. 模型压力测试被用来检查各种输入值和参数值 (包括极值) 的表现, 从而验证模型的稳健性. 此类测试通过确定输入值的可接受范围以及模型可能变得不稳定或不准确的条件, 帮助确定模型性能的边界, 特别是在极端市场条件下的表现①.

管理层应为敏感性分析和其他定量测试的结果制定明确的反应计划. 如果测试表明该模型在某些情况下可能不准确或不稳定, 管理者应考虑修改某些模型属性, 减少对其输出结果的依赖, 限制模型的使用, 或开发新的方法.

2. 关键要素: 过程中的持续监测

此类监测确认模型已适当实施、正在使用并按预期执行. 持续监测对于评估产品、风险敞口、市场条件的变化是否已经到了需要对模型进行调整乃至重新开发的地步. 模型文档通常需要包括涵盖监测频率、使用的测试、通过测试的条件

① 比如在 2020 年新冠疫情开始时期市场大幅波动时的表现. 很多模型在极端市场中的效果会降低甚至完全失效, 使用中需要特别注意.

等在内的模型监测计划. 监测计划是否合理可行通常也是模型风险管理评价模型的标准之一.

验证模型超出其原始范围的任何扩展是否有效至关重要. 首先, 任何在开发阶段确定的模型限制都应随时间定期评估. 这种监测应随着时间的推移定期进行, 频率应与模型的性质、新数据或建模方法的可用性以及所涉及风险的大小相适应. 一般而言, 对银行经营状况影响越大的模型, 监测频率应该越高. 过程验证检查所有模型组件是否按设计运行, 包括: ①验证数据输入是否准确完整、与模型用途和设计是否一致, 是否是可获得的最高质量数据; ②实施模型的计算机代码是否正确无误, 修改代码流程是否规范且所有更改均需记录并可进行审核; ③系统集成带来的问题. 由于模型处理组件的数据往往来自多个数据源, 生成的结果也不只在一个地方应用. 这种整合性特别容易诱发模型风险, 需要给予特别关注.

定期检查还应该包括模型的持续开发以纳入可用的附加信息, 包括纳入新的经验证据、按照新理论修订模型、定期分析内部和外部信息源的完整性和适用性等. 敏感性分析和其他稳健性和稳定性检查也应定期实施. 如果模型仅适用于特定范围的输入值、市场条件或其他因素, 则应对其进行监控, 以确定接近或超过这些约束的情况.

例题 9.2 在 VaR 模型里, 有时会涉及 "近似/代替"(proxy). 比如运用历史模拟法估计 VaR 需要有历史数据, 但新产品就没有历史数据. 常用的解决方案是用其他相似产品的历史数据来代替. 另外, 基于适当性原则, 如果公司当前持有某个产品的头寸或风险敞口较小, 不足以支撑单独建模的资源消耗, 公司也可能用其他相似产品的 VaR 模型来计算该产品的 VaR.

这两种替代都不是一成不变的, 现在没有历史数据不意味着永远没有历史数据, 当前持有的头寸较小也不代表永远持有头寸较小. 所以需要定期 (每月或者每季度) 监测产品运行数据和公司持有的头寸. 当数据条件允许或公司持有的头寸超过一定阈值时, 就得为这个产品专门建一个 VaR 模型了.

在建模型的时候, 通常会有一些假设, 这些假设也需要进行持续性监测. 比如建模过程中常见的数据缺失问题, 解决过程都需要基于一定的假设. 比如使用相近数据的波动率进行填充, 就需要考虑在同时有数据的点上, 两个序列的波动率是否一致. 这个一致性也不是一成不变的, 所以得持续监测这些假设和条件是否成立.

在使用几乎任何模型的过程中, 都会出现基于模型用户的专家判断而导致的模型结果被修正的情况. 这种情况表明至少在某些方面, 模型没有按预期运行或存在局限性. 银行应评估原因, 并跟踪和分析修正的效果. 如果这种情况持续发生, 或者修正过程持续改进模型性能, 则通常表明基础模型需要修改或重新开发.

定期验证的一个基本方法是进行基准测试, 即将给定模型的输入和输出与备选内部或外部数据或模型的估计值进行比较. 例如, 对于信用风险模型而言, 测试基准包括来自供应商公司或行业联盟的模型和来自零售信贷部门的数据. 证券和衍生品的定价模型通常可以与更准确或更全面但又太耗时而无法每天运行的替代模型进行比较. 当模型输出和基准之间出现差异时, 应该对差异的来源和程度进行分析. 当然, 差异并不一定表明模型存在错误. 基准本身只是一种替代性预测, 其差异可能是由于使用了不同的数据或方法. 如果模型和基准匹配良好, 这是有利于模型的证据. 当然出于谨慎的原则, 还是应该对结果进行进一步分析.

3. 关键要素: 结果分析

结果分析即模型输出结果与相应实际结果的比较. 结果分析通常依赖于统计检验或其他定量测量, 但不排斥引入专家判断以检查结果背后的直觉并确认结果是否有意义. 当模型本身依赖于专家判断时, 定量分析仍然有助于评估判断的质量.

结果分析中使用的技术选择应基于模型的方法、复杂性、数据可用性以及对银行而言潜在的模型风险的大小. 由于任何单个检验都有弱点, 结果分析一般应包括一系列检验. 例如, 一些测试更擅长验证模型在相对基础上排列顺序或分段观测的能力, 而其他测试则更擅长检验绝对预测精度. 因为并非所有检验在每种情况下都有效或可行, 在选择指标大类时, 应针对模型的主要应用方向对症下药. 在持续跟踪中, 平行结果分析是决定模型调整的重要检验. 在平行分析中, 原始模型和调整后模型的预测均根据已实现的结果进行检验, 以评估模型调整是否达到了目的. 如果要退回原始模型, 必须同时分析为什么新模型没有起到效果, 并做好相应的记录.

回溯测试 (backtesting) 是结果分析的一种形式; 具体而言, 它涉及在模型开发中未使用的样本时间段内, 以与模型的预测范围或性能窗口相匹配的观察频率, 将实际结果与模型预测进行比较. 当结果超出这些合理区间时银行应分析差异, 并调查在量级或频率方面具有重大意义的原因. 回溯测试的一个著名例子是 VaR 评估中的回溯测试检测①, 包括 VaR 是否给出正确的分位数并且不引起异常聚类. 一般数据支持的情况下, 都应该使用回溯测试方式. 实际上前文提到的模型监测的常用方法之一就是回溯测试. 考虑到积累必要数据所需的时间, 实践中该测试应辅以短期评估. 例如, 银行可以采取由 “早期预警” 指标组成的结果分析. 这些结果分析工具不是回溯测试的替代品, 而是非常重要的补充, 同时这些结果分析工具仍应在较长时间内进行.

模型结构或技术的重大变化, 以及所有模型的重新开发, 应在实施前进行适当

① 感兴趣的读者可以参考 (Campbell, 2007) 等综述文章.

范围和精度的验证活动. 如果由于各种原因 (例如缺乏数据或价格可观察性、银行使用关键模型验证工具的能力可能有限) 对验证产生限制时, 应更加注意模型的局限性, 高级管理层在使用模型进行决策时应充分了解这些局限性.

4. 使用第三方服务时的验证

数据供应商和第三方服务的广泛使用给模型验证和其他模型风险管理活动带来了独特的挑战. 因为相关建模专业知识不属于终端用户, 而且某些组件因为知识产权的原因并不能公开细节. 尽管流程可能会有所修改, 相关产品仍应按照适用于内部模型的相同原则纳入模型风险管理框架中.

首先, 银行应确保有适当的流程来选择服务供应商, 要求供应商提供开发证据, 解释产品组成、设计和预期用途, 以确定模型是否适用于银行的产品、风险敞口和风险. 同时要求供应商提供适当的测试结果, 表明其产品按预期工作. 供应商还应明确指出模型的局限性和假设, 以及产品的使用可能存在问题的地方. 理想的供应商应提供的售后服务包括: 持续的绩效监控并向银行披露结果分析①, 并随着时间的推移对模型进行适当的修改和更新.

其次, 银行应验证其自身对供应商产品的使用. 外部模型可能不允许银行完全知悉模型的计算机编码和实施细节, 因此银行可能不得不更多地依赖敏感性分析和基准测试. 供应商模型通常旨在提供一系列功能, 因此银行可能需要针对自身特定情况进行定制. 银行应获取有关用于开发模型的数据的信息, 并评估该数据在多大程度上代表了银行的情况. 银行还应尽可能使用本行自身的结果对供应商模型绩效进行持续监测和结果分析.

系统的验证程序有助于银行了解供应商产品及其能力、适用性和局限性. 这些详细的知识对于银行运营的基本控制是必要的. 如果供应商或银行出于任何原因终止合同, 或者如果供应商不再运营, 银行内部尽可能多地了解情况也是非常重要的. 当供应商模型不再可用或供应商无法提供支持时, 银行应备有应急计划.

9.3.3 与公司治理相关的要点

模型风险的管理, 一半是技术支撑, 另一半则是执行力. 开发模型风险管理框架并对其维持强有力的治理、政策和控制, 这对模型风险管理框架的有效性至关重要. 即使模型开发、实施、使用和验证令人满意, 薄弱的治理职能也会降低整个模型风险管理的有效性. 强有力的治理框架通过定义相关风险管理活动的政策、实施这些政策的程序、资源分配以及评估政策和程序是否按规定执行的机制, 为风险管理职能提供明确的支持和结构.

---

① 数据提供商应保证可以应客户要求对大的绝对 (或相对) 偏差进行解释. 如果模型供应商的模型和基准模型给出的预测或结果差别较大, 供应商也应该给出相应的解释.

首先是模型风险必须被给予和其他主要风险同等的重视. 模型风险应该由董事会负最终责任并委托高级管理层制定适当的政策和程序, 确保合规性, 指派称职的员工, 监督模型开发和实施, 评估模型结果, 确保有效的质证, 审查验证和内部审计结果, 并在必要时采取及时的补救措施. 其次是需要完整可行的政策和程序进行模型风险管理, 相关措施应和银行面临的相对复杂性、业务活动、企业文化和总体组织结构相匹配. 同时相关政策需要明确模型风险管理中各个参与者的角色和责任, 报告流程和激励机制必须明确, 并确定和解决潜在的利益冲突. 银行的内部审计职能应评估模型风险管理框架的整体有效性, 它的作用是评估模型风险管理是否全面、严格和有效. 除此之外, 银行可能会决定利用外部资源来帮助执行与模型风险管理框架相关的活动. 在金融机构中, 业务部门、模型风险管理部门和审计部门构成了模型风险管理的三道防线.

9.3.4 模型清单与记录

银行应为已实施供使用、正在开发供实施或最近退役的模型维护一套全面的信息. 鉴于不同的模型复杂性和银行模型使用的总体水平, 清单可能包含不同级别的信息, 但以下是一些一般准则: 清单应说明模型设计的目的和针对产品、实际或预期用途以及任何使用限制. 清单列出给定模型和基础组件 (可能包括其他模型) 使用的输入类型和来源, 以及模型输出及其预期用途, 这对清单很有价值. 它还应该指出模型是否正常运行, 提供模型上次更新的时间描述, 并列出政策的任何例外情况. 清单其他项目包括负责模型开发和验证各个方面的人员姓名, 已完成和计划的验证活动的日期, 以及模型预计保持有效的时间范围. 此外, 如果没有足够的记录, 模型风险评估和管理将是无效的. 模型开发和验证的记录应足够详细, 以便不熟悉模型的各部门能够了解模型的运行方式、局限性及其关键假设. 银行应提供激励措施, 以生成有效且完整的模型记录文件.

9.4 模型风险管理的国际现状和趋势

尽管模型风险的指导文件早在 2011 年就发布了, 按照麦肯锡 2019 年的调查①指出, 绝大部分受访银行的模型风险管理 (MRM) 依然还处于应对监管要求的高成本状态, 距离自觉自愿的高效自发行为还有相当的路要走. 该报告指出目前的 MRM 业界发展有以下几个趋势:

(1) 模型风险管理的应用范围正在扩大. 随着市场的发展, 模型的应用范围已经突破了传统的应付监管必须计算的模型 (比如之前提到的 VaR 等). 更广阔的

① 该报告可以在 https://www.mckinsey.com/business-functions/risk/our-insights/model-risk-management-the-latest-insights-into-the-evolution-of-model -governance-practices 公开获取.

应用场景拓展, 更复杂的工具和更庞大的数据同时作用, 使得模型的使用边界不断被打破. 由于美国的监管要求提得比较早, 在北美 MRM 覆盖的范围基本上涉及核心监管模型、其他风险模型和减值储备模型, 以及大部分的业务模型 (回看一下前面提到的某银行 5 类模型的例子). 在欧洲和亚洲这种起步相对比较晚的地区, 有限的精力目前还是集中在应对核心监管模型的风险上.

(2) 模型风险的量化和报告目前还没有简单有效的方法. 相比成熟的市场风险、信用风险部分, 读者可以明显感觉到模型风险并没有具体的评估模型和算法. 这个感觉正说明了如何对模型风险进行易于理解的量化和汇总还面临较大挑战, 这也使得要具象地评价 MRM 的真正价值仍然很难. 这块仍然有很长的路要走.

(3) 模型风险的管理逐渐从应付监管向自觉, 自愿转化. 尽管没有全球通用的监管要求, 尽管目前驱动 MRM 的主要因素还是监管的要求, 已经开始有金融机构把 MRM 能力视为自己的竞争优势, 通过提升 MRM 的能力来避免模型使用中的问题, 并基于此开发更扎实、更稳健的高级分析工具.

(4) 效率提升是目前重点关注的问题. MRM 目前仍然大量依赖专业人士的人工评估, 这与日趋增长的监管要求和模型使用场景之间的矛盾越发突出. 如何有效地提高 MRM 的效率, 避免成本爆炸增长成了机构关心的核心问题. 目前的思路基本分成两类: “去人工化”, 即想办法把部分验证过程自动化, 并嵌入到开发过程中; “集中火力”, 通过模型分类模式, 将一些对公司影响低的模型从 MRM 的管理范围里面剔除 (比如前面例子里面的第 5 类模型, 就不在 MRM 的管理范围内). 按照麦肯锡的调研结果, 第二种途径看起来是短期更多机构采取的路径.

模型的使用范围扩张和复杂性上升是未来不可避免的趋势, MRM 人才和技术的需求会进一步增加, 金融机构可能会面临和金融科技公司、数据分析公司等争抢人才的局面. 同时, AI 技术和 AI 工具大概率会在未来的 MRM 实践发挥重要作用, 以提升相关工作的效率并降低成本. 当然单一技术的应用往往带来新的风险, 如何避免 AI 的验证逻辑单一化, 缺乏必要的前瞻性, 可能是比 AI 应用更难解决的问题.

思 考 题

1. 一个完整的模型都包括哪些部分?

2. 为什么 Ad hoc BS 模型从理论上并不兼容几何布朗运动, 却仍然被认为是可用的模型?

3. 在回归分析中, 除非理论支持, 一般不建议加入解释变量的高次方项 (三阶及以上), 为什么?

4. 假设我们在波动率曲面上取四个点 V_i $(i = 1, 2, 3, 4)$, 分别为行权价–到期日组合 $(K_i/S_i, T_i)$ 对应的隐含波动率.

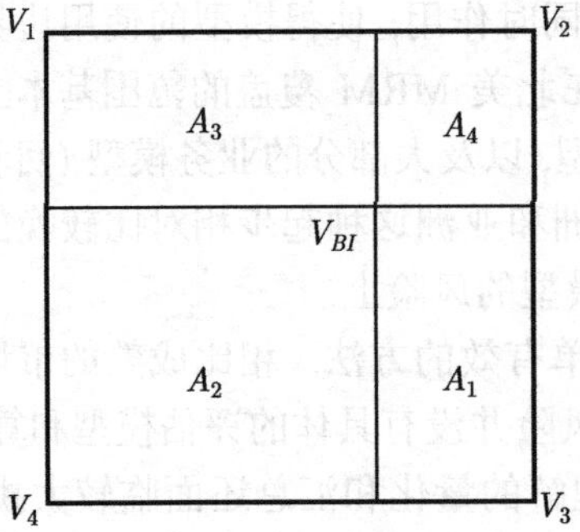

		K/S				
		0.95	1	1.05	1.1	1.15
T	26	0.239	0.233	0.225	0.237	0.266
	89	0.228	0.224	0.220	0.213	0.201
	180	0.232	0.227	0.224	0.219	0.211

请证明对于新的 $(K_{BI}/S_{BI}, T_{BI})$ 对应的波动率 V_{BI} 在线性插值意义下等于

$$V_{BI} = \frac{\sum_i A_i V_i}{\sum_i A_i}$$

其中 A_i 为 V_i 所在点对向的长方形区域的面积. 并应用这个结论, 推算一个到期时间 60 天, $K/S = 1.08$ 的期权的隐含波动率.

5. 什么是模型风险管理中的“有效质疑”? 如何理解模型风险管理中的“重要性原则”?

6. 模型平均 (model average) 是一种降低模型风险的方法, 其基本思想是对同一个数值预测时使用不同预测模型结果的平均值. 为什么这种方法一般都是有效的?

7. 模型开发组和模型验证组为什么不能是同一组人?

8. 模型开发过程中的验证一般包括哪些关键内容? 模型使用过程中的验证要点又有哪些?

参考文献

菲利普·乔瑞. 2012. 金融风险管理师考试手册. 王博, 刘伟琳, 赵文荣译. 北京: 中国人民大学出版社.

联合资信评估有限公司. 2018. 债市“排雷”| 债券市场违约问题研究. 北京: 中国金融出版社.

林清泉. 2010. 金融工程学. 北京: 中国人民大学出版社.

刘亚. 2017. 金融风险管理学. 北京: 中国金融出版社.

欧阳红兵. 2021. 金融市场的流动性: 理论及应用. 北京: 中国社会科学出版社.

沃尔特 V. 小哈斯莱特. 2017. 风险管理. 郑磊, 王盛, 吴天颖等译. 北京: 机械工业出版社.

姚长辉. 2006. 固定收益证券: 定价与利率风险管理. 北京: 北京大学出版社.

约翰·赫尔. 2018. 期权、期货及其他衍生产品 (原书第 10 版). 王勇, 索吾林译. 北京: 机械工业出版社.

约翰·赫尔. 2021. 风险管理与金融机构 (原书第 5 版). 王勇, 董方鹏, 张翔译. 北京: 机械工业出版社.

Aït-Sahalia Y, Lo A W. 1998. Nonparametric estimation of state-price densities implicit in financial asset prices. The journal of finance, 53(2): 499-547.

Altman E I. 1968. Financial ratios, discriminant analysis and the prediction of corporate bankruptcy. The Journal of Finance, 23(4): 589-609.

Anthony Saunders. 2012. 金融风险管理 (原书第 5 版). 王中华, 陆军. 北京: 人民邮电出版社.

Artzner P, Delbaen F, Eber J M, et al. 1999. Coherent measures of risk. Mathmatical Finance, 9(3): 203-228.

Bauwens L, Hafner C M, Laurent S. 2012. Handbook of Volatility Models and their Applications (Vol. 3). Hoboken, New Jersey: John Wiley & Sons.

BIS. 2016. Standardised Measurement Approach for operational risk. Basel Committee on Banking Supervision.

Board of Governors of the Federal Reserve System. 2011. Office of the Comptroller of the Currency. Supervisory Guidance on Model Risk Management, SR 117, April.

Brunnermeier M K, Pedersen L H. 2009. Market liquidity and funding liquidity. The Review of Financial Studies, 22(6): 2201-2238.

Campbell S D. 2007. A review of backtesting and backtesting procedures. The Journal of Risk, 9(2): 1-17

Carr P, Wu L. 2009. Variance risk premiums. The Review of Financial Studies, 22(3): 1311-1341.

Chance D M, Books R. 2010. Introduction to Derivatives and Risk Management. 8th ed. Cengage Learning: South-Western.

Christoffersen P F. 1998. Evaluating interval forecasts. International Economic Review, 841-862.

Corsi F. 2009. A simple approximate long-memory model of realized volatility. Journal of Financial Econometrics, 7(2): 174-196.

Derman E, Ergener D, Kani I. 1995. Static options replication. Journal of Derivatives, 2(4): 78-95.

Duan J C. 1995. The GARCH option pricing model. Mathematical Finance, 5(1): 13-32.

EIOPC. 2006. Choice of a Risk Measure for Supervisory Purposes: Possible Amendments to the Framework of Consultation.

European Commission. 2011. Alternative Investment Funds Managers Directive. 61/EU.

European Securities and Market Authority, MIFID II. https://www.esma.europa.eu/policy-rules/mifid-ii-and-mifir.

Fama E F, French K R. 1993. Common risk factors in the returns on stocks and bonds. Journal of Financial Economics, 33(1): 3-56.

Financial Stability Board. 2011. Shadow Banking: Strengthening Oversight and Regulation.

Foresi S, Wu L. 2005. Crash-O-Phobia: A Domestic Fear or a Worldwide Concern. The Journal of Derivatives, 13(2): 8-21.

Glasserman P. 2004. Monte Carlo Methods in Financial Engineering (Vol. 53). New York: Springer.

Gnedenko B. 1943. Sur la distribution limite du terme maximum d'une serie aleatoire. Annals of Mathematics, 423-453.

Hansen P R, Lunde A, Nason J M. 2011. The model confidence set. Econometrica, 79(2): 453-497.

Hasbrouck J, Schwartz R A. 1988. Liquidity and execution costs in equity markets. Journal of Portfolio Management, 14(3): 10.

Hull J. 2018. Options, Futures, and Other Derivatives. 10th ed. Pearson Education.

Hull J. 2018. Risk Management and Financial Institutions. 5th ed. John Wiley & Sons.

Kyle A S. 1985. Continuous auctions and insider trading. Econometrica, 53(6): 1315-1335.

Liu J, Stambaugh R F, Yuan Y. 2019. Size and value in China. Journal of Financial Economics, 134(1): 48-69.

Manistre B J, Hancock G H. 2005. Variance of the CTE Estimator. North American Actuarial Journal, 9, 2: 129-156, DOI:10.1080/10920277.2005.10596207.

Markowitz H. 1952. Portfolio selection. The Journal of Finance, 7(1): 77-91.

McKinnsey & Company. 2020. Model risk management: The latest insights into the evolution of model governance practices across North America. Europe, and Asia, Report, Feb.

Morris S, Shin H S. 2004. Liquidity Black Holes. Review of Finance, 8: 1-18.

Rosenberg J V, Schuermann T. 2006. A general approach to integrated risk management with skewed, fat-tailed risks. Journal of Financial Economics, 79(3): 569-614.

Rubinstein M. 1994. Implied binomial trees. The journal of finance, 1994, 49(3): 771-818.

Shih J, Samad-Khan A, Medapa P. 2000. Is the size of an operational loss related to firm size. Operational Risk, 2(1): 21-22.

Sunders, A, Allen L. 2002. Credit Risk Measurement: New Approaches to Value at Risk and Other Paradigms. 2nd ed. New York: John Wiley & Sons.

Tuckman, Serrat B A. 2012. Fixed Income Securities: Tools for Today's Markets. John Wiley.

后　记

2023 年春节前夕, 我收到了王老师发来的《金融风险管理》书稿和为本书稿撰写后记的邀请. 尽管王老师之前便透露过系里编写《金融风险管理》的相关工作, 多少有些心理准备, 但在看到这部蕴含了多位恩师的经验和心血的作品时, 依然难掩激动, 当年修读 "金融风险定量分析"("金风定") 课程的回忆慢慢涌上心头.

王老师的这门课是我们量化金融实验班本科的最后一门专业核心必修课. 在经历了三年的数学课、计算机课和金融专业课的洗礼之后, 学习这门课程时颇有一种神功即将大成的感觉: 一方面, 很多先修知识终于在这门课程中交汇于一点, 过去艰深晦涩的内容突然有了应用的场景和价值, 天生我材必有用, 令人酣畅淋漓; 另一方面, 由于这门课极强的综合性, 我们在学习中也不免常常产生一种繁杂之感, 不仅会因为先修知识的遗忘而在某些部分寸步难行, 也会因为难以把握课程完整的逻辑链条而产生迷茫. 彼时我们每人手持一部 Hull 教授的《风险管理与金融机构》. 大师之作, 高屋建瓴, 包罗万象. 只是当时作为刚刚入门的新人, 面对接近 600 页的皇皇巨著, 不免产生一些迷茫惶惑、望而生畏之感, 只感觉金融机构、市场风险、监管规则、信用风险, 每一部分都似关山难越, 外加非母语材料带来的阅读障碍, 举步维艰. 当年硬着头皮拔钉抽楔, 厚着脸皮盘根究底, 这才掌握了一些皮毛. 现在回头再看, 还是能发现很多知识学艺不精, 实在惭愧. 在与多位同窗的交流中, 我发现许多人都对这门课有着相似的感受.

首先是课程涉及的内容林林总总, 庞杂万分. 在此前的课程中, 我们已经形成了思维惯性, 即不同类型的课程具有不同的风格. 微分方程、随机过程、随机分析等数学课程的主要内容是填满无数块黑板的数学证明, 计量经济学、时间序列分析等课程聚焦于统计学知识的应用以及编程实践, 金融工程学和衍生品课主讲产品和定价, 而货币银行学、金融市场学、国际金融等课程又需要大量对知识点的记忆、对监管规定的理解和对金融市场的直觉. 然而 "金风定" 仿佛是上面这些课程的缝合体, 拥有着以上所有特点: 有随机微分方程 (Merton 模型), 有时间序列模型和波动率建模, 有衍生品的损益分析、希腊字母的计算和对冲策略, 有对巴塞尔协议内容的讲解, 也有对各种金融机构及其业务的分析. 在聆听王老师讲授时, 常常感觉前一刻还在记忆条例与概念, 下一秒就陷入复杂的数学推导中, 即便在数学上理解了每个步骤, 也难以在短时间内建立起理论和现实之间的桥梁. 这种破碎感带来了沉重的记忆负担, 直到王老师在课堂中提到"识别风险—度量风险—管理风险"的逻辑链条, 才顿觉醍醐灌顶, 慢慢总结出了课程的主干脉络.

其次, 作为数学和金融的结合体, 理论和实践的结合体, 我常常从不同的同学口中听到大家对该课程不同的需求. 擅长数学的同学希望突出课程的定量特性, 希望看到更加深入的数学推导和更精妙复杂的模型, 注重金融的同学则希望聚焦于每个指标的含义和具体应用场景; 对理论感兴趣的同学希望能够多结合相关文献, 而对实践感兴趣的同学期望更多应用材料以及实践中的具体细节. 诚然一门课程的容量可能难以完美满足不同方向的需求, 但无论在老师的教学中, 还是在我们的学习中, 都时刻需要在"是否严谨"和"有没有用"、"如何推导"和"如何应用"中寻找平衡点. 只有掌握定量方法才能产生对现实金融问题的深刻认知, 而对现实的金融问题也可以作为例子促进对数学方法本身的理解. 当年的课堂上, 系里的老师们虽然都是数学、统计专业出身, 但是更多的精力花在了为我们找这些例子上, 这些努力同样沉淀到了这本教材之中.

对即将进入行业的学生来说, 风险管理无疑是最重要的能力之一. 当年更多专注于学习与考试, 在离开本科校园逐渐向业界发展之时, 我们也才更真切地体会到当年这些存在于课堂上的知识能够在业界成为多么可靠的武装. 与同学再次相聚之时, 提及 Merton 模型的计算结果在企业中被广泛参考, 提及在公司使用的期权 Gamma 的求解方法和基于希腊字母的对冲策略 …… 此刻忆及这些细节, 和当年课程中的点滴, 再看到这本《金融风险管理》时, 不免心生相见恨晚之感. 循着当年反复提及的"识别风险—度量风险—管理风险"逻辑链条, 翻阅着通俗易懂、深入浅出的讲解, 又仿佛再次回到了本科的课堂上. 看到这本书精准解决了大量的课程痛点和学生需求, 仿佛看到自己当年每一次不依不饶地提问都随着恩师们的汗水凝结在了这部作品之中, 兴奋与感激之情难以言表.

时光飞逝, 本科四年倏忽而过. 毕业之后常常感慨, 正是系里老师们对每一门课程的精益求精, 为我们构建了坚实的知识基础和理论架构. 时至今日, 无论是进一步深造还是在业界发展, 涉及的专业内容无不在当年令人望而生畏的“金工三巨头”框架之内: 时间序列分析 (金融计算、金融计量、金融建模)、金融工程学 (衍生品定价、固定收益证券、风险管理)、金融经济学 (投资学、行为金融). 而这部《金融风险管理》也仅仅是老师们万千心血的结晶之一. 有幸曾坐沐春风之中, 曾仰沾时雨之化, 在此衷心希望这本书能够成为师弟师妹们和广大金融数学学子学习道路上可靠的伙伴.

对外经济贸易大学中国金融学院
量化金融实验班毕业生
学院学刊前主编
武泽甲
2023 年 1 月于美国 帕洛阿尔托